U0613947

潍坊市珍贵古籍名录图录

《潍坊市珍贵古籍名录图录》编委会 编

上

国家图书馆出版社

圖書在版編目（CIP）數據

濰坊市珍貴古籍名錄圖錄／《濰坊市珍貴古籍名錄圖錄》編委會編.—北京：國家圖書館出版社，2014.8
　　ISBN 978-7-5013-5211-1

　　Ⅰ.①濰…　Ⅱ.①濰…　Ⅲ.①古籍—圖書目錄—濰坊市　Ⅳ.①Z838

中國版本圖書館CIP數據核字（2013）第258765號

書　　名　濰坊市珍貴古籍名錄圖錄（全二冊）

編　　者　《濰坊市珍貴古籍名錄圖錄》編委會　編
責任編輯　王燕來　許海燕
裝幀設計　九雅工作室

出　　版　國家圖書館出版社（100034　北京市西城區文津街7號）
　　　　　（原書目文獻出版社　北京圖書館出版社）
發　　行　（010）66114536　66126153　66151313　66175620
　　　　　66121706（傳真），66126156（門市部）
E-mail　　cbs@nlc.gov.cn（郵購）
Website　www.nlcpress.com→投稿中心
經　　銷　新華書店
印　　裝　北京信彩瑞禾印刷廠
版　　次　2014年8月第1版　2014年8月第1次印刷
開　　本　889×1194毫米　1/16
印　　張　37.5
印　　數　1—1500冊

書　　號　ISBN 978-7-5013-5211-1
定　　價　680.00圓（全二冊）

編纂委員會

潍坊市人民政府

潍政复〔2014〕268 号

潍坊市人民政府
关于同意公布潍坊市珍贵古籍名录和
潍坊市古籍重点保护单位的批复

市文化广电新闻出版局:

你局《关于公布〈潍坊市珍贵古籍名录〉和"潍坊市古籍重点保护单位"的请示》(潍文字〔2014〕31 号)收悉。经研究,同意将 514 部古籍列为潍坊市珍贵古籍名录,将 10 个单位列为潍坊市古籍重点保护单位。请以你局名义按照有关规定向全市公布。

保护和利用好我市珍贵古籍文献,对于继承和发扬我市优秀文化传统、建设社会主义核心价值体系具有重要意义。要以本次珍贵古籍名录和古籍重点保护单位的公布为契机，加强规划，加大工作力度，切实做好古籍普查与保护工作，为加快建设富强文明新潍坊做出更大贡献。

此复。

潍坊市人民政府

2014 年 7 月 8 日

抄送：各县市区人民政府，市政府各部门、各直属机构，各重点企业，各高等院校。市委各部门、市人大常委会办公室，市政协办公室。

潍坊市人民政府办公室　　　　　　　　　　2014 年 7 月 10 日印发

潍坊市文化广电新闻出版局文件

潍文字〔2014〕35 号

关于公布潍坊市珍贵古籍名录和
潍坊市古籍重点保护单位的通知

各县市区文化广电新闻出版局，市直属高新区文广新局、滨海区宣传文化中心、峡山区公共事业局，市直有关单位：

近日，潍坊市人民政府批复同意（潍政复〔2014〕268号）514 部古籍列入潍坊市珍贵古籍名录，10 个单位列为潍坊市古籍重点保护单位（具体见附件 1、2），并授权潍坊市文化广电新闻出版局予以正式公布。

保护和利用好我市珍贵古籍文献，对于继承和发扬我市优秀文化传统、建设社会主义核心价值体系具有重要意义。各县市区及有关部门和单位要按照"保护为主、抢救第一、合理利用、加强管理"的方针，加大古籍保护工作力度，切实采取有效措施，进一步做好古籍普查与保护工作，为加快建设富裕文明新潍坊做出更大贡献。

附件：

    1、潍坊市珍贵古籍名录

    2、潍坊市古籍重点保护单位名单

潍坊市文化广电新闻出版局

2014 年 7 月 14 日

前言

　　濰坊是歷史文化名城，古籍藏量豐富。“中華古籍保護計劃”實施後，在市文化主管部门領導下，我市圖書館迅速行動起來，在全市開展了古籍普查與保護工作。

　　2011年5月，濰坊市文廣新局下發通知，決定開展《濰坊市珍貴古籍名錄》和“濰坊市古籍重點保護單位”的申報評審工作。經過宣傳發動，我市各圖書館、博物館、檔案館等古籍收藏單位踴躍申報，市圖書館古籍保護中心收到申報“濰坊市古籍重點保護單位”材料11份，收到《濰坊市珍貴古籍名錄》申報數據1126條。

　　此後，在全市古籍收藏單位、評審專家的共同努力下，經過數據整理、專家評審等一系列嚴格周密的程序，共有10家單位達到“濰坊市古籍重點保護單位”評審條件，514部古籍符合《濰坊市珍貴古籍名錄》評審標準。在向社會公示後，2014年7月8日，經濰坊市人民政府批准，濰坊市圖書館等10家古籍收藏單位爲“濰坊市古籍重點保護單位”，《趙秉忠殿試卷》等514部古籍入選《濰坊市珍貴古籍名錄》。

　　爲了繼承和弘揚濰坊文化的優秀傳統，鞏固評審成果，我們組織編輯了這部《濰坊市珍貴古籍名錄圖錄》，收錄我市珍貴古籍514部，包括濰坊市圖書館48部、青州市圖書館133部、諸城市圖書館85部、濰坊學院圖書館63部、安丘市博物館56部、濰坊市博物館38部、壽光市博物館30部、昌邑市圖書館19部、高密市圖書館19部、濰坊工程職業學院圖書館11部、青州市博物館6部、諸城實驗中學圖書館3部、諸城市檔案館2部、濰城區檔案館1部。

　　這次評選得到了全市各參與單位的大力支持，衆位古籍工作者提報詳盡的書目數據，拍攝高清晰的古籍書影，不辭辛苦，屢次入庫校改，爲本書提供了最寶貴的原始數據。評選自始至終得到山東省圖書館領導、古籍保護專家的鼎力相助，省圖書館歷史文獻部杜雲虹主任、唐桂艷副主任三次閲稿，李勇慧副館長親自審稿，全國著名古籍鑒定專家、博士生導師、山東大學儒學高等研究院副院長杜澤遜教授全面把關，提出了許多寶貴的意見，使我們得以及時改正錯誤。國家圖書館出版社王燕來老師爲本書做了細緻的校訂工作。一併致以謝忱！

編　者

2014年7月

凡例

一、本書收錄濰坊市各公共圖書館、博物館、檔案館、高等院校圖書館、中學圖書館等14家單位所藏寫印於1912年之前，具有中國古典裝幀形式，并已入選《濰坊市珍貴古籍名錄》的漢文書籍。

二、本書分類，依經、史、子、集四部分類排比。四部之後，設叢書部。同一部類之書彙編爲叢書者，入所屬部類。

三、各書之著錄，依次爲書名卷數、編著者、版本（含批校題跋）、存卷數卷次、所屬類目、收藏單位。

四、各書書名，悉依原書卷端所題著錄，原書多卷而各卷題名不一時，以首卷卷端題名爲準。

五、卷數按原書的實際數量著錄（子卷不計算），凡殘缺不全之書，現存卷數著於存卷數卷次項；原書卷數無可考時，書名下著□卷或□□卷；不分卷者，篇幅較小者著錄爲一卷，篇幅較大者著錄爲不分卷。

六、地方志於書名前冠以纂修時代的帝王年號，加方括號標明。如方志原書名已冠有時代年號，按原書名著錄，不加方括號。

七、凡著者皆著錄其本名，不題別號或字。其題名用別號，或後人編輯時題別名者，均予劃一。本名無考或待考者，照書中原題著錄。

八、凡著者更易本名，或不同版本題名不同時，均照原書所題著錄。僞託之書，或著者相沿疑信難定者，著錄"題某代某人撰"。

九、清代及其以前的著者，著錄朝代名稱。

十、出版時間一項，刊刻年代有確切依據或其他資料可考者，詳著其刊刻年代，并加公元紀年；刊刻年不詳者，著錄朝代、年號或祇著錄朝代。

十一、有明確的出版者則著錄其姓名，或室名別號，不明確者不著錄。有明確的出版地著錄之，無者不著錄。

十二、版本類別，分別情況著錄爲刻本、鈔本、稿本、寫本、活字本、鉛印本、石印本、影印本、套印本、鈐印本等。

十三、同一版本書有多部，不合併條目，皆各立條目。

十四、鈔寫者及鈔寫年代可考者，詳著鈔寫者姓名及鈔寫年代，不可詳考者，則統稱某朝鈔本。

十五、書籍出版後所加的批、校、題跋，其責任者可考的，在版本項後著錄其本名，不用字或別號，本名無可考者，按書中所題著錄。責任者不可考的著錄爲佚名。

十六、叢書及各部類彙編之書，子目均照原書目錄，依次排列。原書無目錄可據者，按類別或子目著者時代排列。同一種書同一版本收錄兩部以上複本時，第一部著錄子目，以下各部子目從略。同一種書版本不同者，按原書照錄子目。叢書殘缺不全者，按實存詳著子目。

十七、各款目按部、類、屬的順序排序。同類屬之書，凡內容有時間特徵的，按內容反映的時間排序，凡內容有地域特徵的，按內容反映的地域特徵排序，其他各書，按著者時代先後爲序。同一書有多種版本時，按時代先後，先刻本，次鈔本，有稿本者，排在各本之前。

十八、各書條目前均有編號，後附有藏書單位。

十九、編製書名索引，附於圖錄之後。

二十、書影部分，仍依名錄順序排列。

目　錄

一

潍坊市珍貴古籍名錄

第001　陳太史較正易經大全二十卷首一卷　（明）胡廣等撰　（明）陳仁錫校正　明末清白堂刻本　存15卷：卷1—4、卷7—10、卷14—20　經部易類　青州市圖書館

第002　順天張太史讀易日鈔　（清）張烈撰　清康熙刻本　經部易類　壽光市博物館

第003　周易函書約存十八卷約注十八卷周易函書別集十六卷　（清）胡煦撰　清乾隆胡氏葆璞堂刻本　存29卷：卷1—13、卷16—18，別集卷1—10、卷14—16　經部易類　濰坊市圖書館

第004　易經體註大全四卷　（清）來爾繩撰　清乾隆二十九年（1764）光霽堂刻本　存2卷：卷1—2　經部易類　諸城市圖書館

第005　朱子周易本義啓蒙十六卷首一卷　（清）吳世尚重訂　清雍正十二年（1734）光德堂刻本　存16卷：周易下經1卷，周易傳本義10卷，易學啓蒙4卷，首1卷　經部易類　安丘市博物館

第006　周易述解八卷　題（清）汶東逸叟撰　清嘉慶五年至七年（1800—1802）鈔本　經部易類　安丘市博物館

第007　周易上經一卷　（清）牟庭注　清道光四年（1824）棲霞牟庭注本　經部易類　濰坊市博物館

第008　周易象解六卷　（清）楊應俊撰　清鈔本　經部易類　濰坊市圖書館

第009　古文尚書十卷尚書逸文二卷　（漢）馬融、鄭玄注　（宋）王應麟撰集（清）孫星衍補集　清乾隆六十年（1795）蘭陵孫氏刻本　經部書類　壽光市博物館

第010　書經體註大全六卷　（清）范翔輯　清康熙五十七年（1718）文盛堂刻本（佚名批校）　經部書類　高密市圖書館

第011　尚書體註約解合參四卷　（清）洪隣虞、洪經宴、洪南池撰　（清）范翔訂　清乾隆五十五年（1790）金閶書業堂刻本　經部書類　諸城市圖書館

第012　徵實録□□卷　（清）王縈緒撰　清乾隆六十年（1795）刻本　存3卷：卷1—2、卷6　經部書類　諸城市圖書館

第013　黃維章先生詩經嬝嬛體註八卷　（明）黃文煥撰　清乾隆四十七年（1782）武林鴻文堂刻本　經部詩類　濰坊市圖書館

第014　欽定詩經傳説彙纂二十一卷首二卷詩序二卷　（清）王鴻緒等撰　清雍正乾

隆間翻內府刻本　存6卷：卷5—10　經部詩類　昌邑市圖書館

第015　毛詩重言一卷毛詩雙聲疊韻説一卷　（清）王筠撰　清咸豐二年（1852）賀蓉、賀蕙、賀莖刻鄂宰四稿本　經部詩類　濰坊學院圖書館

第016　周禮註疏删翼三十卷　（明）王志長撰　明崇禎十二年（1639）葉培恕刻本　經部禮類周禮　青州市圖書館

第017　周禮節訓六卷　（清）黃叔琳輯　（清）姚培謙重訂　清乾隆三十二年（1767）刻本　經部禮類周禮　壽光市博物館

第018　儀禮註疏十七卷　（漢）鄭玄注　（唐）賈公彥疏　清初刻本　存8卷：卷2—4、卷9—12、卷15　經部禮類儀禮　濰坊工程職業學院圖書館

第019　禮記集說十卷　（元）陳澔撰　清乾隆四十四年（1779）崇道堂刻本　經部禮類禮記　青州市圖書館

第020　禮記集說十卷　（元）陳澔撰　清乾隆五十三年（1788）金閶書業堂刻本　經部禮類禮記　昌邑市圖書館

第021　春秋左傳註疏六十卷　（晉）杜預注　（唐）孔穎達疏　明崇禎十一年（1638）毛氏汲古閣刻十三經注疏本　存21卷：卷21—41　經部春秋類左傳　青州市圖書館

第022　重訂批點春秋左傳詳節句解三十五卷　（宋）朱申注釋　（明）顧梧芳校正（明）孫鑛批點　（明）余元熹重訂　明映旭齋刻本　經部春秋類左傳　青州市圖書館

第023　春秋左傳屬事二十卷　（明）傅遜撰　明萬曆十三年（1585）日殖齋刻本　存13卷：卷1—10、卷18—20　經部春秋類左傳　安丘市博物館

第024　春秋左傳註評測義七十卷　（明）凌稚隆撰　明刻本　存37卷：卷34—70　經部春秋類左傳　諸城市圖書館

第025　左傳統箋三十五卷　（清）姜希轍撰　清乾隆五十八年（1793）刻本　經部春秋類左傳　昌邑市圖書館

第026　春秋左傳杜註三十卷首一卷　（清）姚培謙撰　清乾隆十一年（1746）吳郡陸氏小鬱林刻本　經部春秋類左傳　諸城市圖書館

第027　春秋左傳杜注五十卷　（清）姚培謙輯　清芥子園刻本（朱墨套印）　經部春秋類左傳　壽光市博物館

第028　左繡三十卷首一卷　（清）馮李驊、陸浩輯　清康熙書業堂刻本　經部春秋類左傳　壽光市博物館

第029　左繡三十卷首一卷　（清）馮李驊、陸浩輯　清乾隆五十七年（1792）學源堂刻本　存15卷：卷1—15　經部春秋類左傳　諸城市圖書館

第030　曲江書屋新訂批註左傳快讀十八卷首一卷　（清）李紹崧輯　清乾隆五十二年（1787）刻本　經部春秋類左傳　青州市圖書館

第031　春秋公羊傳十二卷　（漢）何休注　（晉）范甯集解　（明）閔齊伋裁注並撰考　明末文林閣唐錦池刻本　經部春秋類公羊　安丘市博物館

第032　春秋穀梁傳十二卷　（漢）何休注　（晉）范甯集解　（明）閔齊伋裁注並撰考　明末文林閣唐錦池刻本　經部春秋類穀梁　安丘市博物館

第033　春秋劉氏傳十五卷　（宋）劉敞撰　清康熙納蘭成德刻通志堂經解本　存10卷：卷1—10　經部春秋類春秋總義　濰坊學院圖書館

第034　監本春秋三十卷　（宋）胡安國傳　清乾隆五十五年（1790）刻本　經部春秋類春秋總義　濰坊市博物館

第035　春秋或問二十卷　（宋）呂大圭撰　清康熙納蘭成德刻通志堂經解本　存10卷：卷1—4、卷15—20　經部春秋類春秋總義　濰坊學院圖書館

第036　春秋紀傳五十一卷　（清）李鳳雛撰　清康熙六十一年（1722）懷德堂刻本　經部春秋類春秋總義　諸城市圖書館

第037　論語註疏解經二十卷　（魏）何晏集解　（宋）邢昺疏　明末毛氏汲古閣刻十三經註疏本　經部四書類論語　壽光市博物館

第038　鄉黨圖考十卷　（清）江永撰　清乾隆五十二年（1787）致和堂刻本　經部四書類論語　昌邑市圖書館

第039　鄉黨圖考十卷　（清）江永撰　清乾隆五十八年（1793）金閶書業堂刻本　經部四書類論語　安丘市博物館

第040　鄉黨圖考十卷　（清）江永撰　清乾隆五十八年（1793）金閶書業堂刻本　經部四書類論語　諸城市圖書館

第041　孟子註疏解經十四卷　（漢）趙岐注　（宋）孫奭疏　明萬曆國子監刻十三經註疏本　存2卷：卷1—2　經部四書類孟子　諸城市圖書館

第042　孟子註疏解經十四卷　（漢）趙岐注　（宋）孫奭疏　明末毛氏汲古閣刻十三經註疏本　經部四書類孟子　壽光市博物館

第043　孟子註疏解經十四卷　（漢）趙岐注　（宋）孫奭疏　明末毛氏汲古閣刻十三經註疏本　存12卷：卷3—14　經部四書類孟子　安丘市博物館

第044　孟子註疏解經十四卷　（漢）趙岐注　（宋）孫奭疏　明末毛氏汲古閣刻十三經註疏本　存2卷：卷5、卷6上　經部四書類孟子　濰坊工程職業學院圖書館

第045　四書集註二十一卷　（宋）朱熹撰　明崇禎刻本　經部四書類四書總義　安丘市博物館

第046　四書摘訓二十卷　（明）丘橓輯　明萬曆刻本（卷十九、二十爲鈔配）　存18卷：卷1—8、卷11—20　經部四書類四書總義　諸城市圖書館

第047　增補四書精繡圖像人物備考十二卷　（明）陳仁錫增定　（明）陳義錫重校　清乾隆二十八年（1763）古吳聚秀堂刻本　經部四書類四書總義　諸城市圖書館

第048　增補四書精繡圖像人物備考十二卷　（明）陳仁錫增定　（明）陳義錫重校　清乾隆五十一年（1786）金閶書業堂刻本　經部四書類四書總義　濰坊市圖書館

第049　四書大全四十卷　（清）陸隴其輯　清康熙三魚堂刻本　存19卷：大學大全章句1卷，大學或問1卷，論語集註大全卷1—16，孟子集註大全卷2　經部四書類四書總義　諸城市圖書館

第050　四書釋地一卷釋地續一卷釋地又續二卷釋地三續二卷　（清）閻若璩撰　清康熙東浯王氏眷西堂刻本　存5卷：四書釋地續1卷，釋地又續2卷，釋地三續2卷　經部四書類四書總義　濰坊學院圖書館

第051　增訂四書析疑□□卷　（清）張權時輯　（清）商允社、唐祖堯訂　清乾隆二十一年（1756）文盛堂刻本　存22卷：大學卷1—2，中庸卷1—4，論語卷1—9，孟子卷1—7　經部四書類四書總義　濰坊學院圖書館

第052　四書圖考集要五卷　（清）張雲會輯　清乾隆三十七年（1772）刻本　經部四書類四書總義　青州市圖書館

第053　四書圖考集要五卷　（清）張雲會輯　清乾隆三十七年（1772）刻本　經部四書類四書總義　諸城市圖書館

第054　四書釋文十九卷　（清）王賡言撰　清道光二年（1822）諸城王氏家塾刻本

經部四書類四書總義　壽光市博物館

第055　四書釋文十九卷　（清）王賡言撰　清道光二年（1822）諸城王氏家塾刻本
經部四書類四書總義　濰坊學院圖書館

第056　四書釋文十九卷　（清）王賡言撰　清道光二年（1822）諸城王氏家塾刻本
經部四書類四書總義　濰坊工程職業學院圖書館

第057　四書釋文十九卷四書字辨一卷疑字辨一卷四書句辨一卷　（清）王賡言撰
清光緒七年（1881）諸城王氏家塾刻本　經部四書類四書總義　安丘市博物館

第058　五經類編二十八卷　（清）周世樟撰　清康熙刻本　存20卷：卷1、卷4—
5、卷9—12、卷16—28　經部群經總義類　諸城市圖書館

第059　五經類編二十八卷　（清）周世樟撰　清友益齋刻本　存13卷：卷16—28
經部群經總義類　濰坊學院圖書館

第060　六經圖二十四卷　（清）鄭之僑輯　清乾隆九年（1744）述堂刻本　經部群
經總義類　濰坊學院圖書館

第061　小學纂註六卷　（清）高愈撰　（清）尹會一重訂　清乾隆十三年（1748）
刻本　存4卷：總論1卷、卷3—5　經部小學類彙編　濰坊學院圖書館

第062　輶軒使者絕代語釋別國方言十三卷　（漢）揚雄撰　（晉）郭璞注　（清）
戴震疏證　清乾隆孔繼涵刻微波榭叢書本　經部小學類訓詁　濰坊學院圖書館

第063　爾雅三卷　（晉）郭璞注　清嘉慶六年（1801）影宋刻本　經部小學類訓詁
濰坊學院圖書館

第064　爾雅註疏十一卷　（晉）郭璞注　（宋）邢昺疏　清乾隆五十一年（1786）
金閶書業堂刻本　經部小學類訓詁　青州市圖書館

第065　爾雅註疏參義六卷　（清）姜兆錫撰　清雍正十年（1732）刻本　經部小學
類訓詁　青州市圖書館

第066　說文解字十五卷　（漢）許慎撰　（宋）徐鉉校　明汲古閣刻本　經部小學
類字書　濰坊市博物館

第067　大廣益會玉篇三十卷　（梁）顧野王撰　（唐）孫強增字　（宋）陳彭年等
重修　清康熙四十三年（1704）張士俊刻澤存堂五種本　經部小學類字書　安丘市博物
館

第068　六書故三十三卷六書通釋一卷　（宋）戴侗撰　清乾隆四十九年（1784）李鼎元刻本　經部小學類字書　安丘市博物館

第069　說文長箋一百卷首二卷解題一卷六書長箋七卷　（明）趙宧光撰　明崇禎四年（1631）趙均小宛堂刻本　存58卷：卷33—61、卷72—100　經部小學類字書　安丘市博物館

第070　字彙十二卷首一卷末一卷附韻法直圖一卷韻法橫圖一卷　（明）梅膺祚撰　明末雲林益昭氏關西刻本　存13卷：字彙12卷，首1卷　經部小學類字書　青州市圖書館

第071　字彙十二卷首一卷末一卷附韻法直圖一卷韻法橫圖一卷　（明）梅膺祚撰　清康熙十八年（1679）刻本　經部小學類字書　青州市圖書館

第072　字彙十二卷首一卷末一卷附韻法直圖一卷韻法橫圖一卷　（明）梅膺祚撰　清康熙二十七年（1688）刻本　經部小學類字書　昌邑市圖書館

第073　字彙十二卷首一卷末一卷附韻法直圖一卷韻法橫圖一卷　（明）梅膺祚撰　清康熙金閶書業堂刻本　缺2卷：卷6，末1卷　經部小學類字書　安丘市博物館

第074　字彙十二卷首一卷末一卷附韻法直圖一卷韻法橫圖一卷　（明）梅膺祚撰　清康熙刻本　經部小學類字書　安丘市博物館

第075　字彙十二卷首一卷末一卷附韻法直圖一卷韻法橫圖一卷　（明）梅膺祚撰　清乾隆四十三年（1778）刻本　經部小學類字書　安丘市博物館

第076　字彙十二卷首一卷末一卷附韻法直圖一卷韻法橫圖一卷　（明）梅膺祚撰　清金閶步月樓刻本　經部小學類字書　昌邑市圖書館

第077　字彙四集　（明）梅膺祚撰　清康熙二十九年（1690）刻本　經部小學類字書　青州市圖書館

第078　六書通十卷　（明）閔齊伋撰　（清）畢弘述篆訂　（清）閔章、程昌煒校　清康熙五十九年（1720）刻本　存8卷：卷1—8　經部小學類字書　安丘市博物館

第079　六書通十卷　（明）閔齊伋撰　（清）畢弘述篆訂　（清）閔章、程昌煒校　清康熙五十九年（1720）刻本　經部小學類字書　濰坊學院圖書館

第080　六書通十卷　（明）閔齊伋撰　（清）畢弘述篆訂　（清）閔章、程昌煒校　清康熙五十九年（1720）刻本　存8卷：卷1—8　經部小學類字書　濰坊工程職業學院圖書館

第081　六書通十卷　（明）閔齊伋撰　（清）畢弘述篆訂　（清）閔章、程昌煒校　清乾隆刻本　經部小學類字書　諸城市圖書館

第082　六書分類十二卷首一卷　（清）傅世垚撰　清康熙三十八年（1699）刻本　經部小學類字書　青州市圖書館

第083　六書分類十二卷首一卷　（清）傅世垚撰　清乾隆五十四年（1789）聽松閣刻本　經部小學類字書　濰坊學院圖書館

第084　篆字彙十二卷　（清）佟世男輯　清康熙三十九年（1700）寶旭齋刻本　經部小學類字書　青州市圖書館

第085　隸辨八卷　（清）顧藹吉撰　清乾隆八年（1743）刻本經部小學類字書　濰坊學院圖書館

第086　文字蒙求四卷　（清）王筠撰　清道光十八年（1838）刻本　經部小學類字書　安丘市博物館

第087　文字蒙求四卷　（清）王筠撰　清道光十八年（1838）刻本　經部小學類字書　濰坊學院圖書館

第088　正字略定本一卷　（清）王筠撰　清道光十九年（1839）刻本　經部小學類字書　高密市圖書館

第089　說文釋例二十卷　（清）王筠撰　清道光二十八年（1848）刻本　經部小學類字書　安丘市博物館

第090　說文釋例二十卷　（清）王筠撰　清道光二十八年（1848）刻本　經部小學類字書　濰坊學院圖書館

第091　說文釋例二十卷　（清）王筠撰　清道光二十八年（1848）刻本　經部小學類字書　高密市圖書館

第092　說文釋例二十卷　（清）王筠撰　清道光二十八年（1848）刻本　存4卷：卷3—6　經部小學類字書　諸城實驗中學圖書館

第093　說文繫傳校錄三十卷　（清）王筠撰　（清）劉燿椿參訂　清咸豐七年（1857）刻本　經部小學類字書　安丘市博物館

第094　說文繫傳校錄三十卷　（清）王筠撰　（清）劉燿椿參訂　清咸豐七年（1857）刻本　存15卷：卷1—15　經部小學類字書　諸城實驗中學圖書館

第095　說文解字句讀三十卷句讀補正三十卷說文繫傳校錄三十卷　（清）王筠撰　清咸豐四年（1854）刻本　句讀補正三十卷　清咸豐九年（1859）刻本　說文繫傳校錄三十卷　清咸豐七年（1857）刻本　經部小學類字書　高密市圖書館

第096　說文解字句讀三十卷句讀補正三十卷　（清）王筠撰　清咸豐四年（1854）刻本　句讀補正三十卷　清咸豐九年（1859）刻本　經部小學類字書　安丘市博物館

第097　說文解字句讀三十卷句讀補正三十卷　（清）王筠撰　清咸豐四年（1854）刻本　句讀補正三十卷　清咸豐九年（1859）刻本　經部小學類字書　安丘市博物館

第098　說文解字句讀三十卷句讀補正三十卷　（清）王筠撰　清咸豐四年（1854）刻本　句讀補正三十卷　清咸豐九年（1859）刻本　經部小學類字書　濰坊學院圖書館

第099　說文解字句讀三十卷句讀補正三十卷　（清）王筠撰　清咸豐四年（1854）刻本　句讀補正三十卷　清咸豐九年（1859）刻本　缺8卷：說文解字句讀卷3—8、卷23—24　經部小學類字書　濰坊學院圖書館

第100　說文解字句讀三十卷句讀補正三十卷　（清）王筠撰　清咸豐四年（1854）刻本　句讀補正三十卷　清咸豐九年（1859）刻本　存40卷：句讀卷17—18、卷23—30，句讀補正30卷　經部小學類字書　諸城實驗中學圖書館

第101　說文解字句讀三十卷句讀補正三十卷　（清）王筠撰　清咸豐四年（1854）刻本　句讀補正三十卷　清咸豐九年（1859）刻本（王筠批校）　存5卷：卷1—2、卷11—13　經部小學類字書　濰坊學院圖書館

第102　廣韻五卷　（宋）陳彭年等撰　清康熙四十三年（1704）張士俊刻澤存堂五種本　經部小學類韻書　安丘市博物館

第103　改併五音類聚四聲篇十五卷　（金）韓道昭撰　明成化十年（1474）內府刻本　經部小學類韻書　濰坊市圖書館

第104　新增說文韻府群玉二十卷　（元）陰時夫撰　（元）陰中夫注　明刻本　缺11卷：卷1—10、卷14　經部小學類韻書　濰坊學院圖書館

第105　洪武正韻高唐王篆書五卷　（明）樂韶鳳、宋濂等撰　（明）朱厚焌篆書（明）朱載壐、沈大忠校　明萬曆十二年（1584）沈大忠刻本　存3卷：卷1—2、卷5　經部小學類韻書　諸城市圖書館

第106　古今韻略五卷　（清）邵長蘅撰　清康熙三十五年（1696）刻本　經部小學

類韻書　青州市圖書館

　　第107　異同韻辨六卷　（清）王籙撰　清光緒十三年（1887）刻本　經部小學類韻書　濰坊學院圖書館

　　第108　十七史一千五百七十四卷　（明）毛晉編　明崇禎元年至十七年（1628—1644）毛氏汲古閣刻清順治補刻本　存16種1524卷：史記130卷，前漢書100卷，後漢書120卷，三國志65卷，晉書130卷，宋書100卷，南齊書59卷，梁書56卷，陳書36卷，魏書114卷，北齊書50卷，隋書85卷，南史80卷，北史100卷，唐書225卷，五代史74卷　史部紀傳類彙編　昌邑市圖書館

　　第109　史記一百三十卷　（漢）司馬遷撰　（南朝宋）裴駰集解　（唐）司馬貞索隱　（唐）張守節正義　明萬曆三年至六年（1575—1578）南京國子監刻本　存99卷：表卷1—10，世家卷1—30，八書卷1—4，傳卷1—50、卷66—70　史部紀傳類通代　安丘市博物館

　　第110　史記一百三十卷　（漢）司馬遷撰　（南朝宋）裴駰集解　（唐）司馬貞索隱　（唐）張守節正義　明崇禎元年至十七年（1628—1644）毛氏汲古閣刻清順治補刻本　史部紀傳類通代　青州市圖書館

　　第111　史記一百三十卷　（漢）司馬遷撰　（南朝宋）裴駰注　（唐）司馬貞、張守節注　（明）黃世康、章斐然、張遂辰等校定　明刻本　存112卷：卷6—10、卷16—122　史部紀傳類通代　安丘市博物館

　　第112　史記一百三十卷　（漢）司馬遷撰　（南朝宋）裴駰集解　（唐）司馬貞索隱　（唐）張守節正義　（明）徐孚遠、陳子龍測議　明崇禎刻本　存49卷：卷44—86、卷122—127　史部紀傳類通代　濰坊市圖書館

　　第113　史記論文一百三十卷　（清）吳見思評　（清）吳興祚參訂　清刻本　史部紀傳類通代　壽光市博物館

　　第114　南史八十卷　（唐）李延壽撰　明萬曆三十一年（1603）北京國子監刻本　存58卷：卷1—6、卷11—37、卷52—55、卷60—80　史部紀傳類通代　濰坊市圖書館

　　第115　南史八十卷　（唐）李延壽撰　（明）趙用賢、張一桂校　明萬曆南京國子監刻明清遞修本　存67卷：紀卷1—10，傳卷1—35、卷41—52、卷61—70　史部紀傳類通代　安丘市博物館

第116　北史一百卷　（唐）李延壽撰　明萬曆十九年至二十一年（1591—1593）南京國子監刻清順治重修本　史部紀傳類通代　安丘市博物館

第117　北史一百卷　（唐）李延壽撰　明萬曆二十六年（1598）北京國子監刻本　史部紀傳類通代　濰坊市圖書館

第118　五代史七十四卷　（宋）歐陽修撰　（宋）徐無黨注　（明）楊慎評（明）鍾名臣訂　明萬曆刻本　史部紀傳類通代　諸城市圖書館

第119　五代史七十四卷　（宋）歐陽修撰　（宋）徐無黨注　明崇禎三年（1630）毛氏汲古閣刻本　史部紀傳類通代　安丘市博物館

第120　前漢書一百卷　（漢）班固撰　（唐）顏師古注　明嘉靖八年至九年（1529—1530）南京國子監刻明清遞修本（卷十三至二十、卷二十四至二十六爲鈔配）史部紀傳類斷代　濰坊市圖書館

第121　前漢書一百卷　（漢）班固撰　（唐）顏師古注　明嘉靖八年至九年（1529—1530）南京國子監刻明清遞修本　存6卷：卷5—10　史部紀傳類斷代　諸城市圖書館

第122　後漢書九十卷　（南朝宋）范曄撰　（唐）李賢注　志三十卷　（晉）司馬彪撰　（南朝梁）劉昭注　明嘉靖七年（1528）南京國子監刻明清遞修本（配清鈔本）存116卷：後漢書卷5—90，志30卷　史部紀傳類斷代　濰坊市圖書館

第123　三國志六十五卷　（晉）陳壽撰　（南朝宋）裴松之注　明崇禎十七年（1644）毛氏汲古閣刻十七史本　存25卷：卷1—25　史部紀傳類斷代　青州市圖書館

第124　三國志六十五卷　（晉）陳壽撰　（南朝宋）裴松之注　明崇禎十七年（1644）毛氏汲古閣刻十七史本　存36卷：卷22—32、卷41—65　史部紀傳類斷代　濰坊學院圖書館

第125　晉書一百三十卷　（唐）房玄齡等撰　元刻明清遞修本　存62卷：帝紀卷1—10，志卷1—20，傳卷1—12、卷42—61　史部紀傳類斷代　安丘市博物館

第126　晉書一百三十卷　（唐）房玄齡等撰　（明）鍾人傑教　明錢塘鍾人傑刻本存83卷：載記卷1—30、列傳卷18—70　史部紀傳類斷代　青州市圖書館

第127　晉書一百三十卷　（唐）房玄齡等撰　明末刻本　存27卷：列傳卷6—9、卷46—68　史部紀傳類斷代　諸城市圖書館

第128　宋書一百卷　（南朝梁）沈約撰　明萬曆二十二年（1594）南京國子監刻清

順治十六年（1659）重修本　存40卷：紀卷1—10、志卷1—30　史部紀傳類斷代　安丘市博物館

　　第129　梁書五十六卷　（唐）姚思廉撰　明萬曆二年至三年（1574—1575）南京國子監刻清順治十五年至十六年（1658—1659）重修本　史部紀傳類斷代　安丘市博物館

　　第130　隋書八十五卷　（唐）魏徵等撰　（明）季道統校閱　明萬曆二十二年至二十三年（1594—1595）南京國子監刻明清遞修本　存72卷：紀卷1—5，志卷1—8、卷12—27，傳卷1—6、卷13—36、卷38—50　史部紀傳類斷代　安丘市博物館

　　第131　魏書一百三十卷　（北齊）魏收撰　明萬曆二十四年（1596）南京國子監刻明天啓崇禎清順治遞修本　存35卷：卷62—67、卷74—86、卷99—114　史部紀傳類斷代　安丘市博物館

　　第132　魏書一百三十卷　（北齊）魏收撰　明萬曆二十四年（1596）北京國子監刻本　存44卷：卷1—44　史部紀傳類斷代　安丘市博物館

　　第133　北齊書五十卷　（唐）李百藥撰　宋刻宋元明遞修本　存27卷：卷1—16、卷32—42　史部紀傳類斷代　青州市圖書館

　　第134　北齊書五十卷　（唐）李百藥撰　明萬曆十六年至十七年（1588—1589）南京國子監刻本　史部紀傳類斷代　壽光市博物館

　　第135　北齊書五十卷　（唐）李百藥撰　明萬曆十六年至十七年（1588—1589）南京國子監刻清順治重修本　存44卷：卷1—44　史部紀傳類斷代　安丘市博物館

　　第136　周書五十卷　（唐）令狐德棻等撰　明萬曆十六年（1588）南京國子監刻明清遞修本　史部紀傳類斷代　安丘市博物館

　　第137　唐書二百二十五卷　（宋）歐陽修、宋祁等撰　元大德九年（1305）建康路儒學刻明清遞修本　存144卷：卷1—40、卷46—64、卷89—132、卷135—140、卷142、卷144—151、卷167—173、卷196—200、卷207—211、卷215—223　史部紀傳類斷代　安丘市博物館

　　第138　宋史四百九十六卷　（元）脫脫等撰　明刻明清遞修本　存356卷：紀卷6—9、卷23—27、卷33—43，志卷48—160，表卷1—32，傳卷1—52、卷105—204、卷201—214、卷231—255　史部紀傳類斷代　安丘市博物館

　　第139　遼史一百十六卷　（元）脫脫等撰　明嘉靖八年（1529）南京國子監刻明清

遞修本　存86卷：卷1—61、卷71—95　史部紀傳類斷代　安丘市博物館

第140　金史一百三十五卷　（元）脫脫等撰　金國語解一卷　明嘉靖八年（1529）南京國子監刻明清遞修本　存66卷：卷63—79、卷88—135，金國語解1卷　史部紀傳類斷代　安丘市博物館

第141　元史二百十卷目錄二卷　（明）宋濂等撰　明洪武三年（1370）內府刻明清遞修本　存123卷：卷48—49、卷67—100、卷106—111、卷114—172、卷189—210　史部紀傳類斷代　安丘市博物館

第142　元史類編四十二卷　（清）邵遠平撰　清乾隆六十年（1795）席世臣掃葉山房刻本　史部紀傳類斷代　青州市圖書館

第143　明史三百三十二卷目錄四卷　（清）張廷玉等修　清乾隆武英殿刻二十四史本　存273卷：卷1—30、卷44—104、卷108—120、卷131—166、卷175—180、卷194—320　史部紀傳類斷代　濰坊市博物館

第144　橫雲山人明史藁三百十卷目錄三卷　（清）王鴻緒撰　清康熙敬慎堂刻橫雲山人集本　存32卷：志卷55—77、表卷1—9　史部紀傳類斷代　青州市圖書館

第145　明史藁三百十卷目錄三卷　（清）王鴻緒撰　清乾隆敬慎堂刻本　存205卷：列傳卷1—205　史部紀傳類斷代　青州市圖書館

第146　明史藁三百十卷目錄三卷　（清）王鴻緒撰　清乾隆敬慎堂刻本　存199卷：本紀13卷（卷1—10、卷17—19），志23卷（卷1—7、卷62—77），表9卷（卷1—9），列傳154卷（卷1—55、卷81—140、卷144—182）　史部紀傳類斷代　青州市圖書館

第147　竹書紀年統箋十二卷　（清）徐文靖輯　清乾隆十五年（1750）刻本　史部編年類通代　諸城市圖書館

第148　資治通鑑二百九十四卷　（宋）司馬光撰　（元）胡三省注　（明）張一桂校正　通鑑釋文辯誤十二卷　（元）胡三省撰　明萬曆二十年（1592）吳勉學刻本　存47卷：卷1—13、卷58—63、卷109—111、卷118—133、卷153—155、卷196—198、卷215—217　史部編年類通代　諸城市圖書館

第149　資治通鑑二百九十四卷　（宋）司馬光撰　（元）胡三省音注　（明）陳仁錫評　通鑑釋文辯誤十二卷　（元）胡三省撰　明天啓五年（1625）陳仁錫刻本　存12卷：卷257—259、卷274—276、卷283—285、卷289—291　史部編年類通代　青州市圖書

館

第150　資治通鑑二百九十四卷　（宋）司馬光撰　（宋）胡三省音注　（明）陳仁錫評　明天啓五年（1625）陳仁錫刻本　史部編年類通代　濰坊學院圖書館

第151　資治通鑑綱目五十九卷　（宋）朱熹撰　明成化九年（1473）內府刻本　存2卷：卷58—59　史部編年類通代　青州市圖書館

第152　資治通鑑綱目五十九卷　（宋）朱熹撰　明成化九年（1473）內府刻本　存2卷：卷50—51　史部編年類通代　諸城市圖書館

第153　資治通鑑綱目五十九卷　（宋）朱熹撰　清康熙九年（1670）徽州張朝珍、曹鼎望刻二十八年（1689）朱廷梅、朱烈補刻本　存10卷：卷1—3、卷8—9、卷11、卷39—42　史部編年類通代　高密市圖書館

第154　資治通鑑綱目前編二十五卷　（明）南軒撰　（明）陳仁錫評　清康熙四十年（1701）王公行刻本　史部編年類通代　壽光市博物館

第155　綱鑑正史約三十六卷　（明）顧錫疇撰　（清）陳弘謀增訂　甲子紀元一卷（清）陳弘謀撰　清乾隆二年（1737）刻本　存34卷：卷1—11、卷14—36　史部編年類通代　諸城市圖書館

第156　鼎鍥葉太史彙纂玉堂鑑綱七十二卷　（明）葉向高撰　明萬曆書林熊沖宇刻本　史部編年類通代　壽光市博物館

第157　鼎鋟鍾伯敬訂正資治綱鑑正史大全七十四卷　（宋）劉恕、金履祥撰（明）王世貞補遺　（明）鍾惺訂正　明崇禎刻本　存8卷：卷9—11、卷13—16、卷22　史部編年類通代　濰坊學院圖書館

第158　續資治通鑑綱目二十七卷　（明）商輅等撰　（明）陳仁錫評閱　明崇禎三年（1630）陳仁錫刻本　史部編年類通代　壽光市博物館

第159　綱鑑會編九十八卷首一卷歷代統系表略三卷歷代官制考略二卷歷代郡國考略三卷　（清）葉澐輯　（清）劉德芳訂　清康熙刻本　存24卷：卷16—39　史部編年類通代　諸城市圖書館

第160　尺木堂綱鑑易知錄一百七卷　（清）吳乘權、周之炯、周之燦輯　清康熙五十年（1711）尺木堂刻本　存59卷：卷1—36、卷55—73　史部編年類通代　諸城市圖書館

第161　前漢紀三十卷　　（漢）荀悅撰　明嘉靖二十七年（1548）黃姬水刻兩漢紀本存24卷：卷7—30　史部編年類斷代　青州市圖書館

第162　皇明通紀法傳全錄二十八卷　　（明）陳建撰　　（明）高汝栻訂　　（明）吳楨增補　皇明法傳錄嘉隆紀六卷續紀三朝法傳全錄十六卷　　（明）高汝栻輯　明崇禎九年（1636）刻本　史部編年類斷代　濰坊市圖書館

第163　宋史紀事本末二十八卷　　（明）馮琦撰　　（明）陳邦瞻補　明萬曆三十三年（1605）刻本　缺3卷：卷15—17　史部紀事本末類斷代　青州市圖書館

第164　明朝紀事本末八十卷　　（清）谷應泰撰　清順治十五年（1658）刻本　存46卷：卷1—46　史部紀事本末類斷代　青州市圖書館

第165　東征集六卷　　（清）藍鼎元撰　　（清）王者輔評　清映壁書屋刻本　存1卷：卷4　史部紀事本末類斷代　諸城市圖書館

第166　國語九卷　　（吳）韋昭注　　（明）閔齊伋裁注　清康熙四十二年（1703）金谷園刻本　史部雜史類　濰坊市圖書館

第167　國語二十一卷　　（吳）韋昭注　清孔氏詩禮堂刻本　史部雜史類　青州市圖書館

第168　戰國策十卷　明吳勉學刻本　史部雜史類　壽光市博物館

第169　華陽國志十二卷　　（晉）常璩撰　明末刻本　存3卷：李志1卷，漢中士女志1卷，西州後賢志1卷　史部雜史類　高密市圖書館

第170　釣磯立談一卷附錄一卷　　（宋）史□撰　清乾隆四十三年（1778）鮑氏刻本史部雜史類　濰坊市圖書館

第171　吾學編六十九卷　　（明）鄭曉撰　明萬曆二十七年（1599）鄭心材刻本　存12種62卷：大政紀10卷，遜國記1卷，同姓初王表2卷，同姓諸王傳1卷，名臣記30卷，遜國臣記8卷，天文述1卷，地理述1卷，三禮述2卷，百官述2卷，四夷考2卷，北虜考1卷史部雜史類　安丘市博物館

第172　硃批諭旨不分卷　　（清）世宗胤禛撰　　（清）允祿、鄂爾泰等編　清雍正十年至乾隆三年（1732—1738）內府刻朱墨套印本　存8卷：硃批馬會伯奏摺1卷、硃批韓良輔奏摺1卷、硃批李維鈞奏摺1卷、硃批福敏奏摺1卷、硃批塞楞額奏摺1卷、硃批石文焯奏摺1卷、硃批張楷奏摺1卷、硃批朱綱奏摺1卷　史部詔令奏議類詔令　濰坊學院圖書館

第173　北海耆舊傳二十卷　（清）張昭潛輯　清鈔本　史部傳記類總傳　濰坊市博物館

第174　史外三十二卷　（清）汪有典纂　清乾隆十四年（1749）淡豔亭刻本　史部傳記類總傳　青州市圖書館

第175　皇明詞林人物考十二卷　（明）王兆雲撰　明萬曆刻本　史部傳記類總傳　濰坊市博物館

第176　海岱史略一百四十卷附錄十一卷　（清）王馭超撰　清光緒二十三年（1897）安丘王氏家刻本　史部傳記類總傳　安丘市博物館

第177　海岱史略一百四十卷附錄十一卷　（清）王馭超撰　清光緒二十三年（1897）安丘王氏家刻本　存36卷：卷105—140　史部傳記類總傳　濰坊學院圖書館

第178　忠武誌八卷　（清）張鵬翮輯　清康熙刻本　史部傳記類別傳　濰坊學院圖書館

第179　十七史詳節二百七十三卷　（宋）呂祖謙輯　明嘉靖四十五年至隆慶四年（1566—1570）陝西布政司刻本　存2種37卷：東萊先生史記詳節20卷，東萊先生北史詳節28卷（存17卷：卷1—5、卷11—22）　史部史鈔類　安丘市博物館

第180　茅鹿門先生批評史記抄一百零四卷　（明）茅坤輯　明天啓元年（1621）茅兆海刻本　史部史鈔類　濰坊學院圖書館

第181　廿二史纂略六卷　（清）郭衷恒撰　清乾隆十四年（1749）源汾堂刻本　史部史鈔類　青州市圖書館

第182　太平寰宇記二百卷目錄二卷　（宋）樂史撰　補闕七卷　（清）陳蘭森輯　清刻本　史部地理類總志　青州市圖書館

第183　〔熙寧〕長安志二十卷　（宋）宋敏求撰　（元）李好文繪　（清）畢沅校　清乾隆四十九年（1784）鎮洋畢氏巖靈山館刻經訓堂叢書本　史部地理類方志　濰坊市博物館

第184　〔乾隆〕武功縣志三卷首一卷　（明）康海纂　（清）孫景烈評注　清乾隆二十六年（1761）瑪星阿刻本　存3卷：卷1—2，首1卷　史部地理類方志　青州市圖書館

第185　新疆記署一卷　題（清）椿園七十一撰　清鈔本　史部地理類方志　諸城市圖書館

第186　〔至元〕齊乘六卷釋音一卷考證六卷　（元）于欽纂修　（元）于潛釋音（清）周嘉猷考證　清乾隆四十六年（1781）刻本　存4卷：卷3—6　史部地理類方志諸城市圖書館

第187　〔至元〕齊乘六卷釋音一卷考證六卷　（元）于欽纂修　（元）于潛釋音（清）周嘉猷考證　清乾隆四十六年（1781）胡德琳、周嘉猷刻本　史部地理類方志青州市圖書館

第188　〔乾隆〕博山縣志十卷　（清）富申修　（清）田士麟纂　清乾隆十八年（1753）刻本　史部地理類方志　青州市圖書館

第189　〔康熙〕重修德州志十卷　（清）金祖彭修　（清）程先貞纂　清康熙十二年（1673）刻本　存9卷：卷1—7、卷9—10　史部地理類方志　青州市圖書館

第190　〔雍正〕齊河縣志十卷首一卷　（清）上官有儀修　（清）許琰纂　清乾隆二年（1737）刻本　史部地理類方志　青州市圖書館

第191　〔乾隆〕濟陽縣志十四卷首一卷　（清）胡德琳修　（清）何明禮、章承茂纂　清乾隆三十年（1765）刻本　史部地理類方志　青州市圖書館

第192　〔康熙〕禹城縣志八卷　（清）王表纂修　清康熙十二年（1673）刻本　史部地理類方志　青州市圖書館

第193　〔乾隆〕樂陵縣志八卷首一卷末一卷　（清）王謙益修　（清）鄭成中纂清乾隆二十七年（1762）刻本　史部地理類方志　青州市圖書館

第194　〔乾隆〕惠民縣志十卷首一卷　（清）倭什布修　（清）劉長靈纂　清乾隆四十七年（1782）刻本　史部地理類方志　青州市圖書館

第195　〔乾隆〕惠民縣志十卷首一卷　（清）倭什布修　（清）劉長靈纂　清乾隆四十七年（1782）刻本　存9卷：卷3—10，首1卷　史部地理類方志　青州市圖書館

第196　〔乾隆〕陽信縣志八卷首一卷　（清）王允深修　（清）沈佐清等纂　清乾隆二十四年（1759）刻本　史部地理類方志　青州市圖書館

第197　〔康熙〕利津縣新志十卷　（清）韓文焜纂修　清乾隆二十三年（1758）刻本　史部地理類方志　青州市圖書館

第198　〔康熙〕利津縣新志十卷　（清）韓文焜纂修　清乾隆二十三年（1758）刻本　史部地理類方志　青州市圖書館

第199　〔乾隆〕利津縣志續編十卷　（清）劉文碻修　（清）劉永祚、李儼纂　清乾隆二十三年（1758）刻本　史部地理類方志　青州市圖書館

第200　〔乾隆〕利津縣志補六卷　（清）程士範纂修　清乾隆三十五年（1770）刻本　史部地理類方志　青州市圖書館

第201　〔乾隆〕利津縣志補六卷　（清）程士範纂修　清乾隆三十五年（1770）刻本　史部地理類方志　青州市圖書館

第202　〔乾隆〕青城縣志十二卷　（清）方鳳修　（清）戴文熾、周珹纂　清乾隆二十四年（1759）刻本　史部地理類方志　青州市圖書館

第203　〔康熙〕新城縣志十四卷首一卷　（清）崔懋修　（清）嚴濂曾纂　清康熙三十二年（1693）刻本　存13卷：卷1—8、卷10—14　史部地理類方志　青州市圖書館

第204　〔康熙〕新城縣續志二卷　（清）孫元衡修　（清）王啓淶纂　清康熙刻本　史部地理類方志　青州市圖書館

第205　〔康熙〕新修齊東縣志八卷　（清）余爲霖修　（清）郭國琦纂　清康熙二十四年（1685）刻本　史部地理類方志　青州市圖書館

第206　〔康熙〕青州府志二十卷　（清）張連登修　（清）張貞、安致遠纂　清康熙四十八年（1709）刻本　存15卷：卷1、卷4—9、卷11—15、卷18—20　史部地理類方志　青州市圖書館

第207　〔康熙〕青州府志二十二卷　（清）陶錦修　（清）王昌學、王樿纂　清康熙六十年（1721）刻本　存21卷：卷1—21　史部地理類方志　青州市圖書館

第208　〔康熙〕益都縣志十四卷首一卷　（清）陳食花修　（清）鍾諤等纂　清康熙十一年（1672）刻本　史部地理類方志　青州市圖書館

第209　〔康熙〕益都縣志十四卷首一卷　（清）陳食花修　（清）鍾諤等纂　清康熙十一年（1672）刻本　史部地理類方志　青州市圖書館

第210　〔康熙〕益都縣志十四卷首一卷　（清）陳食花修　（清）鍾諤等纂　清康熙十一年（1672）刻本　史部地理類方志　青州市圖書館

第211　〔康熙〕益都縣志十四卷首一卷　（清）陳食花修　（清）鍾諤等纂　清康熙十一年（1672）刻本　史部地理類方志　青州市圖書館

第212　〔康熙〕益都縣志十四卷首一卷　（清）陳食花修　（清）鍾諤等纂　清康

熙十一年（1672）刻本　史部地理類方志　青州市圖書館

第213　〔康熙〕壽光縣志三十二卷　（清）劉有成修　（清）安致遠纂　清康熙三十七年（1698）刻本　史部地理類方志　壽光市博物館

第214　〔康熙〕諸城縣志十二卷　（清）卞穎修　（清）王勸纂　清康熙十二年（1673）刻本　存3卷：卷2—3、卷6　史部地理類方志　諸城市圖書館

第215　〔乾隆〕諸城縣志四十六卷　（清）宮懋讓修　（清）李文藻等纂　清乾隆二十九年（1764）刻本　史部地理類方志　青州市圖書館

第216　〔乾隆〕諸城縣志四十六卷　（清）宮懋讓修　（清）李文藻等纂　清乾隆二十九年（1764）刻本　史部地理類方志　諸城市圖書館

第217　〔乾隆〕諸城縣志四十六卷　（清）宮懋讓修　（清）李文藻等纂　清乾隆二十九年（1764）刻本　史部地理類方志　諸城市檔案館

第218　〔乾隆〕諸城縣志四十六卷　（清）宮懋讓修　（清）李文藻等纂　清乾隆二十九年（1764）刻本　史部地理類方志　諸城市檔案館

第219　〔乾隆〕諸城縣志四十六卷　（清）宮懋讓修　（清）李文藻等纂　清乾隆二十九年（1764）刻本　史部地理類方志　諸城市圖書館

第220　〔乾隆〕諸城縣志四十六卷　（清）宮懋讓修　（清）李文藻等纂　清乾隆二十九年（1764）刻本　史部地理類方志　諸城市圖書館

第221　〔乾隆〕諸城縣志四十六卷　（清）宮懋讓修　（清）李文藻等纂　清乾隆二十九年（1764）刻本　存36卷：卷11—46　史部地理類方志　青州市圖書館

第222　〔乾隆〕昌邑縣志八卷　（清）周來邰纂修　清乾隆七年（1742）刻本　史部地理類方志　青州市圖書館

第223　〔乾隆〕濰縣志六卷首一卷末一卷　（清）張耀璧修　（清）王誦芬纂　清乾隆二十五年（1760）刻本　史部地理類方志　濰坊市圖書館

第224　〔乾隆〕濰縣志六卷首一卷末一卷　（清）張耀璧修　（清）王誦芬纂　清乾隆二十五年（1760）刻本　史部地理類方志　濰城區檔案館

第225　〔乾隆〕福山縣志十二卷　（清）何樂善修　（清）蕭劼、王積熙纂　清乾隆二十八年（1763）刻本（卷九爲補刻）　存10卷：卷3—12　史部地理類方志　青州市圖書館

第226　〔乾隆〕福山縣志十二卷　（清）何樂善修　（清）蕭劼、王積熙纂　清乾隆二十八年（1763）刻本　存6卷：卷3—6、卷8、卷11（上）　史部地理類方志　青州市圖書館

第227　〔順治〕招遠縣志十二卷　（清）張作礪修　（清）張鳳羽纂　清順治十七年（1660）刻本　存6卷：卷1—6　史部地理類方志　青州市圖書館

第228　〔康熙〕鄆城縣志八卷　（清）張盛銘修　（清）趙肅纂　清康熙五十五年（1716）刻本　史部地理類方志　青州市圖書館

第229　〔康熙〕儀真縣志二十二卷　（清）陸師修　清鈔本　史部地理類方志　濰坊學院圖書館

第230　〔順治〕徐州志八卷　（清）余志明修　（清）李向陽纂　清順治十一年（1654）刻本　史部地理類方志　青州市圖書館

第231　晉太康三年地記一卷　（晉）□□撰　（清）畢沅輯　王隱晉書地道記一卷（晉）王隱撰　（清）畢沅輯　清乾隆四十九年（1784）西安巴院刻本　史部地理類方志　濰坊市博物館

第232　滇考二卷　（清）馮甦撰　清康熙刻本　史部地理類方志　諸城市圖書館

第233　日下舊聞四十二卷　（清）朱彝尊撰　清康熙二十七年（1688）刻本　存37卷：卷1—15、卷21—42　史部地理類雜志　青州市圖書館

第234　日下舊聞四十二卷　（清）朱彝尊撰　清康熙二十七年（1688）刻本　存20卷：卷1—20　史部地理類雜志　諸城市圖書館

第235　青社瑣記五卷　（清）邱琮玉撰　清稿本　存2卷：卷3—4　史部地理类雜志　青州市圖書館

第236　臥象山志四卷　（清）張侗撰　清康熙十八年（1679）刻本　史部地理類山水志山志　諸城市圖書館

第237　五蓮山志五卷　（清）釋海霆編集　（清）王咸㲹批選　（清）張侗訂正（清）李焕章删定　清康熙萬松禪林刻本　史部地理類山水志山志　諸城市圖書館

第238　雩東山莊八景圖　（清）臧燿初繪　清光緒二十五年（1899）彩繪本　史部地理類山水志山志　諸城市圖書館

第239　水經注不分卷　（北魏）酈道元撰　（清）戴震校訂　清乾隆刻本　史部地

理類山水志水志　濰坊學院圖書館

第240　三輔黃圖六卷補遺一卷　（漢）□□撰　（清）畢沅校　清乾隆四十九年（1784）刻本　史部地理類專志　濰坊市博物館

第241　臥龍崗志二卷　（清）羅景撰　（清）羅鍆校　清康熙五十一年（1712）自刻本　史部地理類專志古跡　濰坊學院圖書館

第242　西湖遊覽志二十四卷志餘二十六卷　（明）田汝成撰　明萬曆四十七（1619）會稽商維濬刻本　存6卷：卷7—8、卷12—15　史部地理類遊記　青州市圖書館

第243　南來志一卷北歸志一卷廣州遊覽小志一卷　（清）王士禎撰　清康熙二十三年（1684）刻本　史部地理類遊記　青州市圖書館

第244　臣鑒錄二十卷　（清）蔣伊編輯　清康熙刻本　史部職官類官箴　昌邑市圖書館

第245　諸城山海物產志二卷　（清）臧燿初撰　清光緒九年（1883）鈔本　史部政書類邦計　諸城市圖書館

第246　經義考三百卷　（清）朱彝尊撰　清康熙刻乾隆二十年（1755）盧見曾增刻本　存67卷：卷1—9、卷14—45、卷51—59、卷71—76、卷81—91　史部目錄類公藏　高密市圖書館

第247　益都金石記四卷　（清）段松苓撰　清光緒九年（1883）刻本　史部金石類總類　壽光市博物館

第248　濰縣金石志八卷　（清）郭麐撰　稿本　史部金石類總類　濰坊市圖書館

第249　簠齋手集古器銘不分卷　（清）陳介祺藏拓　清拓本　史部金石類金類　濰坊市博物館

第250　秦詔量瓦拓片不分卷　（清）陳介祺集　清拓本　史部金石類陶類　濰坊市博物館

第251　松雪堂印萃不分卷　（清）郭啓翼輯　清乾隆五十五年（1790）松雪堂刻鈐印本　史部金石類璽印　濰坊市博物館

第252　封泥考略十卷　（清）吳式芬、陳介祺輯　清光緒三十年（1904）滬上石印本　史部金石類璽印　濰坊市博物館

第253　封泥考略十卷　（清）吳式芬、陳介祺輯　（清）翁大年考編　清鈔本　存

9卷：卷1—9　史部金石類璽印　濰坊市博物館

　　第254　古印偶存不分卷　（清）王石經、田鎔叡、高鴻裁、劉嘉穎同輯　清光緒十六年（1890）石印本（1961年陳秉忱題跋）　史部金石類璽印　濰坊市博物館

　　第255　高慶齡集印不分卷　（清）高慶齡集　清鈐印本　史部金石類璽印　濰坊市博物館

　　第256　胥芟塘鑄印不分卷　（清）胥倫治印　清鈐印本　史部金石類璽印　濰坊市博物館

　　第257　續齊魯古印攈十六卷　（清）郭裕之輯　清光緒十八年（1892）刻鈐印本　史部金石類璽印　濰坊市博物館

　　第258　史記評林一百三十卷　（明）凌稚隆輯　明刻本　存87卷：本紀卷5—12，年表卷1—10，八書卷1—8，世家卷1—30，列傳卷1—31　史部史評類　諸城市圖書館

　　第259　漢書評林一百卷　（明）凌稚隆輯　明萬曆九年（1581）凌稚隆刻本　存90卷：卷4—62、卷70—100　史部史評類　安丘市博物館

　　第260　鑑語經世編二十七卷　（清）魏裔介撰　清康熙十四年（1675）兼濟堂刻本　史部史評類　濰坊學院圖書館

　　第261　評鑑闡要十二卷　（清）劉統勳撰　清乾隆三十六年（1771）武英殿刻本　史部史評類　濰坊工程職業學院圖書館

　　第262　慈溪黃氏日抄分類九十七卷古今紀要十九卷　（宋）黃震撰　清乾隆三十二年（1767）汪佩鍔刻本　缺2卷：慈溪黃氏日抄分類卷81、卷89　子部儒家類　昌邑市圖書館

　　第263　性理標題綜要二十二卷　（明）詹淮輯　（明）陳仁錫訂正　明崇禎刻本　子部儒家類　青州市圖書館

　　第264　性理標題綜要二十二卷　（明）詹淮輯　（明）陳仁錫訂正　明崇禎刻本　子部儒家類　青州市博物館

　　第265　性理約編二十六卷　清靖江朱勳刻本　子部儒家類　壽光市博物館

　　第266　困學錄集粹八卷　（清）張伯行撰　清雍正四年（1726）刻本　存4卷：卷1—4　子部儒家類　諸城市圖書館

　　第267　素書一卷新語二卷　（題漢）黃石公撰　（宋）張商英注　明刻本　子部兵

家類　諸城市圖書館

第268　管子二十四卷　（唐）房玄齡注　（明）劉績補注　（明）張榜等評　明天啓五年（1625）朱養純花齋刻本　存16卷：卷1—3、卷13—25　子部法家類　高密市圖書館

第269　景岳全書十六種六十四卷　（明）張介賓撰　（清）賈棠訂　清康熙瀛海賈棠刻本　存8卷：卷49、卷55—60、卷64　子部醫家類叢編　濰坊學院圖書館

第270　素問病機氣宜保命集三卷　（金）劉完素撰　明萬曆二十九年（1601）吳勉學校刻古今醫統正脈全書本　子部醫家類醫經　濰坊學院圖書館

第271　素問病機氣宜保命集三卷　（金）劉完素撰　（明）吳勉學、鮑士奇校　明萬曆二十九年（1601）吳勉學校刻古今醫統正脈全書本　存2卷：卷中、卷下　子部醫家類醫經　濰坊學院圖書館

第272　新刊註釋素問玄機原病式二卷　（金）劉完素撰　（元）薛時平注　明金谿吳起祥刻本　子部醫家類醫經　濰坊學院圖書館

第273　黃帝內經靈樞素問九卷　（清）張志聰集注　清康熙刻本　子部醫家類醫經　濰坊學院圖書館

第274　食物本草會纂十二卷　（清）沈李龍撰　清乾隆四十八年（1783）金閶書業堂刻本　存8卷：卷4—11　子部醫家類本草　青州市圖書館

第275　本草從新十八卷　（清）吳儀洛輯　清刻本　子部醫家類本草　濰坊學院圖書館

第276　劉河間傷寒醫鑒三卷　（元）馬宗素撰　明萬曆二十九年（1601）吳勉學校刻古今醫統正脈全書本　子部醫家類方論傷寒金匱　濰坊學院圖書館

第277　傷寒懸解十四卷首一卷末一卷　（清）黃元御撰　清道光十二年（1832）長沙燮龢精舍刻本　子部醫家類方論傷寒金匱　昌邑市圖書館

第278　衛生易簡方十二卷　（明）胡濚撰　明嘉靖四十一年（1562）刻本　存6卷：卷1—3、卷7—9　子部醫家類方論諸方　諸城市圖書館

第279　重訂外科正宗十二卷　（明）陳實功撰　（清）朱德敷輯　清乾隆四十五年（1780）刻本　子部醫家類方論外科　濰坊學院圖書館

第280　重訂外科正宗十二卷　（明）陳實功撰　（清）張鸞翼重訂　清乾隆五十二

年（1787）刻本　子部醫家類方論外科　濰坊市圖書館

第281　濟陰綱目十四卷附保生碎事十四卷　（明）武之望撰　（清）張志聰訂正（清）汪淇箋釋　清刻本　子部醫家類方論婦科　濰坊學院圖書館

第282　馮氏錦囊秘錄痘疹全集十五卷　（清）馮兆張纂　清刻馮氏錦囊秘錄本　缺3卷：卷3—5　子部醫家類方論兒科　濰坊學院圖書館

第283　天元曆理全書十二卷首一卷　（清）徐發撰　清康熙刻本（諸城尹錫綸、尹彭壽跋）　子部天文算法類曆法　諸城市圖書館

第284　曆學八卷續曆學一卷　（清）江永撰　聖祖仁皇帝御製推步法五卷　（清）江永解　清鈔本　子部天文算法類曆法　濰坊市圖書館

第285　算經十書　（清）孔繼涵輯　清乾隆中曲阜孔氏微波榭刻本　子部天文算法類算法　濰坊學院圖書館

第286　新編評註通玄先生張果星宗大全十卷　（題唐）張果撰　（明）陸位刪補　明萬曆二十二年（1594）金陵書林唐謙刻本　子部術數類　濰坊市圖書館

第287　五種秘竅全書十二卷　（明）甘霖撰　（明）梁廷棟校　明末梁廷棟刻本　存4卷：卷1—4　子部術數類　諸城市圖書館

第288　重刊人子須知資孝地理心學統宗三十九卷　（明）徐善繼、徐善述撰　（明）曾璠校　明萬曆十一年（1583）曾璠刻本　存3卷：卷6—8　子部術數類相宅相墓　濰坊學院圖書館

第289　神課金口訣六卷別錄一卷　（題明）遽然子撰　明萬曆金陵三多齋刻本　子部術數類占卜　青州市圖書館

第290　大唐三藏聖教序一卷　（唐）太宗李世民撰　（唐）釋懷仁集　（晉）王羲之書　舊拓本　子部藝術類書畫　昌邑市圖書館

第291　墨池編二十卷　（宋）朱長文輯　清雍正十一年（1733）寶硯山房刻本　印典八卷　（清）朱象賢編　清雍正十一年（1733）就閒堂刻本　存17卷：墨池編13卷（卷1—2、卷7—10、卷12—18），印典4卷（卷1—4）　子部藝術類書畫　高密市圖書館

第292　草韻彙編二十六卷　（清）陶南望輯　清乾隆十九年（1754）南邨草堂刻本　子部藝術類書畫　濰坊學院圖書館

第293　歷代畫像傳四卷　（清）丁善長撰　清光緒二十二年（1896）刻本　子部藝

術類書畫　濰坊市博物館

　　第294　芥子園畫傳五卷　（清）王槩等編繪　（清）李漁論定　清康熙刻本　子部藝術類畫譜　青州市圖書館

　　第295　重修正文對音捷要真傳琴譜大全十卷　（明）楊表正撰　明萬曆十三年（1585）富春堂刻本　存1卷：卷6　子部藝術類樂譜　諸城市圖書館

　　第296　呂氏春秋二十六卷　（秦）呂不韋撰　（漢）高誘注　（清）畢沅輯校　清乾隆五十四年（1789）畢氏靈巖山館刻本　存13卷：卷1—13　子部雜家類雜學雜說　濰坊市圖書館

　　第297　益智編四十一卷　（明）孫能傳輯　明萬曆四十一年（1613）孫能正鄡鞳堂刻本　子部雜家類雜學雜說　青州市圖書館

　　第298　池北偶談二十六卷　（清）王士禎撰　清康熙三十九年至四十年（1700—1701）臨汀郡署刻本　子部雜家類雜學雜說　壽光市博物館

　　第299　居易錄三十四卷　（清）王士禎撰　清康熙四十年（1701）新城王士禎廣東刻本　子部雜家類雜學雜說　濰坊學院圖書館

　　第300　香祖筆記十二卷　（清）王士禎撰　清康熙刻王漁洋遺書本　存2卷：卷9—10　子部雜家類雜學雜說　高密市圖書館

　　第301　日知錄三十二卷　（清）顧炎武撰　清刻本　存19卷：卷1—19　子部雜家類雜考　濰坊工程職業學院圖書館

　　第302　世說新語三卷　（南朝宋）劉義慶撰　（南朝梁）劉孝標注　（明）王世懋批點　明萬曆九年（1581）喬懋敬刻本　缺1卷：卷上之上　子部雜家類雜記　安丘市博物館

　　第303　世說新語八卷　（南朝宋）劉義慶撰　（南朝梁）劉峻注　（明）張懋辰訂　明萬曆刻本　存3卷：卷1—3　子部雜家類雜記　高密市圖書館

　　第304　河南邵氏聞見後錄三十卷　（宋）邵博撰　明崇禎毛晉汲古閣刻津逮祕書本　子部雜家類雜記　諸城市圖書館

　　第305　北夢瑣言二十卷　（宋）孫光憲撰　清乾隆二十一年（1756）德州盧氏雅雨堂刻本　子部雜家類雜記　濰坊市圖書館

　　第306　新鐫五福萬壽丹書六卷　（明）龔居中撰　明天啓金陵書林周如泉刻本　存

4卷：卷2—3、卷5—6　子部雜家類雜纂　青州市圖書館

第307　渠丘耳夢錄四卷　（清）張貞撰　清康熙四十八年（1709）刻本　子部小說類筆記雜事　安丘市博物館

第308　四海棠四卷　佚名撰　清光緒三十一年（1901）楊維樞鈔本　子部小說類長篇人情　諸城市圖書館

第309　事類賦三十卷　（宋）吳淑撰　（明）華麟祥校　清乾隆五十八年（1793）刻本　子部類書類　昌邑市圖書館

第310　唐類函二百卷　（明）俞安期撰　（明）安希范校訂　明刻本　存80卷：卷41—120　子部類書類　昌邑市圖書館

第311　劉氏鴻書一百八卷　（明）劉仲達輯　明萬曆刻本　存30卷：卷1—30　子部類書類　青州市博物館

第312　新刊校正增補圓機詩韻活法全書十四卷　（明）王世貞增補　（清）蔣先庚重訂　清刻本　子部類書類　青州市圖書館

第313　五車韻瑞一百六十卷　（明）凌稚隆輯　明金閶葉瑤池刻本　存47卷：卷4—15、卷20—54　子部類書類　昌邑市圖書館

第314　潛確居類書一百二十卷　（明）陳仁錫輯　明崇禎刻本　存38卷：卷1—5、卷18—21、卷29—34、卷83—89、卷75—79、卷98—108　子部類書類　青州市圖書館

第315　廣博物志五十卷　（明）董斯張輯　明萬曆高暉堂刻本　子部類書類　青州市博物館

第316　新鐫註釋故事白眉十卷　（明）許以忠纂　（清）燃藜閣重校　清乾隆十八年（1753）聚錦堂刻本　子部類書類　諸城市圖書館

第317　類書纂要三十六卷　（清）周魯輯　清康熙三年（1664）無錫天和堂刻本　存27卷：卷1—13、15—28　子部類書類　青州市圖書館

第318　錦字箋四卷　（清）黃澐撰　清康熙書業堂刻本　子部類書類　濰坊市圖書館

第319　淵鑑類函四百五十卷目錄四卷　（清）張英、王士禛等輯　清康熙四十九年（1710）內府刻本　子部類書類　濰坊學院圖書館

第320　淵鑑類函四百五十卷目錄四卷　（清）張英、王士禛等輯　清康熙四十九

年（1710）內府刻本　存300卷：卷23—26、卷30—43、卷47—60、卷64—89、卷96—98、卷102—105、卷109—222、卷226—229、卷232—237、卷240—309、卷312—335、卷339—355　子部類書類　諸城市圖書館

第321　佩文韻府正集一百六卷　（清）張玉書、蔡昇元等輯　清康熙五十年（1711）內府刻本　缺2卷：卷80—81　子部類書類　濰坊學院圖書館

第322　廣事類賦四十卷　（清）華希閔撰　（清）鄒兆升參　清刻本　存3卷：卷1—3　子部類書類　諸城市圖書館

第323　子史精華一百六十卷　（清）允祿、吳襄等纂　清雍正五年（1727）內府刻本　存22卷：卷139—160　子部類書類　昌邑市圖書館

第324　類林新咏三十六卷　（清）姚之駰撰　清康熙刻本　子部類書類　高密市圖書館

第325　初學行文語類四卷　（清）孫埏輯　清乾隆十五年（1750）刻本　存2卷：卷1、卷3　子部類書類　諸城市圖書館

第326　妙法蓮華經七卷　（後秦）釋鳩摩羅什譯　清南京能仁寺禪堂刻本　存5卷：卷2—6　子部釋家類譯經　青州市圖書館

第327　妙法蓮華經七卷　（後秦）釋鳩摩羅什譯　清鈔本　存5卷：卷1—4、卷6　子部釋家類譯經　青州市圖書館

第328　佛說佛名經十二卷　（北魏）釋菩提留支譯　清雍正十三年（1735）刻本　存1卷：卷11　子部釋家類譯經　青州市圖書館

第329　大乘莊嚴經論十三卷　題無著菩薩造　（唐）釋波羅頗迦羅蜜多羅譯　清雍正十三年（1735）刻本　存10卷：卷1—10　子部釋家類譯經　青州市圖書館

第330　大佛頂如來密因修證了義諸菩薩萬行首楞嚴經十卷　題（唐）釋般剌密諦、彌伽釋迦譯　清康熙十九年（1680）比丘仁昶鈔本　子部釋家類譯經　高密市圖書館

第331　佛母大孔雀明王經三卷　（唐）釋不空譯　明刻本　存1卷：卷上　子部釋家類譯經　青州市圖書館

第332　佛母大孔雀明王經三卷　（唐）釋不空譯　明刻本　存1卷：卷中　子部釋家類譯經　青州市圖書館

第333　觀楞伽阿跋多羅寶經記四卷略科一卷　（宋）釋求那跋陀羅譯　（明）釋德

清筆記　明萬曆刻本　子部釋家類撰疏註疏　安丘市博物館

　　第334　宗鏡錄一百卷　（宋）釋延壽集　清雍正十三年（1735）刻本　存8卷：卷61、卷68—69、卷71、卷74、卷76—78　子部釋家類撰疏註疏　青州市圖書館

　　第335　南華真經評注□□卷　（周）莊周撰　（晉）向秀注　明末刻本　存4卷：卷2—5　子部道家類　青州市圖書館

　　第336　南華經十六卷　（晉）郭象注　（宋）林希逸口義　（宋）劉辰翁點校（明）王世貞評點　（明）陳仁錫批注　明末刻四色套印本　子部道家類　安丘市博物館

　　第337　南華全經分章句解四卷　（明）陳榮撰　清乾隆三年（1738）陳廷信、陳廷尹瑞雲堂刻本　子部道家類　濰坊市博物館

　　第338　南華真經解不分卷　（清）宣穎撰　（清）王暉吉校　清寶旭齋刻本　子部道家類　濰坊學院圖書館

　　第339　莊子因六卷　（清）林雲銘撰　清康熙五十五年（1716）挹奎樓刻本　子部道家類　安丘市博物館

　　第340　莊子因六卷　（清）林雲銘撰　清康熙五十五年（1716）挹奎樓刻本　子部道家類　壽光市博物館

　　第341　莊子因六卷　（清）林雲銘撰　清乾隆刻本　子部道家類　青州市圖書館

　　第342　司命竈君消災保安經一卷　明萬曆十二年（1584）叢桂堂刻本　子部道家類　濰坊市圖書館

　　第343　屈騷心印五卷首一卷　（清）夏大霖撰　清乾隆三十九年（1774）一本堂刻本　集部楚辭類　壽光市博物館

　　第344　李太白文集三十六卷　（唐）李白撰　（清）王琦輯注　清乾隆寶笏樓刻二十五年（1760）增刻本　存25卷：卷1—13、卷18—20、卷25—27、卷31—36　集部別集類唐五代　高密市圖書館

　　第345　王右丞集二十八卷首一卷末一卷　（唐）王維撰　（清）趙殿成箋注　清乾隆趙氏刻本　集部別集類唐五代　青州市圖書館

　　第346　杜工部集二十卷　（唐）杜甫撰　（清）錢謙益箋注　年譜一卷諸家詩話一卷唱酬題詠附錄一卷附錄一卷　清康熙六年（1667）季氏靜思堂刻本　存5卷：卷1—2、

卷16—18　集部別集類唐五代　高密市圖書館

第347　杜詩詳註三十一卷　（清）仇兆鰲輯注　清康熙三十二年（1693）刻本　存27卷：卷1、卷6—31　集部別集類唐五代　濰坊市博物館

第348　知本堂讀杜詩二十四卷　（清）汪灝撰　清康熙汪氏自刻本　存15卷：卷1—2、卷4—16　集部別集類唐五代　濰坊市圖書館

第349　讀杜心解六卷首二卷　（清）浦起龍撰　清雍正二年至三年（1724—1725）浦氏寧我齋刻本　集部別集類唐五代　青州市博物館

第350　杜律通解四卷　（清）李文煒撰　清康熙六十年（1721）自刻本　集部別集類唐五代　濰坊工程職業學院圖書館

第351　孟東野詩集十卷　（唐）孟郊撰　（宋）國材、劉辰翁評　明凌濛初刻朱墨套印盛唐四名家集本　存4卷：卷1、卷3、卷6、卷9　集部別集類唐五代　諸城市圖書館

第352　韓文一卷　（唐）韓愈撰　（明）郭正域評選　明萬曆四十五年（1617）閔齊伋刻朱墨套印韓文杜律本　集部別集類唐五代　諸城市圖書館

第353　昌黎先生全集錄八卷　（唐）韓愈撰　（清）儲欣輯　清刻唐宋十大家全集錄本　存7卷：卷2—8　集部別集類唐五代　昌邑市圖書館

第354　習之先生全集錄二卷　（唐）李翱撰　（清）儲欣輯　清刻唐宋十大家全集錄本　存1卷：卷2　集部別集類唐五代　昌邑市圖書館

第355　白香山詩長慶集二十卷後集十七卷別集一卷補遺二卷　（唐）白居易撰　年譜一卷　（清）汪立名編　年譜舊本一卷　（宋）陳振孫撰　清康熙四十一年至四十二年（1702—1703）汪立名一隅草堂刻本　存20卷：白香山詩後集17卷，別集1卷，補遺2卷　集部別集類唐五代　青州市圖書館

第356　香山詩鈔二十卷　（唐）白居易撰　（清）楊大鶴選　清康熙四十年（1701）刻本　集部別集類唐五代　諸城市圖書館

第357　昌谷詩集五卷　（唐）李賀撰　明刻本　集部別集類唐五代　昌邑市圖書館

第358　李義山詩集十六卷　（唐）李商隱撰　（清）姚培謙箋注　清乾隆五年（1740）姚氏松桂讀書堂刻本　集部別集類唐五代　濰坊市圖書館

第359　李義山文集十卷　（唐）李商隱撰　（清）徐樹穀箋　（清）徐炯注　清康熙四十七年（1708）徐氏花谿草堂刻本　集部別集類唐五代　青州市圖書館

類明　青州市博物館

　　　第372　薛文清公讀書録鈔四卷　（明）薛瑄撰　（清）陸緯輯　（清）陸晟等校
清雍正三年（1725）刻本　集部別集類明　濰坊工程職業學院圖書館

　　　第373　陽明先生文録五卷外集九卷別録十卷　（明）王守仁撰　明嘉靖三十六年
（1557）胡宗憲刻本　存3卷：外集卷4—6　集部別集類明　諸城市圖書館

　　　第374　太史升菴遺集二十六卷　（明）楊愼撰　明萬曆三十四年（1606）湯日昭刻
本　集部別集類明　諸城市圖書館

　　　第375　馮光禄詩集十卷　（明）馮惟訥撰　明萬曆十四年（1586）馮琦、馮珣刻本
　存3卷：卷5—7　集部別集類明　青州市圖書館

　　　第376　楊椒山先生集四卷年譜一卷　（明）楊繼盛撰　清刻本　集部別集類明　青
州市圖書館

　　　第377　讀書後八卷　（明）王世貞撰　清乾隆刻本　集部別集類明　諸城市圖書館

　　　第378　萬一樓集五十六卷續集六卷外集十卷　（明）駱問禮撰　明萬曆三十九年
（1611）駱先行、駱中行刻本　缺37卷：正集卷1—37　集部別集類明　青州市圖書館

　　　第379　崇雅堂集十五卷　（明）鍾羽正撰　清光緒三十三年（1907）鍾氏家塾刻本
　集部別集類明　青州市圖書館

　　　第380　趙秉忠殿試卷　（明）趙秉忠撰　明萬曆二十六年（1598）稿本　集部別集
類明　青州市博物馆

　　　第381　偕園詩草一卷　（明）房可壯撰　清光緒三十三年（1907）房氏家塾刻本
集部別集類明　青州市圖書館

　　　第382　椒丘詩二卷　（清）丁耀亢撰　清順治刻本　存1卷：卷1　集部別集類清
諸城市圖書館

　　　第383　江干草二卷　（清）丁耀亢撰　清康熙十二年（1673）家刻本　集部別集類
清　諸城市圖書館

　　　第384　陸舫詩草五卷　（清）丁耀亢撰　清康熙刻本　集部別集類清　諸城市圖書
館

　　　第385　家政須知一卷　（清）丁耀亢撰　清康熙鈔本　集部別集類清　諸城市圖書
館

第386　膽餘軒集八卷　（清）孫光祀撰　清康熙三十五年（1696）刻本　集部別集類清　濰坊市博物館

第387　安雅堂文集二卷書啓一卷重刻文集二卷詩不分卷　（清）宋琬撰　清刻本　集部別集類清　青州市圖書館

第388　託素齋詩集四卷文集六卷　（清）黎士弘撰　行述一卷　（清）劉元慧撰　清雍正二年（1724）黎致遠刻本　集部別集類清　諸城市圖書館

第389　壯悔堂文集十卷　（清）侯方域撰　清刻本　存3卷：卷6—8　集部別集類清　濰坊市圖書館

第390　姚端恪公文集十八卷　（清）姚文然撰　清康熙刻本　存5卷：卷5—8，末1卷　集部別集類清　諸城市圖書館

第391　陳檢討集二十卷　（清）陳維崧撰　（清）程師恭注　清康熙刻本　集部別集類清　濰坊市圖書館

第392　蠶音一卷　（清）安致遠撰　清康熙四十一年（1702）壽光安箕刻同治二年（1863）自鉏園修補本　集部別集類清　壽光市博物館

第393　玉碪集四卷　（清）安致遠撰　清康熙四十一年（1702）壽光安箕刻同治二年（1863）自鉏園修補本　集部別集類清　壽光市博物館

第394　紀城文槀四卷　（清）安致遠撰　清康熙刻本　集部別集類清　壽光市博物館

第395　紀城詩槀四卷　（清）安致遠撰　清康熙刻同治二年（1863）自鉏園修補本　集部別集類清　壽光市博物館

第396　吳江旅嘯一卷　（清）安致遠撰　清康熙刻同治二年（1863）自鉏園修補本　集部別集類清　壽光市博物館

第397　綺樹閣詩賦一卷　（清）安箕撰　清康熙刻同治二年（1863）自鉏園修補本　集部別集類清　壽光市博物館

第398　曝書亭集八十卷　（清）朱彝尊撰　附錄一卷　清康熙刻本　存52卷：卷30—80，附錄1卷　集部別集類清　青州市圖書館

第399　白雲村文集四卷臥象山房詩正集七卷　（清）李澄中撰　清康熙四十四年（1705）龐塏等刻本　集部別集類清　青州市圖書館

第400 臥象山房文集四卷 （清）李澄中撰 清康熙刻本 存1卷：卷1 集部別集類清 諸城市圖書館

第401 臥象山房文集四卷 （清）李澄中撰 清康熙刻本 存1卷：卷1 集部別集類清 諸城市圖書館

第402 艮齋文選一卷 （清）李澄中撰 清刻本 集部別集類清 諸城市圖書館

第403 李澄中詩鈔一卷 （清）李澄中撰 清鈔本 集部別集類清 諸城市圖書館

第404 太古園詩草一卷 （清）臧振榮撰 清康熙二十九年（1690）刻本 集部別集類清 諸城市圖書館

第405 漁洋山人詩集二十二卷 （清）王士禛撰 清康熙八年（1669）吳郡沂詠堂刻後印本 集部別集類清 青州市圖書館

第406 漁洋山人詩續集十六卷 （清）王士禛撰 清康熙刻本 集部別集類清 青州市圖書館

第407 雍益集一卷 （清）王士禛撰 清康熙三十六年（1697）刻本 集部別集類清 濰坊市圖書館

第408 漁洋山人精華錄十卷 （清）王士禛撰 清康熙三十九年（1700）林佶寫刻本 集部別集類清 濰坊學院圖書館

第409 蠶尾集十卷續集二卷後集二卷 （清）王士禛撰 清康熙刻本 缺2卷：後集2卷 集部別集類清 諸城市圖書館

第410 蠶尾續集二卷 （清）王士禛撰 清康熙刻本 集部別集類清 濰坊學院圖書館

第411 蠶尾後集二卷 （清）王士禛撰 清刻本 集部別集類清 濰坊學院圖書館

第412 筠廊偶筆二卷 （清）宋犖撰 清康熙刻本 集部別集類清 濰坊學院圖書館

第413 綿津山人詩集三十一卷 （清）宋犖撰 清康熙刻本 集部別集類清 諸城市圖書館

第414 緯蕭草堂詩三卷 （清）宋至撰 清康熙刻本 集部別集類清 濰坊學院圖書館

第415 古歡堂集二十二卷蒙齋年譜一卷 （清）田雯撰 清康熙刻本 集部別集類

清　濰坊學院圖書館

第416　放鶴村文集五卷　（清）張侗撰　清刻本　存1卷：卷1　集部別集類清　諸城市圖書館

第417　潛虛先生文集十四卷　（清）戴名世撰　清康熙四十四年（1705）刻本　集部別集類清　青州市圖書館

第418　飴山詩集二十卷　（清）趙執信撰　清乾隆十七年（1752）趙氏因園刻本　集部別集類清　青州市圖書館

第419　愛古堂儷體一卷　（清）徐瑤撰　清康熙刻本　集部別集類清　濰坊市圖書館

第420　望溪集不分卷　（清）方苞撰　（清）王兆符、程崟輯　清乾隆十一年（1746）程崟刻本　集部別集類清　濰坊市圖書館

第421　或語集一卷　（清）張貞撰　清康熙三十二年（1693）刻本　集部別集類清　濰坊市博物館

第422　潛州集一卷　（清）張貞撰　清康熙三十六年（1697）刻本　集部別集類清　濰坊市博物館

第423　娛老集一卷　（清）張貞撰　清康熙四十七年（1708）刻本　集部別集類清　濰坊市博物館

第424　渠亭山人半部彙五卷　（清）張貞撰　清康熙刻本　集部別集類清　濰坊市博物館

第425　渠亭山人半部彙五卷　（清）張貞撰　清康熙刻本　集部別集類清　安丘市博物館

第426　渠亭山人半部彙五卷　（清）張貞撰　清康熙刻本　存4卷：渠亭文彙1卷，或語集1卷，潛州集1卷，娛老集1卷　集部別集類清　安丘市博物館

第427　渠亭山人半部彙五卷　（清）張貞撰　清康熙刻本　存1卷：或語集1卷　集部別集類清　濰坊市圖書館

第428　南阜山人詩集類稿七卷　（清）高鳳翰撰　清乾隆二十八年（1763）高元質刻本（清李之雍題跋）　集部別集類清　濰坊工程職業學院圖書館

第429　板橋集六卷　（清）鄭燮撰　清刻本　集部別集類清　青州市圖書館

第430　漁洋山人精華録訓纂十卷　（清）惠棟撰　清惠氏紅豆齋刻本　集部別集類清　濰坊學院圖書館

第431　樂善堂全集定本三十卷序文一卷跋語一卷目録一卷　（清）高宗弘曆撰（清）蔣溥等編　清乾隆二十四年（1759）內府刻本　集部別集類清　青州市圖書館

第432　御製文初集三十卷目録二卷　（清）高宗弘曆撰　清乾隆二十八年（1763）內府刻本　集部別集類清　青州市圖書館

第433　省吾齋稿一卷　（清）竇光鼐撰　清刻本　集部別集類清　諸城市圖書館

第434　省吾齋稿一卷　（清）竇光鼐撰　清刻本　集部別集類清　諸城市圖書館

第435　省吾齋古文集□□卷　（清）竇光鼐撰　清刻本　存4卷：卷9—12　集部別集類清　諸城市圖書館

第436　理堂文集十卷　（清）韓夢周撰　清道光三年（1823）刻本　集部別集類清　濰坊市博物館

第437　理堂詩集四卷　（清）韓夢周撰　清道光四年（1824）刻本　集部別集類清　濰坊市博物館

第438　理堂日記八卷　（清）韓夢周撰　清道光四年（1824）刻本　集部別集類清　濰坊市博物館

第439　嶺南詩集八卷　（清）李文藻撰　清刻本　存2種3卷：潮陽集3卷（存2卷：卷2—3），桂林集4卷（存1卷：卷1）　集部別集類清　青州市圖書館

第440　簣山堂詩鈔二十一卷　（清）王廥言撰　清道光刻本　存10卷：卷3—8、卷13—16　集部別集類清　濰坊市圖書館

第441　仙舫聯唫不分卷　（清）王廥言撰　清刻本　集部別集類清　諸城市圖書館

第442　碧香閣遺橐一卷　（清）單莔樓撰　（清）王瑋慶訂　清嘉慶十五年（1810）刻本　集部別集類清　高密市圖書館

第443　綠野齋制藝一卷　（清）劉鴻翶撰　清道光六年（1826）刻本　集部別集類清　濰坊市博物館

第444　綠野齋制藝一卷　（清）劉鴻翶撰　清道光二十四年（1844）刻本　集部別集類清　濰坊市博物館

第445　綠野齋文集四卷　（清）劉鴻翶撰　清道光七年（1827）刻本　集部別集類

清　潍坊市博物馆

第446　綠野齋前後合集六卷　（清）劉鴻翱撰　清道光二十四年（1844）刻本　集部別集類清　潍坊市博物館

第447　綠野齋太湖詩草一卷　（清）劉鴻翱撰　（清）朱蘭坡評　清道光二十四年（1844）刻本　集部別集類清　潍坊市博物館

第448　綠野齋太湖詩草一卷　（清）劉鴻翱撰　（清）朱蘭坡評　清鈔本　集部別集類清　潍坊市博物館

第449　星橋制藝小題初編二卷　（清）劉清源撰　清咸豐元年（1851）刻本　集部別集類清　壽光市博物館

第450　徐堉會試硃卷一卷　（清）徐堉撰　清光緒刻本　集部別集類清　諸城市圖書館

第451　果園詩鈔十卷　（清）郭恩孚撰　清光緒三十三年（1907）京都松華齋刻本　集部別集類清　潍坊市博物館

第452　唐宋八大家文鈔一百六十六卷　（明）茅坤編　明崇禎四年（1631）茅著刻本　存7種107卷：唐大家韓文忠公文抄16卷（存15卷：卷2—16），宋大家蘇文忠公文抄28卷（存25卷：卷4—28），宋大家蘇文定公文抄20卷（存14卷：卷3—16），唐大家柳柳州文抄12卷，宋大家歐陽文忠公文抄32卷，宋大家王文公文抄16卷（存3卷：卷1—3），宋大家曾文定公文抄10卷（存6卷：卷3—5、卷8—10）　集部總集類叢編　安丘市博物館

第453　唐宋八大家文鈔一百六十六卷　（明）茅坤編　清康熙雲林大盛堂刻本　集部總集類叢編　壽光市博物館

第454　唐詩解五十卷　（明）唐汝詢輯　（清）毛先舒、趙孟龍閱　清順治十六年（1659）萬笈堂刻本　存20卷：卷5—18、卷39—44　集部總集類斷代　高密市圖書館

第455　十種唐詩選十七卷　（清）王士禛輯　清康熙刻本　存7種7卷：河嶽英靈集1卷，中興間氣集1卷，國秀集1卷，篋中集1卷，搜玉集1卷，御覽詩集1卷，極玄集1卷　集部總集類叢編　青州市圖書館

第456　十種唐詩選十七卷　（清）王士禛輯　清康熙刻本　集部總集類叢編　潍坊學院圖書館

第457　十種唐詩選十七卷　（清）王士禛輯　清康熙刻本　存4種4卷：中興間氣集

選1卷，國秀集選1卷，篋中集選1卷，搜玉集選1卷　集部總集類叢編　濰坊市圖書館

第458　十種唐詩選十七卷　（清）王士禛輯　清康熙刻本　存2種4卷：國秀集選1卷，唐文粹詩選3卷（卷1—3）　集部總集類叢編　高密市圖書館

第459　宋詩鈔初集九十五卷　（清）呂留良、吳之振、吳爾堯編　清康熙十年（1671）吳氏鑑古堂刻本　集部總集類叢編　青州市圖書館

第460　梁昭明文選十二卷　（南朝梁）蕭統輯　（明）張鳳翼纂注　明萬曆刻本　集部總集類通代　青州市圖書館

第461　天佚草堂刊定廣文選二十五卷詩選六卷　（明）馬維銘輯　明萬曆刻本　集部總集類通代　青州市圖書館

第462　新刊文選考註前集十五卷　（南朝梁）蕭統選輯　（唐）李善等考注　（明）張鳳翼注　明贈言堂刻本　集部總集類通代　濰坊市圖書館

第463　古文析義十四卷　（清）林雲銘評注　清乾隆五十年（1785）書業堂刻本　集部總集類通代　諸城市圖書館

第464　自怡軒古文選十卷　（清）許寶善、杜綱輯　清乾隆五十六年（1791）刻本　集部總集類通代　濰坊學院圖書館

第465　樂府詩集一百卷　（宋）郭茂倩輯　明末毛氏汲古閣刻本　存39卷：卷1—39　集部總集類通代　濰坊工程職業學院圖書館

第466　漢魏詩紀二十卷　（明）馮惟訥輯　明嘉靖三十八年（1559）自刻本　集部總集類通代　青州市圖書館

第467　古詩歸十五卷補編八卷　（明）鍾惺、譚元春輯　清康熙二年（1663）刻本　集部總集類通代　青州市圖書館

第468　阮亭選古詩三十二卷　（清）王士禛輯　清康熙天藜閣刻本　集部總集類通代　青州市圖書館

第469　斯文精萃不分卷　（清）尹繼善輯　清乾隆二十九年（1764）刻本　集部總集類通代　濰坊學院圖書館

第470　歷朝賦楷八卷首一卷　（清）王修玉輯　清康熙刻本　缺2卷：卷3—4　集部總集類通代　濰坊市圖書館

第471　唐宋八家文讀本三十卷　（清）沈德潛評點　清刻本　集部總集類通代　壽

光市博物館

第472　元明八大家古文十三卷　（清）劉肇虞選評　清乾隆二十九年（1764）刻本
缺2卷：卷6—7　集部總集類通代　濰坊市圖書館

第473　晚邨先生八家古文精選不分卷　（清）呂留良輯　（清）呂葆中批點　清康
熙四十三年（1704）呂氏家塾刻本　集部總集類通代　青州市圖書館

第474　古文七種　（清）儲欣評選　清乾隆四十九年（1784）金閶書業堂刻本　集
部總集類通代　青州市圖書館

第475　才調集選三卷　（蜀）韋縠撰　（清）王士禎輯　清康熙刻本　集部總集類
斷代　濰坊市圖書館

第476　唐文粹詩選六卷　（宋）姚鉉輯　（清）王士禎刪纂　清康熙刻本　集部總
集類斷代　濰坊市圖書館

第477　唐人萬首絕句選七卷　（清）王士禎選　清康熙四十七年（1708）刻本　集
部總集類斷代　濰坊市圖書館

第478　唐賢三昧集三卷　（清）王士禎編　清康熙刻本　集部總集類斷代　濰坊市
圖書館

第479　唐詩別裁集十卷　（清）沈德潛、陳培脉輯　清康熙五十六年（1717）碧梧
書屋刻本　集部總集類斷代　青州市圖書館

第480　唐詩肆雅八卷　（清）鞠愷輯　清刻本　存2卷：卷4—5　集部總集類斷代
諸城市圖書館

第481　宋四名家詩鈔不分卷　（清）周之鱗、柴升選編　清康熙刻本　集部總集類
斷代　青州市圖書館

第482　二家詩選不分卷　（清）王士禎輯　清康熙刻本　集部總集類斷代　濰坊學
院圖書館

第483　藜照樓明二十四家詩定二十四卷　（清）黃昌衢撰　清康熙二十八年
（1689）藜照樓刻本　存15卷：卷1—2、卷8—12、卷17—23　集部總集類斷代　濰坊工
程職業學院圖書館

第484　明詩別裁集十二卷　（清）沈德潛、周準輯　清乾隆四年（1739）刻本　集
部總集類斷代　濰坊學院圖書館

第485　明詩別裁集十二卷　（清）沈德潛、周準輯　清乾隆五十九年（1794）刻本　集部總集類斷代　青州市圖書館

第486　明人詩鈔十四卷　（清）朱琰編　清乾隆二十五年（1760）樊桐山房刻本　集部總集類斷代　青州市圖書館

第487　漪園選勝一卷　（清）王士禛等撰　（清）王熙載輯　清刻本　集部總集類斷代　濰坊市圖書館

第488　同館課藝初編一卷　（清）鍾衡輯　（清）張廷玉鑒定　清雍正刻本　集部總集類斷代　濰坊市圖書館

第489　國朝律賦茹涵四卷　（清）黎尊三輯　清乾隆四十四年（1779）刻本　集部總集類斷代　濰坊市圖書館

第490　聖駕南巡賦不分卷　（清）姚鼐、竇光鼐撰　清乾隆刻本　集部總集類斷代　諸城市圖書館

第491　分類詳註飲香尺牘四卷　（清）飲香居士撰　（清）慵隱子注　清乾隆五十四年（1789）刻本　集部總集類斷代　諸城市圖書館

第492　近科全題新策法程四卷　（清）劉坦之評點　清乾隆三十八年（1773）刻本　集部總集類斷代　濰坊市博物館

第493　明湖詩一卷　（清）劉大紳等撰　清乾隆六十年（1795）刻本　集部總集類斷代　濰坊市圖書館

第494　琅邪詩畧□□編□□卷　（清）隋平輯　（清）張侗刪定　清鈔本　存2卷：第一編卷5—6　集部總集類地方藝文　諸城市圖書館

第495　國朝山左詩鈔六十卷　（清）盧見曾輯　清乾隆二十三年（1758）德州盧氏雅雨堂刻本　集部總集類地方藝文　青州市圖書館

第496　渠風集畧七卷　（清）馬長淑輯　清乾隆八年（1743）輯慶堂刻本　存4卷：卷1—4　集部總集類地方藝文　安丘市博物館

第497　山左古文鈔八卷　（清）李景嶧、劉鴻翱輯　清道光八年（1828）刻本　集部總集類地方藝文　濰坊市博物館

第498　文心雕龍十卷　（梁）劉勰撰　（清）黃叔琳輯注　清乾隆六年（1741）養素堂刻本　集部詩文評類　濰坊市圖書館

第499　漁洋詩話三卷　（清）王士禎撰　清乾隆二十三年（1758）益都李文藻竹溪書屋刻本（佚名批校並跋）　存1卷：卷上　集部詩文評類　青州市圖書館

第500　彙纂詩法度鍼十卷　（清）徐文弼撰　清乾隆三十六年（1771）謙牧堂刻本　存8卷：卷3—10　集部詩文評類　諸城市圖書館

第501　四美園詩話摘抄一卷　（清）恭喜撰　清咸豐十年（1860）牛化溥刻本　集部詩文評類　青州市圖書館

第502　詞律二十卷　（清）萬樹撰　清康熙二十六年（1687）萬氏堆絮園刻本　集部詞類詞譜　昌邑市圖書館

第503　二十一史彈詞輯註十卷　（明）楊慎撰　（清）孫德威輯注　清康熙四十年（1701）刻本　存8卷：卷1—6、卷9—10　集部曲類彈詞　濰坊市圖書館

第504　漢魏叢書三十八種二百五十一卷　（明）程榮編　明萬曆二十年（1592）程榮刻本　存6種38卷：說苑20卷，申鑒5卷，顏氏家訓2卷（存1卷：卷下），商子5卷，人物志3卷，劉子新論10卷（存4卷：卷1—4）　叢部彙編叢書　安丘市博物館

第505　漢魏別解十六卷　（明）黃澍、葉紹泰編　明崇禎十一年（1638）香谷山房刻本　存1卷：卷14　叢部彙編叢書　濰坊市圖書館

第506　稗海四十六種二百八十五卷續稗海二十四種一百四十一卷　（明）商濬編　明萬曆商氏半埜堂刻本　存40種167卷：博物志10卷（存6卷：卷5—10），西京雜記6卷（存1卷：卷1），搜神記8卷，小名錄2卷（存1卷：卷2），雲溪友議12卷，獨異志3卷，杜陽雜編3卷（有鈔配），東觀奏記3卷，大唐新語13卷（存2卷：卷1—2），因話錄6卷，北夢瑣言20卷（存10卷：卷7—12、卷17—20），樂善錄2卷，過庭錄1卷，泊宅編3卷，閑窗括異志1卷，搜採異聞錄5卷，青箱雜記10卷（存5卷：卷3—4、卷8—10），侍兒小名錄拾遺1卷，補侍兒小名錄1卷，續補侍兒小名錄1卷，嬾真子5卷（存2卷：卷4—5），歸田錄2卷（有鈔配），東坡先生志林12卷（存8卷：卷1—4、卷9—12），澠水燕談錄10卷（存3卷：卷2—4），冷齋夜話10卷（存4卷：卷1—4），老學庵筆記10卷，雲麓漫抄4卷（存2卷：卷1—2），石林燕語10卷，避暑錄話2卷，墨客揮犀10卷，異聞總錄4卷，西陽雜俎20卷（存11卷：卷1—11），鶴林玉露16卷（存2卷：卷1—2），侯鯖錄8卷，暌車志6卷，江隣幾雜志1卷，耕祿稿1卷，厚德錄4卷（存1卷：卷1），西溪叢語2卷（存1卷：卷2），野客叢書30卷附錄1卷（存4卷：卷1—4）　叢部彙編叢書　青州市圖書館

第507　秘書二十一種九十四卷　（清）汪士漢編　清康熙七年（1668）汪士漢據明刻古今逸史版重編本　存16種49卷：博物志10卷，桂海虞衡志1卷，劍俠傳4卷，續博物志10卷，博異記1卷，高士傳3卷，竹書紀年2卷，中華古今注3卷，古今注3卷，三墳1卷，風俗通義4卷，楚史檮杌1卷，晉史乘1卷，列仙傳3卷，集異記1卷，續齊諧記1卷　叢部彙編叢書　青州市圖書館

第508　硯北偶鈔十二种十七卷　（清）姚培謙、張景星輯　清乾隆二十七年（1762）姚氏草草巢刻本　叢部彙編叢書　諸城市圖書館

第509　貸園叢書初集十二種四十九卷　（清）周永年輯　清乾隆三十六至四十年（1771—1775）益都李文藻竹西書屋刻乾隆五十四年歷城周永年重編印本　存7種11卷：石刻鋪叙2卷，鳳墅殘貼釋文2卷，廟堂忠告1卷，風憲忠告1卷，忠告2卷，蒿庵閑語2卷，談龍錄1卷　叢部彙編叢書　青州市圖書館

第510　貸園叢書初集十二種四十九卷　（清）周永年輯　清乾隆三十六至四十年（1771—1775）益都李文藻竹西書屋刻乾隆五十四年歷城周永年重編印本　存3種9卷：古韻標準4卷，四聲切韻表舉例1卷，聲韻考4卷　叢部彙編叢書　青州市圖書館

第511　西堂全集六十一卷　（清）尤侗撰　清康熙刻本　存16種59卷：西堂雜組一集8卷，西堂雜組二集8卷，西堂雜組三集8卷，西堂剩稿2卷，西堂秋夢錄1卷，西堂小草1卷，論語詩1卷，右北平集1卷，看雲草堂集8卷，述祖詩1卷，于京集5卷，哀絃集1卷，擬明史樂府1卷，百末詞6卷，性理吟1卷，湘中草6卷　叢部自著叢書　青州市圖書館

第512　世德堂遺書七種二十三卷　（清）王鉞撰　清康熙刻本存6種8卷：讀書蕞殘1卷，粵遊日記1卷，星餘筆記1卷，暑窗臆説2卷，朱子語類纂2卷，水西紀略1卷　叢部自著叢書　諸城市圖書館

第513　戴氏遺書十二種　（清）戴震撰　清乾隆四十二至四十四年（1777—1779）曲阜孔氏微波榭刻本　存8種27卷：毛鄭詩考正4卷首1卷，東原文集10卷，續天文略2卷，水地記1卷，孟子字義疏證3卷，原善3卷，原象1卷，杲溪詩經補注2卷　叢部自著叢書　濰坊學院圖書館

第514　鄂宰四稿四卷　（清）王筠撰　清咸豐二年（1852）刻本　叢部自著叢書　安丘市博物館

濰坊市珍貴古籍圖錄

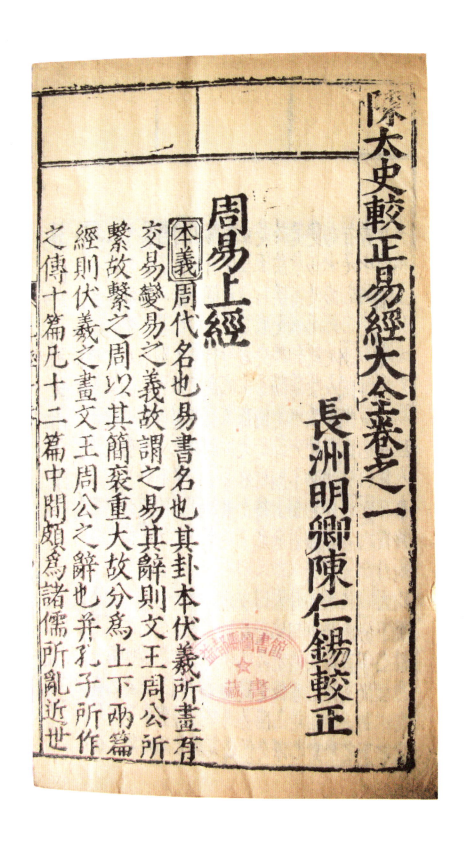

陳太史較正易經大全卷之一

長洲明卿陳仁錫較正

周易上經

本義 周代名也易書名也其卦本伏羲所畫有
交易變易之義故謂之易其辭則文王周公所
繫故繫之周以其簡袤重大故分為上下兩篇
經則伏羲之畫文王周公之辭也并孔子所作
之傳十篇凡十二篇中間頗為諸儒所亂近世

第001　陳太史較正易經大全二十卷首一卷　（明）胡廣等撰　（明）陳仁錫校正

明末清白堂刻本　青州市圖書館

四五

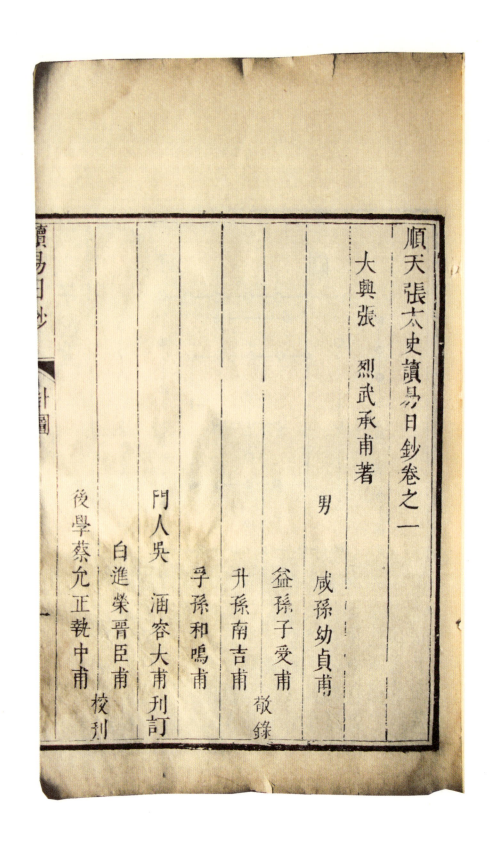

順天張太史讀易日鈔卷之一

大與張　烈武承甫著

男　咸孫幼貞甫

益孫子受甫　　敬錄

升孫南吉甫

孚孫和鳴甫

門人吳　涵容大甫刊訂

白進榮晉臣甫　校刊

後學蔡允正懿中甫　校刊

第002　順天張太史讀易日鈔　（清）張烈撰

清康熙刻本　壽光市博物館

四六

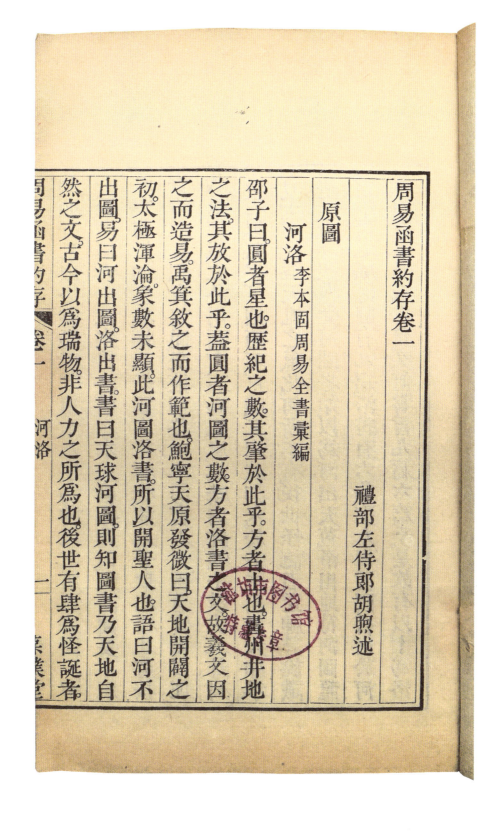

周易函書約存卷一

禮部左侍郎胡煦述

原圖

河洛　李本固周易全書彙編

邵子曰圓者星也歷紀之數其肇於此乎方者

之法其放於此乎蓋圓者河圖之數方者洛書之數因

之而造易禹箕敘之而作範也鮑寧天原發微曰天地開闢之

初太極渾淪象數未顯此河圖洛書所以開聖人也語曰河不

出圖易曰河出圖洛出書書曰天球河圖則知圖書乃天地自

然之文古今以為瑞物非人力之所為也後世有肆為怪誕者

周易函書約存　卷一　河洛　一

第003　周易函書約存十八卷約注十八卷周易函書別集十六卷　　（清）胡煦撰

清乾隆胡氏葆璞堂刻本　濰坊市圖書館

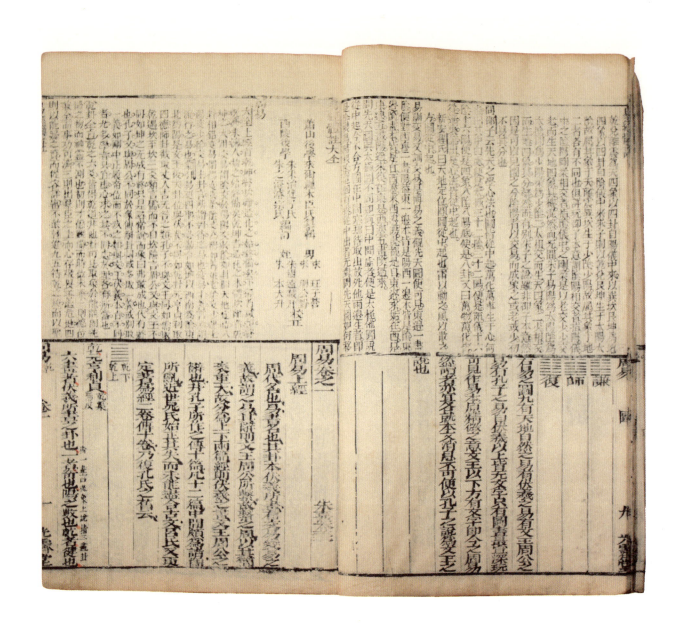

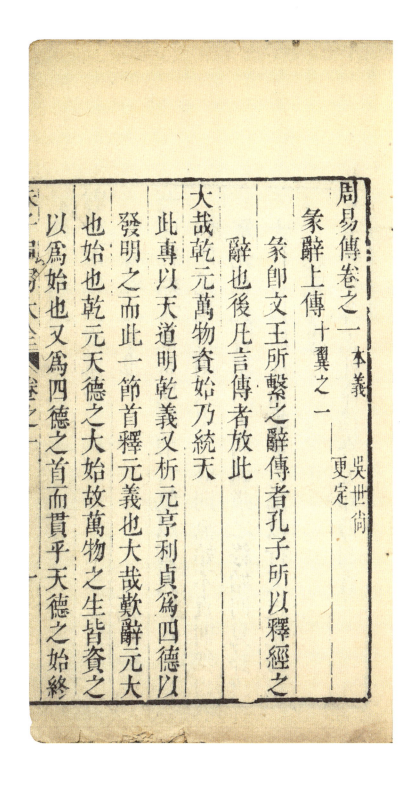

周易傳卷之一　本義

象辭上傳十翼之一

　　　　　　　　　　吳世尚
　　　　　　　　　　更定

象即文王所繫之辭傳者孔子所以釋經之
辭也後凡言傳者放此

大哉乾元萬物資始乃統天

此專以天道明乾義又析元亨利貞爲四德以
發明之而此一節首釋元義也大哉歎辭元大
也始也乾元天德之大始故萬物之生皆資之
以爲始也又爲四德之首而貫乎天德之始終

朱夫子曰陰陽有箇流行底有箇定位底一動一靜互爲其根便
是流行底寒暑往來是也分陰分陽兩儀立焉便是定位底天地
上下四方是也易有兩義一是變易便是流行底一是交易便是
對待底又曰交易是陽交於陰陰交於陽是卦圖上底如天地定
位山澤通氣雷風相薄水火不相射八卦相錯者是也變易是陽
變陰陰變陽便爲少陰老陽此是占筮之法如畫
夜寒暑屈伸往來者是也

周易述解

乾上
乾下

二麗乾

一

第006　周易述解八卷　題（清）汶東逸叟撰

清嘉慶五年至七年（1800—1802）鈔本　安丘市博物館

五〇

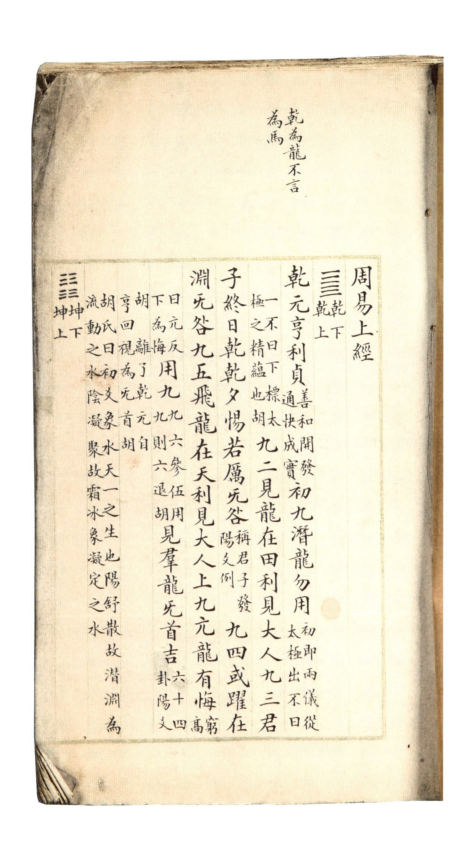

乾為龍不言
為馬

周易上經

䷀乾下
乾上

乾元亨利貞　善通和　開發　快成實　初九潛龍勿用　初即兩儀從　太極出不曰　九二見龍在田利見大人　稱君子發陽爻例　九三君子終日乾乾夕惕若厲无咎　九四或躍在淵　陽爻在　九五飛龍在天利見大人　上九亢龍有悔　為窮　用九見羣龍无首吉　六十四卦陽爻

九則六退　九自乾元　胡九首　胡為无首　胡下為悔了　胡回視離為无咎

䷁坤下
坤上

胡氏曰　流動之水　和陰爻象凝聚　故霜冰象凝定之水　故潛淵為

太一之生也　陽舒散　日元亨反

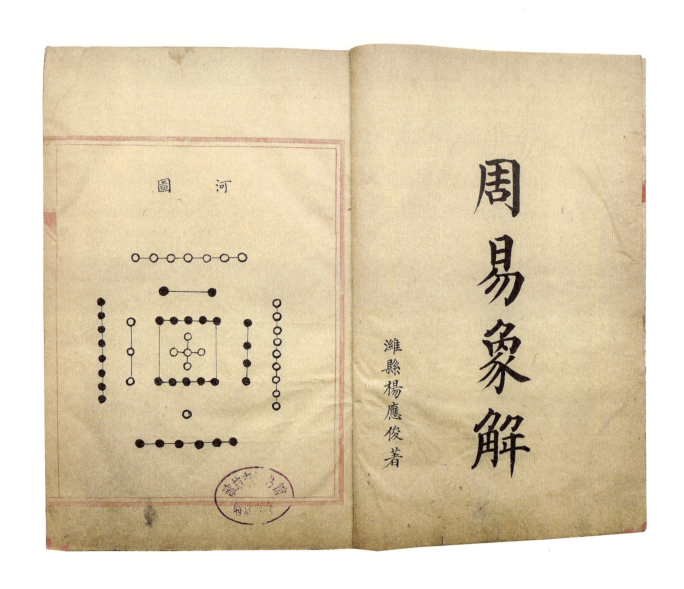

周易象解

濰縣楊應俊著

河圖

第008　周易象解六卷　（清）楊應俊撰

清鈔本　濰坊市圖書館

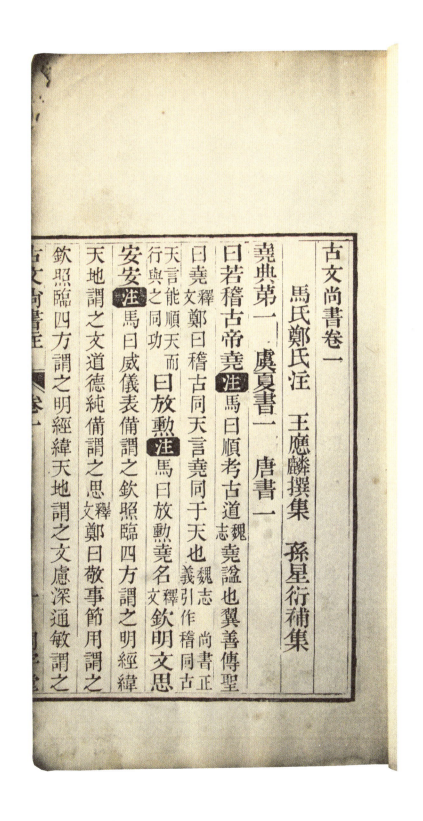

古文尚書卷一

馬氏鄭氏注　　王應麟撰集　　孫星衍補集

堯典第一　虞夏書一　唐書一

曰若稽古帝堯注馬曰順考古道志魏堯諡也翼善傳聖
曰堯釋鄭曰稽古同天言堯同于天也魏志義引作稽同古
天言能順天而行與之同功
安安注馬曰威儀表備謂之欽照臨四方謂之明經緯
天地謂之文道德純備謂之思文釋鄭曰敬事節用謂之
欽照臨四方謂之明經緯天地謂之文慮深通敏謂之

曰放勳注馬曰放勳堯名文欽明文思

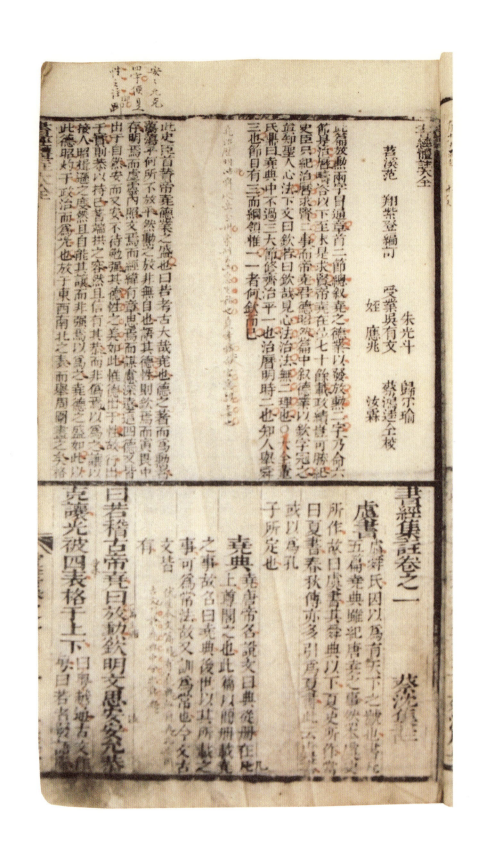

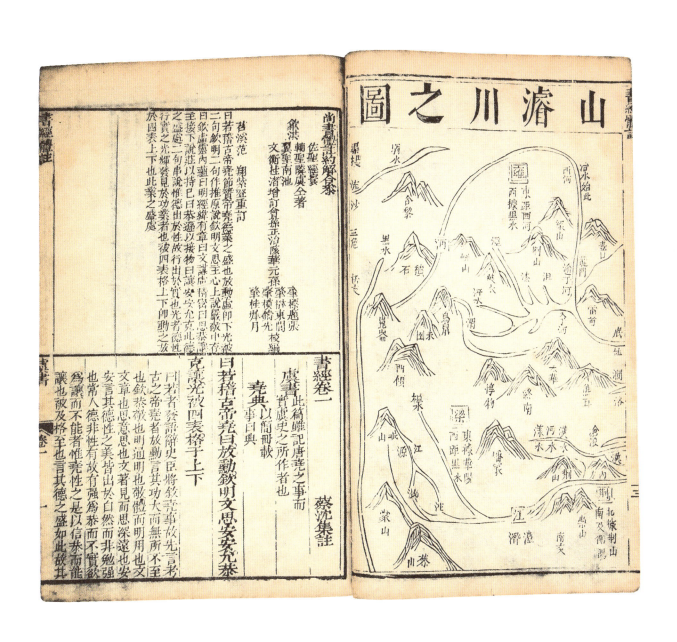

山澮川之圖

書經體註

尚書圖註約解合參

欽洪　佐聖繼堯
　輔聖隆虞　仝著
　翬聖南池
文衡桂渚增訂　會稽正治陸華元孫
　　　　　　榮棣東間　校閱
　　　　　　肇桂昇月

書經卷一

　　　　　　蔡沈集註

書經體註

虞書　此篇雖記唐堯之事而實虞史之所作者也

堯典　事曰典

曰若稽古帝堯曰放勳欽明文思安安允恭克讓光被四表格于上下

書經卷一

第011　尚書體註約解合參四卷　（清）洪隣虞、洪經寰、洪南池撰　（清）范翔訂
清乾隆五十五年（1790）金閶書業堂刻本　諸城市圖書館

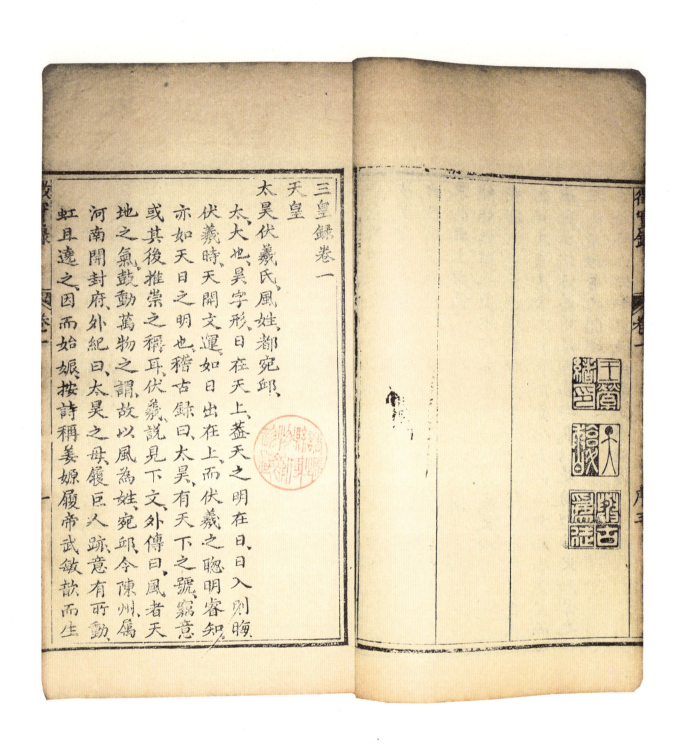

三皇錄卷一

天皇

太昊伏羲氏風姓都宛邱、

太大也昊字形日在天上蓋天之明在日日入則晦

伏羲時天開文運如日出在上而伏羲之聰明睿知

亦如天日之明也稽古錄曰太昊有天下之號窮意

或其後推崇之稱耳伏羲說見下文外傳曰風者天

地之氣鼓動萬物之謂故以風為姓宛邱今陳州屬

河南開封府外紀曰太昊之母履巨人跡意有所動

虹且遠之因而始娠按詩稱姜嫄履帝武敏歆而生

第012　徵實録□□卷　（清）王綮緒撰

清乾隆六十年（1795）刻本　諸城市圖書館

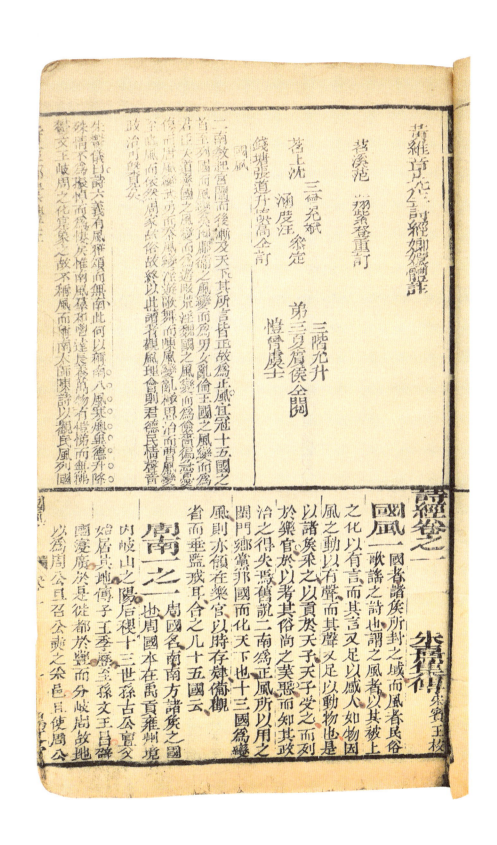

黃維章先生詩經嬋嬛體註

苕溪范　翔紫登重訂

三益兄批
著上沈　涵茂注　徐定
錢塘張道升萃高訂

三階允升
第三頁寫侯全閱
憕齊虞玉

二南敷裒宮闈而後漸及天下其所言皆正故爲正風宜冠十五國之首至列國而風變焉風廉僑之風變而爲男女亂倫王國之風變而爲
君臣大道家國之風變而爲遊蕩規越荒淫規模之風變而爲儉嗇編之意
像可謂唐變雜其以義彜風錄淫遊歐舞而與風變亂極思而爲風變
至臨風而依然周家故俗故終以此謂君視風理會曾君德民橋聲音
政治何殷異笑

先聲儀山崗六義有風猱頌而無南此何以稱爲八風嘉興皇德升降
殊情不篤蔟然而爲快次惟南風草和學達長養萬物名橋拂而無桃
乾文王岐周之化竟象之故不稱風而稱南太師陳詩以觀民風列國
政治可殷見矣

詩經卷之一

國風一國者諸侯所封之域而風者民俗
之化以有言而其言又足以感人如物因
風之動以有聲而其聲又足以動物也是
於諸矣采之以貢於天子天子受之而列
於樂官於以考其俗尚之美惡而知其政
治之得失焉舊說二南爲正風所以用之
閨門鄉黨邦國而化天下也十三國爲變
風則亦領在樂官以時存肄備觀
省而垂監戒其凡合之几十五國云

周南一之一周國名南方諸侯之國

唐南一之一也周國本在禹貢雍州之境
內岐山之陽后稷十三世孫古公亶父
始居其地傳子王季曆至孫文王昌辟
國浸廣於是從都於豐而分岐爲故地
以爲周公旦召公奭之采邑旦使周公

第013　黃維章先生詩經嬋嬛體註八卷　（明）黃文煥撰

清乾隆四十七年（1782）武林鴻文堂刻本　濰坊市圖書館

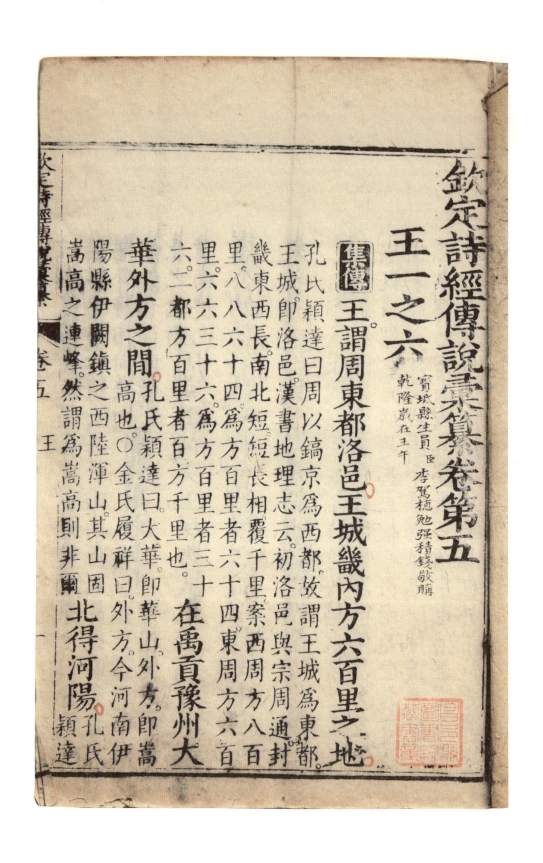

欽定詩經傳說彙纂卷第五

王一之六

集傳　王謂周東都洛邑王城畿內方六百里之地

孔氏穎達曰周以鎬京為西都故謂王城為東都
王城即洛邑漢書地理志云初洛邑與宗周通封
畿東西長南北短短長相覆千里案西周方八百
里八八六十四為方百里者六十四東周方六百
里六六三十六為方百里者三十　在禹貢豫州大

六二二都方百里者百方千里也。

華外方之間孔氏穎達曰大華即華山外方即嵩
高也。○金氏履祥曰外方今河南伊
陽縣伊闕鎮之西陸渾山其山固　北得河陽穎達
嵩高之連峰然謂為嵩高則非爾　孔氏

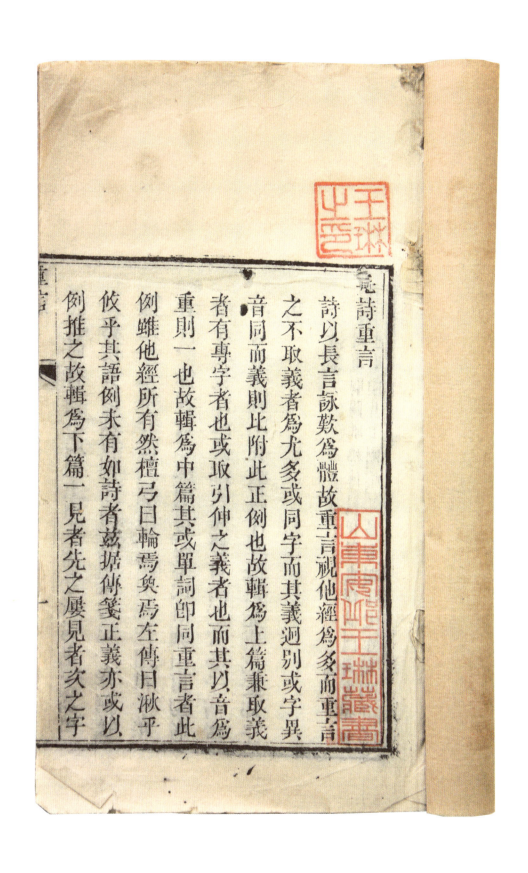

詩以長言詠歎爲體故重言視他經爲多而重言
之不取義者爲尤多或同字而其義迴別或字異
音同而義則比附此正例也故輯爲上篇兼取義
者有專字者也或取引伸之義者也而其以音爲
重則一也故輯爲中篇其或單詞即同重言者此
例雖他經所有然檀弓曰輪焉爽爲左傳曰淋乎
攸乎其語例未有如詩者茲據傳箋正義亦或以
例推之故輯爲下篇一見者先之屢見者次之字

第015　毛詩重言一卷毛詩雙聲疊韻説一卷　（清）王筠撰

清咸豐二年（1852）賀瑢、賀蕙、賀荃刻鄂宰四稿本　濰坊學院圖書館

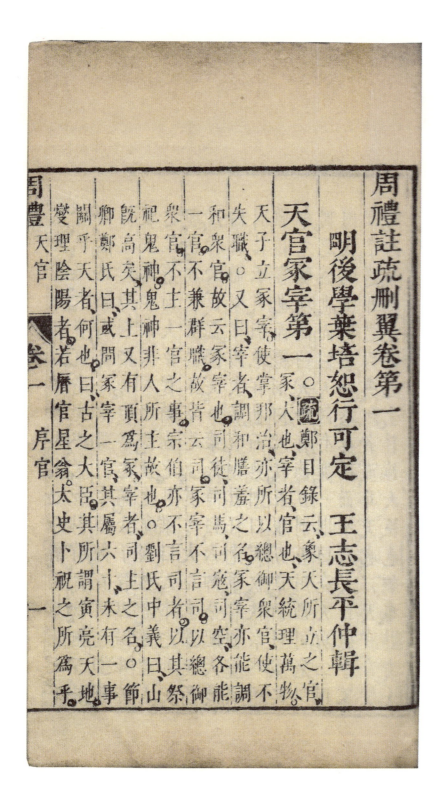

周禮註疏刪翼卷第一

明後學葉培恕行可定　王志長平仲輯

天官冢宰第一　〇冢大也宰省官也天統理萬物。

[疏]鄭目錄云象天所立之官。

天子立冢宰使掌邦治亦所以總御眾官使不失職。又曰宰者調和膳羞之名冢宰亦能調和眾官故云冢宰也。司徒司馬司寇司空各能一官不兼群職非人所主故宗伯不言司者以總御眾官不主一官之事故宗伯不言司者以其祭祀鬼神鬼神非人所主故上又有頂爲冢宰者司上之名。〇劉氏中義曰山既高矣其上又有冢宰者六十其未有一事鄉鄭氏曰或問冢宰一官其屬六十其所謂寅亮天地闕乎天者何也曰古之大臣其所謂寅亮燮理陰陽者若曆官星翁太史卜視之所爲乎

周禮　天官　卷一　序官

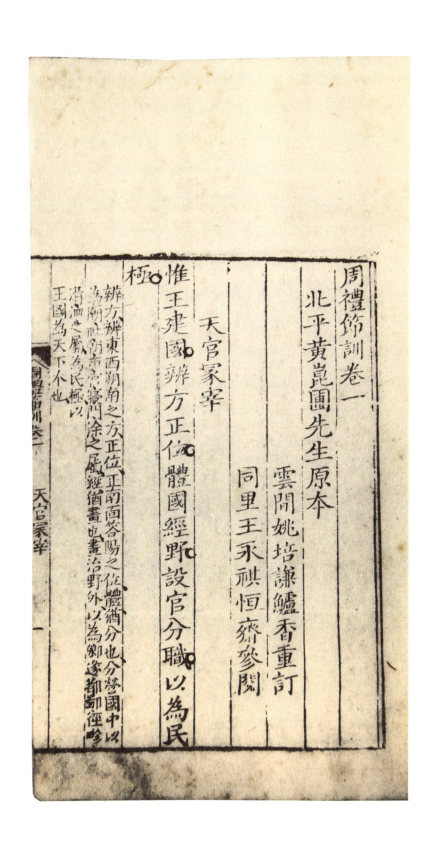

周禮節訓卷一

北平黃崑圃先生原本

雲間姚培謙鑪香重訂

同里王承祺恒齋參閱

天官冢宰

惟王建國辨方正位體國經野設官分職以為民極〇

天官冢宰

辨方辨東西朝南之灰正位正南面答賜之位體猶分也分營國中以為朝人朝市宮寢門徐之屬經猶畫也畫治野外以為鄉遂都鄙徑畛溝澮之屬為氏極以王國為天下不也

第017　周禮節訓六卷　（清）黃叔琳輯　（清）姚培謙重訂

清乾隆三十二年（1767）刻本　壽光市博物館

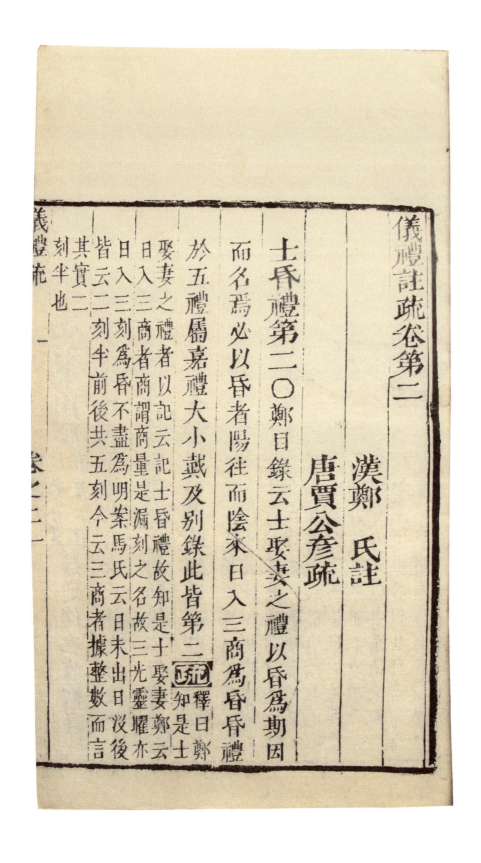

儀禮註疏卷第二

漢　鄭　氏註

唐　賈公彥疏

士昏禮第二○鄭目錄云士娶妻之禮以昏為期因
而名焉必以昏者陽往而陰來日入三商為昏昏禮
於五禮屬嘉禮大小戴及別錄此皆第二【疏】釋曰鄭
娶妻之禮者以記云記士昏禮故知是士娶妻鄭云
日入三商者商量是漏刻之名故三光靈曜亦
日入三刻為昏不盡為明案馬氏云日未出日沒後
皆云二刻半前後共五刻今云三商者據整數而言
其實二刻半也

儀禮疏

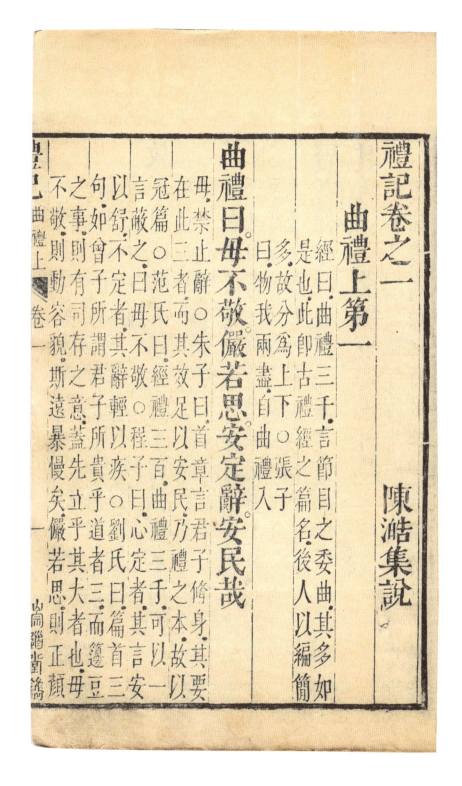

禮記卷之一

曲禮上第一　　　　陳澔集說

經曰曲禮三千言節目之委曲其多如
是也此即古禮經之篇名後人以編簡
多故分為上下○張子
曰物我兩盡曲禮入子

曲禮曰毋不敬儼若思安定辭安民哉
毋禁止辭○朱子曰首章言君子脩身其本故以
在此三者而其效足以安民乃禮之本故以
冠篇首○范氏曰經禮三百曲禮三千可以一言
言蔽之○曰毋不敬○程子曰心定者其言安而
以舒不定者其言輕以疾○劉氏曰篇首三
句曾子所謂君子所貴乎道者三而籩豆
之事則有司存之意蓋先立乎其大者也毋
不敬則動容貌斯遠暴慢矣儼若思則正顏

第019　禮記集說十卷　（元）陳澔撰

清乾隆四十四年（1779）崇道堂刻本　青州市圖書館

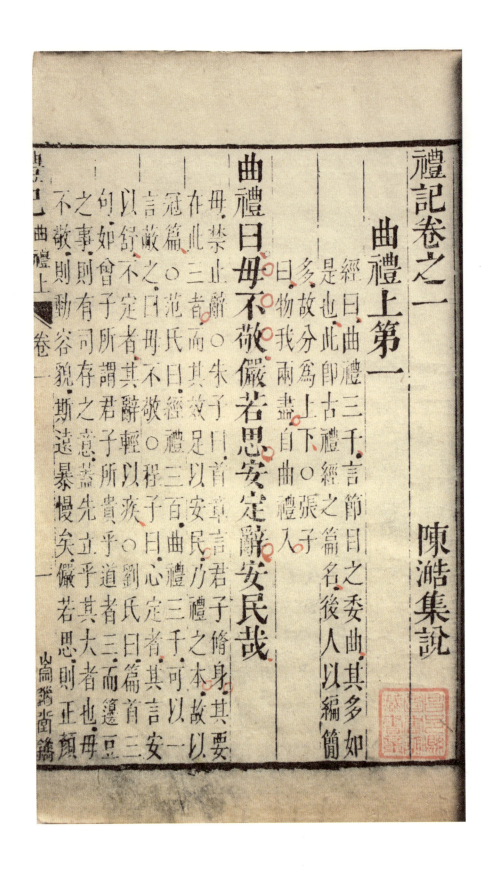

禮記卷之一

曲禮上第一　　陳澔集說

經曰曲禮三千言節目之委曲其多如是也此即古禮經之篇名後人以編簡多故分爲上下〇張子曰物我兩盡自曲禮入

曲禮曰毋不敬儼若思安定辭安民哉

毋禁止辭〇朱子曰首章言君子脩身其要在此者而其故足以安民〇禮之本故以冠篇之〇范氏曰毋不敬禮三千三百可以一言以蔽之者曰毋不敬〇禮三千三百其言安者其辭輕以程子曰曲禮三千而篇首言三以如曾子所謂君子所貴乎道者三而籩豆之事則有司存之意蓋先立乎其大者也毋不敬則動容貌斯遠暴慢矣儼若思則正顏色

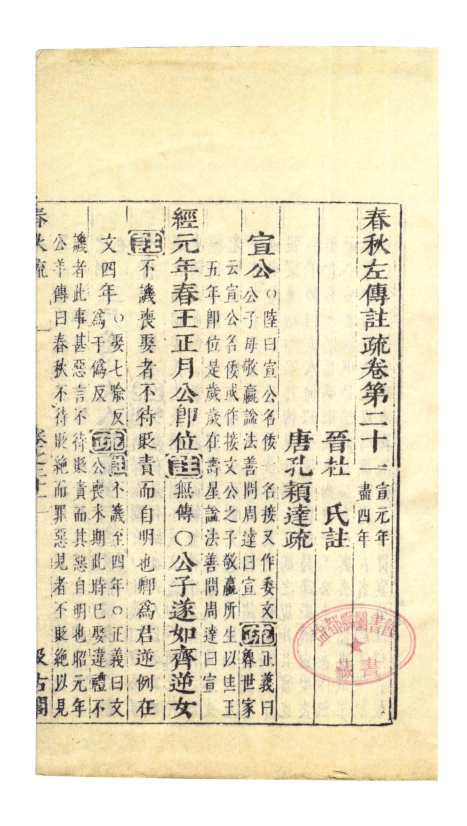

春秋左傳註疏卷第二十一　宣元年盡四年

晉杜氏註
唐孔穎達疏

宣公〇陸曰宣公名倭或作接文公之子敬嬴所生以桓王五年即位是歲歲在壽星論法善問周達曰宣公名倭又作委文敬嬴所生以桓王五年即位是歲歲在壽星論法善問周達曰宣

疏正義曰魯世家正義曰

經元年春王正月公即位註無傳〇公子遂如齊逆女

註不議喪娶者不待眨責而自明也鄉爲君逆例在文四年〇正義曰

文四年〇要七餘反

議者此事甚惡言不待眨絕而罪惡見者不眨絕以見

公羊傳曰春秋不待眨絕而罪惡見者不眨絕以見

春秋左傳

第021　春秋左傳註疏六十卷　（晉）杜預注　（唐）孔穎達疏

明崇禎十一年（1638）毛氏汲古閣刻十三經注疏本　青州市圖書館

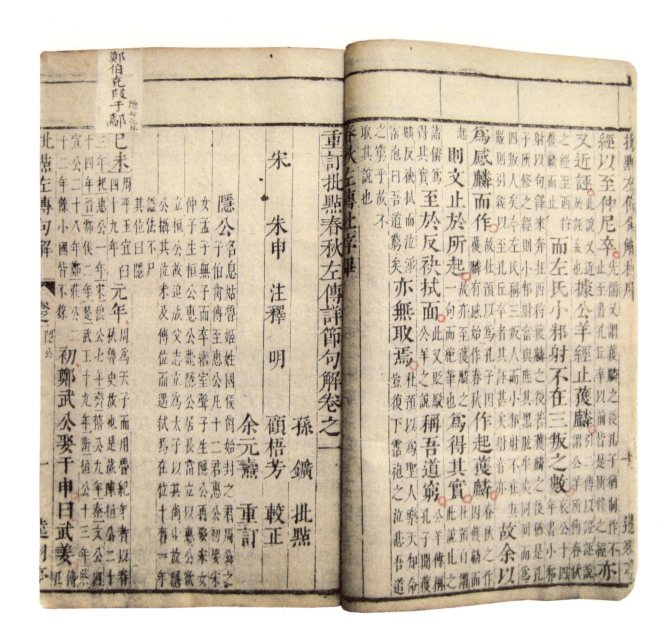

第022　重訂批點春秋左傳詳節句解三十五卷　（宋）朱申注釋　（明）顧梧芳校正　（明）孫鑛批
點　（明）余元熹重訂

明映旭齋刻本　青州市圖書館

春秋左傳屬事卷之一

吳郡後學傅遜纂并註評

周

桓王伐鄭

隱公三年　鄭武公莊公爲平王卿士王貳于虢鄭
伯怨王王曰無之故周鄭交質王子狐爲質於鄭鄭
公子忽爲質於周王崩周人將畀虢公政四月鄭祭
足帥師取溫之麥秋又取成周之禾周鄭交惡君子
曰信不由中質無益也明恕而行要之以禮雖無有
質誰能閒之苟有明信澗谿沼沚之毛蘋蘩蘊藻之

內閣事且王使元嘆文府判正平今望丞王敬
遂纂而習此編而悉焉目而讀焉似有保裒叢沓之
病于二三句遺矣覽焉當自知之
萬曆乙酉歲仲
夏日傅遜謹識

始遜就友二昆共創爲此纂南以計行遜取其草更
正王取副憲二公羽憲幼學最後公子皆不必更讀
不尤盡傳四公子駁顧正公今兵侍顧公家駁焉當
自知

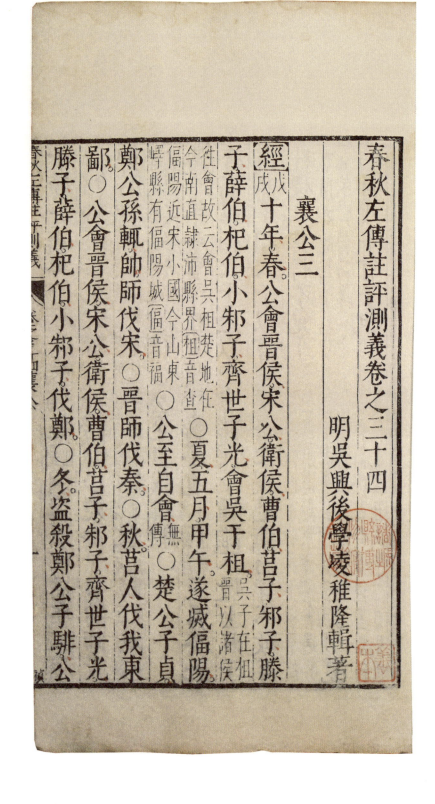

春秋左傳註評測義卷之三十四

明吳興後學凌稚隆輯著

襄公三

[經]戌十年春公會晉侯宋公衛侯曹伯莒子邾子滕
子薛伯杞伯小邾子齊世子光會吳于柤（晉六子在柤晉以諸侯往會故云會吳相柤楚地在今南直隷沛縣界柤音查）○夏五月甲午遂滅偪陽（偪陽近宋小國今山東嶧縣有偪陽城偪音福）○公至自會○楚公子貞
鄭公孫輒帥師伐宋○晉師伐秦○秋莒人伐我東
鄙○公會晉侯宋公衛侯曹伯莒子邾子齊世子光
滕子薛伯杞伯小邾子伐鄭○冬盜殺鄭公子騑公

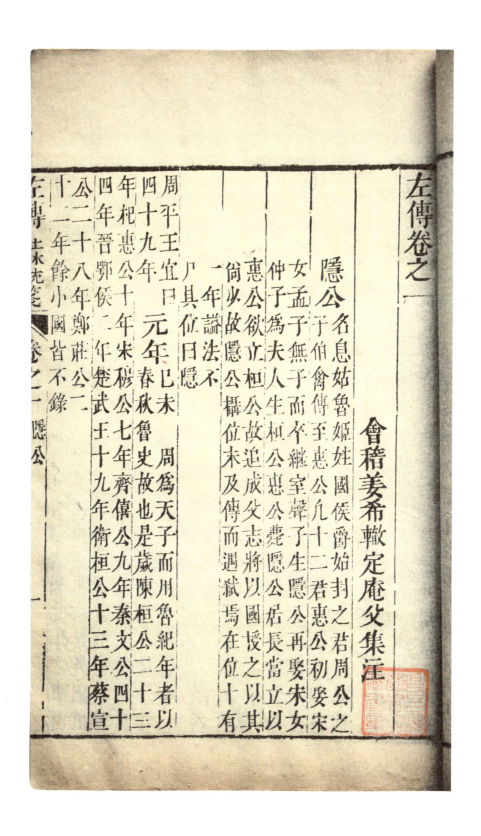

左傳卷之一

會稽姜希轍定庵父集注

隱公　名息姑魯姬姓國侯爵始封之君周公之
　　　　子伯禽傳至惠公几十二君惠公初娶宋女
女孟子爲夫人生桓公惠公薨隱公居長當立以其
仲子爲夫人生桓公故追成父志將以國授之以
惠公欲立桓公故隱公攝位未及傳而遇弒焉在位十有
　尚必故隱公攝位未及傳而遇弒焉在位十有
一年其謚法不尸其位曰隱

周平王宜臼　元年己未　周爲天子而用魯紀年者以
四十九年　春秋魯史故也是歲陳桓公二十三
年杞惠公十二年宋穆公七年齊僖公九年秦文公四十
四年晉鄂侯二年楚武王十九年衛桓公十三年蔡宣
公二十八年鄭莊公二
十一年餘小國皆不錄

左傳末充箋　卷之一　隱公

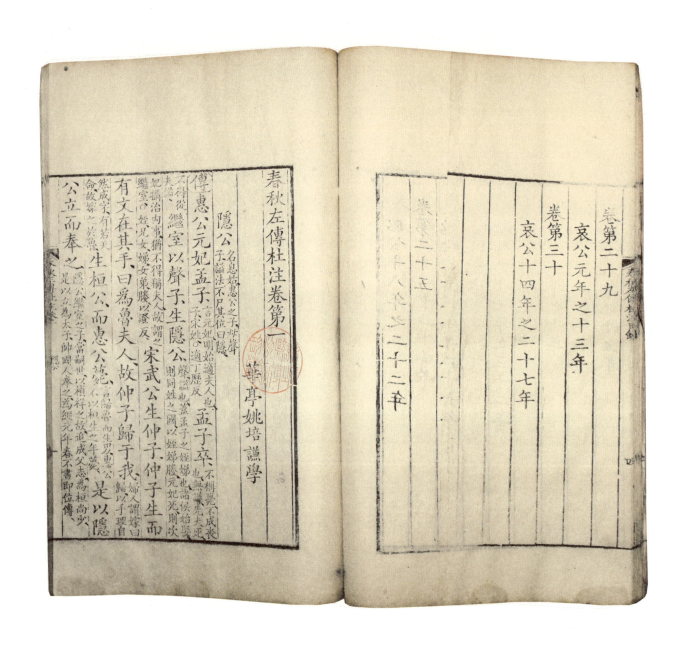

春秋左傳杜注卷第一

華亭姚培謙學

隱公　名息姑惠公之子也聲
子論法不尸其位曰隱

傳惠公元妃孟子言元妃明始適夫人也孟子卒不稱薨不成喪
宋姓〇適丁歷反 業也無骨元妃先死
不得彼繼室以聲子生隱公則同姓也蓋孟子之娣姪娣媵以國以姪娣
夫祿〇繼室而亦猶不得稱夫人故謂之則同姓之國以姪娣媵元妃先死則次
妃治內貴獪不得稱夫人故謂之〇姪兄女弟女娣媵以媵反
繼室〇姪兄女弟女娣媵以媵反

宋武公生仲子仲子生而
有文在其手曰為魯夫人故仲子歸于我婦人謂嫁曰歸以手理解
然成室有若天〇生桓公而惠公薨言歸嫁言歸以自言
命故嫁之一族線魯立桓以禮

公立而奉之是以隱公繼室之子當嗣世以禎祥之故遠承父志
命故嫁之一族道成父志為繼元千春不書即位傳
公立而奉之是以隱

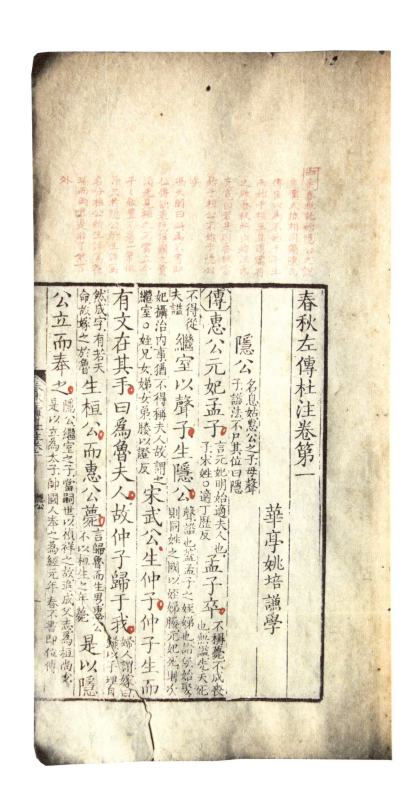

春秋左傳杜注卷第一

華亭姚培謙謐學

隱公 名息姑惠公之子母聲子諡法不尸其位曰隱

傳惠公元妃孟子 言元妃明始適夫人也○孟子宋姓○適丁歷反 孟子卒 不稱薨不成喪也與諡先天妃死則次妃攝治內事猶不得稱夫人故謂之繼室○不得從夫謚

繼室以聲子生隱公 繼室○姪娣女弟滕以證反 則同姓之國以姪娣媵元妃死則次

宋武公生仲子 仲子生而

有文在其手曰為魯夫人故仲子歸于我 婦人謂嫁曰歸成子理有

生桓公而惠公薨 言歸魯而生男惠公不以桓生之年薨

是以隱公立而奉之 隱公繼室之子當嗣世以禎祥之故追成父志為桓尚少是以立為太子帥國人奉之為經元年春不書即位傳

公立而奉之 是以立為太子帥國人奉之為經元年春不書即位 隱公

第027　春秋左傳杜注五十卷　（清）姚培謙輯

清芥子園刻本（朱墨套印）　壽光市博物館

第028　左繡三十卷首一卷　（清）馮李驊、陸浩輯

清康熙書業堂刻本　壽光市博物館

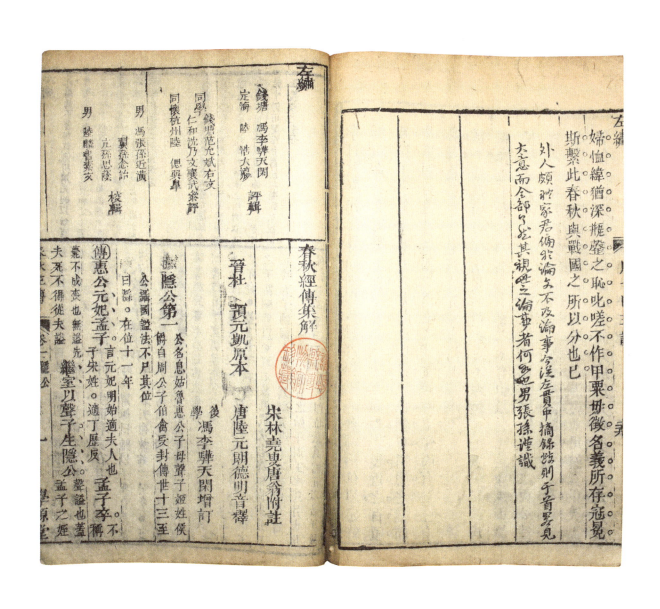

左繡

婦恤緯猶深朧蘿之恥叱嗟不作甲粟毋徵名義所存冠冕
斯繫此春秋與戰國之所以分也已
外人頗訝家君倜於論矢不攻淪事實左貫甲摘錄挑則于首累見
大意而全部之出其親覩之編夢者何如此男張孫謹識

左繡

錢塘　馮李驊天闑　評輯
定海　陸　浩大瀛
同學　錢塘范充斌石夊
同懷杭州陸　偲與皋
同學　仁和沈乃文襄氏參評
男　馮張孫近廣
男　陸麟䔍素夊
　　六孫思陵　校編
　　曾孫志許

春秋經傳集解

晉杜〔預元凱原本〕
宋林堯叟唐附註
唐陸元朗德明音釋
馮李驊天闑增訂

隱公第一
公名息姑魯惠公子伯禽受封傳世十三至
惠公元妃孟子孟子宋女孟子李
傳惠公元妃孟子子宋姓。適丁歷反。聲證也蕓
不尸其位日䜱○在位十一年
公攝國諡法不尸其位

孟子之姪
繼室以聲子生隱公
夫冤不成羕也無誰先、
羕不冤不得從夫諡
學源堂

第029　左繡三十卷首一卷　（清）馮李驊、陸浩輯
清乾隆五十七年（1792）學源堂刻本　諸城市圖書館

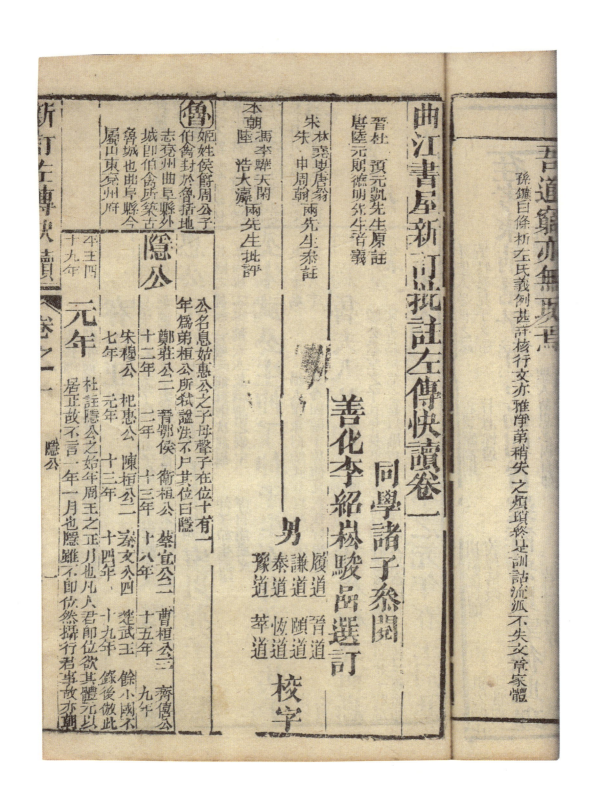

曲江書屋新訂批註左傳快讀卷一

晉杜 預元凱先生原註
唐陸 元朗德明先生音義
朱朱 嘉史唐翁
林 中周翰兩先生音註
本朝陸 浩大瀙兩先生批評
馮李 驊天閑

善化李紹崧駿品選訂

同學諸子叅閲

男 履道 晉道 謙道 頥道 恢道 泰道 豫道 萃道 校字

魯

姬姓侯爵周公子
伯禽封於魯括地
志兗州曲阜縣外
城即伯禽所築古
魯城也出兗縣令
屬山東兗州府

隱公

公名息姑惠公之子母聲子在位十有一
年爲弟桓公所弑諡法不尸其位曰隱

鄭莊公二 十二年
晉鄂侯 十三年
衛桓公 十八年
蔡宣公二 十五年
曹桓公三 三十五年
齊僖公 九年
朱朱
朱穆公 七年
杞惠公 元年
陳桓公二 十三年
楚武王 十九年
秦文公四 十四年
餘小國不 錄後倣此

新訂左傳快讀 卷一 隱公

平王四
十九年

元年

杜註隱公之始年周王之正月也凡人君即位欲其體元以
居正故不言一年一月也隱雖不即位然猶攝行君事故亦朝

孫鑛目條析左氏義例甚詳核行文亦雅淨蒍稍失之煩瑣終是訓詁流派不失文章家體

吾道窮矣無取乎

第030　曲江書屋新訂批註左傳快讀十八卷首一卷　　（清）李紹崧輯

清乾隆五十二年（1787）刻本　青州市圖書館

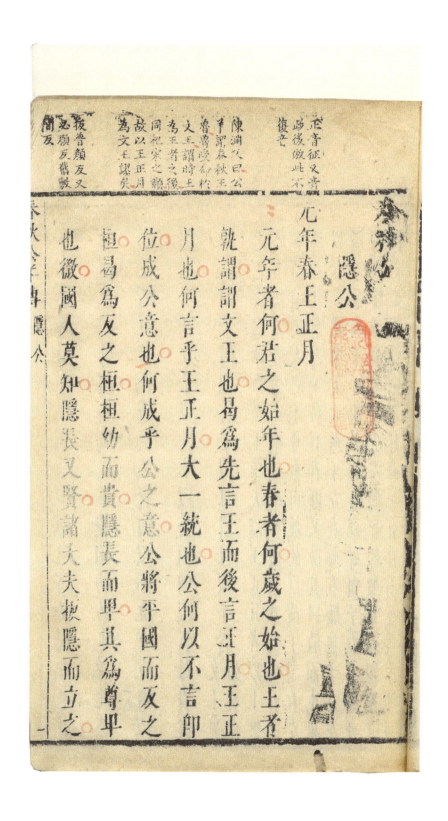

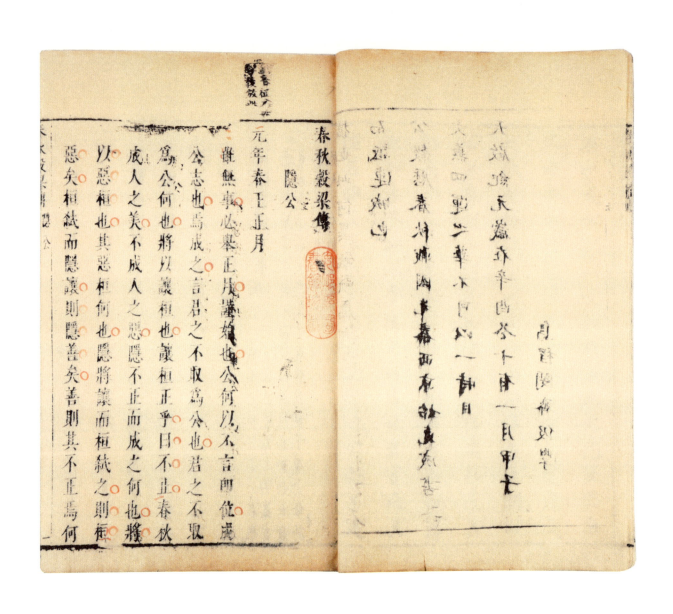

春秋穀梁傳十二卷

隱公

元年春王正月

雖無事必舉正月謹始也公何以不言即位成
公志也焉成之言君之不取爲公也君之不取
爲公何也將以讓桓也讓桓正乎曰不正春秋
成人之美不成人之惡隱不正而成之何也讓
以惡桓也其惡桓何也隱將讓而桓弒之則桓
惡矣桓弒而隱讓則隱善矣善則其不正焉何
也.....

第032　春秋穀梁傳十二卷　（漢）何休注　（晉）范甯集解　（明）閔齊伋裁注並撰考
　　明末文林閣唐錦池刻本　安丘市博物館

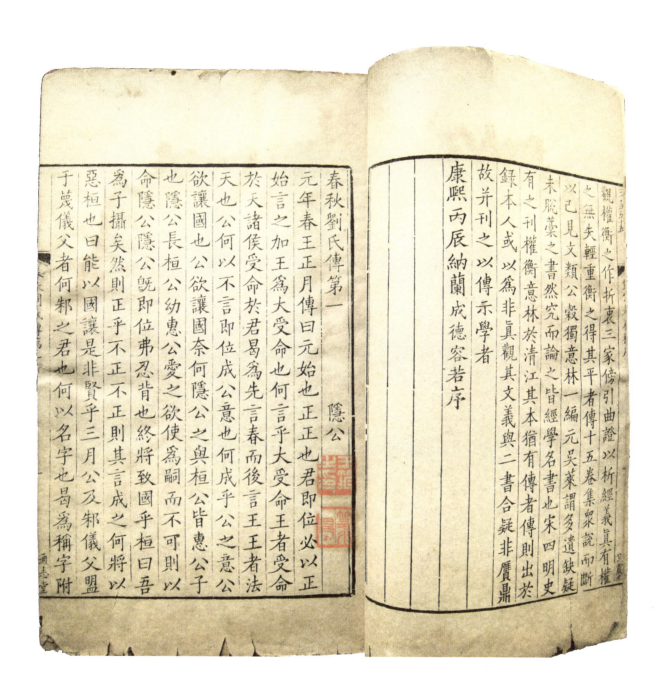

觀權衡之作裹三家傍引曲證以析經義其有權
之無失輕重者傳十五卷集眾說而斷
以已見文類公穀獨意林一編元吳萊謂多遺缺疑
未脫藁之書然而論之皆經學名也宋四明史
有之刊權衡意林於清江其本猶有傳者則出於
錄本人或以爲非眞觀其文義與二書合疑非贋鼎
故并刊之以傳示學者

康熙丙辰納蘭成德容若序

春秋劉氏傳第一　　　　　　　隱公

元年春王正月傳曰元始也正正也君即位必以正
始言之加王爲大受命也何言乎大受命王者受命
於天諸侯受命於君曷爲先言春而後言王王者法
天也公何以不言即位成公意也何成乎公之意公
欲讓國也公欲讓國奈何隱公之與桓公皆惠公子
也隱公長桓公幼惠公愛之欲使爲嗣而不可則以
命隱公隱公既即位弗忍背也終將致國乎桓曰吾
爲子攝矣然則正乎不正不正則其將以國讓乎桓
惡桓也曰能以國讓是非賢乎三月公及邾儀父盟
于蔑儀父者何邾之君也何以名字也曷爲稱字附

第033　春秋劉氏傳十五卷　　（宋）劉敞撰
清康熙納蘭成德刻通志堂經解本　濰坊學院圖書館

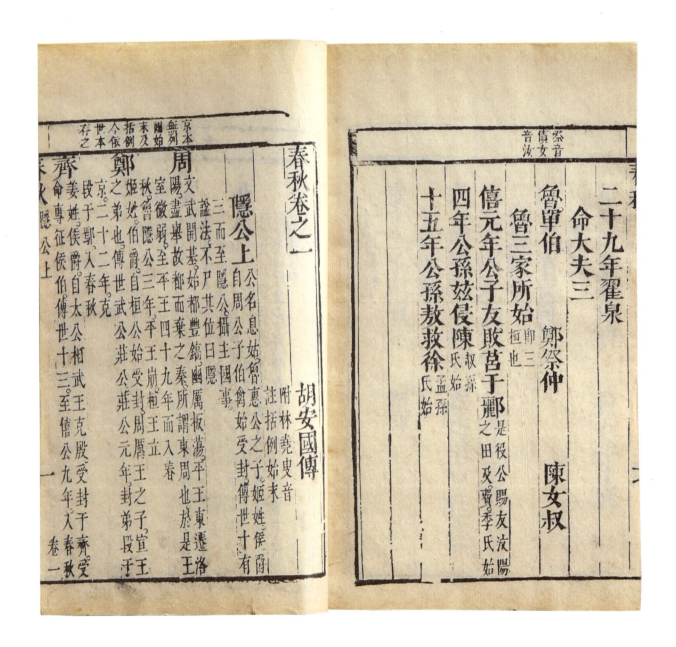

第034　監本春秋三十卷　（宋）胡安國傳

清乾隆五十五年（1790）刻本　濰坊市博物館

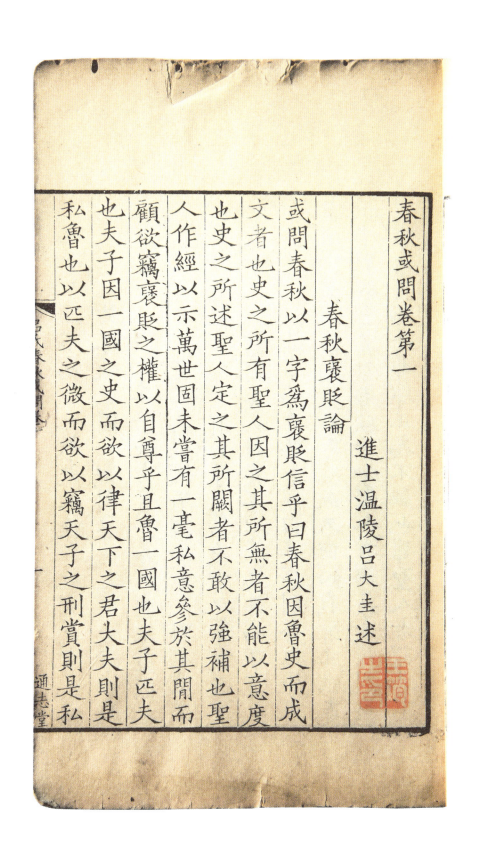

春秋或問卷第一

　　　　　　　　　進士溫陵呂大圭述

春秋褒貶論

或問春秋以一字爲褒貶信乎曰春秋因魯史而成
文者也史之所有聖人因之其所無者不能以意度
也史之所述聖人定之其所闕者不敢以強補也聖
人作經以示萬世固未嘗有一毫私意參於其間而
顧欲竊褒貶之權以自尊乎且魯一國也夫子匹夫
也夫子因一國之史而欲以律天下之君大夫則是
私魯也以匹夫之微而欲以竊天子之刑賞則是私

第035　春秋或問二十卷　（宋）呂大圭撰

　清康熙納蘭成德刻通志堂經解本　濰坊學院圖書館

七九

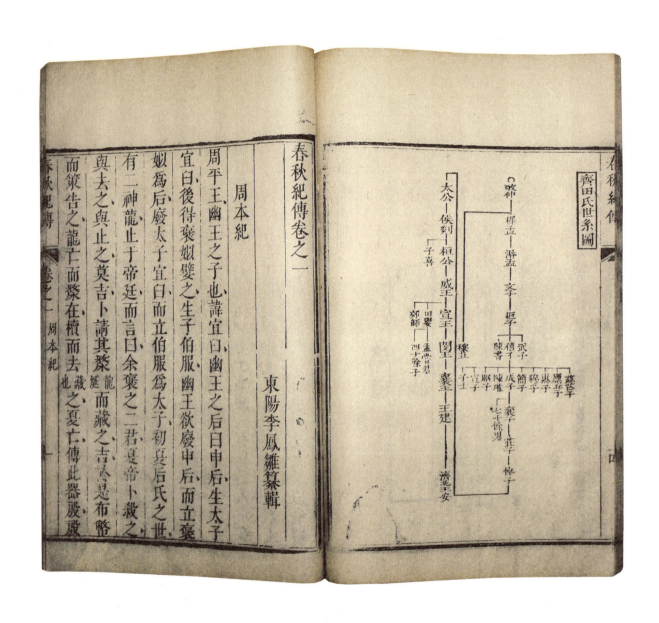

春秋紀傳卷之一

周本紀

東陽李鳳雛纂輯

周平王幽王之子也諱宜臼幽王之后曰申后生太子
宜臼後得襃姒嬖之生子伯服幽王欲廢申后而立襃
姒爲后廢太子宜臼而立伯服初襃姒氏之世
有二神龍止于帝廷而言曰余襃之二君夏帝卜殺之
與去之與止之莫吉卜請其漦而藏之吉於是布幣
而策告之龍亡而漦在櫝而去也夏亡傳此器殷殷

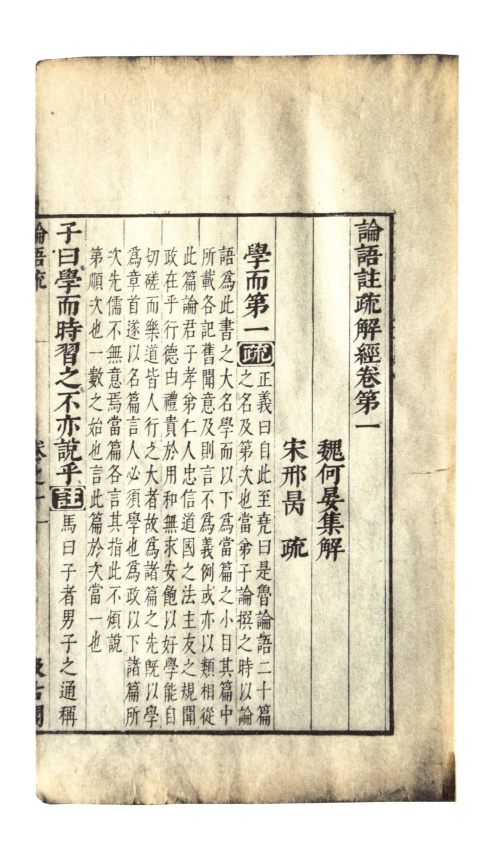

論語註疏解經卷第一

魏　何晏集解

宋　邢昺疏

學而第一　疏

正義曰自此至堯曰是魯論語二十篇
之名及第次也當弟子論撰之時以論
語為此書之大名學而以下為當篇之
所載各記舊聞意及則言不為義例或亦以類相從
此篇論君子孝弟仁人忠信道國之法主友之規聞自
政在乎行德由禮貴於用和無求安飽以好學能自
切磋而樂道皆人行之大者故為諸篇之先既以學
為章首遂以名篇言各言其指此不煩說以下諸篇所
次先儒不無意焉當言此篇於次當一也
第順次也一數之始也言此篇於次當一也

子曰學而時習之不亦說乎　馬曰子者男子之通稱

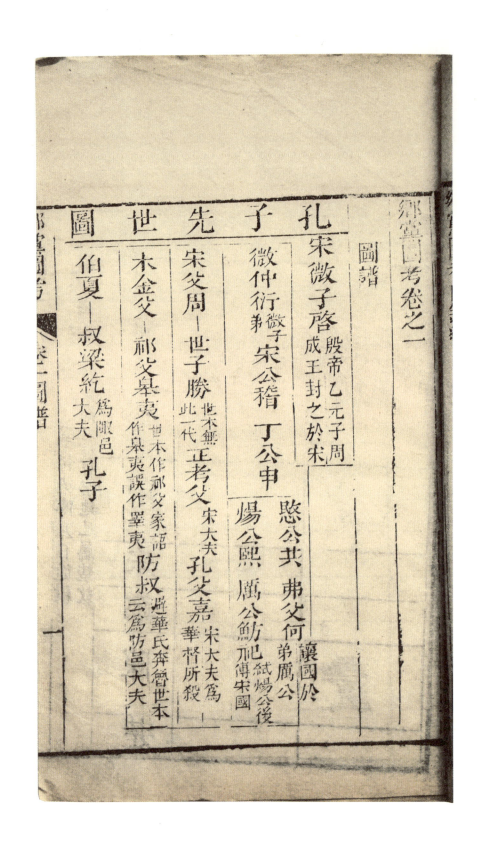

第038　鄉黨圖考十卷　（清）江永撰

清乾隆五十二年（1787）致和堂刻本　昌邑市圖書館

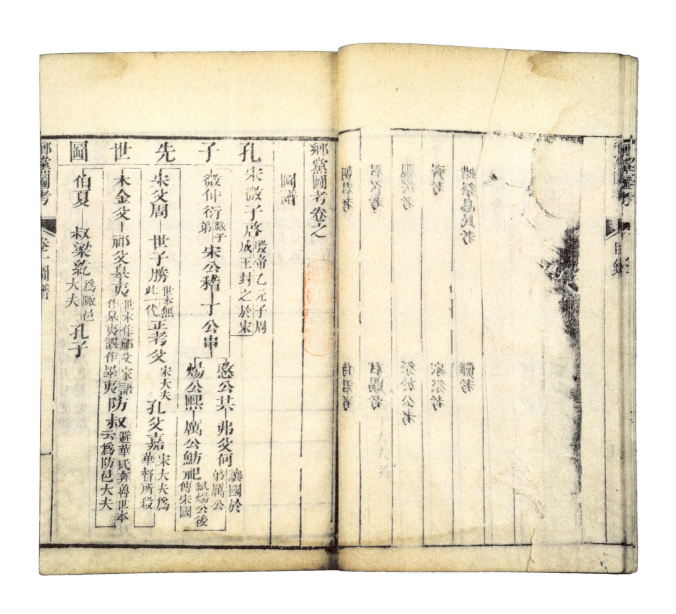

鄉黨圖考卷之

圖譜

孔宋微子啟殷帝乙元子周成王封之於宋
　微仲衍微子弟宋公稽十公申
子
先宋父周世子勝此一代正考父宋大夫孔父嘉宋大夫華督所殺
世木金父那父孔防叔
圖伯夏　叔梁紇為鄹邑大夫孔子

第039　鄉黨圖考十卷　（清）江永撰

　清乾隆五十八年（1793）金閶書業堂刻本　安丘市博物館

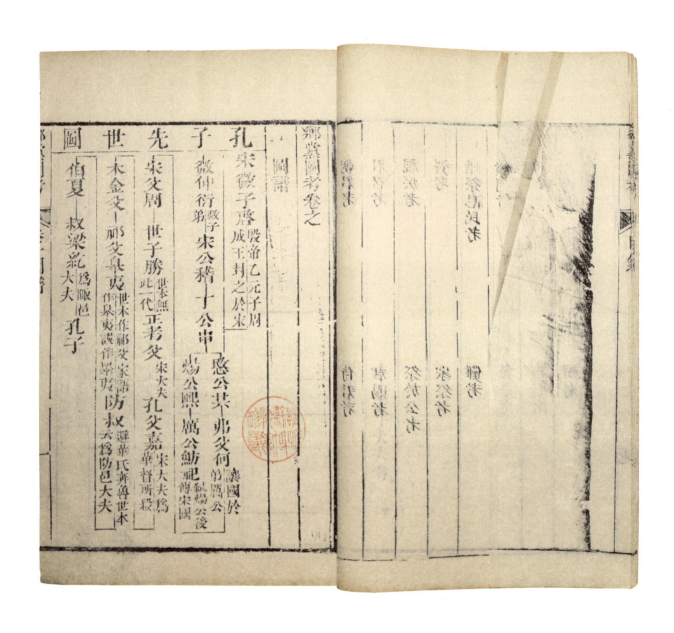

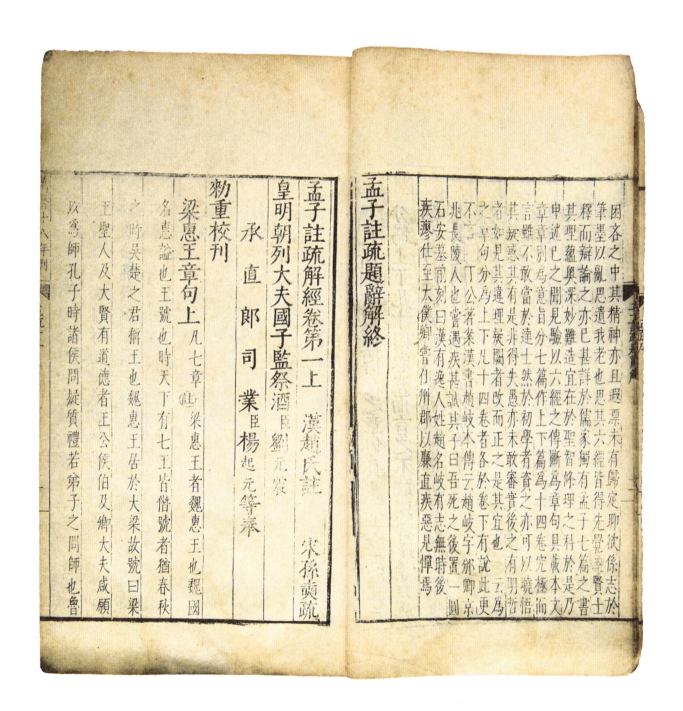

孟子註疏題辭解終

困咨之中其精神亦且遏慄未有歸定聊欲係志於
筆墨以亂思遺我老也思其六經皆得先疊卒賢士
釋而亦詳論之旣甚於儒家之孟子七篇之書乃
其理蘊奧深妙之間見申述巳驗以六經之傳筹之具黃本乃
章雖別於意旨分章句十四卷之書其後各於卷下有說宜科
言疑感其有失愚亦未敢審實之有曉而明悟者
者如是違達闔者上下凡此更有云馬
之草句分疑當於案漢書趙岐本傳云趙岐字邠卿京
不長陵人也丁公著姓有志其子曰吾死之後置一
兆長陵前刻曰漢有逸人姓名有志無時後以廉直疾惡
石安墓至太僕卿當仕州郡以廉直疾惡見憚馬
疾瘳仕至太僕卿當仕州郡以廉直疾惡見憚馬

孟子註疏解經卷第一上　　　漢趙氏註

皇明朝列大夫國子監祭酒臣劉元震

　　　　　　　　　　　　　　　　宋孫奭疏

承直郎司業臣楊起元等奉

勅重校刊

梁惠王章句上　凡七章　(註)梁惠王者魏惠王也魏國
名惠諡也王號也時天下有七王皆僭號者猶春秋
之時吳楚之君稱王也魏惠王居於大梁故號曰梁
王聖人及大賢有道德者王公侯伯及鄉大夫咸願
以爲師孔子時諸侯問疑質禮若弟子之問師也魯

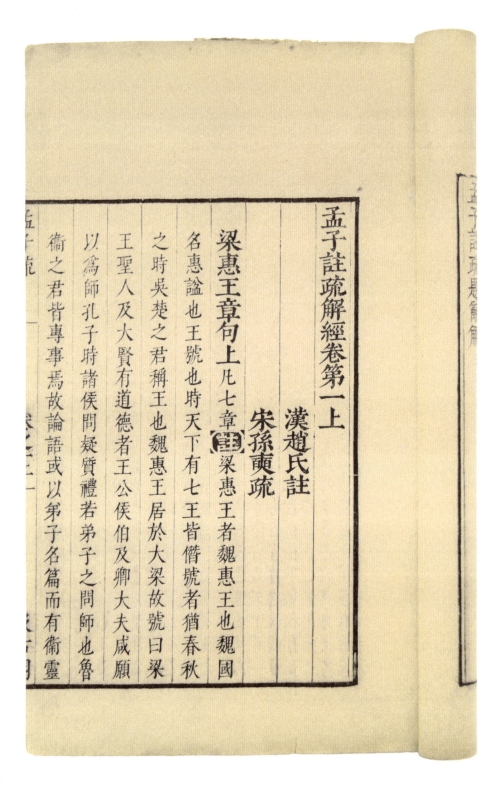

孟子註疏解經卷第一上

漢　趙氏註

宋　孫奭疏

梁惠王章句上凡七章 ▣梁惠王者魏惠王也魏國
名惠諡也王號也時天下有七王皆僭號者猶春秋
之時吳楚之君稱王也魏惠王居於大梁故號曰梁
王聖人及大賢有道德者王公侯及卿大夫咸願
以爲師孔子時諸侯問疑質禮若弟子之問師也魯
衛之君皆專事焉故論語或以弟子名篇而有衛靈

第042　孟子註疏解經十四卷　（漢）趙岐注　（宋）孫奭疏

明末毛氏汲古閣刻十三經註疏本　壽光市博物館

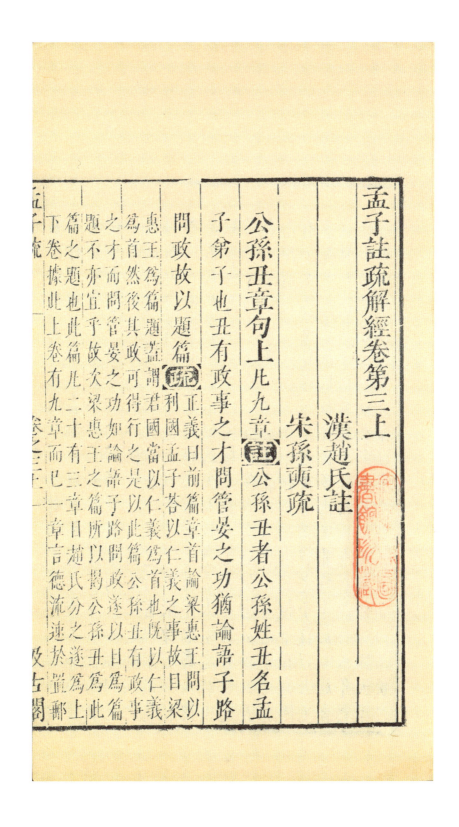

孟子註疏解經卷第三上

漢　趙氏註

宋　孫奭疏

公孫丑章句上凡九章王

公孫丑者公孫姓丑名孟

子弟子也丑有政事之才問管晏之功猶論語子路

問政故以題篇疏正義曰前篇章首論梁惠王問以

利國當以仁義為首也既以仁義以目梁

惠王為篇題蓋謂君國當以仁義為首故公孫丑有政事

之才而問晏子之功如論語子路

題不亦宜乎故次之篇所以揭公遂以曰為此

篇之才故以首為篇以管晏之功猶論語子路

下卷據此上卷有九章而巳一章言德流速於置郵

安丘市博物館

第043　孟子註疏解經十四卷　（漢）趙岐注　（宋）孫奭疏

明末毛氏汲古閣刻十三經註疏本　安丘市博物館

八七

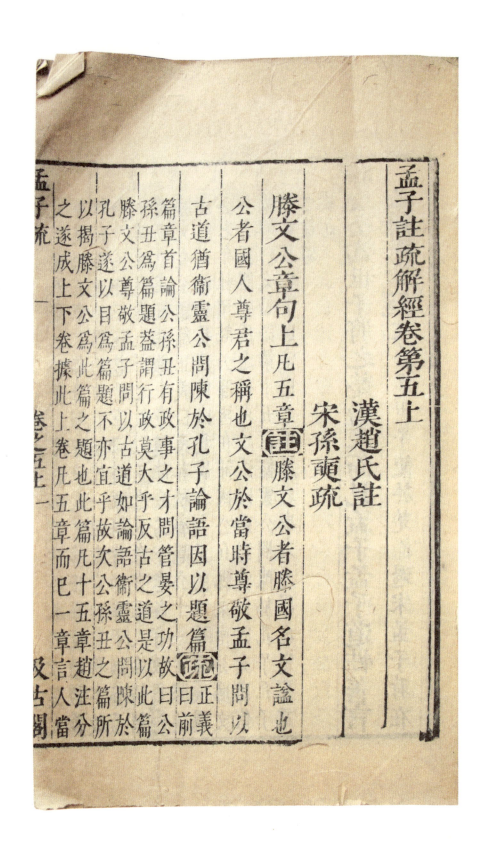

孟子註疏解經卷第五上

漢趙氏註

宋孫奭疏

滕文公章句上凡五章【註】滕文公者滕國名文諡也

公者國人尊君之稱也文公於當時尊敬孟子問以

古道猶衞靈公問陳於孔子論語因以題篇【疏】正義曰前

篇章首論公孫丑有政事之才問管晏之功故曰公

孫丑為篇題蓋謂行政莫大乎反古之道是以此篇

滕文公尊敬孟子問以古道如論語衞靈公問陳所

孔子遂以目為篇題不亦宜乎故次公孫丑之篇所

以揭滕文公為此篇之題也此篇凡十五章趙注分

之遂成上下卷據此上卷凡五章而已一章言人當

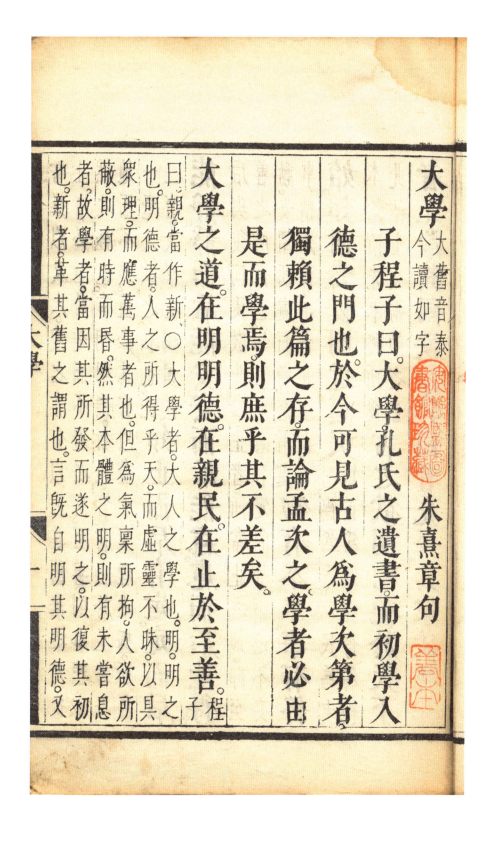

大學<small>大舊音泰</small>
<small>今讀如字</small> 朱熹章句

子程子曰。大學孔氏之遺書而初學入
德之門也。於今可見古人爲學次第者，
獨賴此篇之存而論孟次之學者必由
是而學焉。則庶乎其不差矣。

大學之道。在明明德在親民在止於至善。<small>程
子曰。親當作新。○大學者。大人之學也。明。明之
也。明德者。人之所得乎天。而虛靈不昧。以具
衆理。而應萬事者也。但爲氣稟所拘。人欲所
蔽。則有時而昏然其本體之明。則有未嘗息
者。故學者當因其所發而遂明之。以復其初
也。新者。革其舊之謂也。言既自明其明德。又</small>

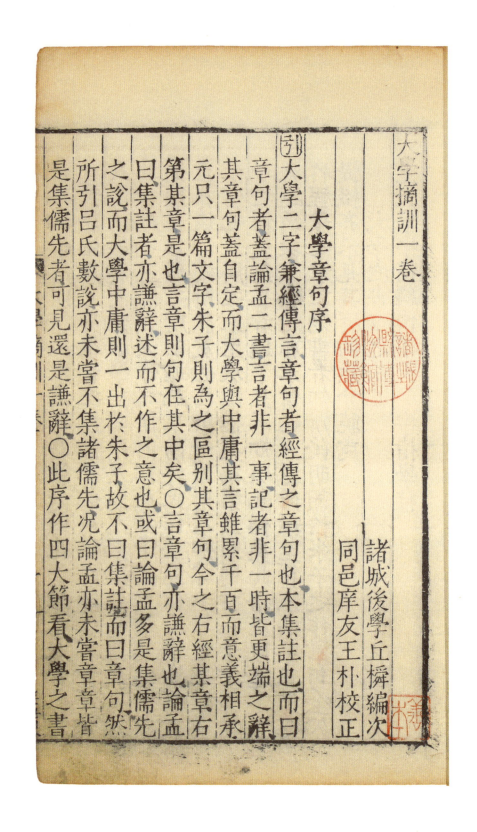

大字摘訓一卷

諸城後學丘橑編次

同邑庠友王朴校正

大學章句序

[引]大學二字兼經傳言章句者經傳之章句也本集註也而曰章句者蓋論孟二書言者非一事記者非一時皆更端之辭其章句蓋自定而大學與中庸其言雖累千百而意義相承元只一篇文字朱子則為之區別其章句今之右經其章右第其章章是也言章句在其中矣○言章句亦謙辭也論孟日集註者亦言謙辭述而不作之意也或曰論孟多是集儒先之說而大學中庸則一出於朱子故不曰集註而曰章句然所引呂氏數說亦未嘗不集諸儒先況論孟亦未嘗章章皆是集儒先者可見還是謙辭○此序作四大節看大學之書

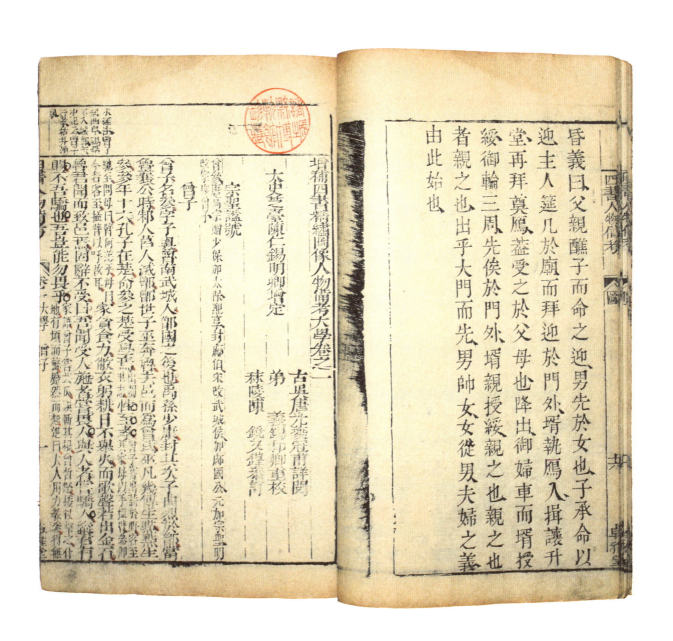

由此始也

者親之也出乎大門而先男帥女女從男夫婦之義

綏御輪三周先俟於門外壻親授綏親之也親之也

堂再拜奠鴈蓋受之於父母也降出御婦車而壻授

迎主人筵几於廟而拜迎於門外壻執鴈入揖讓升

昏義曰父親醮子而命之迎男先於女也子承命以

增補四書精繡圖像人物備考大學卷之一

　　　　古吳虞九章兆先甫詳閱

　　　　　弟　義錫卬卿重校

　　棘陵陳　鋭又鐸參訂

大史公三臺陳仁錫明卿增定

宗聖諡號

曾子

第047　增補四書精繡圖像人物備考十二卷　　（明）陳仁錫增定　　（明）陳義錫重校

清乾隆二十八年（1763）古吳聚秀堂刻本　諸城市圖書館

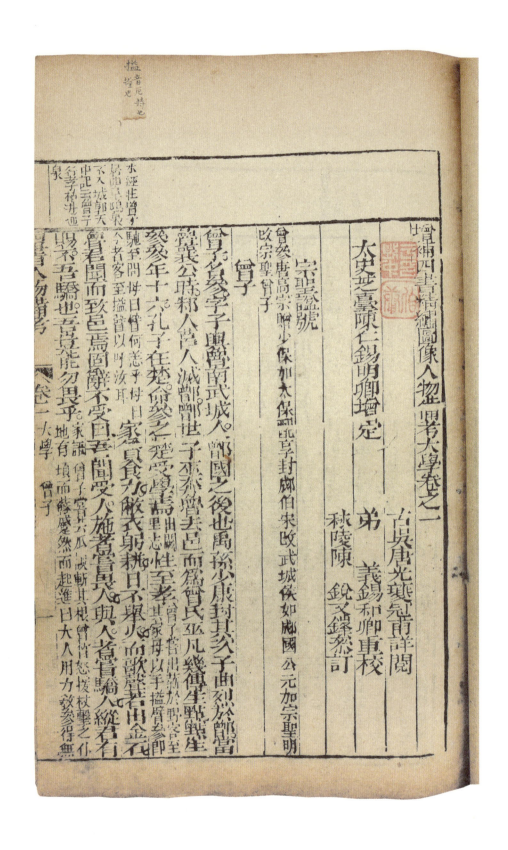

第048　增補四書精繡圖像人物備考十二卷　（明）陳仁錫增定　（明）陳義錫重校

清乾隆五十一年（1786）金閶書業堂刻本　濰坊市圖書館

九二

其說如此也引經傳文以證者此字義不可以常訓通也
○集註於正文之下正解說文義與經正意如諸
家之說有切當明白者即引用而不沒其姓名如學而首
章先尹氏而後程子亦只是順正文解下來非有高下去
取也章末用圈而列諸家之說者或文外之意而於正文
有所發明不容畧去或通論一章之意反覆其說切要而
不可不知也○集註後畧之說於下句者是解此句
文義載前輩之說於章後註之說之意反覆其說而
分釋者胡氏曰字義難明者各有訓釋一章之大旨及反覆此
章之餘意遂節旨意通一章之旨意可以
先明逐字文義然後通一章之旨意也
每章只發本章之旨者附註後或因發聖人言外之意者
別為一段以附其後亦欲學
者先明本旨而後及之也

論語集註大全卷之一 （通考冤氏程曰論撰也次 也撰次孔子及弟子語也）

當湖陸隴其稼書手輯

孫壻席祐篇渭南
李興、宗瑛來雲較訂
外孫李文漢偉
李文濱姜望

學而第一

此為書之首篇故所記多務本之意 朱子曰此一篇都
○胡氏曰此篇首取其切於學者記之故以為多務本
之意○新安陳氏曰揭君子務本一句以為首篇之要
領此說○此於游氏朱子已采入於賢易色章下於此又
首標之如首章以時習為本次章又以孝弟為仁之本
三章忠信為傳習之本道千乘章以節用愛人為本欲
五者為治國之本皆是餘可以類推 乃入道之門積德

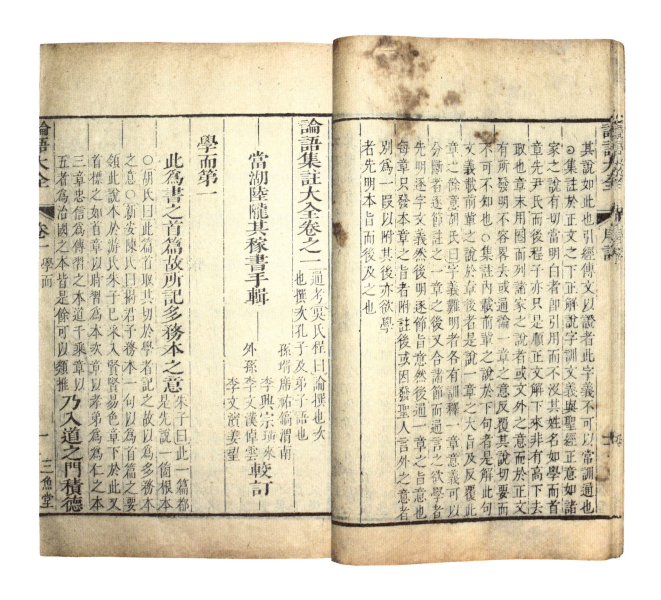

第049　四書大全四十卷　（清）陸隴其輯

清康熙三魚堂刻本　諸城市圖書館

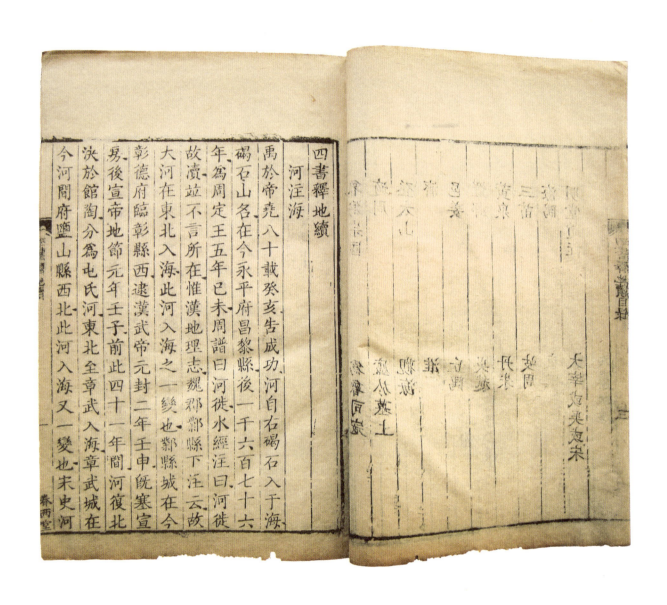

四書釋地續

河汪海

禹於帝堯八十載癸亥告成功河自碣石入于海
碣石山名在今永平府昌黎縣後一千六百七十六
年爲周定王五年已未周譜曰河徙水經汪曰河徙
故瀆並不言所在惟漢地理志魏郡鄴縣城在今
大河在東北入海此河入海之一變也鄴縣城在今
彰德府臨彰縣西逮漢武帝元封二年壬申既塞宣
房後宣帝地節元年壬子前此四十一年間河復北
決於館陶分爲屯氏河東北全章武入海章武城在
今河間府鹽山縣西北此河入海又一變也末史河

春西堂

第050　四書釋地一卷釋地續一卷釋地又續二卷釋地三續二卷　　（清）閻若璩撰
清康熙東浯王氏眷西堂刻本　濰坊學院圖書館

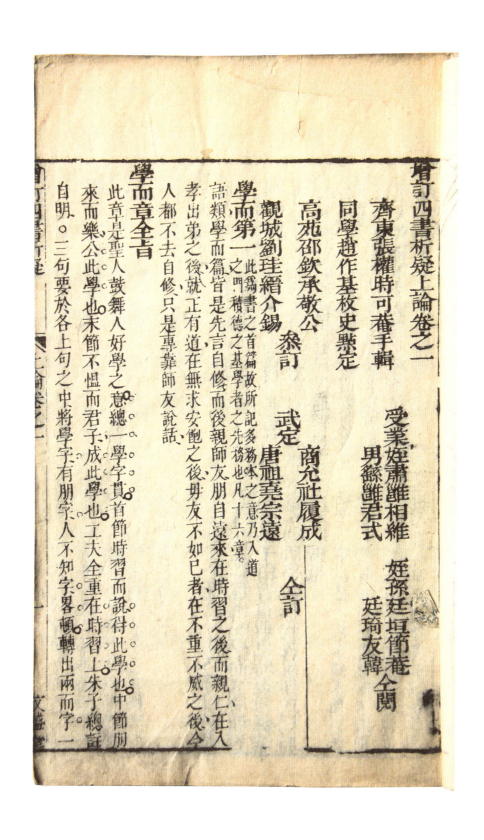

增訂四書析疑上論卷之一

齊東張權時可菴手輯　　　　受業姪蕭雖相維
同學趙作基校史懸定　　　　　男蘇雖君式　　姪孫廷垣節菴　仝閱
高苑邵欽承敬公　參訂　　　　　　　　　　　　　廷琦友韓
觀城劉珪繪介錫　泰訂　　商允社履成
　　　　　　　　　　　武定唐祖堯宗遠　仝訂

學而第一
此爲書之首篇故所記多務本之意乃入道
之門。積德之基學者之先務也凡十六章。
語類學而篇皆是先言自修而後親師友朋
友自遠來在時習之後而親仁在入
孝出弟之後就正有道在無求安飽之後母
友不如已者在不重不威之後令
人都不去自修只是專靠師友說話、

學而章全旨
此章是聖人鼓舞人好學之意總一學字貫首節時習而說得此學也中節朋
來而樂公此學也末節不慍而君子成此學也工夫全重在時習上朱子總註
自明。三句要於各上句之中將學字有朋宗人不知字畧頓轉出兩而字一

第051　增訂四書析疑□□卷　（清）張權時輯　（清）商允社、唐祖堯訂
清乾隆二十一年（1756）文盛堂刻本　濰坊學院圖書館

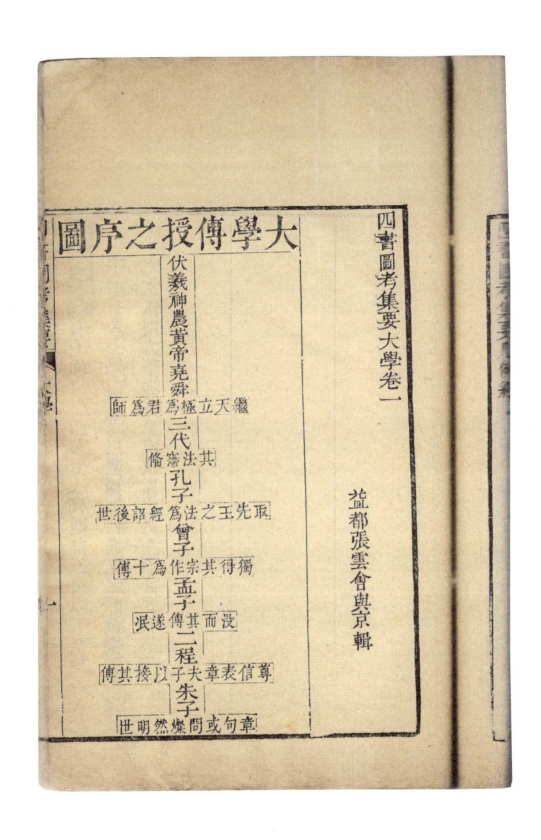

第052　四書圖考集要五卷　（清）張雲會輯

清乾隆三十七年（1772）刻本　青州市圖書館

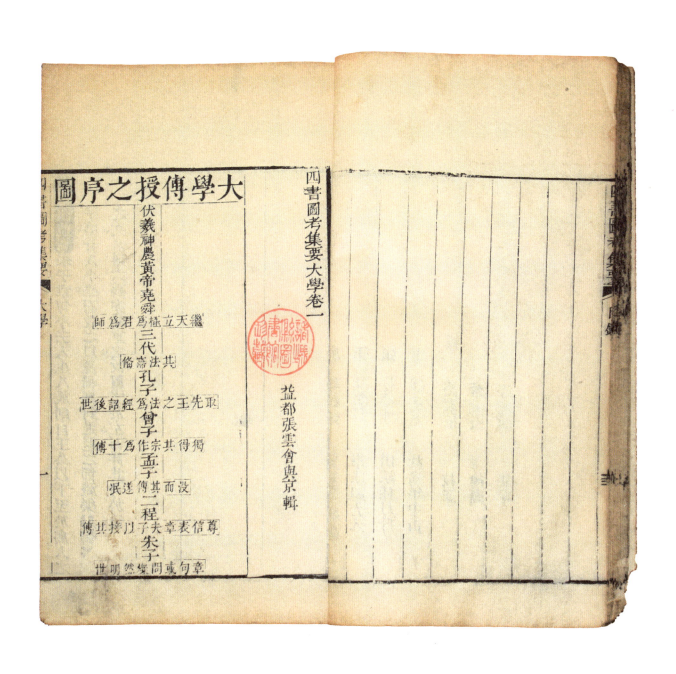

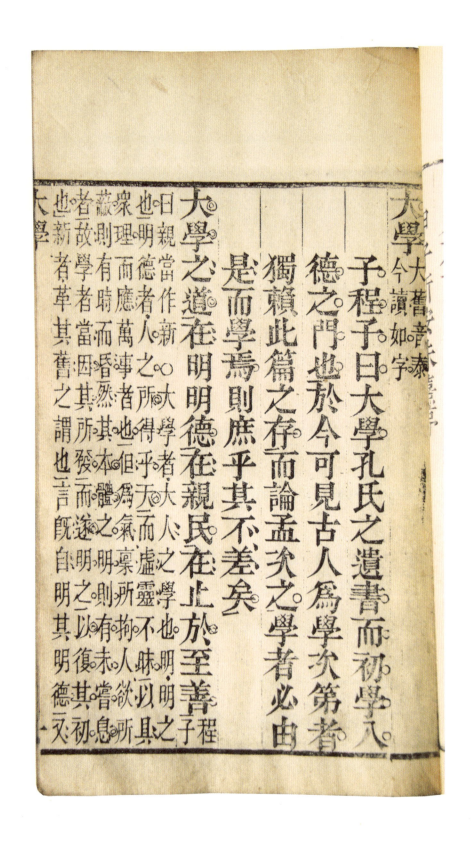

大學今讀舊音泰如字

子程子曰大學孔氏之遺書而初學入
德之門也於今可見古人為學次第者
獨賴此篇之存而論孟次之學者必由
是而學焉則庶乎其不差矣

大學之道在明明德在親民在止於至善子程
也明德者人之所得乎天而虛靈不昧以具其
理而應萬事者也但為氣禀所拘人欲所蔽則
有時而昏然其本體之明則有未嘗息者故學
者當因其所發而遂明之以復其初也新者革其舊之謂也言既自明其明德又當
薇家則新理而明德者人之

第054　四書釋文十九卷　（清）王贛言撰

清道光二年（1822）諸城王氏家塾刻本　壽光市博物館

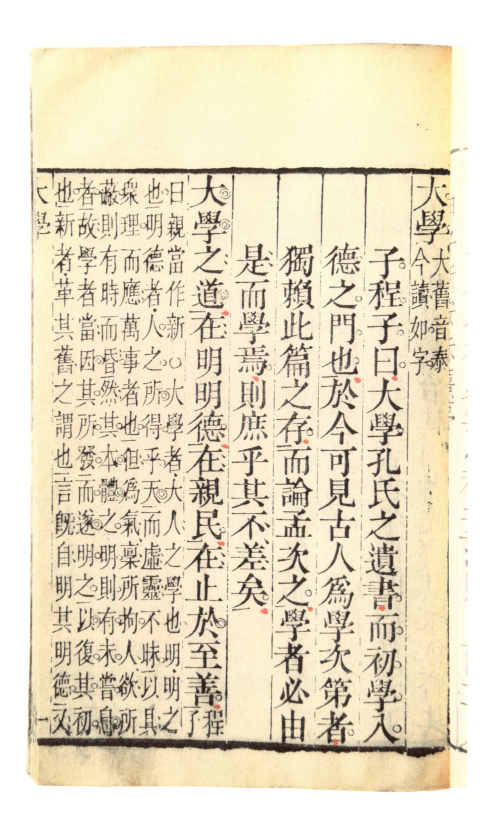

大學〈今讀如字泰〉

子程子曰·大學孔氏之遺書而初學入
德之門也·於今可見古人爲學次第者·
獨賴此篇之存·而論孟次之·學者必由
是而學焉·則庶乎其不差矣

大學之道·在明明德·在親民·在止於至善〈了程
也〈親當作新〉○大人之學也·明明〈明之
日·明德者·人之所得乎天而虛靈不昧·以具
也〈則理而應萬事者也·但爲氣稟所拘·人欲
者·藏〈故學者當因其所發·而遂明之·以復其初
也·新者·革其舊之謂也·言旣自明其明德·又

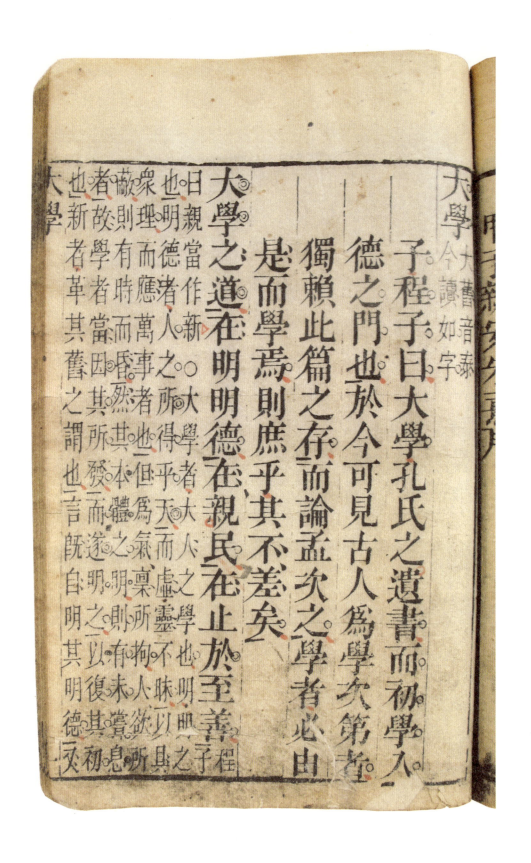

大　舊音泰　今讀如字

子程子。曰大學孔氏之遺書而初學入
德之門也。於今可見古人爲學次第者。
獨賴此篇之存而論孟次之。學者必由
是而學焉則庶乎其不差矣。

大學之道。在明明德在親民在止於至善

程子曰大學者大人之學也明明德者人之所
得乎天而虛靈不昧以具衆理而應萬事者也
但爲氣禀所拘人欲所蔽則有時而昏然其本
體之明則有未嘗息者故學者當因其所發而
遂明之以復其初也新者革其舊之謂也言既
自明其明德又當推以及人使之亦有以去其
舊染之污也

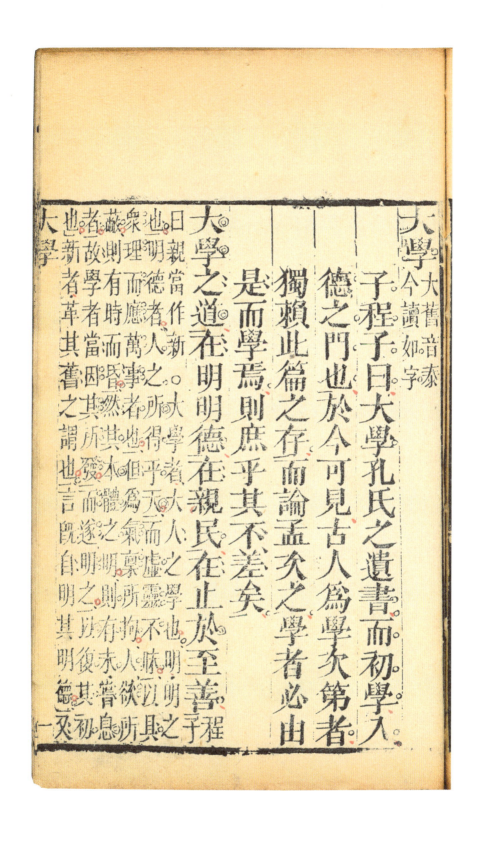

第057　四書釋文十九卷四書字辨一卷疑字辨一卷四書句辨一卷　（清）王廣言撰

清光緒七年（1881）諸城王氏家塾刻本　安丘市博物館

五經類編目錄終

五經類編卷之一　君道類

君德

易　飛龍在天利見大人以聖人之德居天子之位爲
言文言云聖人作而萬物覩
飛龍在天之象利見就臣民
謂樂與大人相見也乾九五
首出庶物萬國咸寧
首出者首先
知臨大君之宜言象曰大君之宜行
立極也乾象
中之謂也中謂中道　大觀在上順而巽中正以觀
天下以中正之德示天下　大人虎變未占有孚象
所以爲大觀也觀象　曰大人虎變其文炳也變者毛落更生之候大人在
日大人虎變其文炳也　上禮樂文章煥然一新如虎

第058　五經類編二十八卷　（清）周世樟撰

清康熙刻本　諸城市圖書館

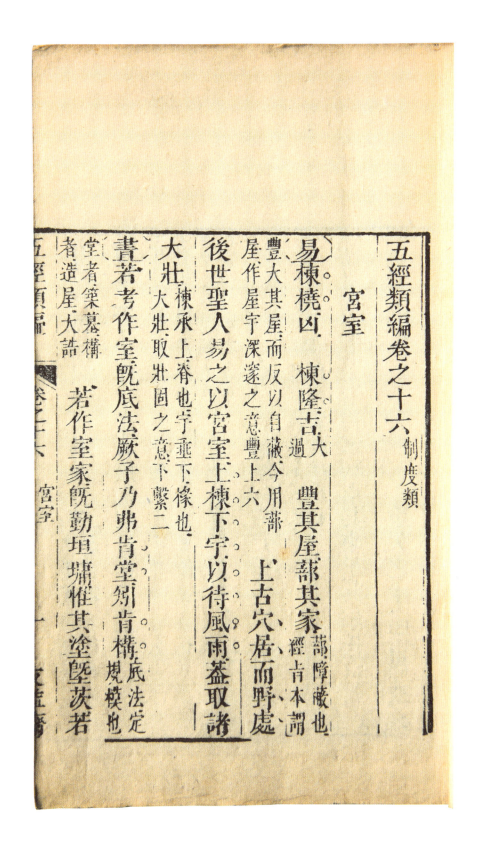

五經類編卷之十六　制度類

宮室

【易】棟橈凶　棟隆吉大過　豐其屋蔀其家經吉本謂蔀障蔽也

豐大其屋而反以自蔽今用蔀屋作屋宇深邃之意豐上六　上古穴居而野處

後世聖人易之以宮室上棟下宇以待風雨蓋取諸

大壯大壯取壯固之意下繫二棟承上脊也宇垔下橑也

畫若考作室既底法厥子乃弗肯堂矧肯構規模也

堂者築基構若作室家既勤垣墉惟其塗塈茨若

者造屋大誥

第059　五經類編二十八卷　（清）周世樟撰

清友益齋刻本　濰坊學院圖書館

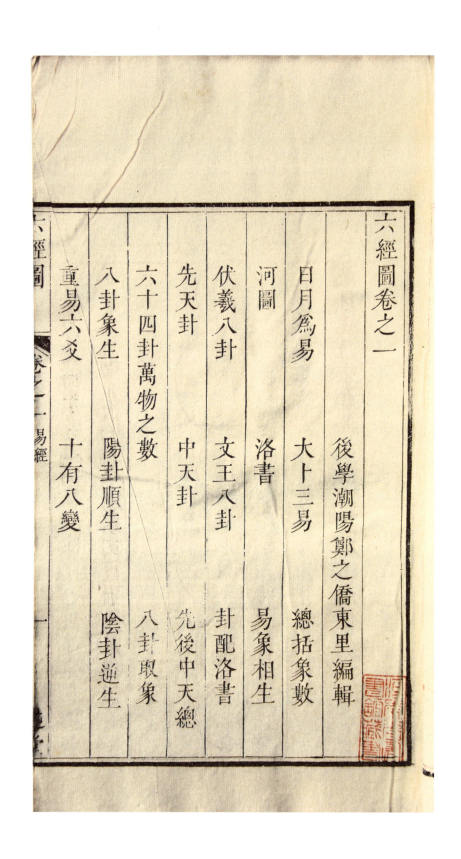

六經圖卷之一　　　　後學潮陽鄭之僑東里編輯

日月爲易　　　大卜三易　　　總括象數

河圖　　　　　洛書　　　　　易象相生

伏羲八卦　　　文王八卦　　　卦配洛書

先天卦　　　　中天卦　　　　先後中天總

六十四卦萬物之數　　　　　　八卦眼象

八卦象生　　　陽卦順生　　　陰卦逆生

重易六爻　　　十有八變

六經圖

第060　六經圖二十四卷　（清）鄭之僑輯

清乾隆九年（1744）述堂刻本　濰坊學院圖書館

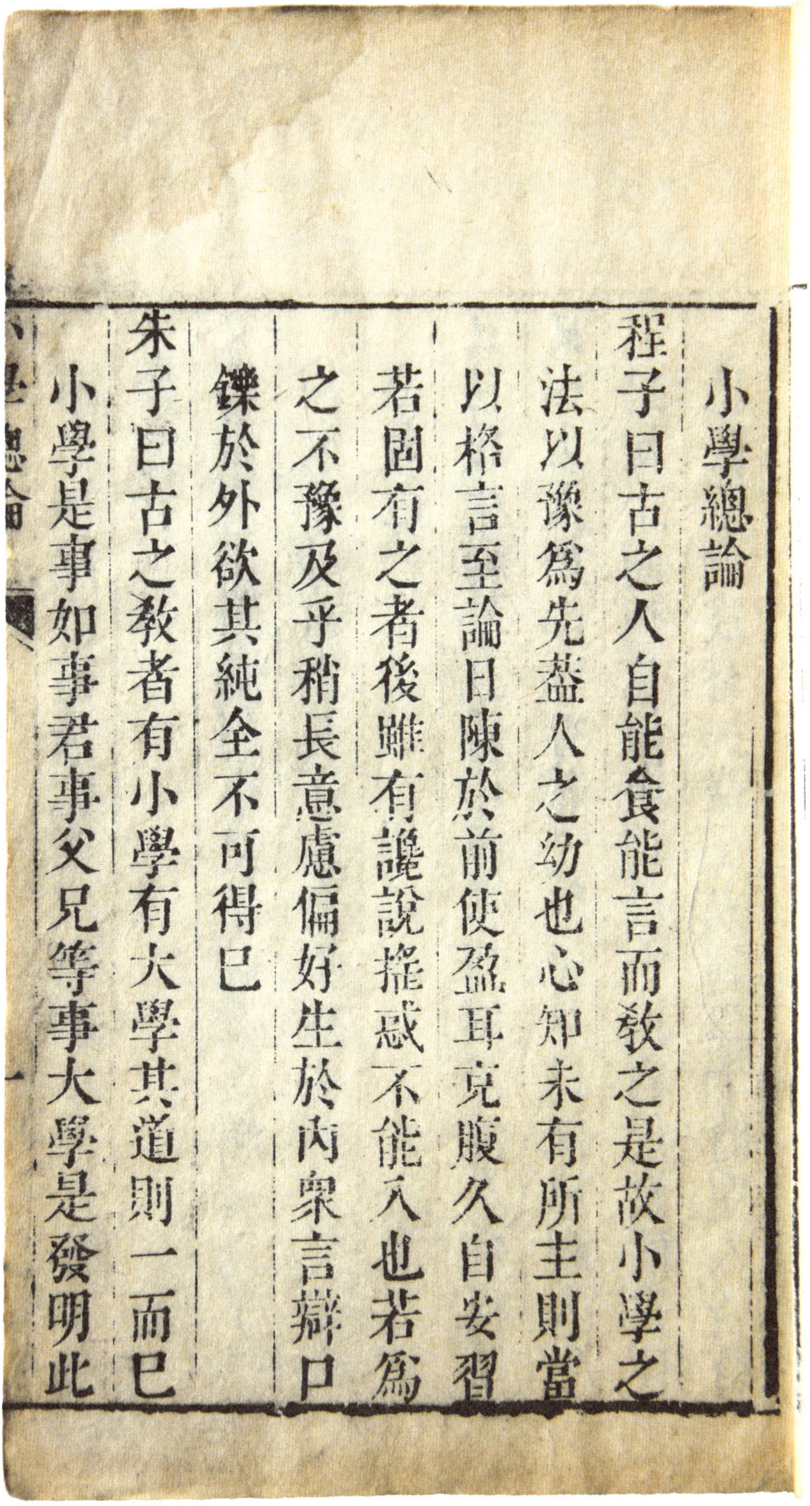

小學總論

程子曰古之人自能食能言而教之是故小學之
法以豫為先蓋人之幼也心知未有所主則當
以格言至論日陳於前使盈耳克腹久自安習
若固有之者後雖有讒說搖惑不能入也若為
之不豫及乎稍長意慮偏好生於內眾言辯口
鑠於外欲其純全不可得已
朱子曰古之教者有小學有大學其道則一而已
小學是事如事君事父兄等事大學是發明此

第061　小學纂註六卷　（清）高愈撰　（清）尹會一重訂

清乾隆十三年（1748）刻本　濰坊學院圖書館

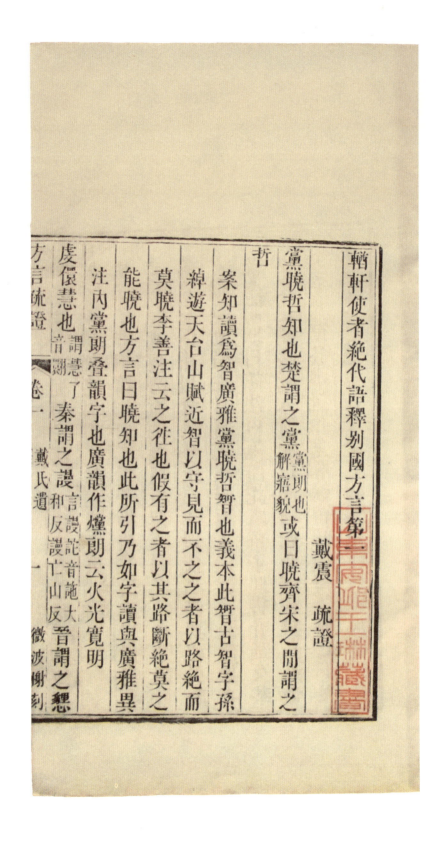

輶軒使者絕代語釋別國方言第一

戴震　疏證

哲

黨曉哲知也楚謂之黨黨朗也解嬪貌或曰曉齊宋之間謂之

案知讀爲智廣雅黨曉哲智也義本此智古智字孫

緯遊天台山賦近智以守見而不之者以路絕而

莫曉李善注云之徃也假有之者以其路斷絕莫之

能曉也方言曰曉知也此所引乃如字讀與廣雅異

注內黨朗叠韻字也廣韻作爍朗云火光寬明

虔儇慧也音翾謂慧了秦謂之謾言謾能音施大晉謂之懇

方言疏證　卷一　戴氏遺和反謾亡山反　微波榭刻

第062　輶軒使者絕代語釋別國方言十三卷　（漢）揚雄撰　（晉）郭璞注　（清）戴震疏證

清乾隆孔繼涵刻微波榭叢書本　濰坊學院圖書館

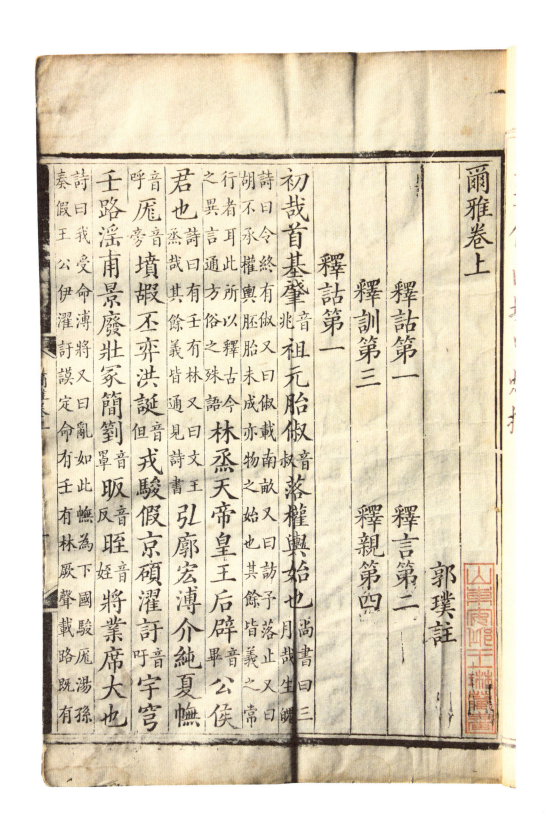

爾雅卷上

　　郭璞註

釋詁第一　　　釋言第二

釋訓第三　　　釋親第四

釋詁第一

初哉首基肇（音兆）祖元胎俶（音叔）落權輿始也（尚書曰三月哉生魄……落止又曰訪予落止又曰俶載南畝又曰物之始也其餘皆義之常行者耳此所以釋古今之異言通方俗之殊語）

林烝天帝皇王后辟公侯君也（詩曰有壬有林又曰文王又曰弘廓宏溥介純夏幠烝其餘義皆通見詩書）

弘廓宏溥介純夏幠（音呼）膴（音畢）公侯……

戎駿假京碩濯訏（音吁）宇穹（但音罩）……

厖（音尨旁）墳嘏（音賈）丕弈洪誕販（音眅反）……

壬路淫甫景廢壯冢簡剄（音翟）戎駿假京碩濯訏……業席大也

詩曰我受命溥將又曰亂如此幠為下國駿厖（湯孫）……

秦假王公伊濯訏誤定命有壬有林厥聲載路既有

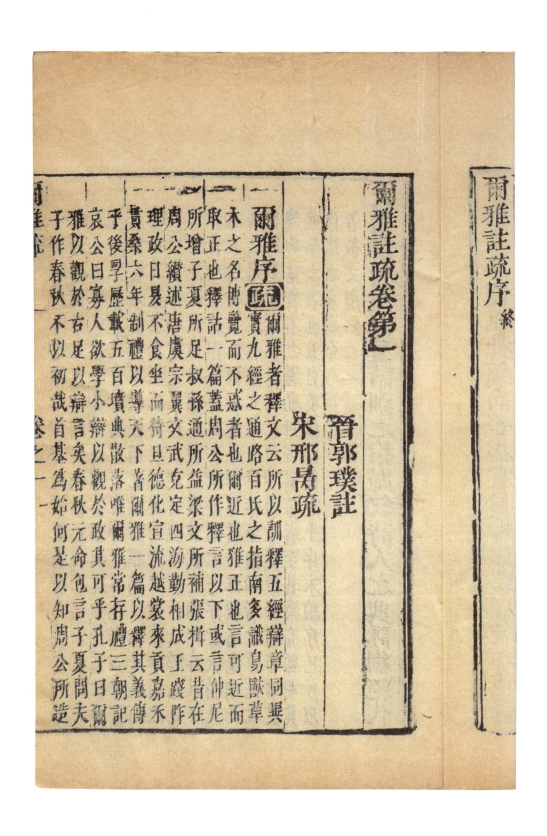

爾雅註疏序終

爾雅註疏卷第一

　晉郭璞註

　宋邢昺疏

爾雅序

爾雅者釋詁一篇蓋周公所作而釋言以下或言仲尼所增子夏所足叔孫通所益梁文所補張揖指四海之皇皇嘉傳於世尚爾雅而能遍者學三為其義傳

一釋詁

爾雅者五經之訓故所以訓釋五經辯章同異指南多識鳥獸草木之名博覺而不惑者也爾雅正也言可近而取正也釋詁者古今之異言通之使人知也

理政日曷制禮以導天下化宣流越裳來獻其貢在於周公日昃不食坐而待旦德唯爾雅一篇以釋常存乎禮三朝記於日爾問夫

所增子夏述虞唐周公六年

貴桑六年歷載五百壇典散落終政其可言乎孔

平後尋歷人欲學小辯以觀終元命包言子夏夫

哀公日寡學問首基為始何以知周公夏所造夫

子雅以觀於古足以初誠首基為始以知周公夏

爾雅卷之一　　　　　　　　　　　　姜兆錫註疏叅義

邢昺曰爾雅近也雅正也言其近而取正也

釋詁第一
疏曰釋詁之分故序篇總云釋詁釋言通古今字
之興言也此篇相傳以為周公作但其文或有在周公之後
有先儒多疑之或曰仲尼子夏所增足也或曰當周公時有
其文今無者或已散亡也然則詁訓之文非皆周公
所釋若言胡不承權興緝衣泰康鄭武之詩在周
公之後明矣蓋郭氏援據以成義出其諸篇所引
以後之文乃郭氏援據於此篇獨信為周公之作
先前擒益者居前而疏於此篇非一時故題曰周公
釋者今或攷中如權興字廇字當曰註周
其文猶可考也
黃髮兒齒皆嘏周公作者雜之與徐各篇各條
文則此篇亦有非周公作者
初哉首基肇祖元胎俶落權興始也
諩云哉生明俶萬云令終有叔落萬落云始予落正權興萬始哉諩文古
蔡風云胡不承權興疏曰初哉首基肇祖元胎俶落權興始也

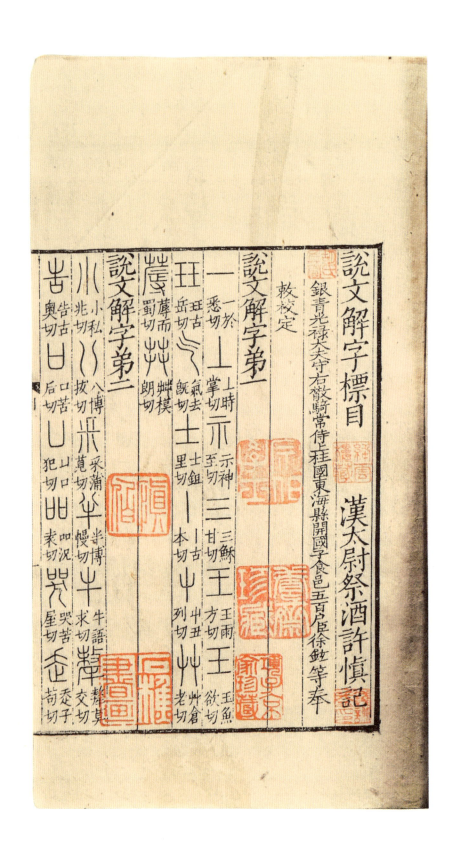

第066　說文解字十五卷　（漢）許慎撰　（宋）徐鉉校

明汲古閣刻本　濰坊市博物館

大廣益會玉篇一部 并序 凡三十卷

梁大同九年三月二十八日黃門侍郎兼太學博

士顧野王撰 本唐上元元年甲戌歲四月十三日

南國處士富春孫強增加字三十卷凡五百四十

二部舊二十五萬八千六百四十一言新五萬一

千一百二十九言新舊揔二十萬九千七百七十

言 注四十万七千
五百有三十字

昔在庖犧始成八卦暨乎蒼頡肇創六爻政罷結繩

教興書契天粟晝零市妖夜哭由來尚矣爰至玄龜

龍馬貞河洛之圖赤雀素鱗摽受終之命鳳羽爲字

第067　大廣益會玉篇三十卷　　（梁）顧野王撰　　（唐）孫強增字　　（宋）陳彭年等重修

清康熙四十三年（1704）張士俊刻澤存堂五種本　安丘市博物館

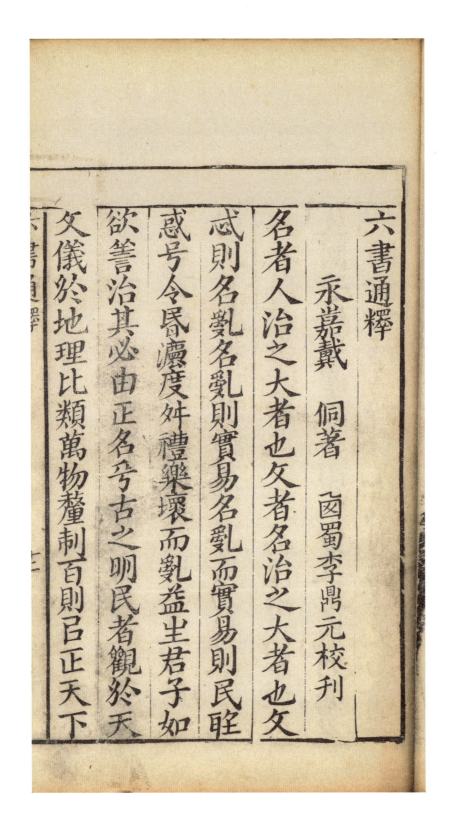

六書通釋

永嘉戴　侗著　　閬蜀李鼎元校刊

名者人治之大者也文者名治之大者也文
惑則名亂名亂則實易名亂而實易則民瞆
惑号令昏濁度姦禮樂壞而亂益生君子如
欲謹治其必由正名号古之明民者觀於天
文儀於地理比類萬物釐制百則已正天下

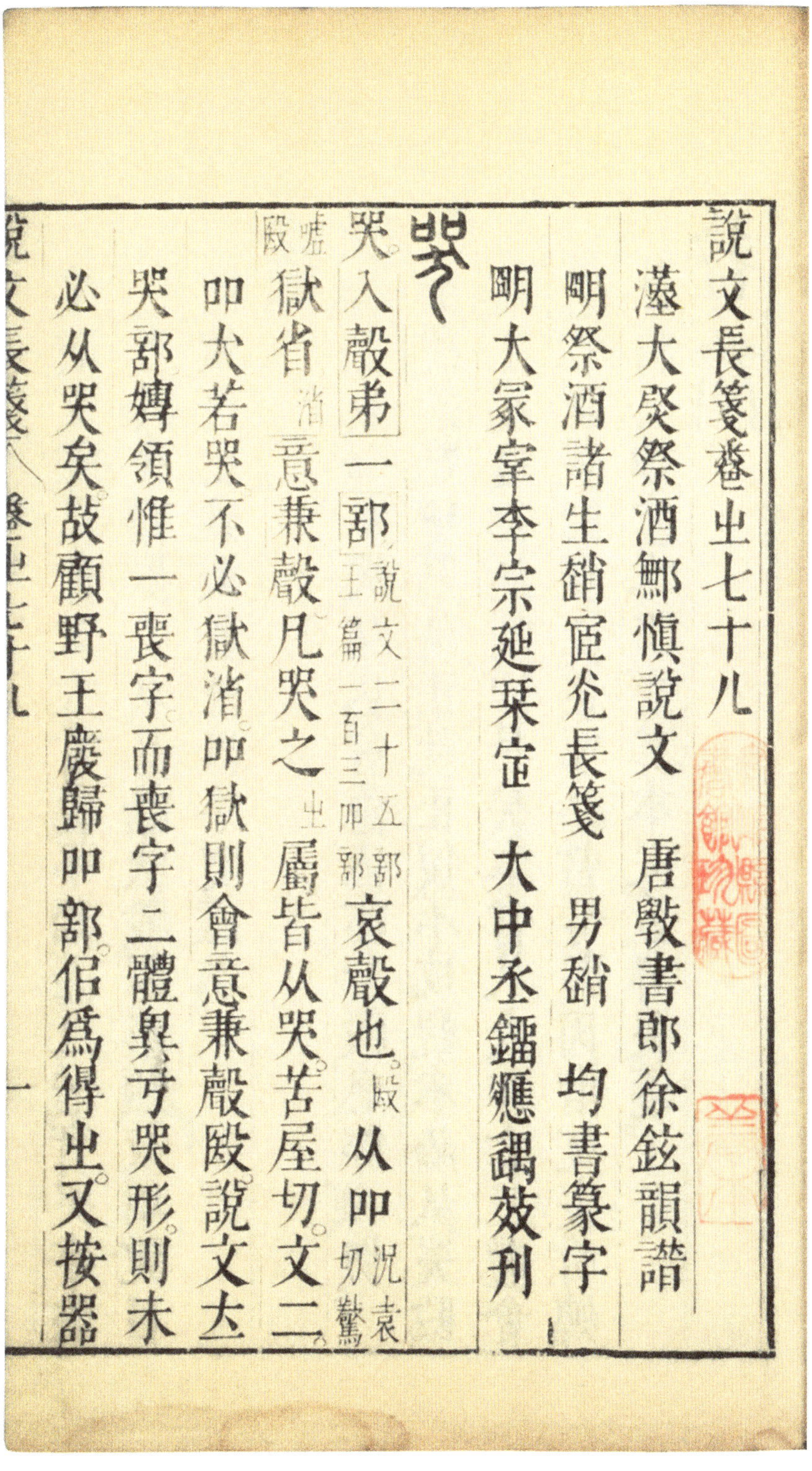

哭

哭入殸弟一部　說文二十五部

濫大癸祭酒無慎說文　　唐敫書郎徐鉉韻譜

明祭酒諸生鮹宦炎長箋　男鮹　均書篆字

明大豖宰李宗延采宦　大中丞鑌㦿鋊敩刊

哀殸也　從叩況袁切　哀殸也

獄省滴意兼殸凡哭之坐屬皆從哭苦屋切文二

叩大若哭不必獄滴叩獄則會意兼殸殷說文太

哭部嫿領惟一喪字而喪字二體與亐哭形則未

必從哭矣故顧野王嚴歸叩部佀爲得坐又按器

說文長箋卷之七十九

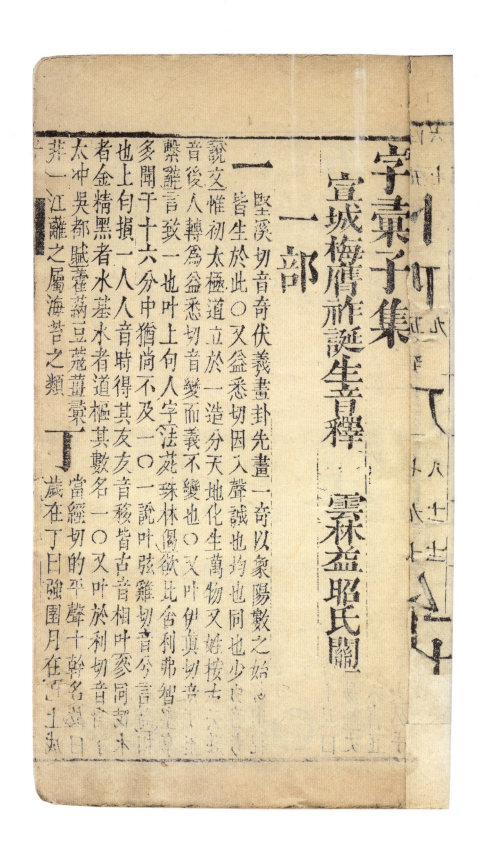

第070　字彙十二卷首一卷末一卷附韻法直圖一卷韻法橫圖一卷　（明）梅膺祚撰

明末雲林益昭氏關西刻本　青州市圖書館

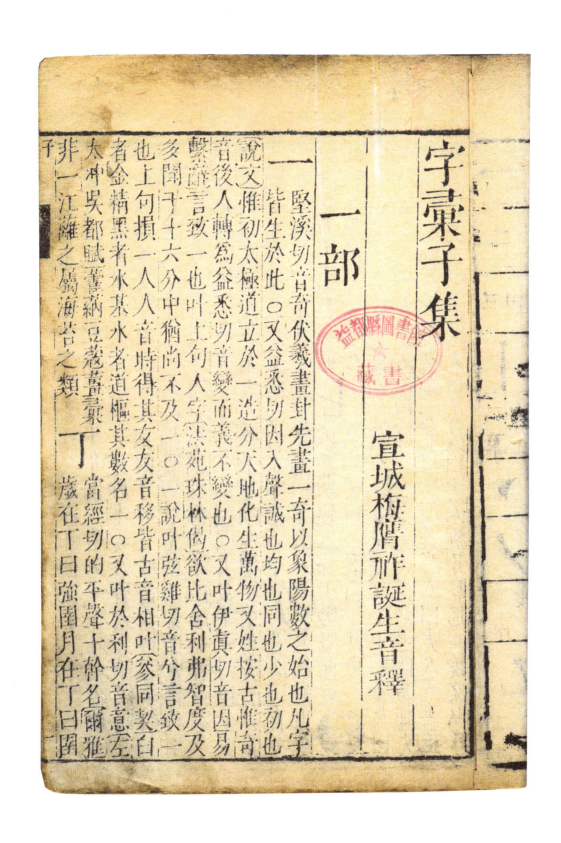

字彙子集

宣城梅膺祚誕生音釋

一部

一　堅溪切音奇伏羲畫卦先畫一奇以象陽數之始也凡字皆生於此○又盇悉切因入聲誠也均也同也少也初也

【說文】惟初太極道立於一造分天地化生萬物又姓按古惟奇音後人轉爲益悉切音變而義不變也○又叶伊眞切音因易繫辭言致一也叶上句人字法菀珠林偈欲比舍利弗智度及多聞千十六分中猶尚不及一○一說叶弦雞切音兮言致一也上句損一人音時得其友友音移皆古音相叶【參同契】自者金精黑者水某水者道樞其數名一○又叶於利切音意至當經切的平聲十幹名爾雅太冲吳都賦薈蔚雲霧葍蕓菜薈彙子菲一江蘺之屬海苔之類

丁　當經切的平聲十幹名【爾雅】歲在丁曰強圉月在丁曰圉

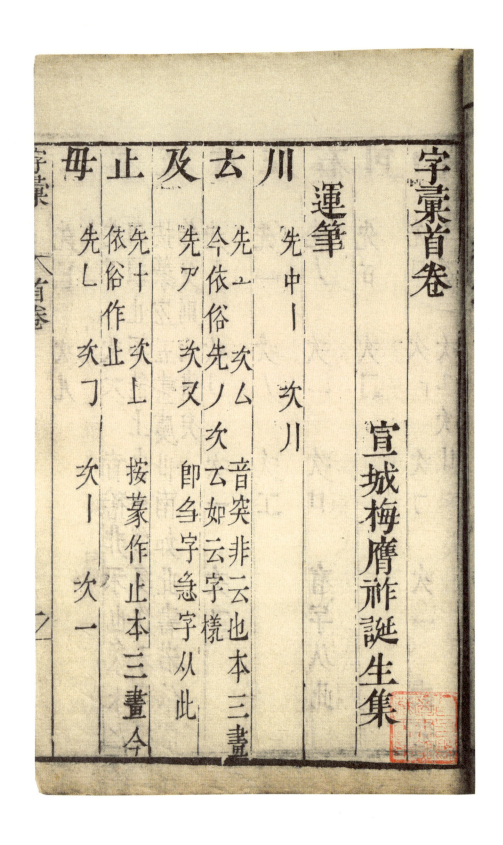

第072　字彙十二卷首一卷末一卷附韻法直圖一卷韻法橫圖一卷　　（明）梅膺祚撰

清康熙二十七年（1688）刻本　昌邑市圖書館

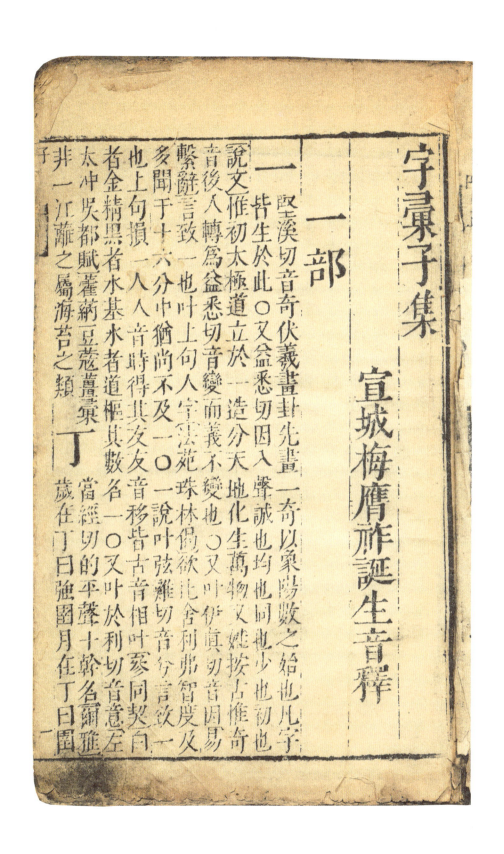

字彙子集

宣城梅膺祚誕生音釋

一部

一　堅奚切音奇伏羲畫卦先畫一奇以象陽數之始也凡字
皆生於此○又益悉切因入聲誠也均也同也少也初也
說文惟初太極道立於一造分天地化生萬物又姓按古惟奇
音後人轉爲益悉切音變而義不變也○又叶伊眞切音因易
繫辭言致一也叶上句人字法苑珠林偈欲此舍利弗智度及
多聞于十六分中猶尚不及一○一說叶弦雞切音分言致一
也上句損一人人音時得其友友音移皆古音相叶音琴同契白
者金精黑者水基水者道樞其數名一○又叶於利切音意左
太冲吳都賦蕙草蒳豆蔻薑彙丁當經切的平聲十幹名爾雅
非一江蘺之屬海苔之類　丁歲在丁曰強圉月在丁曰圉

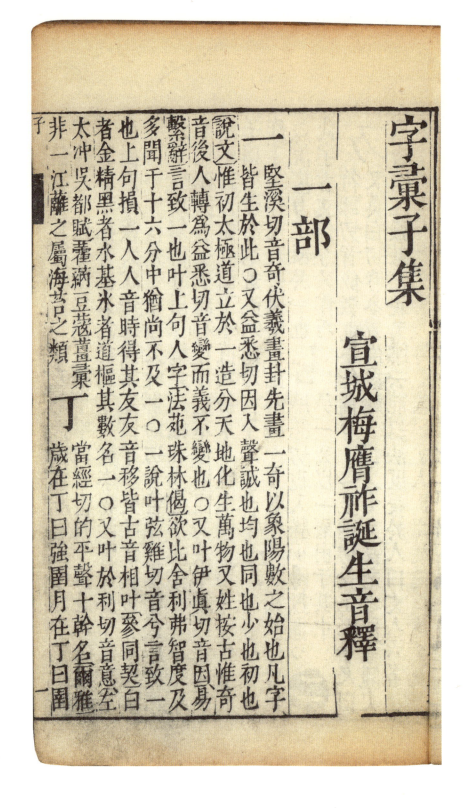

字彙子集　　宣城梅膺祚誕生音釋

一部

一　堅溪切音奇伏羲畫卦先畫一奇以象陽數之始也凡字皆生於此○又益切因入聲誠也均也同也少也初也[說文惟初太極道立於一造分天地化生萬物又姓按古惟奇音後人轉爲益悉切音變而義不變也○又叶伊眞切音因易繫辭言致一也叶上句人字法苑珠林偈欲比舍利弗智度及多聞于十六分中猶尚不及一○一說叶弦切音兮言致一也上句損一人人音時得其友友音移皆古音相叶於利切音意至者金精黑者水基氷者道樞其數名一○又叶於利切音意至太冲吳都賦藿菥豆蔻薑彙當經切的平聲十幹名爾雅非一江蘺之屬海苔之類

丁　歲在丁曰強圉月在丁曰圉

子
一

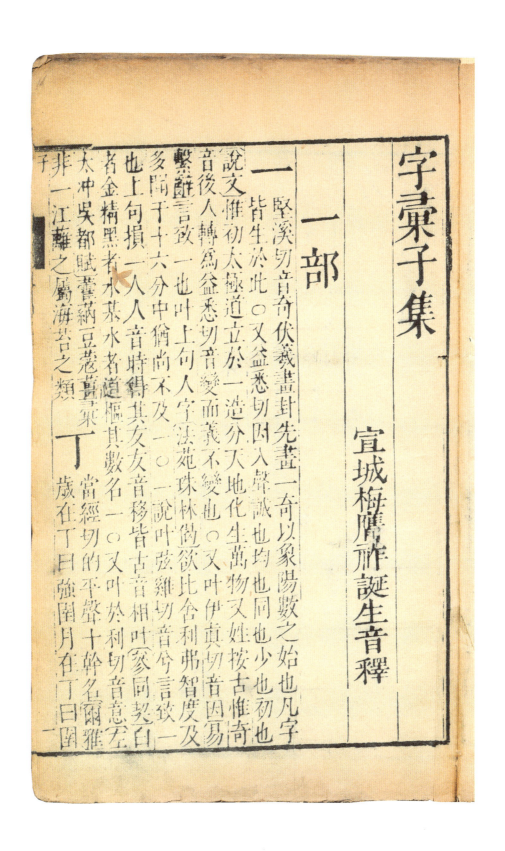

字彙子集　　宣城梅膺祚誕生音釋

一部

一堅溪切音奇伏羲畫卦先畫一奇以象陽數之始也凡字皆生於此〇又益悉切因入聲誠也均也同也少也初也說文惟初太極道立於一造分天地化生萬物又姓按古惟奇音後人轉爲益悉切音變而義不變也〇又叶伊眞切音因易繁辭言致一也叶上句人字法苑珠林啟欲比舍利弗智度及多陷于十六分中猶尚不及一〇一說叶弦切音令言致一也叶上句一人音時得其友友音移皆古音相叶〔豕〕同契百者也上句損一人音〔叶〕於利切音意左又叶於利切音意左者金精黑都者水菜水者道桓其數名一〇又叶於利切音意左太冲吳都賦舊納旋蓂萐菜〇非一江蘺之屬海苔之類 丁歲在丁曰強圉月在丁曰圉一當經切的平聲十幹名爾雅

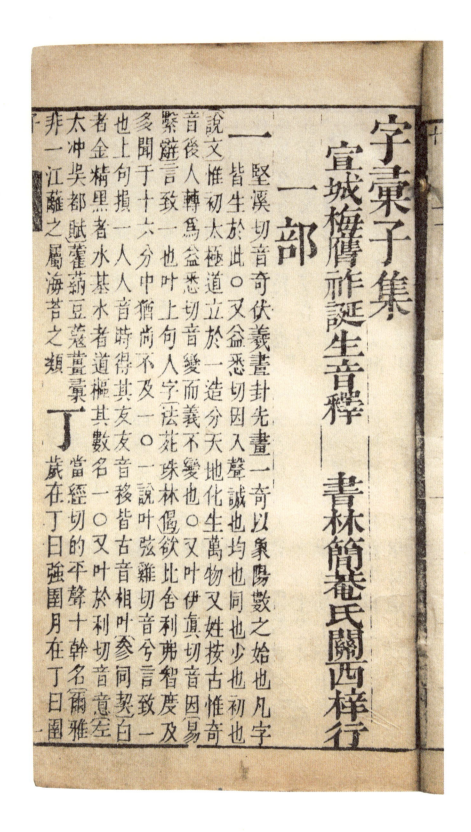

字彙子集

宣城梅膺祚誕生音釋　青林簡菴氏關西梓行

一部

一　堅溪切音奇伏羲畫卦先畫一奇以象陽數之始也凡字皆生於此〇又盆悉切因入聲誠也均也同也少也初也〔說文〕惟初太極道立於一造分天地化生萬物又姓按古惟奇音後人轉爲盆悉切音變而義不變也又叶伊眞切音因〔易〕繫辭言致一也叶上句人字〔莊〕珠林偈欲比舍利弗智度及多聞于十六分中猶尚不及一〇一說叶弦雞切音兮言致一也叶上句友音移皆古音相叶〔參同契〕白者金精黑者水基水者道樞其數名一〇又叶於利切音意至者也上句損一人人音時得其友友音移當經切的平聲十幹名〔爾雅〕太冲吳都賦蘆荻薑彙非一江蘺之屬海苔之類

丁　歲在丁曰強圉月在丁曰圉

第076　字彙十二卷首一卷末一卷附韻法直圖一卷韻法橫圖一卷　（明）梅膺祚撰

清金閶步月樓刻本　昌邑市圖書館

一二〇

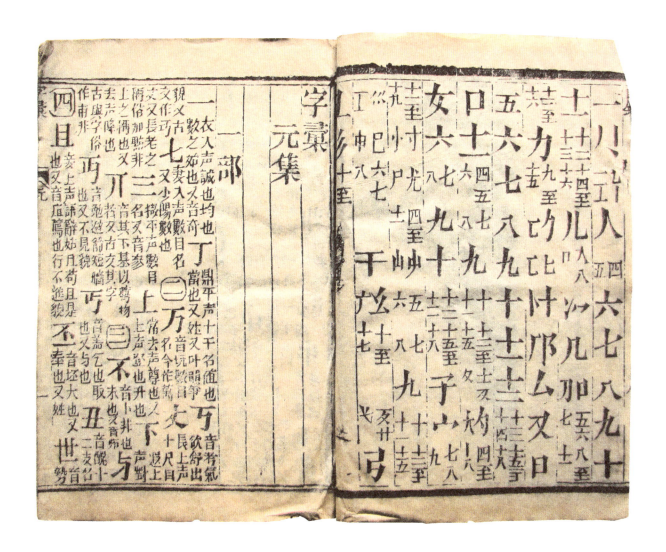

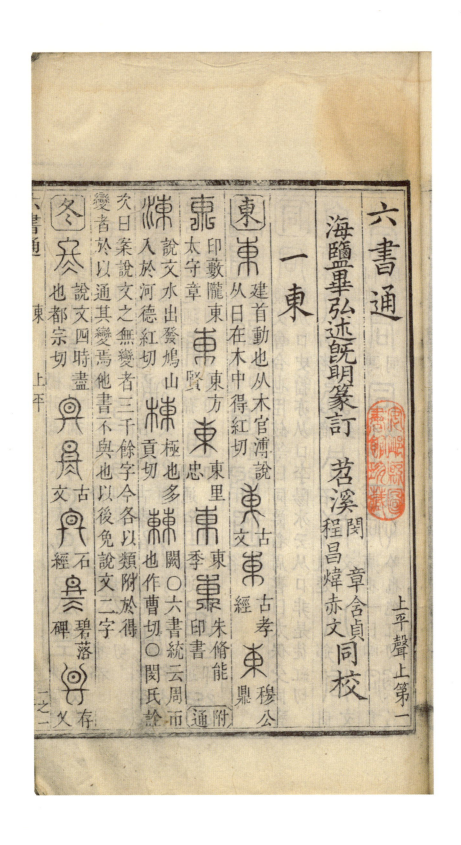

第078　六書通十卷　（明）閔齊伋撰　（清）畢弘述篆訂　（清）閔章、程昌燉校

清康熙五十九年（1720）刻本　安丘市博物館

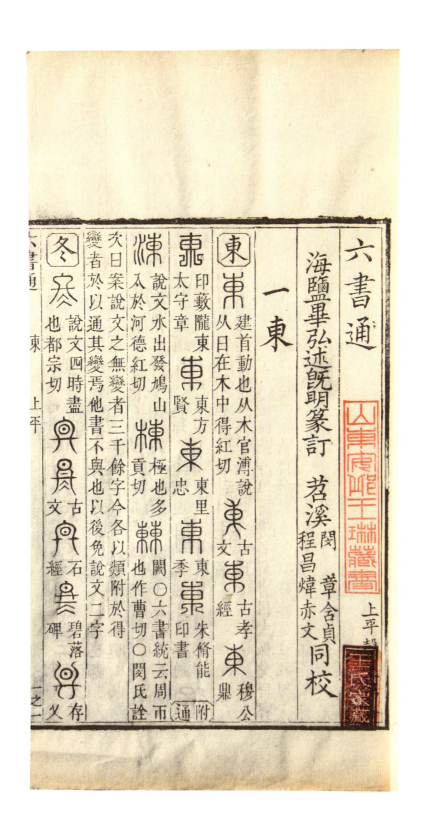

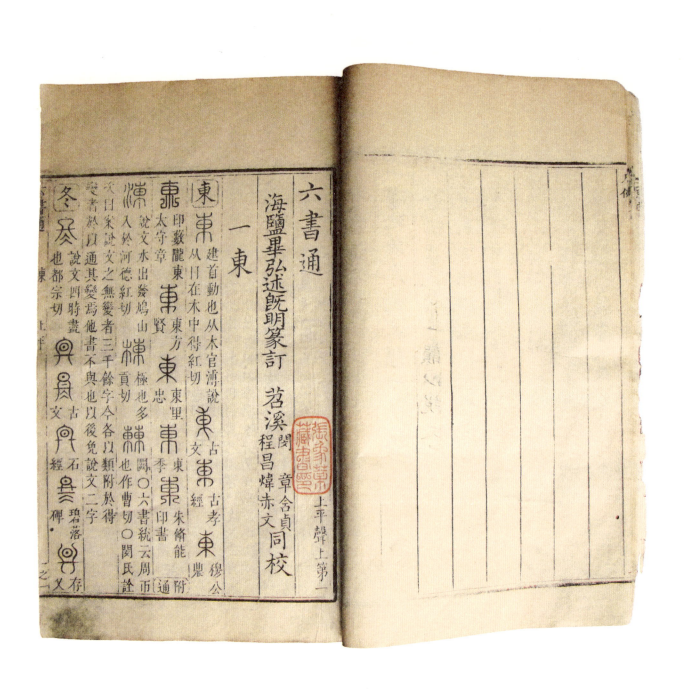

第080　六書通十卷　（明）閔齊伋撰　（清）畢弘述篆訂　（清）閔章、程昌燁校

清康熙五十九年（1720）刻本　濰坊工程職業學院圖書館

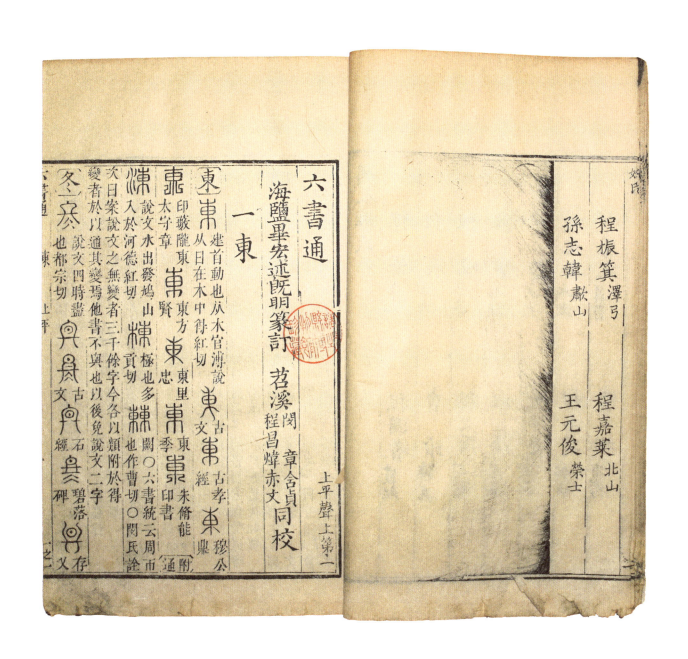

第081　六書通十卷　（明）閔齊伋撰　（清）畢弘述篆訂　（清）閔章、程昌燁校

清乾隆刻本　諸城市圖書館

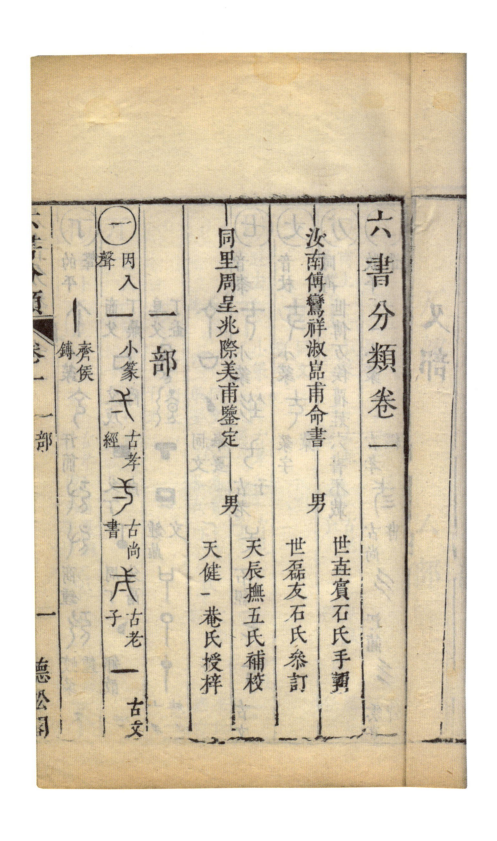

第082　六書分類十二卷首一卷　（清）傅世垚撰

清康熙三十八年（1699）刻本　青州市圖書館

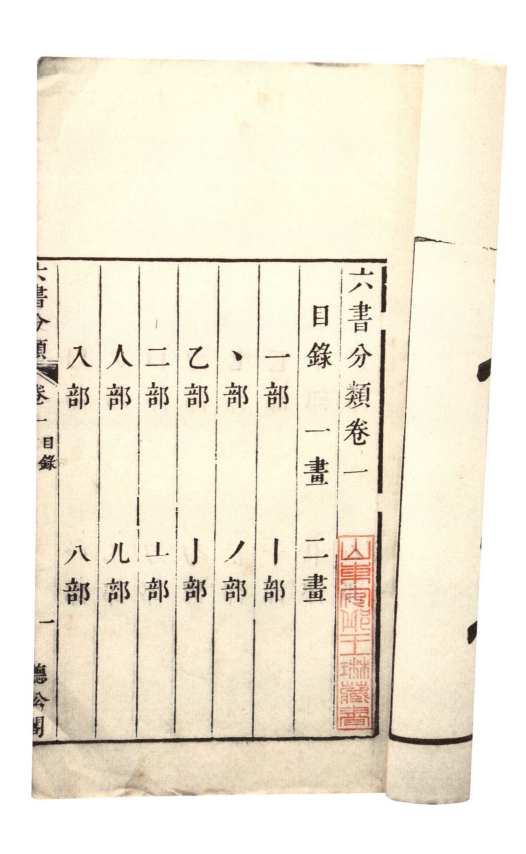

第083　六書分類十二卷首一卷　　（清）傅世垚撰

清乾隆五十四年（1789）聽松閣刻本　濰坊學院圖書館

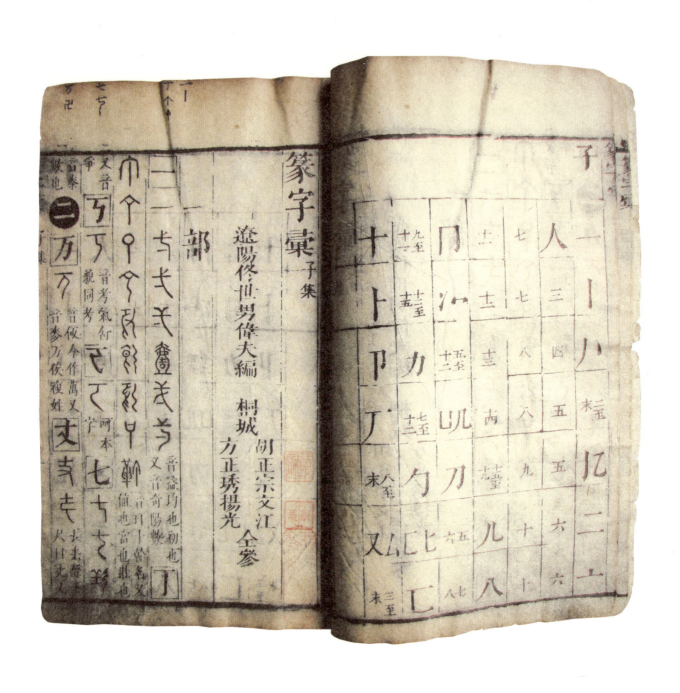

第084　篆字彙十二卷　　（清）佟世男輯

清康熙三十九年（1700）寶旭齋刻本　青州市圖書館

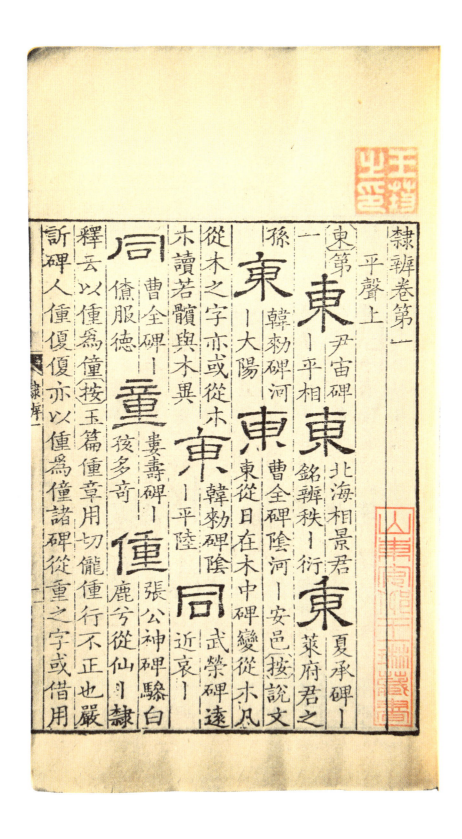

隸辨卷第一

平聲上

〔東〕第一

東—平相　尹宙碑　北海相景君之

東—平相　韓勑碑　銘辨秩—衍　東　萊府君之　夏承碑—

孫　東　韓勑碑河　曹全碑陰河—安邑〔按說文

從木之字亦或從木　東從日在木中碑變從木凡　武榮碑遠

木讀若髖與木異　韓勑碑陰—平陸　近衰—

曹全碑—　婁壽碑—　張公神碑騶白　同

同　僮服德　孩多肯

同　童　僮　鹿兮從仙—隸

釋云以僮爲僮〔按玉篇僮章用切龓僮行不正也嚴

訢碑人僮偄偄亦以僮爲僮諸碑從重之字或借用

第085　隸辨八卷　（清）顧藹吉撰

清乾隆八年（1743）刻本　濰坊學院圖書館

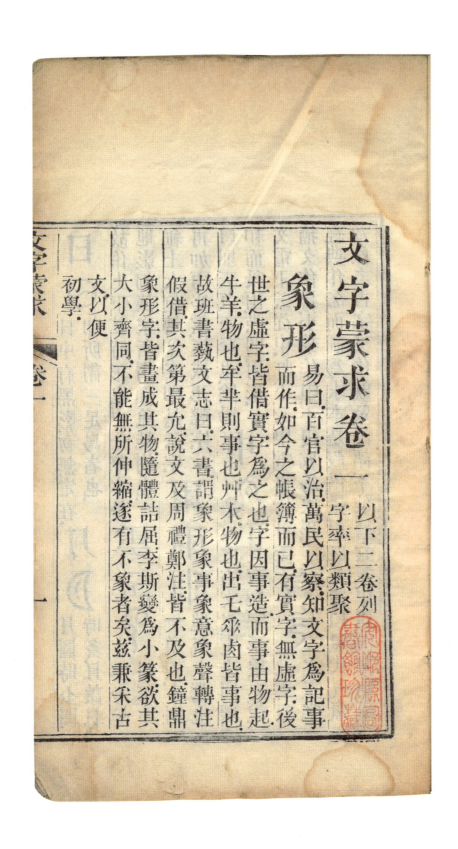

文字蒙求卷一

象形　　　字率以類聚

以下三卷列

易曰百官以治萬民以察知文字為記事
而作如今之帳簿而已有實字無虛字後
世之虛字皆借實字為之也字因事造而事由物起
牛羊物也牟芈則事也艸木物也出乇芔肉皆事也
故班書藝文志曰六書謂象形象事象意象聲轉注
假借其次第最允說文及周禮鄭注皆不及也欲其
象形字皆畫成其物隨體詰屈李斯變為小篆欲其
大小齊同不能無所伸縮遂有不象者矣兹兼采古
文以便初學

第086　文字蒙求四卷　　（清）王筠撰

清道光十八年（1838）刻本　安丘市博物館

鄭重之意焉閏月十二日丙申蒙友筠記於郷

甯署齋

文字蒙求卷一

以下二卷列
字牽以類聚

象形

易曰百官以治萬民以察知文字爲記事
而作如今之帳簿而已有實字無虛字後
世之虛字皆借實字爲之也字因事造而事由物起
牛羊物也牟羊則事也艸木物也出毛隲鹵皆事也
故班書藝文志曰六書謂象形象事象意象聲轉注
假借其次第最先說文及周禮鄭注皆不及也鐘鼎
象形字皆畫成其物隨體詰屈李斯變爲小篆欲其
大小齊同不能無所伸縮遂有不象者矣茲兼禾古
文以便
初學

第087　文字蒙求四卷　（清）王筠撰

清道光十八年（1838）刻本　濰坊學院圖書館

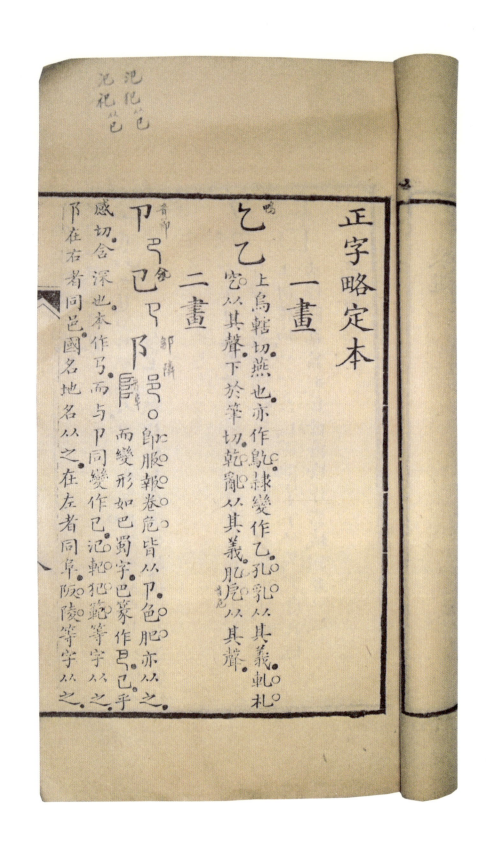

正字略定本

一畫

乙
宊从其聲下於筆切乾亂从其義肊肔从其聲軋札

二畫

卩弓巳卪卩
即服報卷危皆从卩色肥亦从之
而變形如巴蜀字巴篆作邑已乎
感切含深也本作弓而与卩同變作已記軋犯範等字从之
卪在右者同邑國名地名从之在左者同阜阪陵等字从之

第088　正字略定本一卷　（清）王筠撰

清道光十九年（1839）刻本　高密市圖書館

一三二

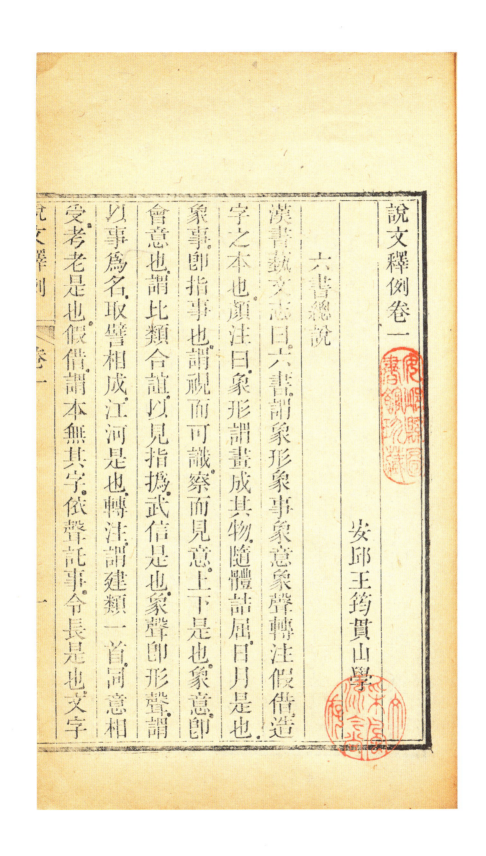

說文釋例卷一

安邱王筠貫山學

六書總說

漢書藝文志曰六書謂象形象事象意象聲轉注假借造

字之本也顏注曰象形謂畫成其物隨體詰屈日月是也

象事即指事也謂視而可識察而見意上下是也象意即

會意也謂比類合誼以見指撝武信是也象聲即形聲謂

以事為名取譬相成江河是也轉注謂建類一首同意相

受考老是也假借謂本無其字依聲託事令長是也文字

第089　說文釋例二十卷　（清）王筠撰

清道光二十八年（1848）刻本　安丘市博物館

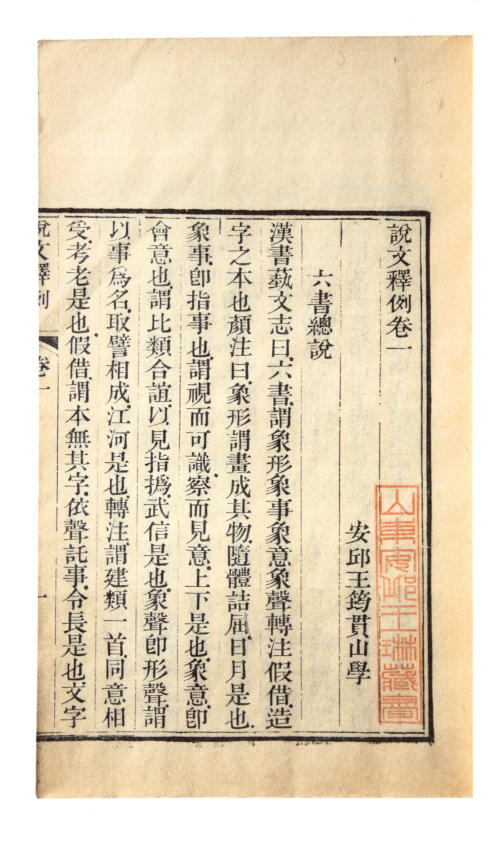

說文釋例卷一

安邱王筠貫山學

六書總說

漢書藝文志曰六書謂象形象事象意象聲轉注假借造字之本也顏注曰象形謂畫成其物隨體詰屈日月是也象事即指事也謂視而可識察而見意上下是也象意即會意也謂比類合誼以見指撝武信是也象聲即形聲謂以事爲名取譬相成江河是也轉注謂建類一首同意相受考老是也假借謂本無其字依聲託事令長是也文字

第090　說文釋例二十卷　（清）王筠撰

清道光二十八年（1848）刻本　濰坊學院圖書館

一三四

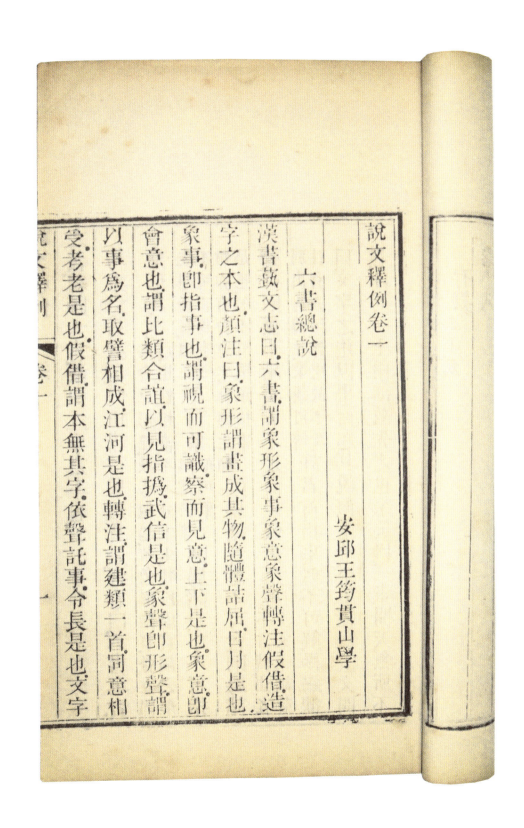

說文釋例卷一

安邱王筠貫山學

六書總說

漢書藝文志曰六書謂象形象事象意象聲轉注假借造
字之本也顏注曰象形謂畫成其物隨體詰詘日月是也
象事即指事也謂視而可識察而見意上下是也象意即
會意也謂比類合誼以見指撝武信是也象聲即形聲謂
以事為名取譬相成江河是也轉注謂建類一首同意相
受考老是也假借謂本無其字依聲託事令長是也文字

第091　説文釋例二十卷　（清）王筠撰
清道光二十八年（1848）刻本　高密市圖書館

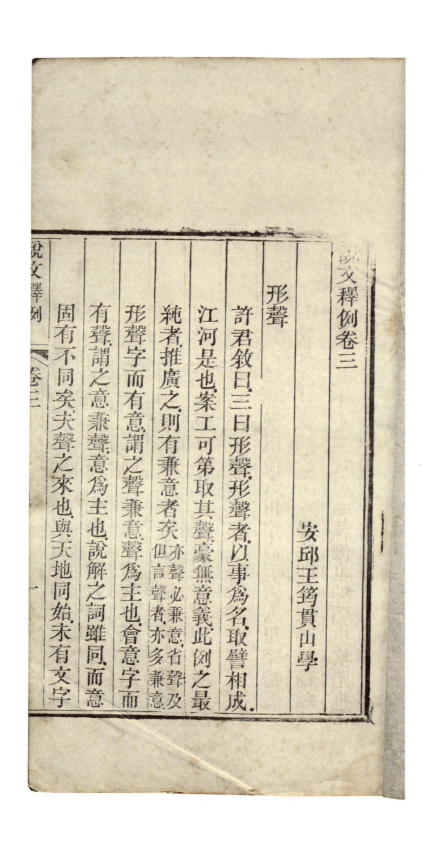

說文釋例卷三

安邱王筠貫山學

形聲

許君敘曰三曰形聲形聲者以事為名取譬相成
江河是也案工可第取其聲毫無意義此例之最
純者推廣之則有兼意者矣　亦聲必兼意省聲及
　但言聲者亦多兼意
形聲字而有意謂之聲兼意聲為主也會意字而
有聲謂之意兼聲意為主也說解之詞雖同而意
固有不同矣夫聲之來也與天地同始未有文字

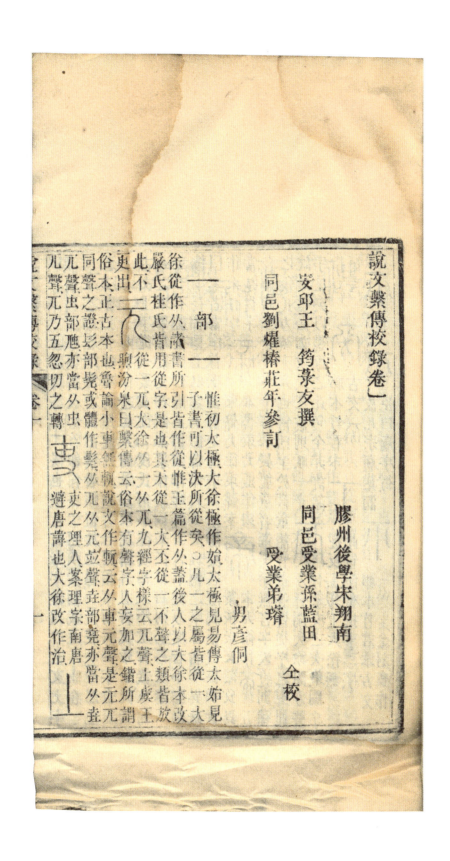

說文繫傳校錄卷一

菱邱王　筠菉友撰

同邑劉燿椿莊年參訂

膠州後學宋翔南

同邑受業孫藍田

受業弟璿　仝校

男彥侗

一部一

惟初太極大徐極作始太極見易傳太始見老子書可以決所從矣○凡一之屬皆從一後人以大徐本改大徐本有聲字妄加之蓋一不聲之類昔者一之類

徐鍇作從藏書所引字皆作從惟玉篇作從一大從一

嚴氏桂氏皆用從字是也

此不二

更出本正古本也魯論小學經輒云從一大從一

俗論髦或體作髦從兀豈聲垚部堯亦當從兀聲

同聲之誤彭部髦從兀吏之理宗南唐

凡聲虫部虺亦當從虫

凡本正部虹亦當從虫

凡聲兀乃五忽切之轉遵唐諱也大徐改作治

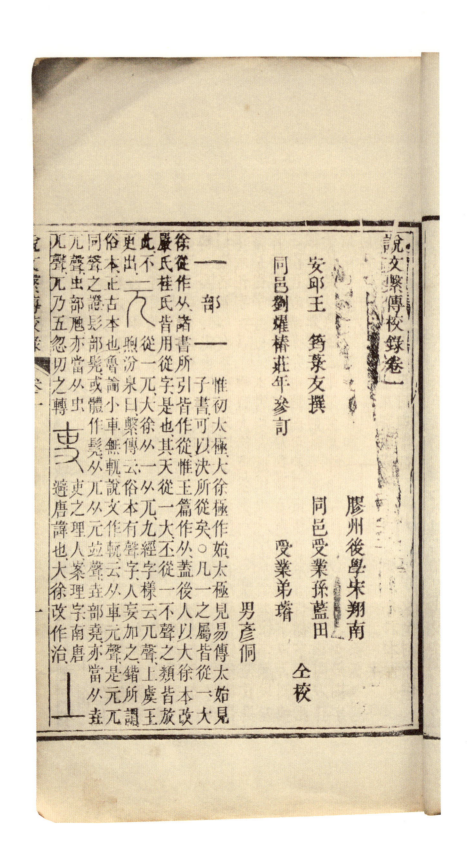

說文繫傳校錄卷一

安邱王　筠菉友撰

同邑劉燿椿莊年參訂

膠州後學宋翔南

同邑受業孫藍田

受業弟璿

男彥侗

全校

一部

一　惟初太極大徐極作始太極見易傳太始見
子書可以決所從矣。蓋後人以大徐本之屬皆從一大
書從惟王篇作從一大丕從一不聲之類皆改一大
有聲字人妄加之鍇所謂王虞
俗本無一兀聲上虞王旂

徐從作從諸書所引皆作從惟一兀
鍇氏桂氏皆用從字是其天從一兀大徐從一
不二古本也魯論小車無輒鍇云車從一兀
氏出興汾泉日繫傳云說文作輒云車從一兀聲
俗本此古本也魯論小車

同出元聲之證影部髡或體作髦從兀
兀聲虫部虺亦當從虫元聲
兀聲兀乃五忽切之轉

更出遵唐壽也大徐改作治
元理字南唐亦當從元垚

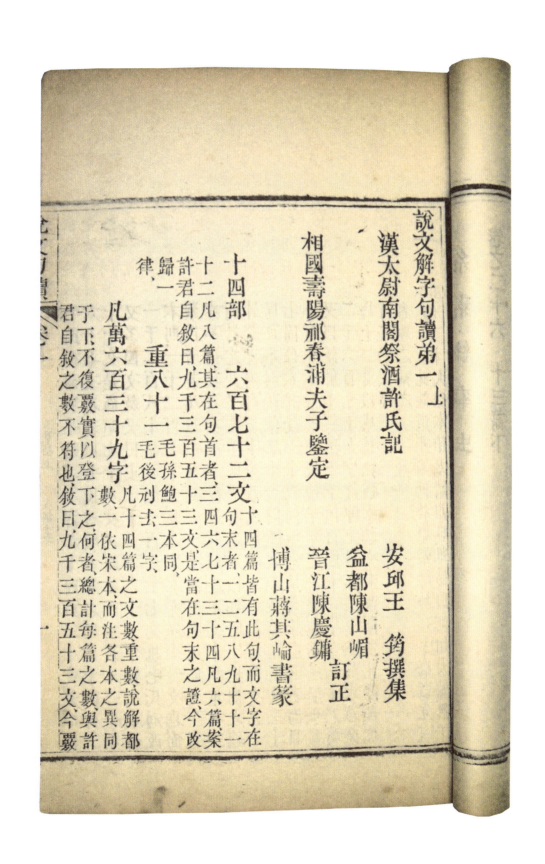

說文解字句讀弟一上

漢太尉南閣祭酒許氏記

相國壽陽祁春浦夫子鑒定

博山蔣其崘書篆

晉江陳慶鏞訂正

益都陳山嵋

安邱王筠撰集

十四部

六百七十二文句十四篇皆有此句而文字在十二凡八篇其在句首者三四六七十二五八九十一三十四凡六篇案今改許君自敘曰九千三百五十三文是當在句末之證今改

歸一

重八十一毛後刊去一毛孫鮑三本同

律凡十四篇之文數重數說解都于下不復叠寶以登下之何者總計每篇之數與許君自敘之數不符也敍曰九千三百五十三文今靉

凡萬六百三十九字數一依宋本而注各本之異同

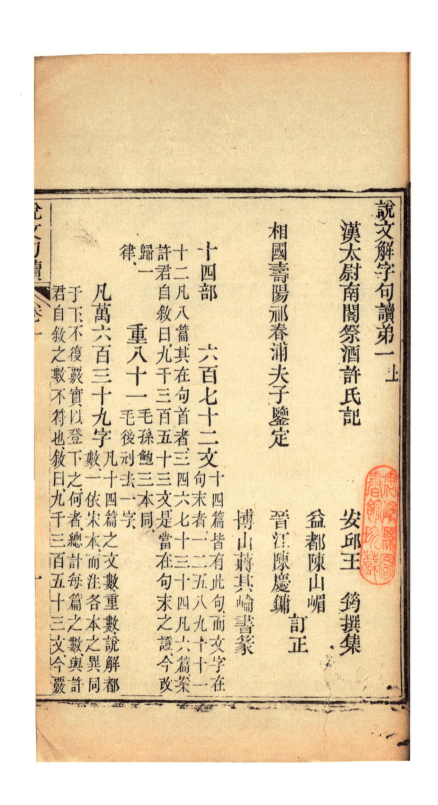

說文解字句讀弟一 上

漢太尉南閣祭酒許氏記

相國壽陽祁春浦夫子鑒定

安邱王 筠撰集

益都陳山嵋 訂正

晉江陳慶鏞

博山蔣其綸書篆

十四部 六百七十二文 十四篇皆有此句而文字在
十二凡八篇其在句首者三 句末者一二五八九十十一
許君自敘曰九千三百五十三 三十四凡六篇絭
文是當在句末之證今改

律 歸一 重八十一 毛後列去一字

許君自敘曰九千三百五十三文今絭

凡萬六百三十九字 凡十四篇之文數重數說解都
數一依宋本而注各本之異同
于下不復絭實以登下之何者總計每篇之數與許
君自敘之數不符也敘曰九千三百五十三文今絭

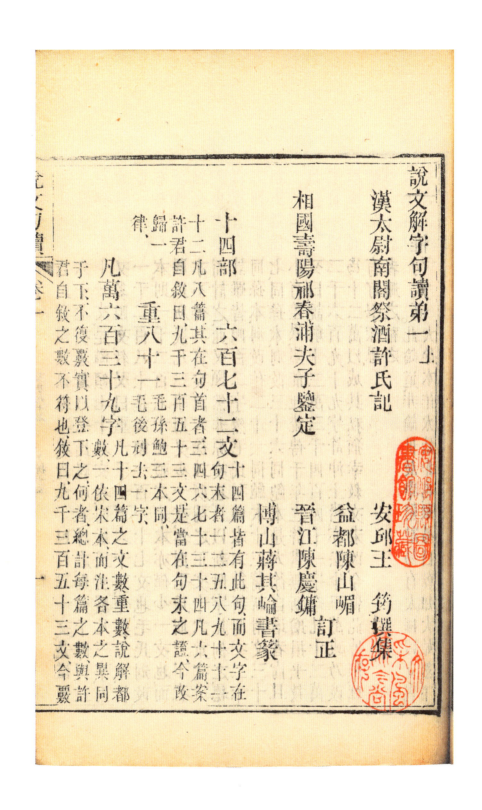

說文解字句讀第一 小

漢太尉南閣祭酒許氏記

相國壽陽祁春浦夫子鑒定

晉江陳慶鏞 訂正

益都陳山嵋

安邱王筠 選集

博山蔣其崙 書篆

十四部

十四篇皆有此句而文字在

十二凡八篇其在句首者三

許君自敘曰凡千三百

卌六文是當在句末之語今改

歸一

十三毛孫鮑三本同

律

六百七十二文

十四篇之文數重數說解都

重八十一

毛後刋去一字

數依宋本而注各本之異同

凡萬六百三十九字

于下不復覼縷實以登

許君自敘之數不符也彼曰九千

三百五十三文今覈

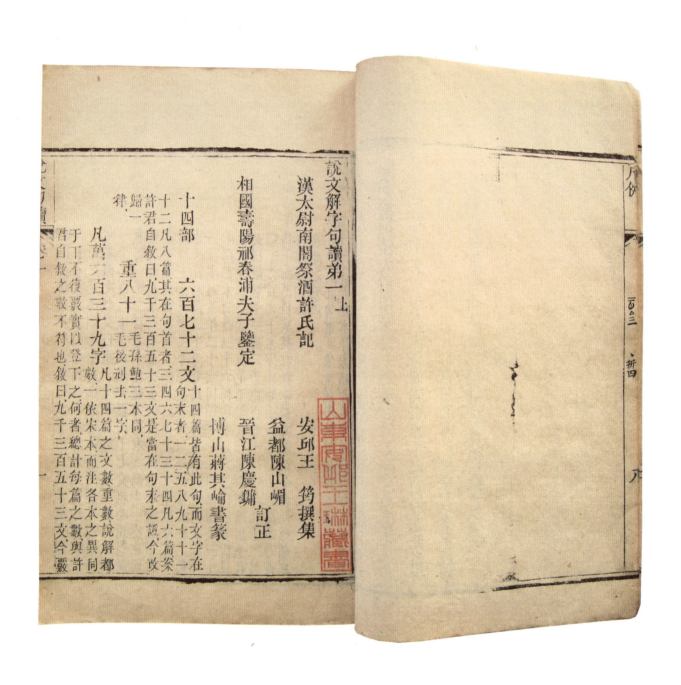

說文解字句讀弟一上

漢太尉南閣祭酒許氏記

相國壽陽祁春浦夫子鑒定

安邱王　筠撰集

益都陳山嵋　訂正

晉江陳慶鏞

博山蔣其崙書篆

十四部　六百七十二文

十四篇皆有此句而文字在

十二凡八篇其在句首者三四六七十一

　許君自敍曰九千三百五十三文是當在句末之後今改

　　重八十一毛後利去一字

稑歸一毛孫鮑三本同

凡萬六百三十九字數一依宋本之文數重數說解都

于丁不復叠實以登下之何者總計每篇之數與許

君自敍之數不符地敍曰九千三百五十三文今覈

第098　說文解字句讀三十卷句讀補正三十卷　　（清）王筠撰

　　　清咸豐四年（1854）刻本　句讀補正三十卷　清咸豐九年（1859）刻本　濰坊學院圖書館

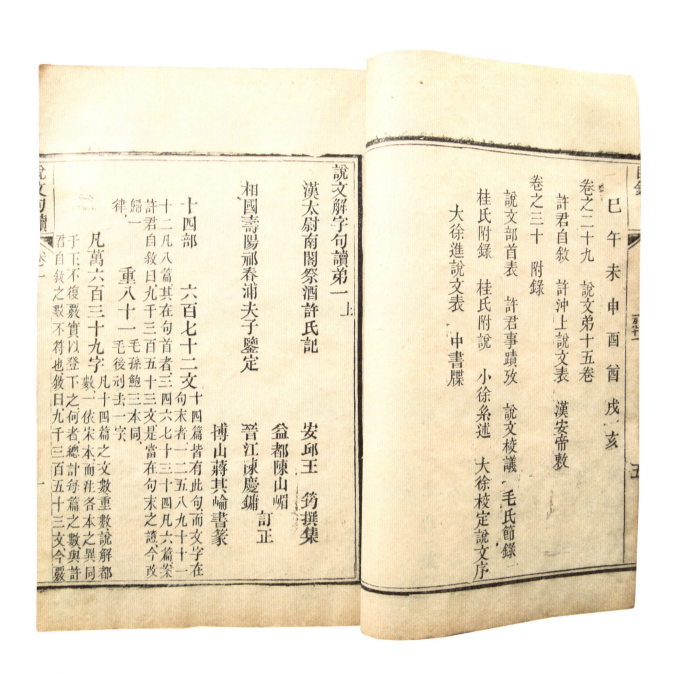

說文解字句讀弟一上

漢太尉南閣祭酒許氏記

相國壽陽祁寯藻浦夫子鑒定

安邱王　筠撰集

益都陳山嵋

晉江陳慶鏞　訂正

博山蔣其崙書篆

十四部　六百七十二文　句末者十四篇皆有此句而文字在句首者三四六七十二三十四凡六篇茣一二五八九十十一

十二凡八篇其在句首者三四六十三文是當在句末之譌今改

許君自敍曰九千三百五十三文同

律一　重八十一　毛後刊去一宷　毛孫鮑三本同

凡萬六百三十九字　數一依宋本而注各本之異同

篇之文數重數說解都于下不復覼實以登下之何者總計每篇之數與許君自敍之數不符也敍曰九千三百五十三文今覼

說文句讀　卷一

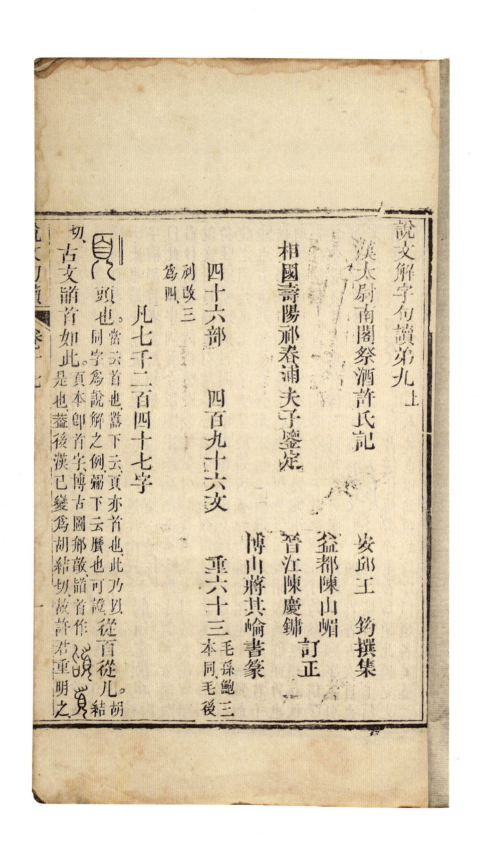

說文解字句讀弟九上

漢太尉南閣祭酒許氏記

相國壽陽祁雋藻夫子鑒定

　　　　　　　　　　　安邱王　筠撰集

四十六部　　益都陳山嵋

　　　　　　晉江陳慶鏞　訂正

刻改三

爲四　　博山蔣其崘書篆

　　　　四百九十六文

凡七千二百四十七字　重六十三本同毛後
毛孫總三

頁　　頭也，从此乃以從百從儿。胡
　　　結
　　當云首也。頁下云頁亦首也。此
　　頭也同字，爲說解之例矣。从百從儿，
　　頁本即首，博古圖邾敄鼎首作
切，古文諸首如此。是也，蓋後漢已變爲胡結切，故許君重明之

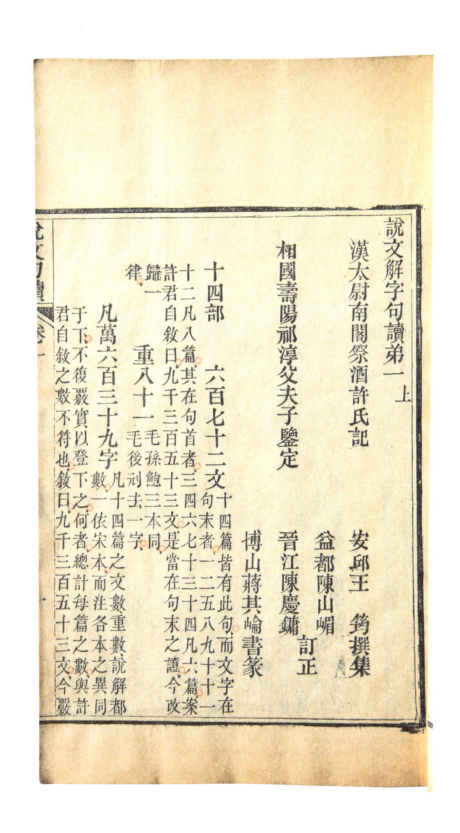

說文解字句讀弟一上

漢太尉南閣祭酒許氏記

相國壽陽祁淳父夫子鑒定

安邱王　筠撰集

益都陳山嵋　訂正

晉江陳慶鏞

博山蔣其崙書篆

十四部　六百七十二文　十四篇皆有此句而文字在句末者一二五八九十十一二三十四凡六篇篆今改

十二凡八篇其在句首者三四六七是當在句末之譔今改

許君自敍曰九千三百五十三文

鑷一

律

重八十一　毛後劃去一字

許君自敍之數不符也敍曰九千三百五十三文今轂

凡萬六百三十九字　凡數一依宋本而注各本之異同十四篇之文數重數說解都數重數說解

于下不復羅實以登下之何者總計每篇之數與許

第101　說文解字句讀三十卷句讀補正三十卷　（清）王筠撰

清咸豐四年（1854）刻本　句讀補正三十卷　清咸豐九年（1859）刻本（王筠批校）　潍坊學院圖書館

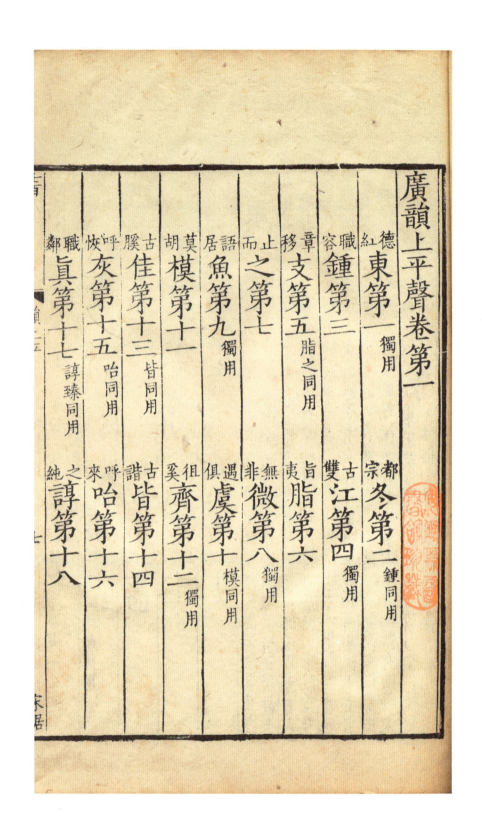

廣韻上平聲卷第一

東第一〔德紅〕獨用　　冬第二〔都宗〕鍾同用
鍾第三〔容職〕　　　　江第四〔古雙〕獨用
支第五〔章移〕脂之同用　脂第六〔夷旨〕
之第七〔止而〕　　　　微第八〔無非〕獨用
魚第九〔語居〕獨用　　虞第十〔俱遇〕模同用
模第十一〔莫胡〕　　　齊第十二〔徂奚〕獨用
佳第十三〔古膎〕皆同用　皆第十四〔古諧〕
灰第十五〔呼恢〕咍同用　咍第十六〔呼來〕
眞第十七〔職鄰〕諄臻同用　諄第十八〔之純〕

第102　廣韻五卷　（宋）陳彭年等撰

清康熙四十三年（1704）張士俊刻澤存堂五種本　安丘市博物館

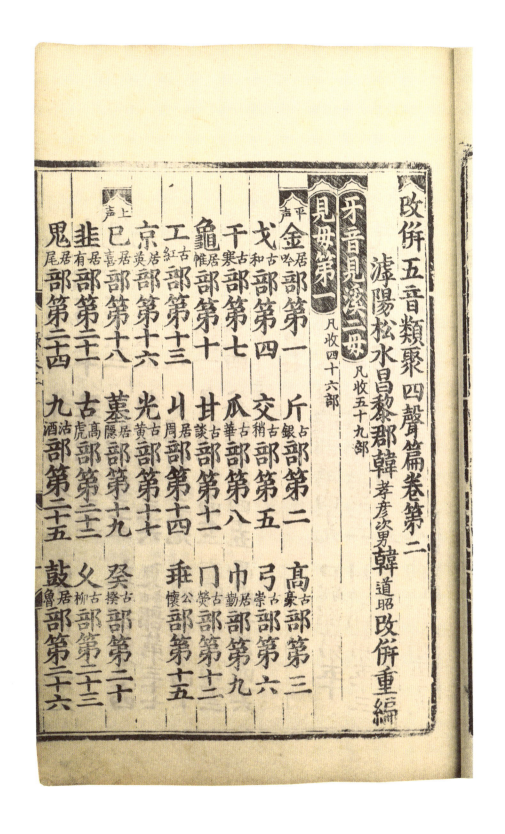

改併五音類聚四聲篇卷第二

濮陽松水昌黎郡韓孝彥次男韓道昭改併重編

牙音見毋第一
見毋第一　凡收四十六部

　凡收五十九部

〇平声
　金　吟居　部第一
　戈　古和居　部第四
　干　寒古居　部第七
　龜　惟居　部第十
　工　古紅居　部第十三
　京　英居　部第十六
　川　周居　部第十四
　甘　談古居　部第十一
　瓜　華古居　部第八
　斤　銀古居　部第二
　交　稍古居　部第五
　髙　豪古居　部第三
　弓　崇古居　部第六
　巾　勤居　部第九
　門　贊古居　部第十二
　乖　懷公居　部第十五

〇上声
　巳　喜居　部第十六
　韭　有居　部第廿一
　匜　尾居　部第廿四
　古　虎高居　部第廿二
　蕈　黃古居　部第十九
　光　黃古居　部第十七
　九　沾酒居　部第廿五
　癸　撰古居　部第二十
　夂　柳古居　部第廿三
　鼓　魯居　部第廿六

新增說文韻府羣玉卷之二十　【入聲】

聰學陰　時夫　勁弦　編輯

新吳陰　中夫　復春　編註

秣陵　王　元貞　孟起　校正

十二錫獨用

錫

先擊切〔說文〕銀鉛之間從金易聲〔本草〕臨賀產〔初延〕爾粉胡　〔詩〕如

九錫

金如｜〔淇奧〕爾純瑕｜〔毅梁〕九年有蔡謨戲王導曰聞朝廷欲加｜其

三錫

｜命王〔晉赴〕｜〔左〕｜難爾類｜〔評水〕｜

永錫

｜覽游行｜行老彌爲

阿錫

｜縞被｜子虛賦綸｜紛其｜

飛錫

游僧必持錫杖最高絕而僧二十五掛錫威

卓錫

上見〔誌〕其地｜勝寄州潛山最高道人欲先｜於山麓遂飛

掛錫

〔誌〕公｜於壁各以物｜其｜公興白鶴道人｜於山麓遂

粉

也妻也｜也細｜缯也悍也

着

儀也｜地至室中不得｜於壁

去

謀於梁武帝｜俾聞空中飛錫聲｜公得之云已卓於山麓

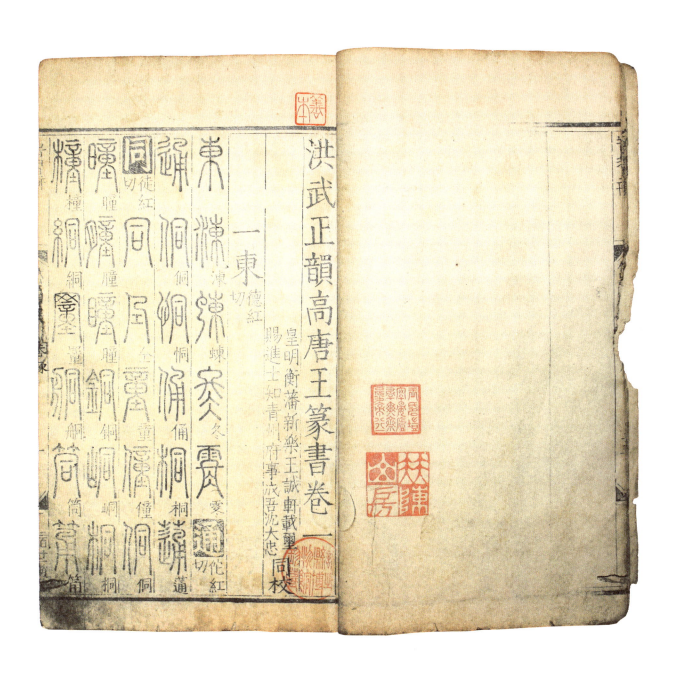

第105　洪武正韻高唐王篆書五卷　　（明）樂韻鳳、宋濂等撰　　（明）朱厚煐篆書　　（明）朱載璽、沈大忠校

明萬曆十二年（1584）沈大忠刻本　諸城市圖書館

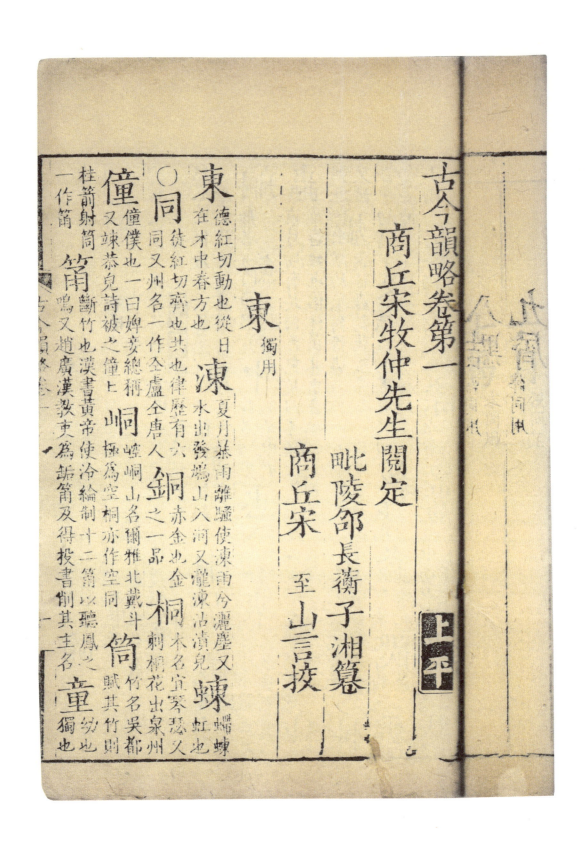

第106　古今韻略五卷　（清）邵長蘅撰

清康熙三十五年（1696）刻本　青州市圖書館

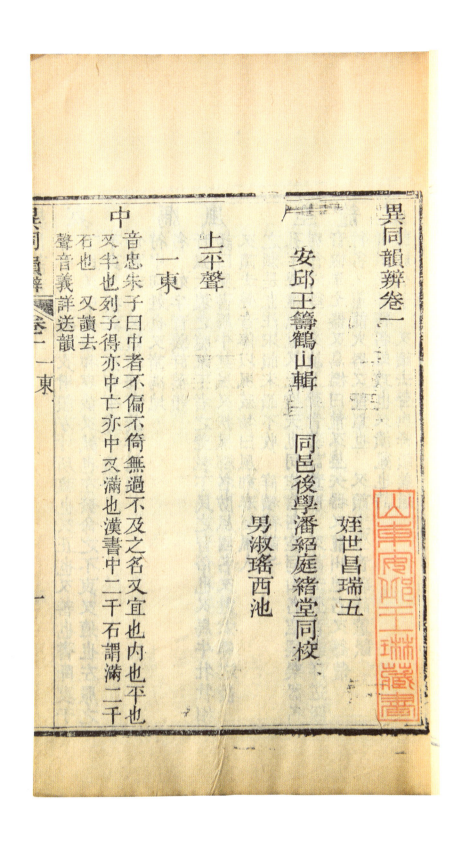

異同韻辨卷一

安邱王籌鶴山輯　　同邑後學潘紹庭緒堂同校

姪世昌瑞五

男淑瑤西池

上平聲

一東

中　音忠朱子曰中者不偏不倚無過不及之名又宜也內也平也又半也列子得亦中亡亦中又滿也漢書中二千石謂滿二千石也又讀去聲音義詳送韻

東莞徐廣研核眾本為作音義具列異同兼述訓解麁有所發明

而殊恨省略聊以愚管增演徐氏采經傳百家并先儒之說豫是

有蓋悉皆抄內刪其游辭取其要實或義在可疑則數家兼列漢

書音義稱臣瓚者莫知氏姓全直云瓚漢書音義時見微意有所裨補譬嶟星之繼朝陽飛塵之集華嶽以

徐為本號曰集解未詳則闕弗敢臆說人心不同聞見異辭班氏

所謂疏略抵捂舊史豈足以關諸蓍德庶賢無所用心而已

妄言末學蕪穢舊史豈足以關諸蓍德庶賢無所用心而已

史記一 <small>餘者悉是是駰注解并集眾家義</small>

五帝本紀第一

黃帝者 <small>徐廣曰號有熊</small>少典之子姓公孫名曰軒轅 <small>長</small>

生而神靈弱而能言幼而徇齊 <small>徐廣曰墨子曰年踰十五則聰明心慮無不徇通矣駰案徇齊德幼而疾齊速也</small>

<small>譙周曰有熊國君少典之子也皇甫謐曰有熊今河南新鄭是也</small>

軒轅為天子代神農氏是為黃帝天下有不順者黃帝從而征之

平者去之披山通道未嘗寧居 <small>應劭曰山名</small>

至于海登丸山 <small>徐廣曰丸一作凡凡山在郎邪朱虛縣</small> 及代山崇西至于空桐 <small>韋昭曰在隴</small>

然後得其志蚩尤作亂不用帝命於是黃帝乃徵師諸侯與蚩尤

戰於涿鹿之野遂禽殺蚩尤 <small>服虔曰蚩尤古天子皇甫謐曰在涿鹿今河南</small>

而教熊羆貔貅貙虎以與炎帝戰於阪泉之野 <small>服虔曰阪泉地名皇甫謐曰在上谷</small> 三戰

撫萬民度四方 <small>王肅曰度四方</small>

蓺五種 <small>蓺樹也詩云蓺之荏菽周禮曰穀宜五種五種黍稷菽麥稻也</small>

氣 <small>王肅曰五氣五行之氣</small> 藝五種

戈曰征不享諸侯咸來賓從而蚩尤最為暴莫能伐 <small>應劭曰蚩尤古天子孔子三朝</small>

神農諸侯相侵伐暴虐百姓而神農氏弗能征於是軒轅乃習用干

而敦敏成而聰明軒轅之時神農氏世衰 <small>皇甫謐曰易稱庖犧氏沒神農氏作是為炎帝班固曰教民耕農故</small>

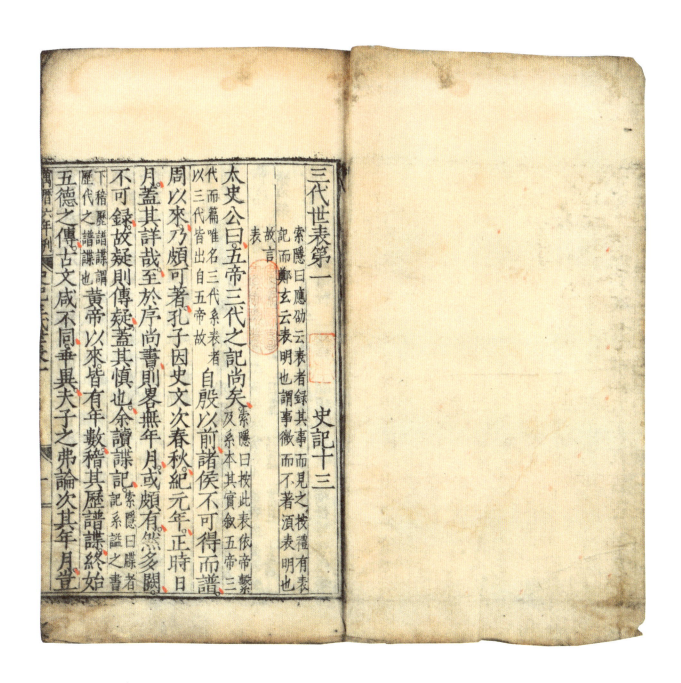

第109　史記一百三十卷　（漢）司馬遷撰　（南朝宋）裴駰集解　（唐）司馬貞索隱　（唐）張守

節正義

明萬曆三年至六年（1575—1578）南京國子監刻本　安丘市博物館

五帝本紀第一

史記一

黃帝者，少典之子，姓公孫，名曰軒轅。生而神靈，弱而能言，幼而徇齊，長而敦敏，成而聰明。軒轅之時，神農氏世衰，諸侯相侵伐，暴虐百姓，而神農氏弗能征。於是軒轅乃習用干戈，以征不享，諸侯咸來賓從。而蚩尤最為暴，莫能伐。炎帝欲侵陵諸侯，諸侯咸歸軒轅。軒轅乃修德振兵，治五氣，蓺五種，撫萬民，度四方，教熊羆貔貅貙虎，以與炎帝戰於阪泉之野。三戰，然後得其志。蚩尤作亂，不用帝命。於是黃帝乃徵師諸侯，與蚩尤戰於涿鹿之野，遂禽殺蚩尤。而諸侯咸尊軒轅為天子，代神農氏，是為黃帝。天下有不順者，黃帝從而征之，平者去之，披山通道，未嘗寧居。

東至于海，登丸山，及岱宗。西至于空桐，

第110　史記一百三十卷　（漢）司馬遷撰　（南朝宋）裴駰集解　（唐）司馬貞索隱　（唐）張守節正義

明崇禎元年至十七年（1628—1644）毛氏汲古閣刻清順治補刻本　青州市圖書館

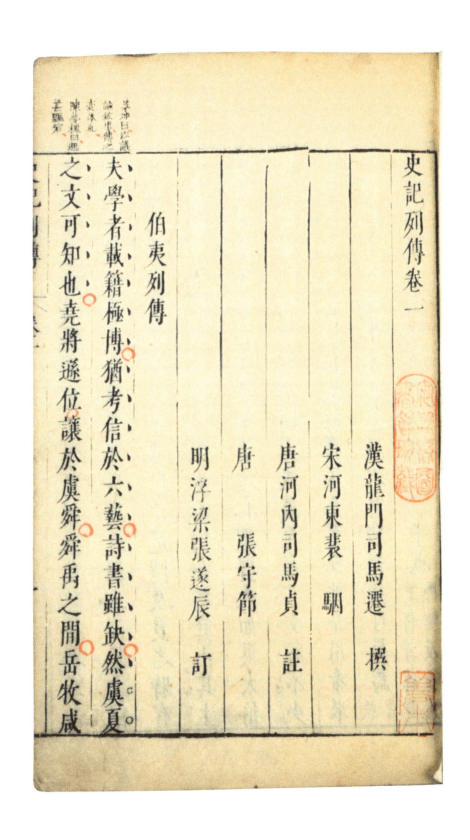

史記列傳卷一

漢龍門司馬遷　　撰

宋河東裴駰　　　註

唐河內司馬貞　　　註

唐　張守節

明浮梁張遂辰　　訂

伯夷列傳

夫學者載籍極博猶考信於六藝詩書雖缺然虞夏

之文可知也堯將遜位讓於虞舜舜禹之間岳牧咸

第111　史記一百三十卷　（漢）司馬遷撰　（南朝宋）裴駰注　（唐）司馬貞、張守節注　（明）
黃世康、章斐然、張遂辰等校定

　　明刻本　安丘市博物館

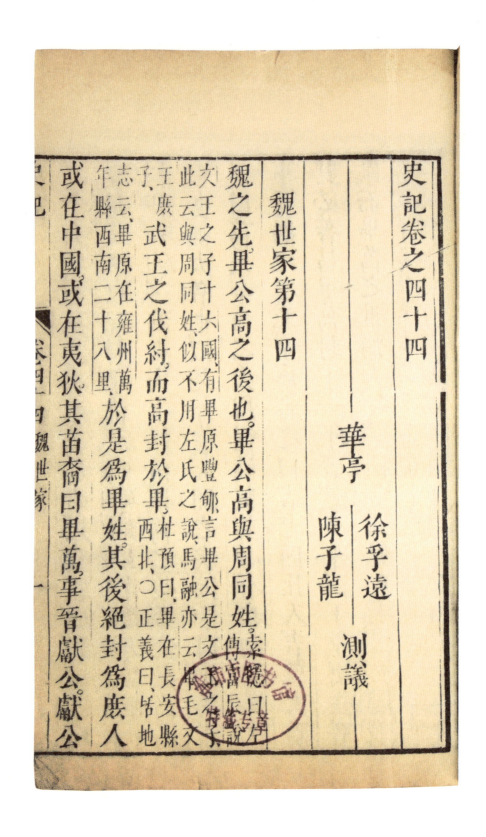

史記卷之四十四

　　　　　　華亭

　　　　　陳子龍　徐孚遠

　　　　　　　測議

魏世家第十四

魏之先畢公高之後也畢公高與周同姓。[索
隱傳曰畢魏。高之以辰戰說未可]
交王之子十六國有畢原豐郇言畢公是文
此云與周同姓似不用左氏之說。馬融亦云
王庶子。杜預曰畢在長安縣
子。武王之伐紂而高封於畢。西北。○正義曰
年縣西南二十八里。畢原在雍州萬
志云。畢地
或在中國或在夷狄其苗裔曰畢萬。事晉獻公獻公

第112　史記一百三十卷　　（漢）司馬遷撰　　（南朝宋）裴駰集解　　（唐）司馬貞索隱　　（唐）張守

節正義　　（明）徐孚遠、陳子龍測議

　　明崇禎刻本　濰坊市圖書館

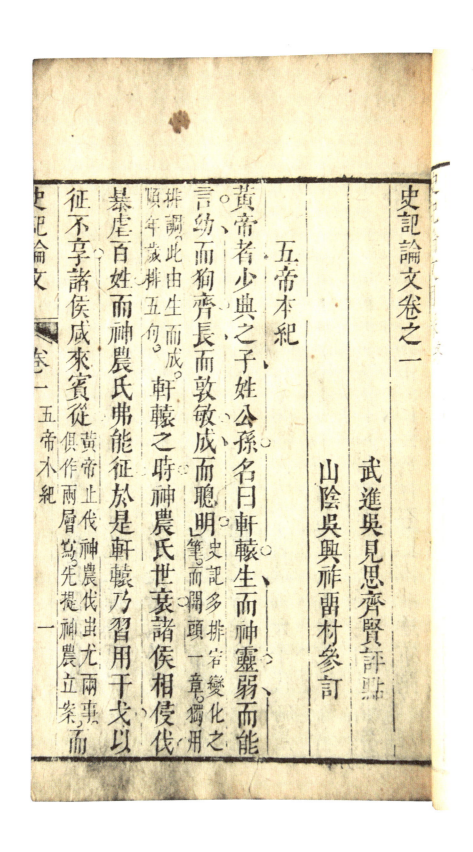

史記論文卷之一

武進吳見思齊賢評點
山陰吳興祚雷村參訂

五帝本紀

黃帝者少典之子姓公孫名曰軒轅生而神靈弱而能
言幼而徇齊長而敦敏成而聰明
言幼而狗齊長而敦敏成而聰明
筆而鬭一章獨用
排調此由生而成
頤年歲排五句
軒轅之時神農氏世衰諸侯相侵伐
暴虐百姓而神農氏弗能征於是軒轅乃習用干戈以
征不享諸侯咸來賓從
黃帝止伐神農伐出尤兩事而
俱作兩層為先提神農立案

史記論文 卷一 五帝本紀 一

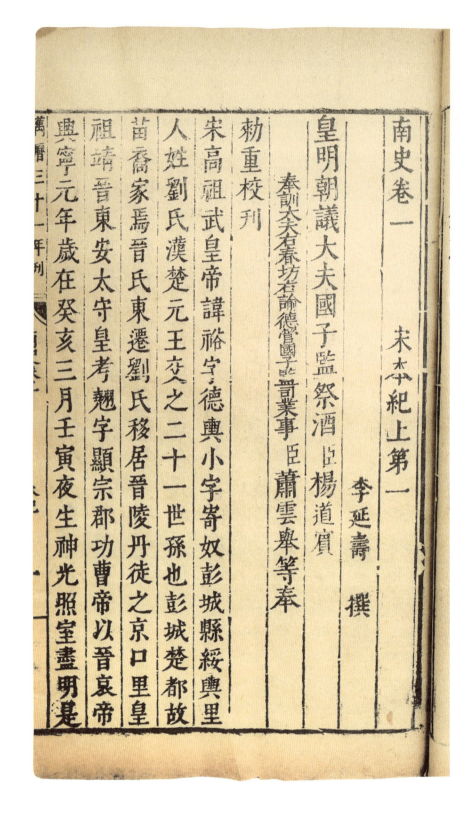

南史卷一

宋本紀上第一

　　　　　　　　　李延壽　撰

皇明朝議大夫國子監祭酒臣楊道賓

奉訓大夫右春坊右諭德管國子監司業事臣蕭雲舉等奉

勅重校刊

宋高祖武皇帝諱裕字德輿小字寄奴彭城縣綏輿里
人姓劉氏漢楚元王交之二十一世孫也彭城楚都故
苗喬家焉晉氏東遷劉氏移居晉陵丹徒之京口里皇
祖靖晉東安太守皇考翹字顯宗郡功曹帝以晉哀帝
興寧元年歲在癸亥三月壬寅夜生神光照室盡明是

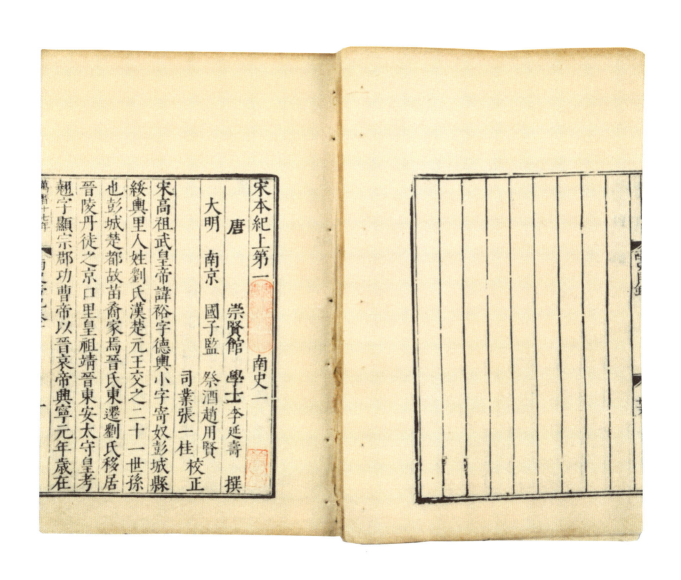

宋本紀上第一　南史一

唐　崇賢館學士李延壽撰

大明　南京　國子監　祭酒趙用賢

　　　　　　　　司業張一桂校正

宋高祖武皇帝諱裕字德輿小字寄奴彭城縣
綏輿里人姓劉氏漢楚元王交之二十一世孫
也彭城楚都故苗裔家焉晉氏東遷劉氏移居
晉陵丹徒之京口里皇祖靖晉東安太守皇考
翹字顯宗郡功曹帝以晉哀帝興寧元年歲在
萬曆十七年

第115　南史八十卷　（唐）李延壽撰　（明）趙用賢、張一桂校

　明萬曆南京國子監刻明清遞修本　安丘市博物館

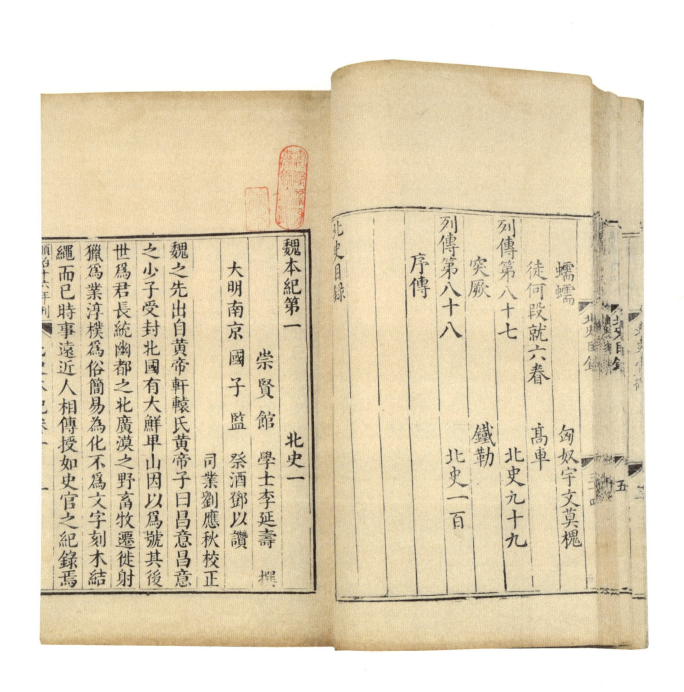

魏本紀第一　　北史一

崇賢館　學士李延壽　撰

大明南京國子監　祭酒鄧以讚

司業劉應秋校正

魏之先出自黃帝軒轅氏黃帝子曰昌意昌意
之少子受封北國有大鮮卑山因以爲號其後
世爲君長統幽都之北廣漠之野畜牧遷徙射
獵爲業淳樸爲俗簡易爲化不爲文字刻木結
繩而已時事遠近人相傳授如史官之紀錄焉

第116　北史一百卷　　（唐）李延壽撰

明萬曆十九年至二十一年（1591—1593）南京國子監刻清順治重修本　安丘市博物館

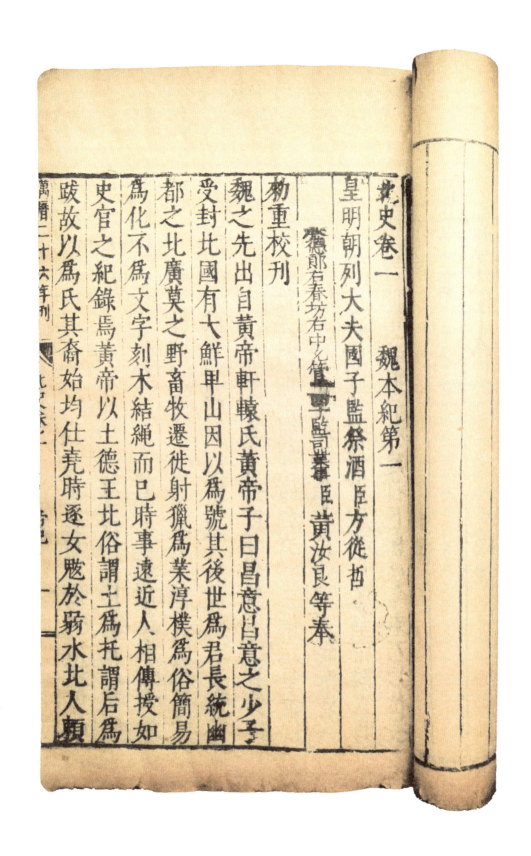

北史卷一　魏本紀第一

皇明朝列大夫國子監祭酒臣方從哲

德郎右春坊右中允管　子監司業事臣黃汝良等奉

初重校刊

魏之先出自黃帝軒轅氏黃帝子曰昌意昌意之少子
受封北國有大鮮卑山因以為號其後世為君長統幽
都之北廣莫之野畜牧遷徙射獵為業淳樸為俗簡易
為化不為文字刻木結繩而巳時事遠近人相傳授如
史官之紀錄焉黃帝以土德王北俗謂土為托謂后為
跋故以為氏其裔始均仕堯時遂女魃於弱水北人賴

萬曆二十六年刊

第117　北史一百卷　（唐）李延壽撰

明萬曆二十六年（1598）北京國子監刻本　濰坊市圖書館

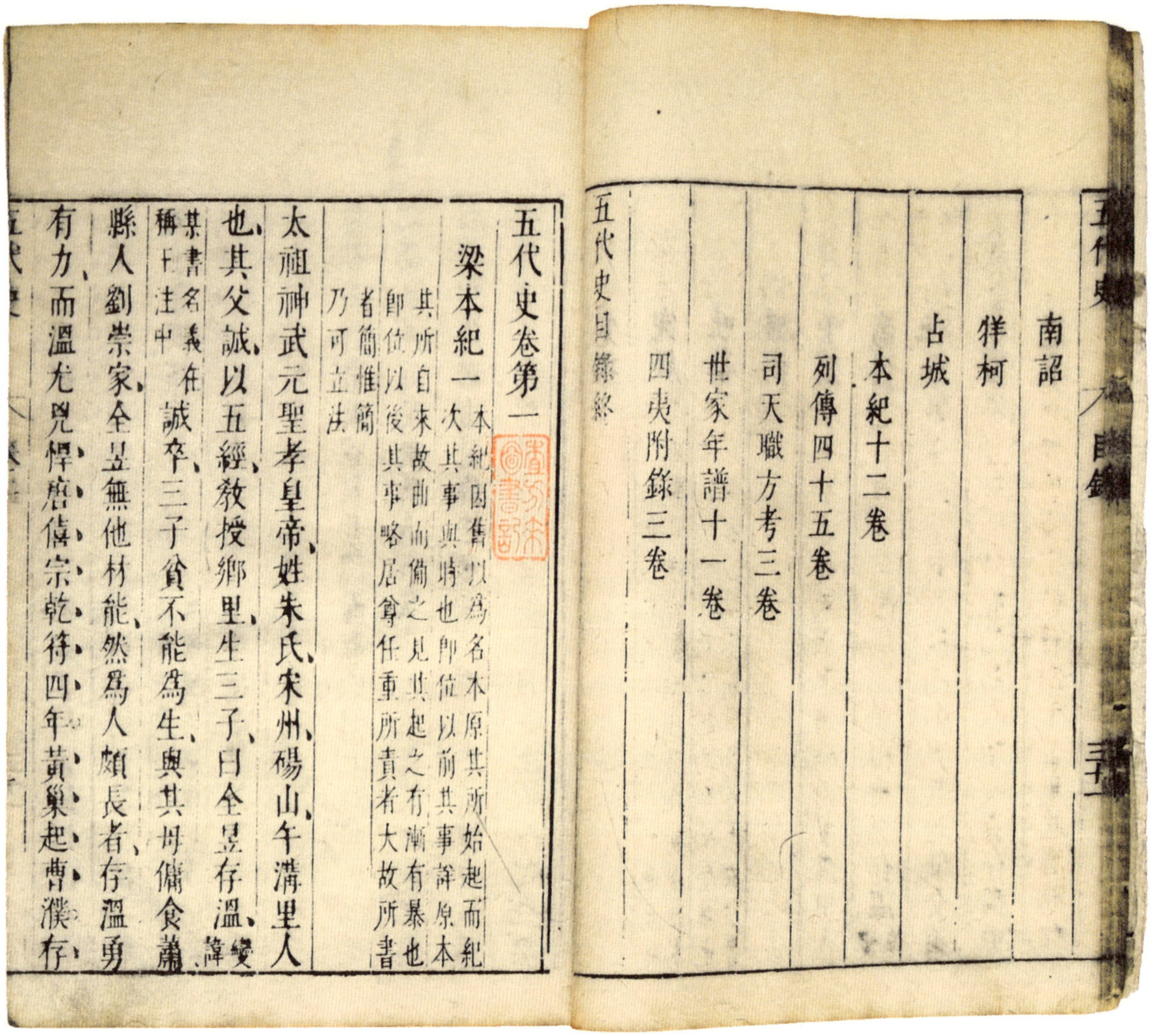

五代史卷第一

梁本紀第一

太祖神武元聖孝皇帝姓朱氏宋州碭山午溝里人
也其父誠以五經教授鄉里生三子曰全昱存溫
誠卒三子貧不能為生與其母傭食蕭
縣人劉崇家全昱無他材能然為人頗長者存溫
有力而溫尤凶悍鷹犬宗乾符四年黃巢起曹濮存

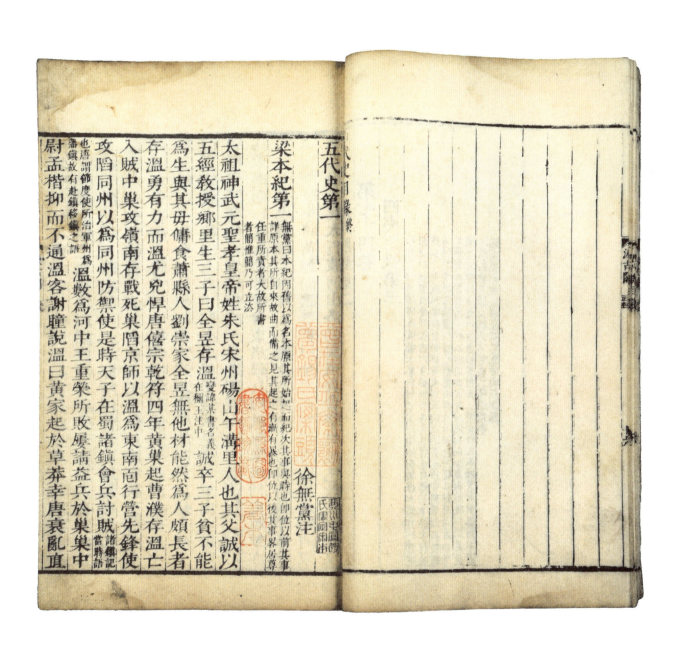

五代史第一

梁本紀第一

　　任重所責者者大故所著者簡惟籍乃可立汰
無黨曰本紀閏舊以為名本原其所始以而紀次其事與時也即位以前其事詳原本其所自來故由而備之見其起

徐無黨注

太祖神武元聖孝皇帝姓朱氏宋州碭山午溝里人也其父誠以
五經教授鄉里生三子曰全昱存溫變諱其名義在注中　　誠字三子貧不能
為生與其母傭食蕭縣人劉崇家全昱無他材能然為人頗長者
存溫勇有力而溫尤兇悍唐僖宗乾符四年黃巢起曹濮存溫亡
入賊中巢攻嶺南存溫為東南面行營先鋒使
攻陷同州以為同州防禦使是時天子在蜀諸鎮會兵討賊諸鎮記當時語
也唐謂節度使所治軍州為藩鎮故有赴鎮移鎮之謂　　溫數為河中王重榮所敗屢請益兵於巢巢中
尉孟楷抑而不通溫容謝瞳說溫曰黃家起於草莽幸唐襄亂直

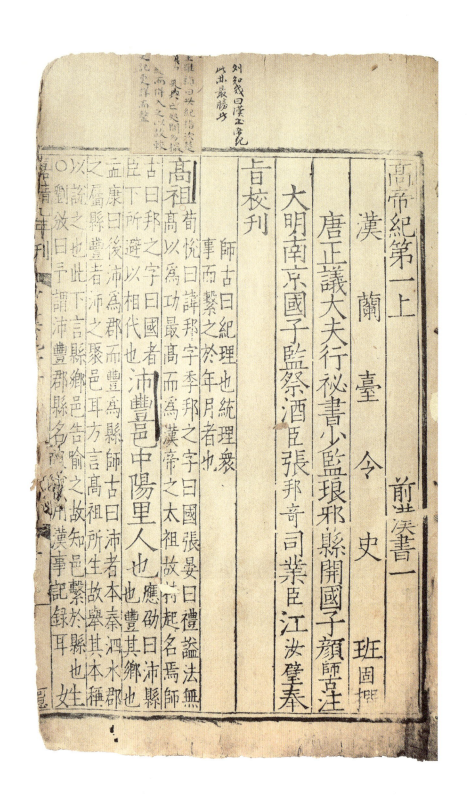

第120　前漢書一百卷　（漢）班固撰　（唐）顔師古注

明嘉靖八年至九年（1529—1530）南京國子監刻明清遞修本（卷十三至二十、卷二十四至二十六爲鈔

配）　濰坊市圖書館

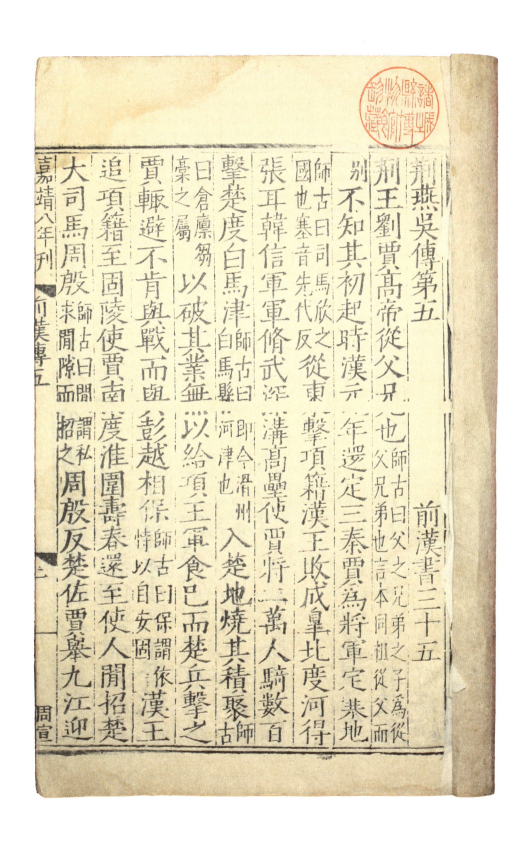

荊燕吳傳第五

前漢書三十五

荊王劉賈高帝從父兄也（師古曰父之兄弟之子為從父兄弟也言本同祖從父而別）不知其初起時漢元年還定三秦賈為將軍定梁地擊項籍漢王敗成皋北度河得（師古曰司馬欣之從東國也塞音先代反）張耳韓信軍軍脩武溝灌高壘使賈將二萬人騎數百擊楚度白馬津（師古曰即今滑州白馬縣河津也）入楚地燒其積聚橐之屬以給項王軍食巳而楚兵擊之賈輒避不肯與戰而與彭越相保（師古曰保謂依漢王特以自安固）追項籍至固陵使賈南度淮圍壽春還使人閒招楚大司馬周殷（師古曰閒謂私招之）周殷反楚佐賈舉九江迎

嘉靖八年刊　前漢書五　周宣

第121　前漢書一百卷　（漢）班固撰　（唐）顏師古注
明嘉靖八年至九年（1529—1530）南京國子監刻明清遞修本　諸城市圖書館

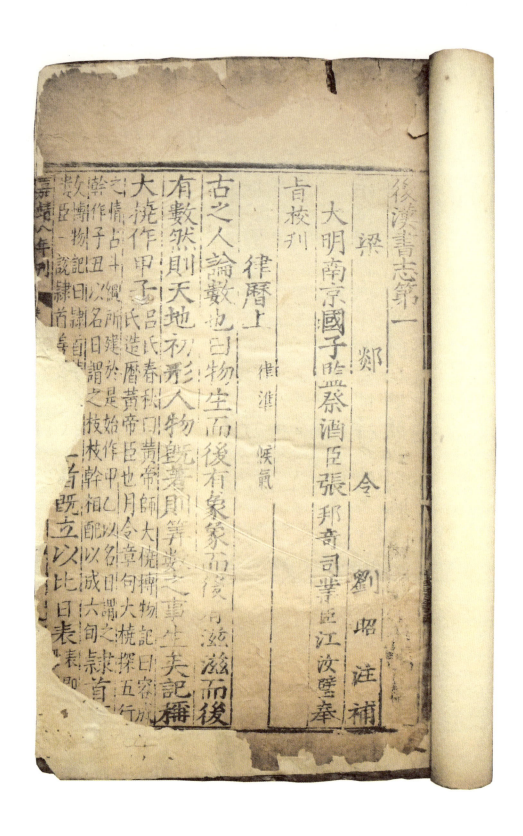

第122　後漢書九十卷　（南朝宋）范曄撰　（唐）李賢注　志三十卷　（晉）司馬彪撰　（南朝梁）劉昭注

明嘉靖七年（1528）南京國子監刻明清遞修本（配清鈔本）　潍坊市圖書館

武帝紀第一

太祖武皇帝沛國譙人也姓曹諱操字孟德漢相國參之後　太祖一 名吉利

小字阿瞞王沈魏書曰其先出於黃帝當高陽世陸終之子曰安是為曹姓周武王克殷存先代之後封曹俠於邾春秋之世與於盟會逮至戰國為楚所滅子孫分流或家於沛漢高祖之起曹參以功封平陽侯世襲爵土絕而復紹至今適嗣國於容城

桓帝世曹騰為中常侍大長秋封費亭侯　養子嵩嗣官至

司馬彪續漢書曰騰父節字元偉素以仁厚稱鄉黨鄰人有亡豕者與節豕相類詣門認之節不與爭後所亡豕自還其家豕主人大慙送所認豕并辭謝節節笑而受之由是鄉黨貴嘆焉騰少除黃門從官年順帝即位為小黃門遷至中常侍大長秋桓帝即位以騰先帝舊臣忠孝彰著封費亭侯加位特進太和三年追尊騰曰高皇帝

嵩生太祖太祖少機警有權數　司馬彪續漢書曰嵩字巨高質性敦慎所在忠孝靈帝時貨賂中官及輸西園錢一億萬故位至太尉黃初元年追尊嵩曰太皇帝

太尉莫能審其生出本末　吳人作曹瞞傳及郭頒世語並云嵩夏侯氏之子夏侯惇之叔父太祖於惇為從父兄弟

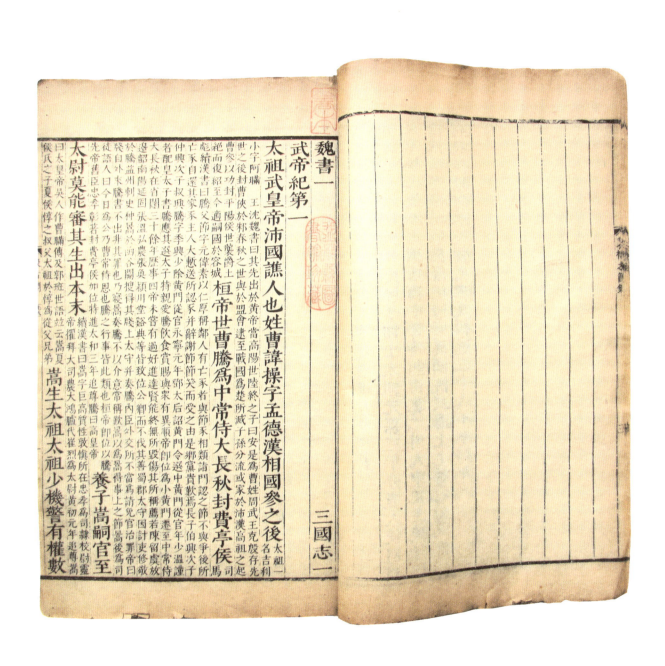

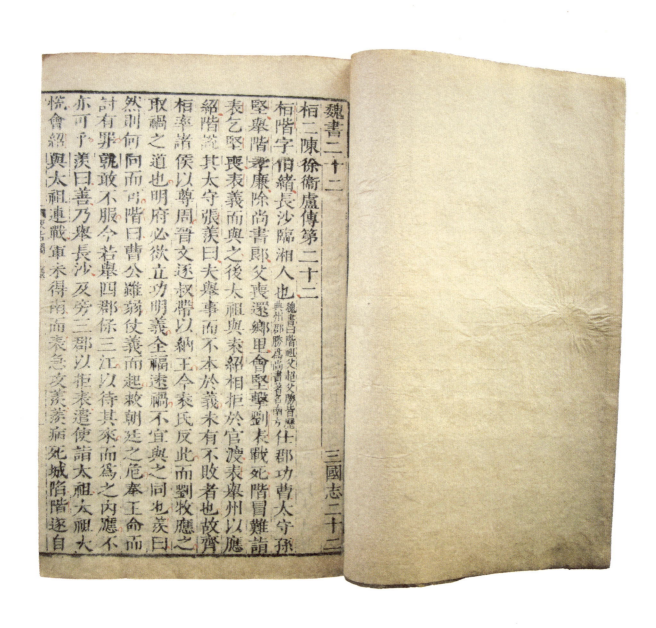

桓二陳徐衞盧傳第二十二

桓階字伯緒長沙臨湘人也典州郡為主簿舉孝廉除尚書郎父喪還鄉里會堅舉劉表戰死階冒難詣表乞堅喪而與之後太祖與表相拒於官渡表舉州以應紹階說其太守張羨曰夫舉事而不本於義未有不敗者也故齊桓率諸侯以尊周文王逐叔帶以納王今袁氏反此而劉牧應之取禍之道也明府必欲立功明義全福逺禍宜此而爲之應紹則非義也且以彊弱而言之若權三江之衆以偪王命而爲之內應此所謂乘時之良圖也羨曰善乃舉長沙及旁三郡以拒表遣使詣太祖太祖大悅會紹與太祖連戰軍未得南而表急攻羨羨病死城陷階遂自

第124 三國志六十五卷 （晉）陳壽撰 （南朝宋）裴松之注

明崇禎十七年（1644）毛氏汲古閣刻十七史本 濰坊學院圖書館

一六八

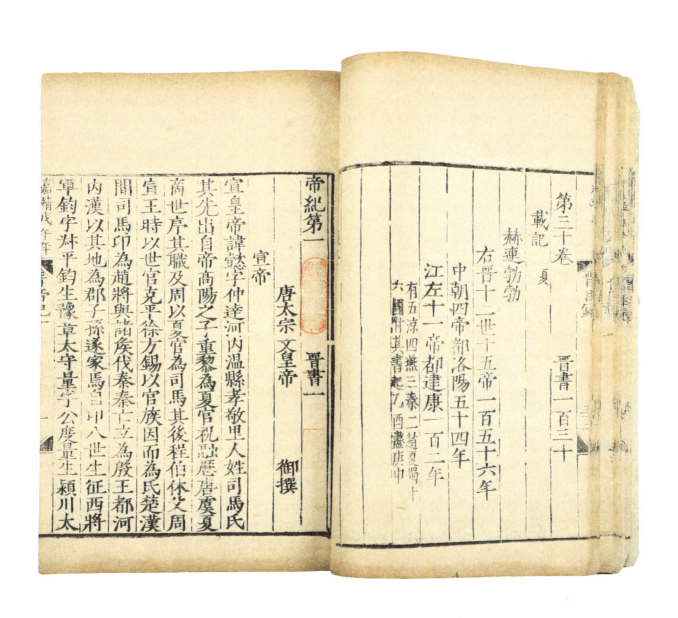

右晉十二世十五帝一百五十六年

中朝四帝都洛陽五十四年

江左十一帝都建康一百二年

有五涼四燕三秦二趙蜀十

六國附其書起乙酉盡庚申

第三十卷

載記

赫連勃勃

晉書一百三十

帝紀第一

晉書一

宣帝

唐太宗文皇帝

御撰

宣皇帝諱懿字仲達河內溫縣孝敬里人姓司馬氏

其先出自帝高陽之子重黎為夏官祝融歷唐虞夏

商世序其職及周以百官為司馬其後程伯休父周

宣王時以官克平徐方錫以官族因而為氏楚漢

間司馬卬為趙將與諸侯伐秦秦亡立卬為殷王都河

內漢以其地為郡卬八世生征西將

軍鈞字叔平鈞生豫章太守量量生潁川太

第125　晉書一百三十卷　（唐）房玄齡等撰

元刻明清遞修本　安丘市博物館

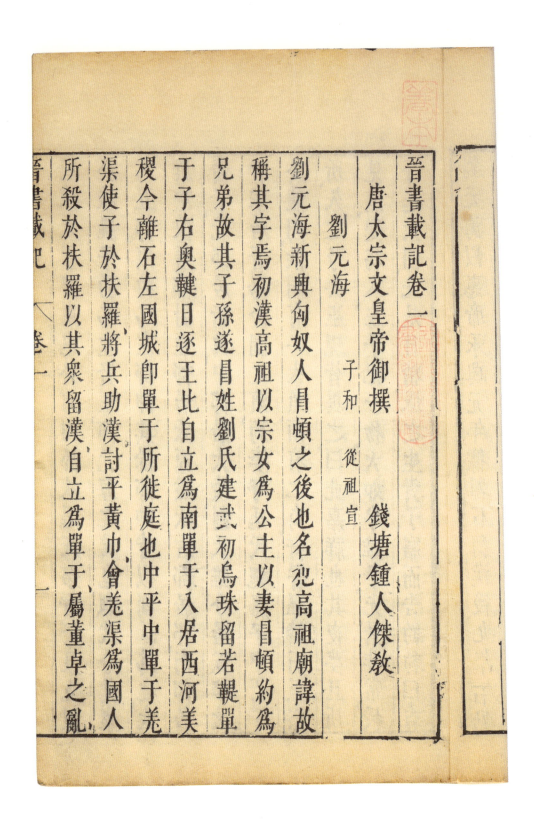

晉書載記卷一

唐太宗文皇帝御撰　　錢塘鍾人傑校

劉元海

子和　從祖宣

劉元海新興匈奴人冒頓之後也名犯高祖廟諱故稱其字焉初漢高祖以宗女為公主以妻冒頓約為兄弟故其子孫遂冒姓劉氏建武初烏珠留若鞮單于右奧鞬日逐王比自立為南單于入居西河美稷今離石左國城即單于所徙庭也中平中單于羌渠使子於扶羅將兵助漢討平黃巾會羌渠為國人所殺於扶羅以其眾留漢自立為單于屬董卓之亂

晉書載記　　卷一

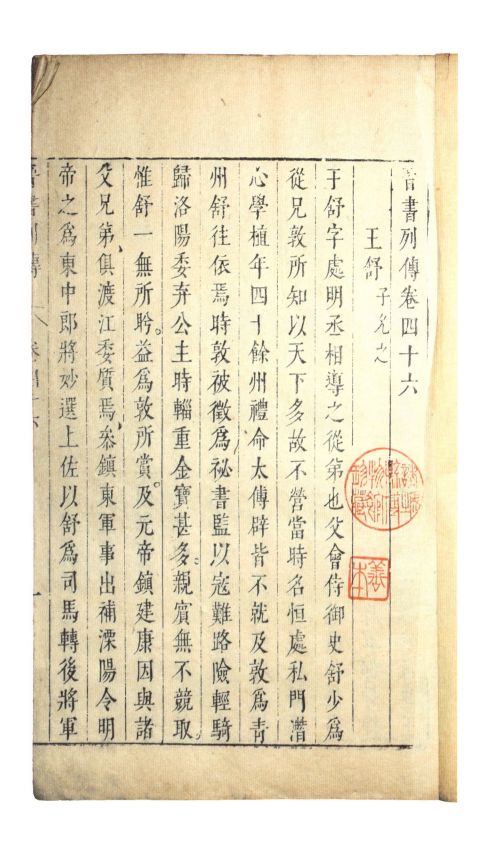

晉書列傳卷四十六

王舒 子允之

于舒字處明丞相導之從弟也父會侍御史舒少為
從兄敦所知以天下多故不營當時名恒處私門潛
心學植年四十餘州禮命太傅辟皆不就及敦為青
州舒往依焉時敦被徵為祕書監以寇難路險輕騎
歸洛陽委弃公主時輜重金寶甚多親賓無不競取
惟舒一無所眄益為敦所賞及元帝鎮建康因與諸
父兄弟俱渡江委質焉桼鎮東軍事出補溧陽令明
帝之為東中郎將妙選上佐以舒為司馬轉後將軍

第127 晉書一百三十卷 （唐）房玄齡等撰

明末刻本 諸城市圖書館

——七一——

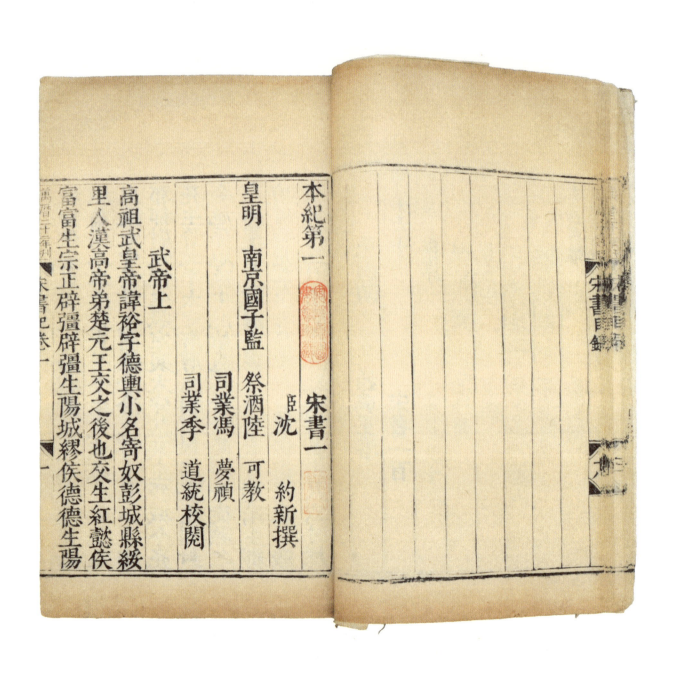

本紀第一

皇明　南京國子監　　祭酒陸　　可教

司業馮　　夢禎

司業季　　道統校閱

宋書一

臣沈　約新撰

武帝上

高祖武皇帝諱裕字德與小名寄奴彭城縣綏
里人漢高帝弟楚元王交之後也交生紅懿侯
富富生宗正辟彊辟彊生陽城繆侯德德生陽

萬曆二十六年刋　▼宋書紀卷一　▲一

第128　宋書一百卷　　（南朝梁）沈約撰

明萬曆二十二年（1594）南京國子監刻清順治十六年（1659）重修本　安丘市博物館

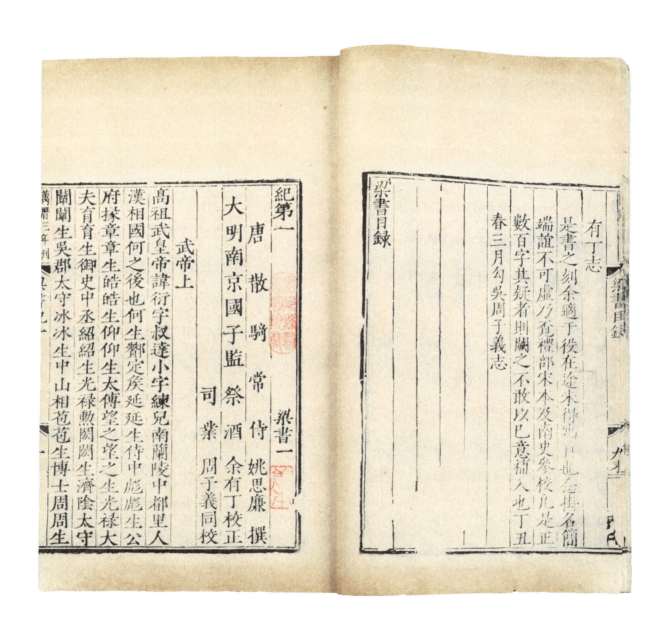

第129　梁書五十六卷　（唐）姚思廉撰

明萬曆二年至三年（1574—1575）南京國子監刻清順治十五年至十六年（1658—1659）重修本　安丘市博物館

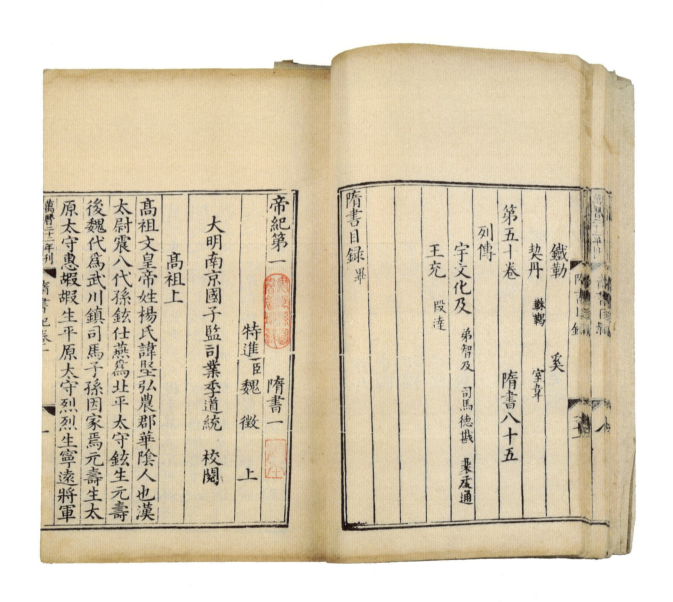

萬曆二十二年刊　隋書巳卷一
原太守惠蝦蝦生平原太守烈生寧遠將軍
後魏代爲武川鎮司馬子孫因家焉元壽生太
太尉震八代孫鉉仕燕爲北平太守鉉生元壽
高祖文皇帝姓楊氏諱堅弘農郡華陰人也漢
高祖上
大明南京國子監司業季道統　校閱
特進臣魏徵上
帝紀第一　隋書一

隋書目録 異

第五十卷　隋書八十五
列傳
宇文化及　弟智及　司馬德戡　裴虔通
王充　段達
契丹　靺鞨　室韋
鐵勒　奚

第130　隋書八十五卷　（唐）魏徵等撰　（明）季道統校閱

明萬曆二十二年至二十三年（1594—1595）南京國子監刻明清遞修本　安丘市博物館

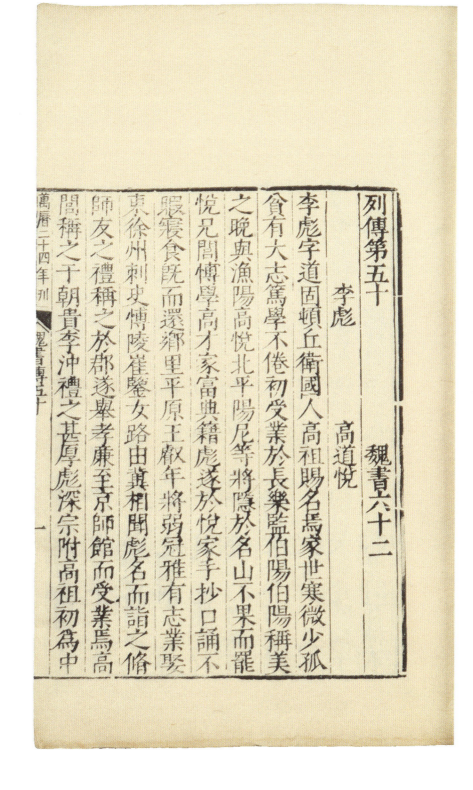

列傳第五十　　　　　　　魏書六十二

　　李彪　　　　高道悅

李彪字道固頓丘衛國人高祖賜名焉家世寒微少孤
貧有大志篤學不倦初受業於長樂監伯陽伯陽稱美
之晚與漁陽高悅北平陽尼等將隱於名山不果而罷
悅兄閭博學高才家富典籍彪遂於悅家手抄口誦不
眠寢食既而還鄉里平原王叡年將弱冠雅有志業娶
東徐州刺史博陵崔鑒友路由真相聞彪名而詣之脩
師友之禮稱之於郡遂舉孝廉至京師館而受業焉高
閭稱之十朝貴李沖禮之甚厚彪深宗附高祖初爲中

萬曆二十四年刊　　魏書傳五十　　一

第131　魏書一百三十卷　　（北齊）魏收撰

明萬曆二十四年（1596）南京國子監刻明天啓崇禎清順治遞修本　安丘市博物館

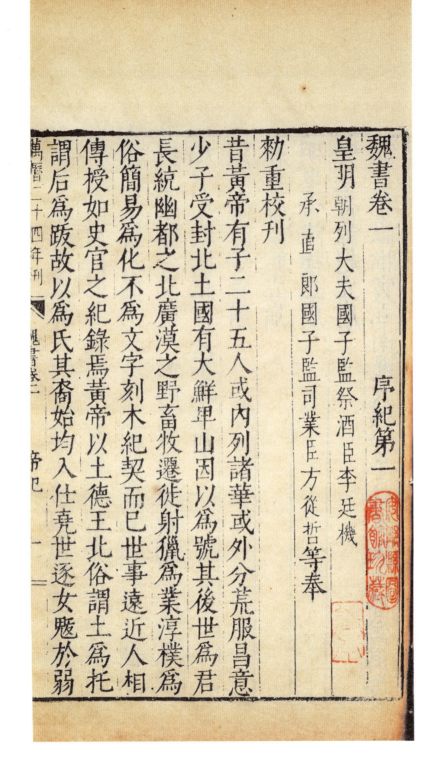

魏書卷一

序紀第一

皇玥^朝列大夫國子監祭酒臣李廷機

承直郎國子監司業臣方從哲等奉

敕重校刊

昔黃帝有子二十五人或內列諸華或外分荒服昌意

少子受封北土國有大鮮卑山因以為號其後世為君

長統幽都之北廣漠之野畜牧遷徙射獵為業淳樸為

俗簡易為化不為文字刻木紀契而已世事遠近人相

傳授如史官之紀錄焉黃帝以土德王北俗謂土為托

謂后為跋故以為氏其裔始均入仕堯世逐女魃於弱

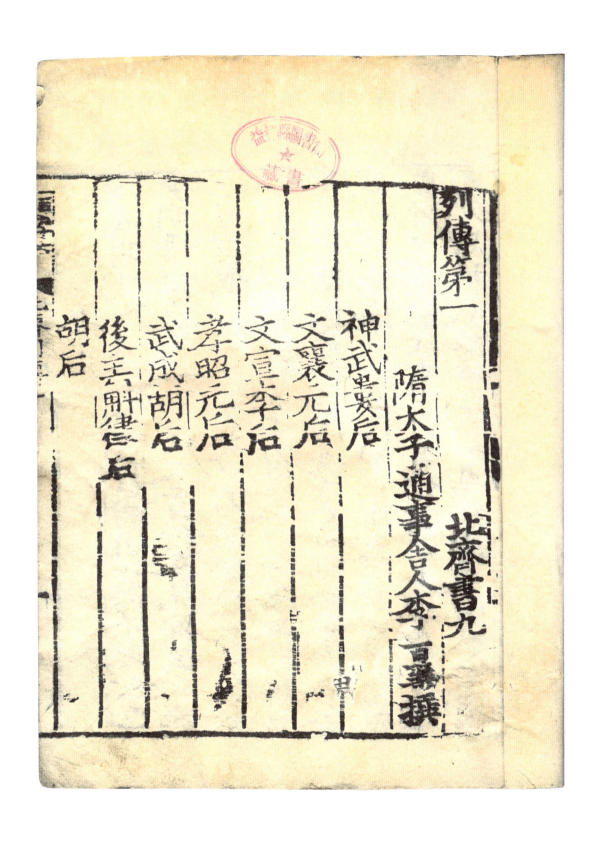

列傳第一

北齊書九

隋太子通事舍人李百藥撰

神武婁后
文襄元后
文宣李后
孝昭元后
武成胡后
後主斛律后
後主胡后
胡后

第133　北齊書五十卷　（唐）李百藥撰

宋刻宋元明遞修本　青州市圖書館

一七七

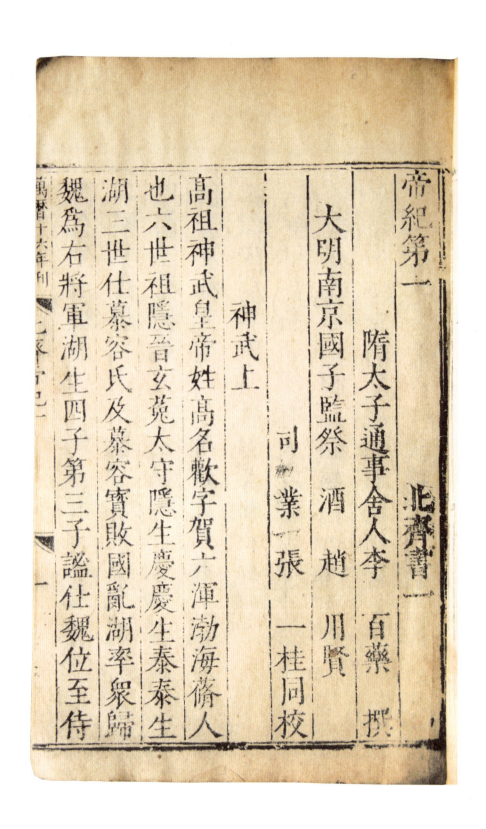

帝紀第一　　北齊書一

大明南京國子監祭酒趙　川賢

隋太子通事舍人李　百藥撰

司業張　一桂同校

神武上

高祖神武皇帝姓高名歡字賀六渾渤海蓚人
也六世祖隱晉玄菟太守隱生慶慶生泰泰生
湖三世仕慕容氏及慕容寶敗國亂湖率眾歸
魏爲右將軍湖生四子第三子謐仕魏位至侍

萬曆十六年刊

第134　北齊書五十卷　　（唐）李百藥撰

明萬曆十六年至十七年（1588—1589）南京國子監刻本　壽光市博物館

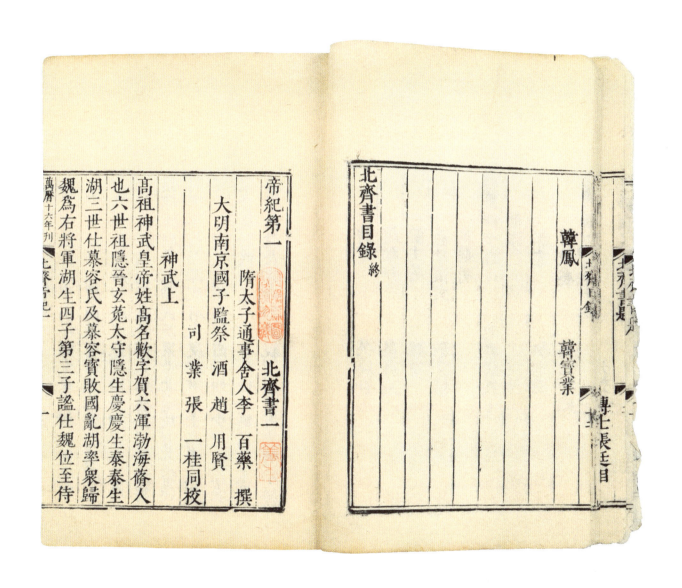

帝紀第一　　北齊書一

隋太子通事舍人李　百藥　撰

大明南京國子監祭酒　趙　用賢

　　　　　　　　司業　張　一桂　同校

神武上

高祖神武皇帝姓高名歡字賀六渾渤海蓚人
也六世祖隱晉玄菟太守隱生慶慶生泰泰生
湖三世仕慕容氏及慕容寶敗國亂湖率衆歸
魏爲右將軍湖生四子第三子謐仕魏位至侍

北齊書目録　終

韓鳳　　韓寶業

第135　北齊書五十卷　　（唐）李百藥撰

明萬曆十六年至十七年（1588—1589）南京國子監刻清順治重修本　安丘市博物館

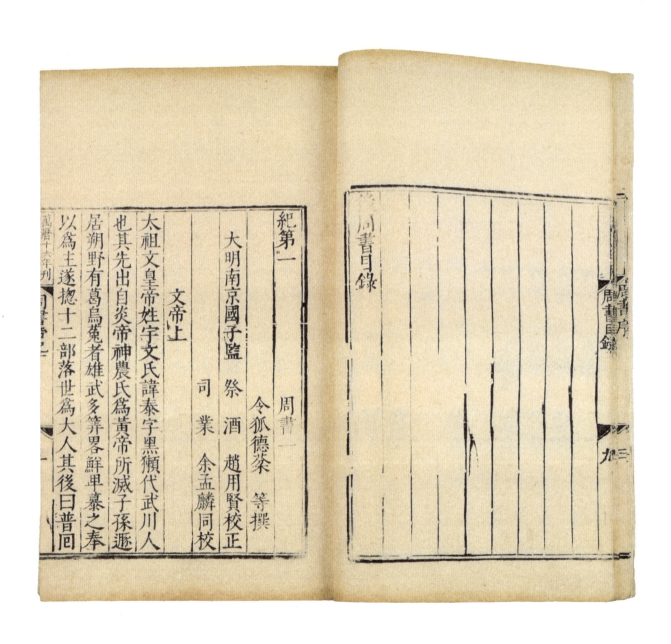

紀第一

文帝上

大明南京國子監　祭　酒　令狐德棻　等撰
　　　　　　　　司　業　趙用賢校正
　　　　　　　　　　　余孟麟同校

周書一

太祖文皇帝姓宇文氏諱泰字黑獺代武川人
也其先出自炎帝神農氏爲黃帝所滅子孫遯
居朔野有葛烏菟者雄武多籌畧鮮卑慕之奉
以爲主遂惣十二部落世爲大人其後曰普回

周書目錄

第136　周書五十卷　（唐）令狐德棻等撰

明萬曆十六年（1588）南京國子監刻明清遞修本　安丘市博物館

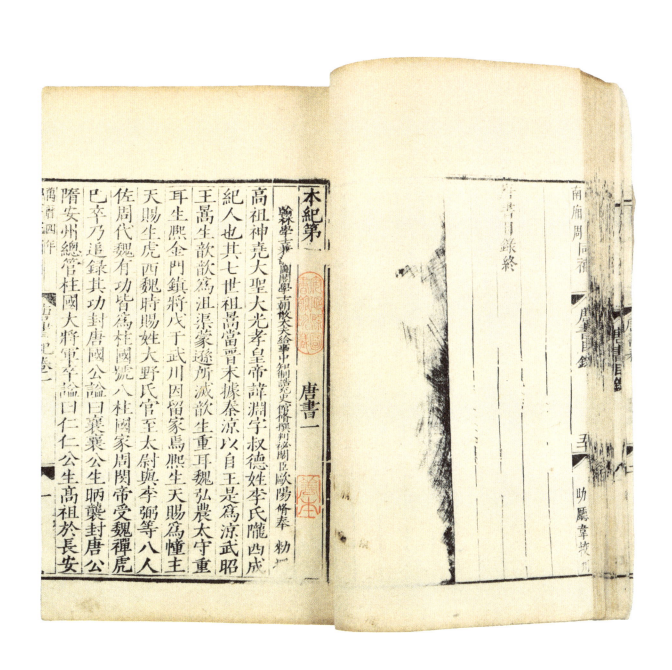

隋安州總管柱國大將軍軛論曰仁公生高祖於長安

巴卒乃追錄其功封唐國公論曰襄襄公生昞襲封唐公

佐周代魏有功皆爲柱國號八柱國家周閔帝受魏禪虎

天賜生虎西魏時賜姓大野氏官至太尉與李弼等八人

年生熙金門鎮將戍于武川因留家焉熙生天賜農太守重

王嵩生歆歆爲祖渠蒙遜所滅歆生重耳魏弘農太守重

紀人也其七世祖嵩當晉末據秦涼以自王是爲涼武昭

高祖神堯大聖大光孝皇帝諱淵字叔德姓李氏隴西成

翰林學士兼龍圖學閣學士朝散大夫給事中知制誥充史館撰判秘閣臣歐陽脩奉 勅撰

本紀第一

唐書一

南廟周同祖 唐書目錄 李
助屬韋校 九

唐書目錄終

第137　唐書二百二十五卷　（宋）歐陽修、宋祁等撰

元大德九年（1305）建康路儒學刻明清遞修本　安丘市博物館

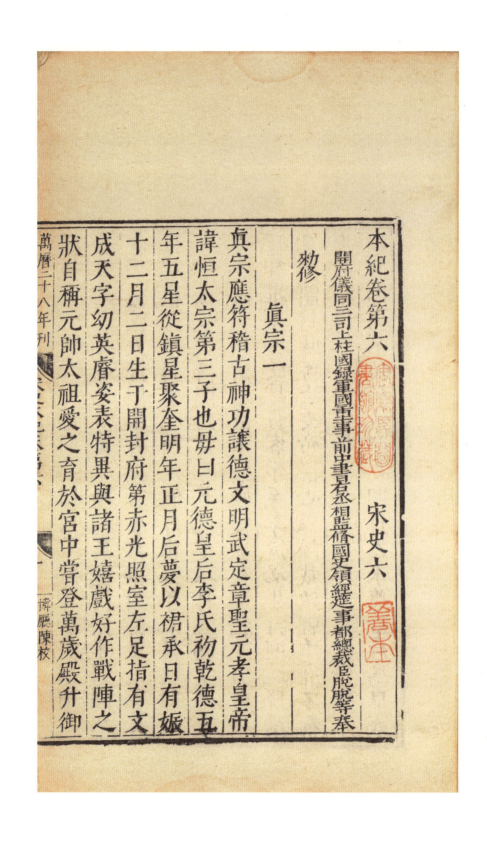

本紀卷第六　宋史六

勅修

真宗一

真宗應符稽古神功讓德文明武定章聖元孝皇帝
諱恒太宗第三子也母曰元德皇后李氏初乾德五
年五星從鎮星聚奎明年正月后夢以裙承日有娠
十二月二日生于開封府第赤光照室左足指有文
成天字幼英睿姿表特異與諸王嬉戲好作戰陣之
狀自稱元帥太祖愛之育於宮中嘗登萬歲殿升御

開府儀同三司上柱國錄軍國重事前中書君袞相監修國史領經遊事都總裁臣脫脫等奉

萬曆二十八年刊

博陵陳校

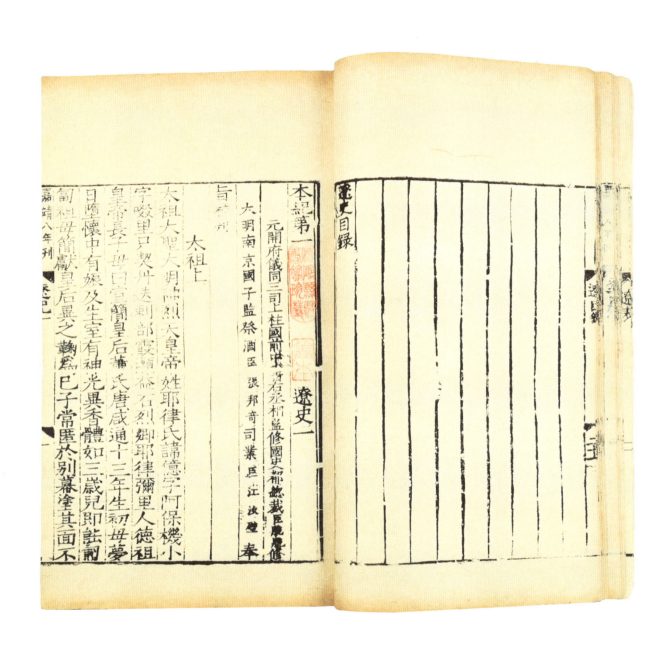

本紀第一
太祖大聖大明神烈天皇帝姓耶律氏諱億字阿保機小字啜里只契丹迭剌部霞籟益石烈鄉耶律彌里人德祖皇帝長子母曰宣簡皇后蕭氏唐咸通十三年生初母夢日墮懷中有娠及生室有神光異香體如三歲兒即能匍祖母簡獻皇后異之鞠為巳子常匿於別幕塗其面不

太祖上

大明南京國子監祭酒臣張邦奇司業臣江汝璧奉
旨重刊

元開府儀同三司上柱國前中書右丞相監修國史都德裁臣脫脫等進

遼史一

遼史目録

嘉靖八年刊〔卷之一〕

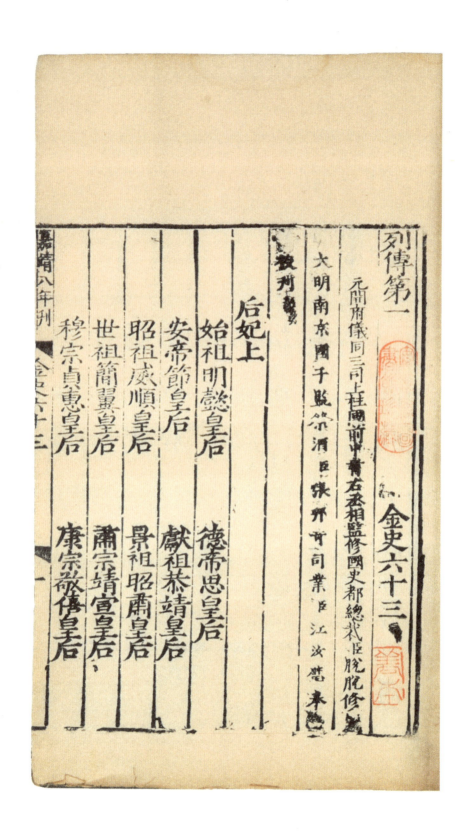

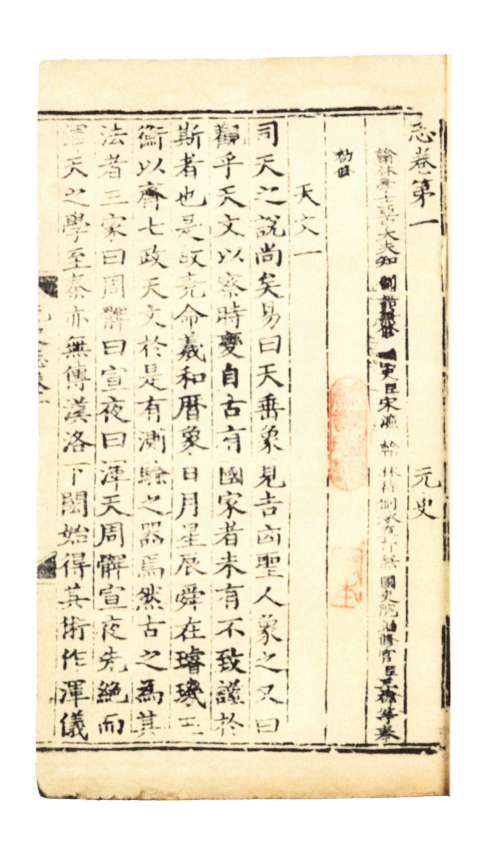

志卷第一　　元史

翰林學士亞中大夫知　制誥兼修　國史臣宋濂　翰林待制奉訓大夫兼　國史院編修官臣王褘等奉　勑修

天文一

司天之說尚矣易曰天垂象見吉凶聖人象之又曰觀乎天文以察時變自古有國家者未有不致謹於斯者也昔堯命羲和曆象日月星辰舜在璿璣玉衡以齊七政天文於是有測驗之器焉然古之為其法者三家曰周髀曰宣夜曰渾天周髀宣夜夫絕而渾天之學至秦亦無傳漢洛下閎始得其術作渾儀

元史類編卷之一

仁和邵遠平戒山學　南沙席世臣郭容氏校刊

世紀一

太祖皇帝諱鐵木眞姓奇渥溫氏蒙古部人其先世有曰脫奔咩
哩健妻曰阿蘭果火夜寢帳中夢自光自天而下化金色神人趨
臥榻遂驚覺有娠生子曰孛端义兒
子孫當有大貴者歷四世曰海都家為押剌伊兒部所破止海都
存其季父納眞卒八剌忽谷諸民其立為君長海都既立轉攻
押剌伊兒部役屬之形勢寖大列營帳于八剌合黑河上踰河為
梁以便往來由是隣部歸者漸衆其後子孫蕃衍各自為族衍五世
答吉曰散只兒曰吉㸠义謂之札即剌兵破此不相統屬傳五世

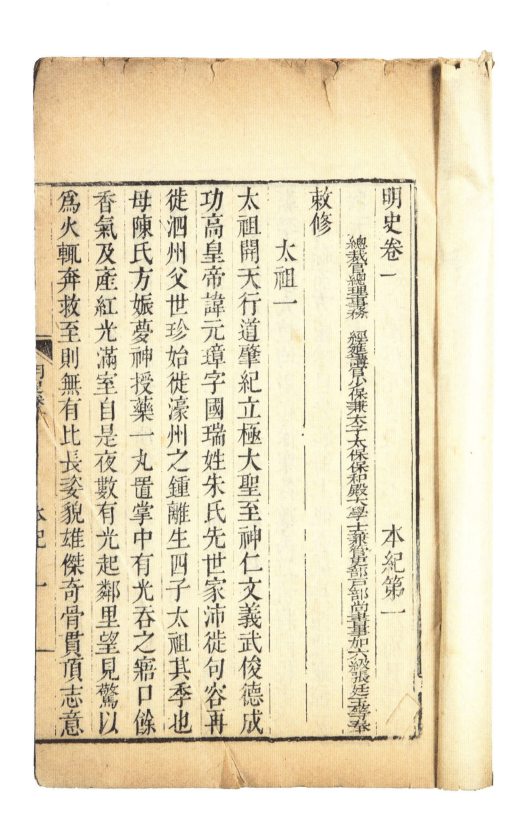

明史卷一　　本紀第一

總裁官總理事務　經筵講官少保兼太子太保和殿大學士兼管吏部戶部尚書事加六級張廷玉等奉

敕修

太祖一

太祖開天行道肇紀立極大聖至神仁文義武俊德成
功高皇帝諱元璋字國瑞姓朱氏先世家沛徙句容再
徙泗州父世珍始徙濠州之鍾離生四子太祖其季也
母陳氏方娠夢神授藥一丸置掌中有光吞之寤口餘
香氣及產紅光滿室自是夜數有光起鄰里望見驚以
為火輒奔救至則無有比長姿貌雄傑奇骨貫頂志意

第143　明史三百三十二卷目錄四卷　（清）張廷玉等修

清乾隆武英殿刻二十四史本　濰坊市博物館

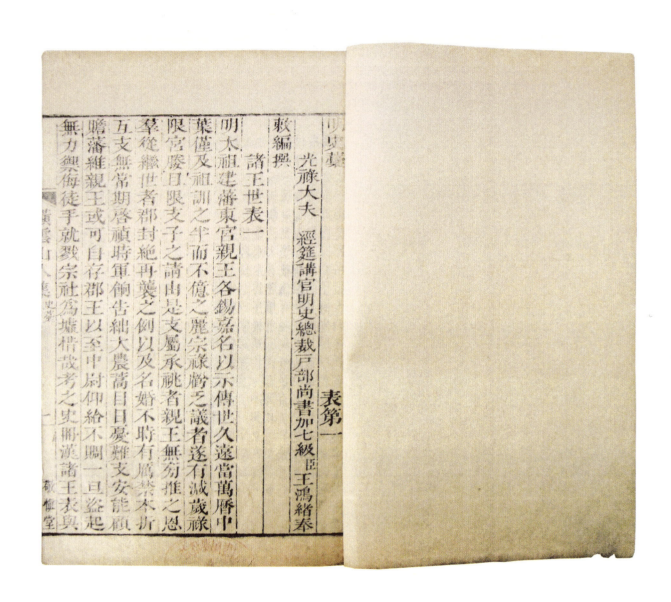

明史藁

表第一

光祿大夫　經筵講官明史總裁戶部尚書加七級臣王鴻緒奉

敕編撰

諸王世表一

明太祖建藩東宮親王各錫嘉名以示傳世久遠當萬曆中葉僅及祖訓之半而不億之麗宗祿齡之議者遂有減歲祿限宮膝日限支子之請由是支屬承祧者親王無苟推之恩筆從繼世者郡封絕再襲之倒以及名婚不聊有屬禁本折五支無常期啟禎崒綸大農蕎目目憂難支安能顧瞻藩維親王或可自存郡王以至中尉仰給不聞一旦盜起無力與侮徒手就戮宗社爲墟惜哉考之史冊漢諸王表與

橫雲山人集史藁

敬慎堂

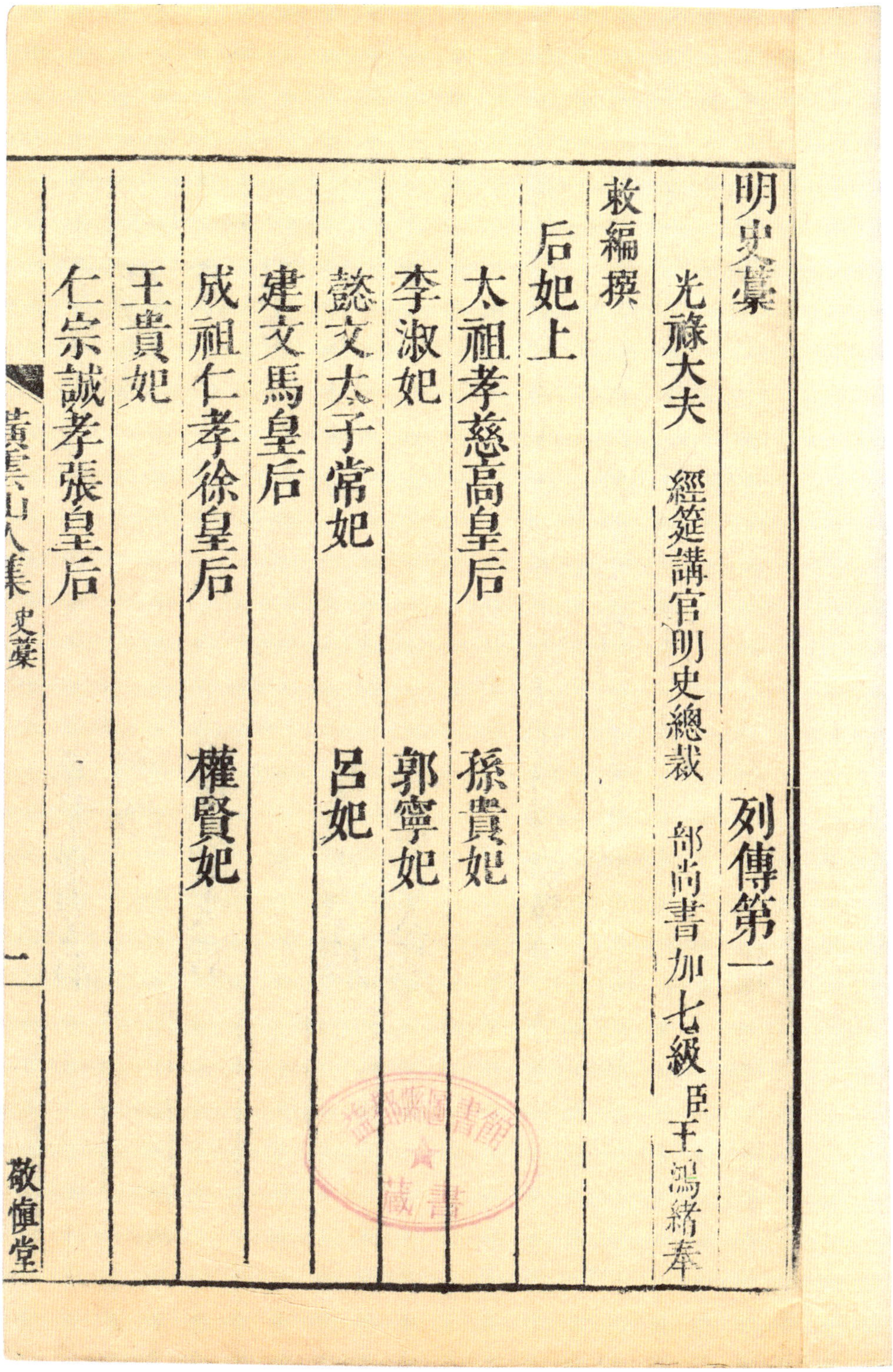

明史藁　列傳第一

光祿大夫　經筵講官明史總裁　部尚書加七級　臣王鴻緒奉

敕編撰

后妃上

太祖孝慈高皇后　孫貴妃

李淑妃　郭寧妃

懿文太子常妃　呂妃

建文馬皇后

成祖仁孝徐皇后　權賢妃

王貴妃

仁宗誠孝張皇后

橫雲山人集　史藁　一　敬慎堂

第145　明史藁三百十卷目錄三卷　（清）王鴻緒撰

清乾隆敬慎堂刻本　青州市圖書館

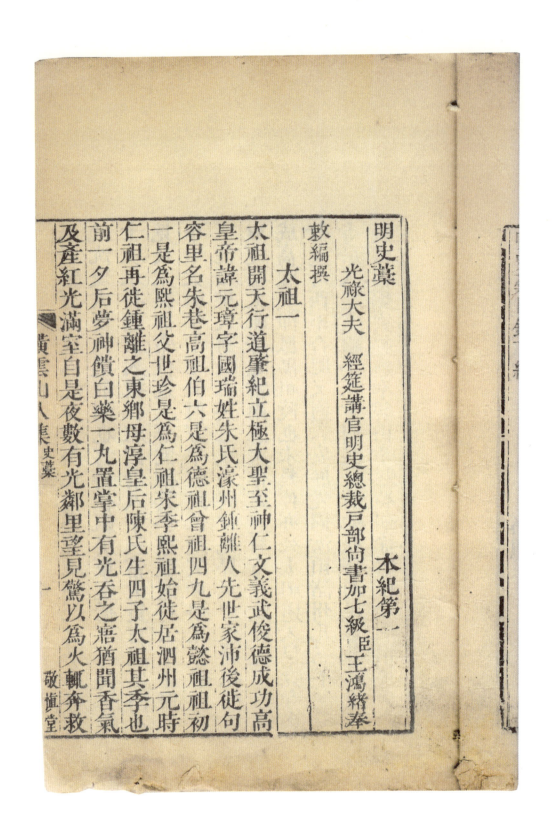

明史藁　　本紀第一

光祿大夫　經筵講官明史總裁戶部尚書加七級臣王鴻緒奉

敕編撰

太祖一

太祖開天行道肇紀立極大聖至神仁文義武俊德成功高皇帝諱元璋字國瑞姓朱氏濠州鍾離人先世家沛後徙句容里名朱巷高祖伯六是爲德祖曾祖四九是爲懿祖初徙居泗州元時一是爲熙祖父世珍是爲仁祖宋季熙祖始徙居泗州元時仁祖再徙鍾離之東鄉母淳皇后陳氏生四子太祖其季也前一夕后夢神饋白藥一丸置掌中有光吞之寤猶聞香氣及產紅光滿室自是夜數有光鄰里望見驚以爲火輒奔救

敬慎堂

第146　明史藁三百十卷目錄三卷　（清）王鴻緒撰

清乾隆敬慎堂刻本　青州市圖書館

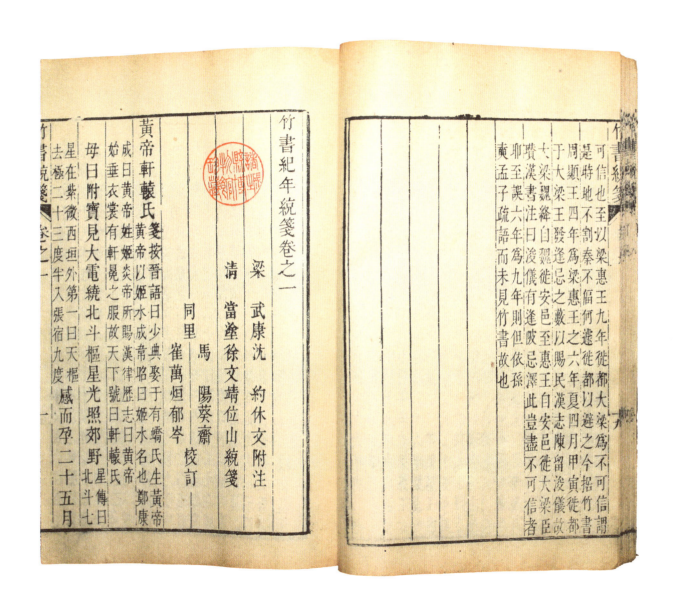

竹書紀年統箋卷之一

梁　武康沈　約休文附注

清　當塗徐文靖位山統箋

同里　崔萬烜郁岑　校訂

　　　馬陽葵齋

黃帝軒轅氏箋按晉語曰少典娶于有蟜氏生黃帝
黃帝以姬水成帝昭日姬水名也鄭康
成日黃帝姓姬炎帝姓姜帝歷志日黃帝
始垂衣裳有軒晃之服天下號日軒轅氏
母日附寶見大電繞北斗樞星光照郊野星傳日
星在紫微西垣外第一日天樞
去極二十三度牛入張宿九度感而孕二十五月

竹書紀年統箋

梁惠王九年從都大梁為不可信也至以梁
是特地不倔都何據竹書謂
周顯王四年為梁惠王之
于大梁王發逢忌之藪以賜民漢志陳留
故
大漢書魏絳自浚儀徙安邑至惠王自安邑徙
贊日浚儀有逢池則但依忌澤此豈盡不可信者
那至哭六年則孫不可信者
東孟子疏語而未見竹書故也

竹書統箋

第147　竹書紀年統箋十二卷　（清）徐文靖輯

清乾隆十五年（1750）刻本　諸城市圖書館

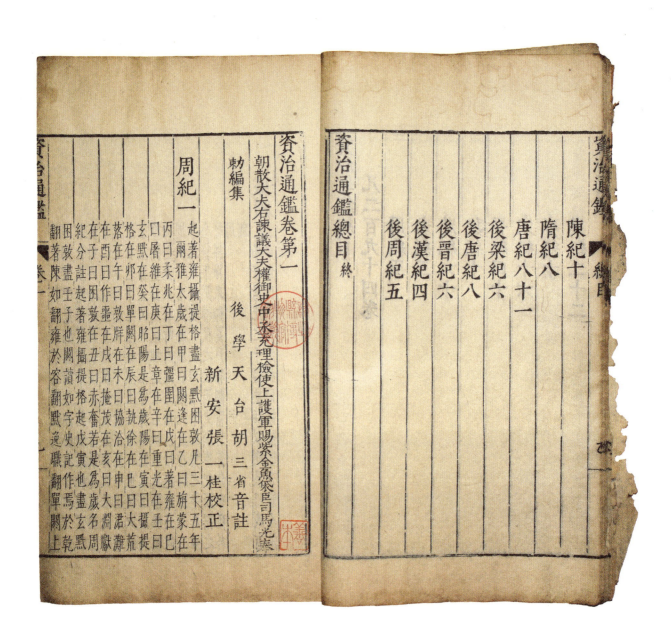

第148　資治通鑑二百九十四卷　（宋）司馬光撰　（元）胡三省注　（明）張一桂校正　通鑑釋文

辯誤十二卷　（元）胡三省撰

明萬曆二十年（1592）吳勉學刻本　諸城市圖書館

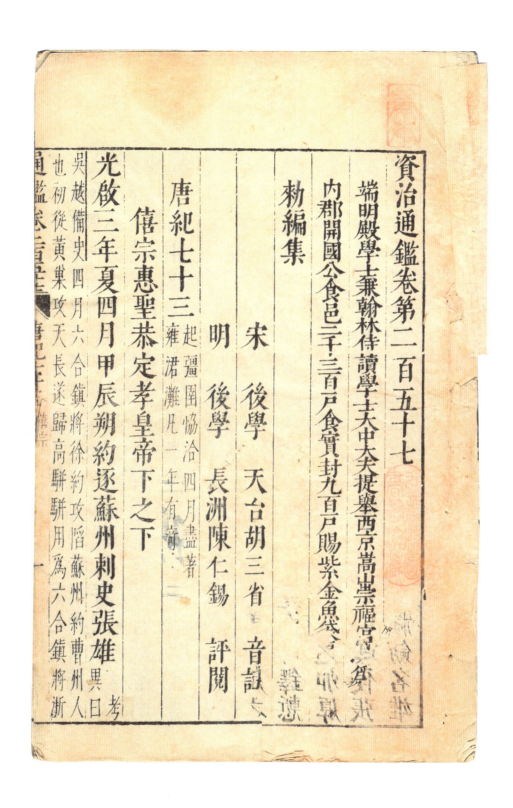

第149　資治通鑑二百九十四卷　（宋）司馬光撰　（元）胡三省音注　（明）陳仁錫評　通鑑釋文

辯誤十二卷　（元）胡三省撰

　　明天啓五年（1625）陳仁錫刻本　青州市圖書館

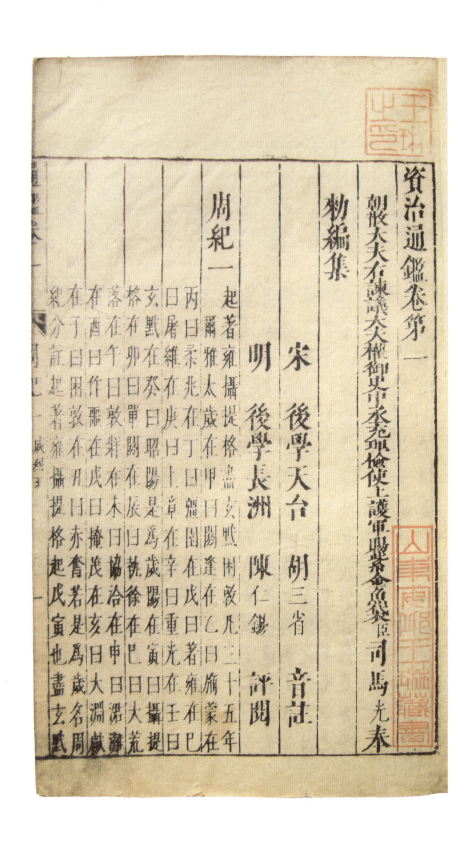

第150　資治通鑑二百九十四卷　（宋）司馬光撰　（宋）胡三省音注　（明）陳仁錫評

明天啓五年（1625）陳仁錫刻本　濰坊學院圖書館

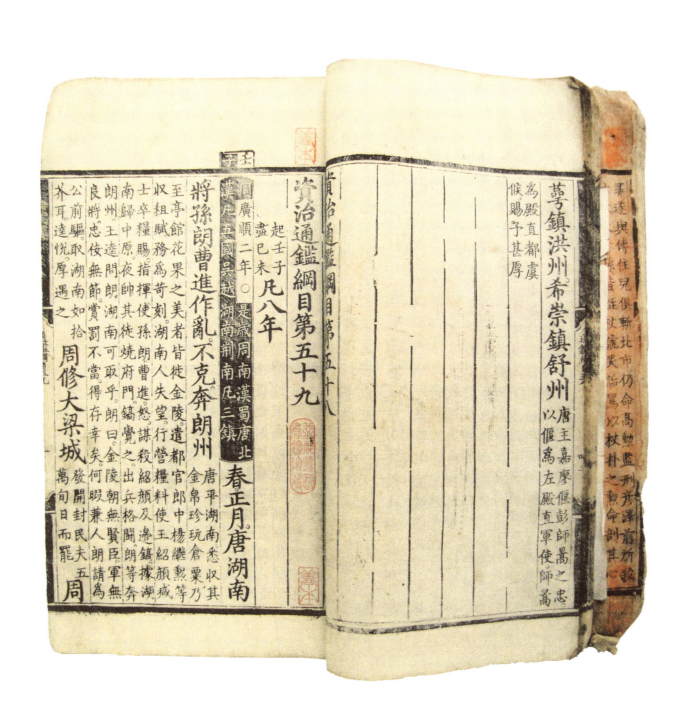

第151　資治通鑑綱目五十九卷　　（宋）朱熹撰

明成化九年（1473）內府刻本　青州市圖書館

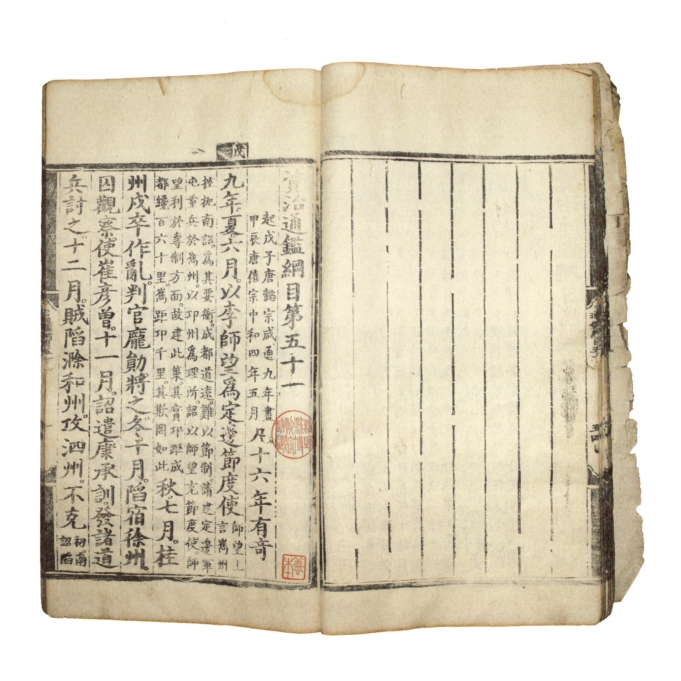

資治通鑑綱目第五十一

起戊子唐懿宗咸通九年盡
甲辰唐僖宗中和四年五月
凡十六年有奇

九年夏六月。以李師望爲定邊節度使言嶲州
撼挏南詔爲其要害。成都道遠。難以節制諸建定邊軍
忠重兵於嶲州。以邛州爲理所。詔以師望充節度使師望
望利於專制方面。故建此䜋其實邛距成都纔百六
都蠻百六十里嶲距邛千里其欺罔如此。秋七月。桂
州戍卒作亂判官龐勛將之冬十月。陷宿徐州。
因觀察使崔彥曾十一月。詔遣康承訓發諸道
兵討之十二月。賊陷滁和州攻泗州不克詔以前

第152　資治通鑑綱目五十九卷　（宋）朱熹撰

明成化九年（1473）內府刻本　諸城市圖書館

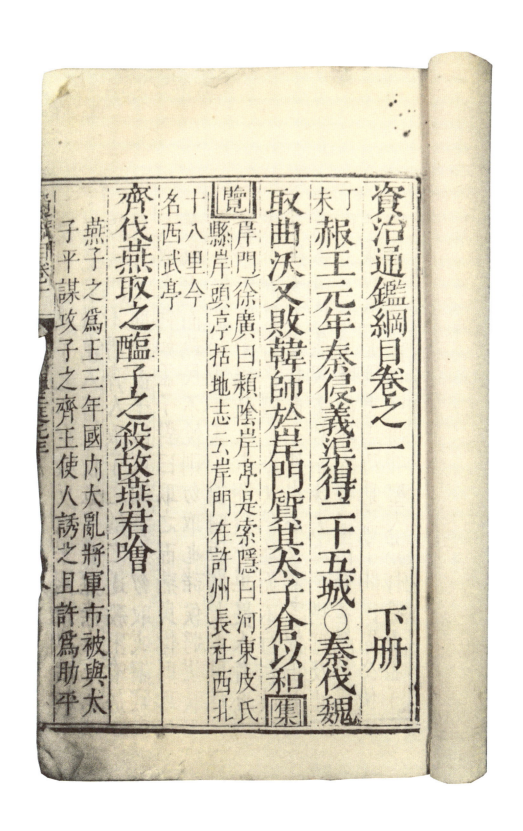

資治通鑑綱目卷之一　下冊

丁未赧王元年秦侵義渠得二十五城○秦伐魏

取曲沃又敗韓師於岸門質其太子倉以和

覽　岸門徐廣曰頹陰岸亭是索隱曰河東皮氏縣岸頭亭括地志云岸門在許州長社西北十八里今名西武亭　集

齊代燕取之臨子之殺故燕君噲

燕子之爲王三年國內大亂將軍市被與太子平謀攻子之齊王使人誘之且許爲助平

第153　資治通鑑綱目五十九卷　（宋）朱熹撰

清康熙九年（1670）徽州張朝珍、曹鼎望刻二十八年（1689）朱廷梅、朱烈補刻本　高密市圖書館

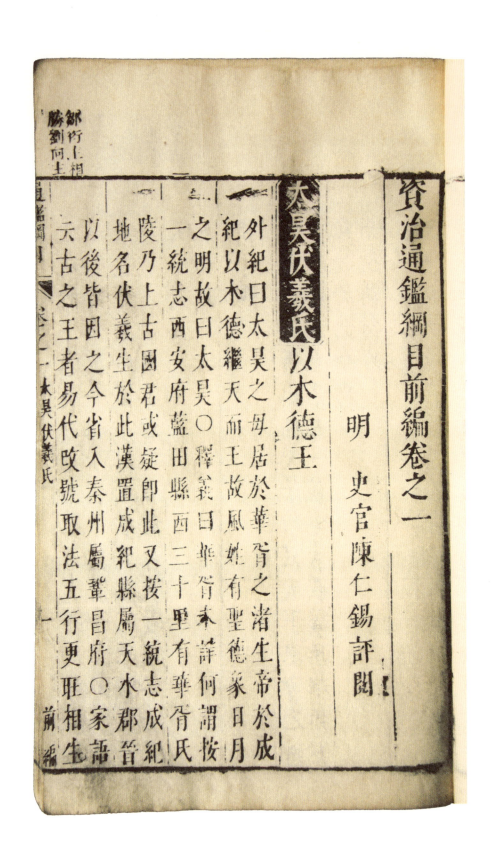

資治通鑑綱目前編卷之一

明　史官陳仁錫評閱

太昊伏羲氏　以木德王

外紀曰太昊之母居於華胥之渚生帝於成
紀以木德繼天而王故風姓有聖德象日月
之明故曰太昊○釋義曰華胥本詳何謂按
一統志西安府藍田縣西三十里有華胥氏
陵乃上古國君或疑卽此又接一統志成紀
地名伏羲生於此漢置成紀縣屬天水郡今
以後皆因之今省入泰州屬鞏昌府○家語
云古之王者易代改號取法五行更旺相生

第154　資治通鑑綱目前編二十五卷　（明）南軒撰　（明）陳仁錫評
　　清康熙四十年（1701）王公行刻本　壽光市博物館

綱鑑正史約卷一

明崑山顧錫疇原編　　桂林陳弘謀增訂

三皇五帝紀

太昊伏羲氏

太昊之母居于華胥之渚履巨人跡意動虹且遶之始娠生帝于成紀以木德王故風姓有聖德象日月之明故曰太昊都陳在位一百一十五年○華胥地名在西安府藍田縣今開封府陳州隸河南

始畫八卦

時有龍馬負圖出于河帝仰觀象於天俯觀法於地中觀萬物之情始畫八卦卦有三爻因而重之為卦六十有四以通神明之德而卜筮從此生焉乃萬世文字之祖朱嘉曰伏羲畫八卦

馬身龍鱗故曰龍馬此天地之精背貧河圖出則其文神以畫卦之德如明

綱鑑正史約〈卷一　太昊〉

一

張廷獻

第155　綱鑑正史約三十六卷　（明）顧錫疇撰　　（清）陳弘謀增訂　甲子紀元一卷　　（清）陳弘謀撰

清乾隆二年（1737）刻本　諸城市圖書館

一九九

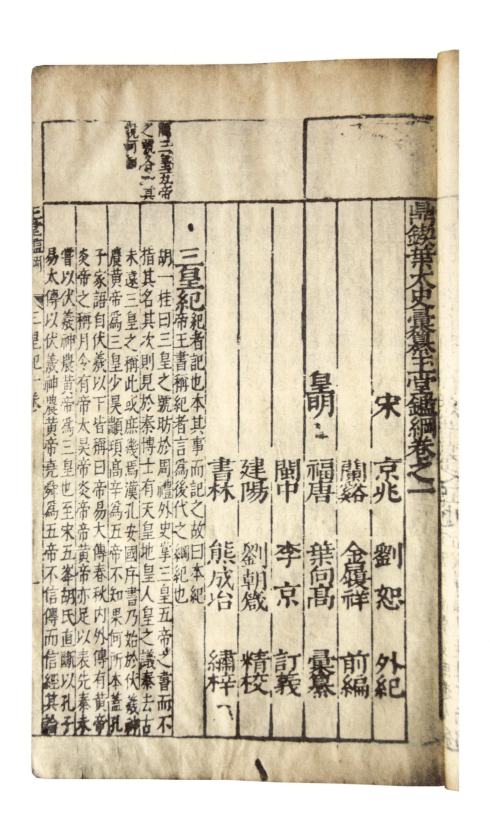

鼎鋟葉太史彙纂玉堂鑑綱卷之一

宋京兆　劉恕　外紀
關谿　金履祥　前編
福唐　葉向高　彙纂
閩中　李京　訂義
建陽　劉朝箴　精校
書林　熊成冶　繡梓

皇明

三皇紀

紀者記也本其事而記之故曰本紀
帝王書稱紀者言爲後代之綱紀也
明「桂曰三皇之甏貼於周禮外史掌三皇五帝之書而不
指其名其次則見於秦博士有天皇地皇人皇之議秦去古
未遠三皇之稱或庶幾焉漢孔安國序書乃始於伏羲神
農黃帝爲三皇少昊顓頊高辛唐虞爲五帝不知果何所本蓋孔
子家語自伏羲以下皆稱帝大傳有黃帝
慶黃帝之稱用令有帝太昊帝炎帝大傳春秋內外傳有黃帝
炎帝之稱炎帝亦足以表先秦
嘗以伏羲神農黃帝爲三皇也至宋五峯胡氏直齗以孔子
易太傳以伏羲神農黃帝堯舜爲五帝不信傳而信經其論

三皇己一卷

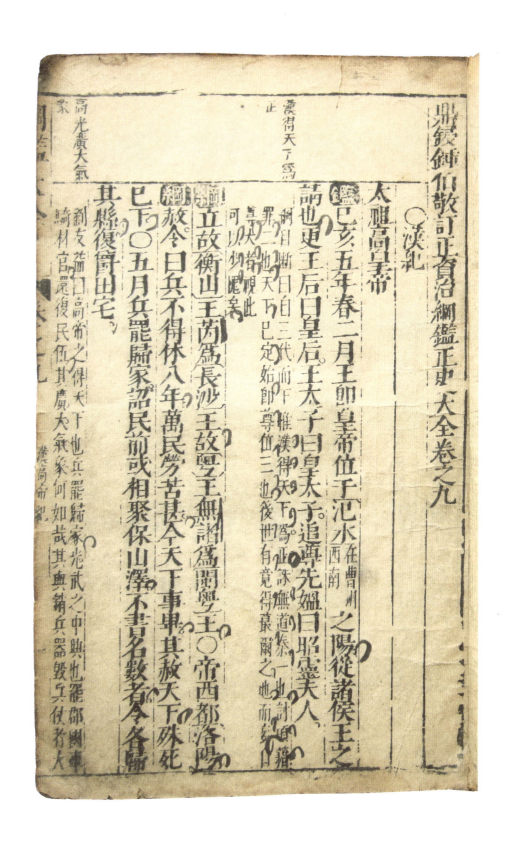

○漢紀

太祖高皇帝

鑑 己亥五年春二月王即皇帝位于汜水 在曹州之陽 從諸侯王之

諸也 更王后曰皇后王太子曰皇太子追遵先媼曰昭靈夫人

綱目 斷曰自三代而下雖漢得天下為正誅無道秦一也討項籍
界二也天下已定始即尊位三也後世有竟得纂爾之也而統之
蓋天君視此可以少愧矣

立故衡山王芮為長沙王故塦王無諸為閩粵王○帝西都洛陽

赦令曰兵不得休八年萬民勞苦今天下事畢其赦天下殊死

巳下○五月兵罷歸家詔民前或相聚保山澤不書名數者令各歸

其縣復實田宅

劉友益曰高帝之得天下也兵罷歸家光武之中興也罷郡國車
騎材官罷復民伍其廣大氣象河如哉其與銷兵器毀兵使者大

高光廣大氣象

正

漢得天下為

正

明崇禎刻本　濰坊學院圖書館

庚申

續資治通鑑綱目卷之一

起庚申周恭帝元年盡甲戌宋太祖開寶七年凡十五年

周恭帝宗訓元年○蜀主孟昶廣政二十三南漢主劉鋹建隆元年○是歲周亡宋代新大國一舊小國

宋太祖神德皇帝趙匡胤

大寶三北漢孝和帝劉鈞天會五南唐元宗李景十八年

四凡五國吳越荊南湖南凡三鎮

春正月周殿前都點檢趙匡

稱皇帝國號宋廢周主宗訓為鄭王周侍衞

副都指揮使韓通死之

胤涿郡人四世祖朓唐幽都令生珽唐御史中丞珽生敬敬生弘殷周檢校司徒

岳州防禦使弘殷娶杜氏生胤於洛陽夾馬營赤光繞室異香經宿不散及長容貌雄偉器

續資治通鑑綱目卷之一　宋太祖建隆元年

一

第158　續資治通鑑綱目二十七卷　（明）商輅等撰　（明）陳仁錫評閱

明崇禎三年（1630）陳仁錫刻本　壽光市博物館

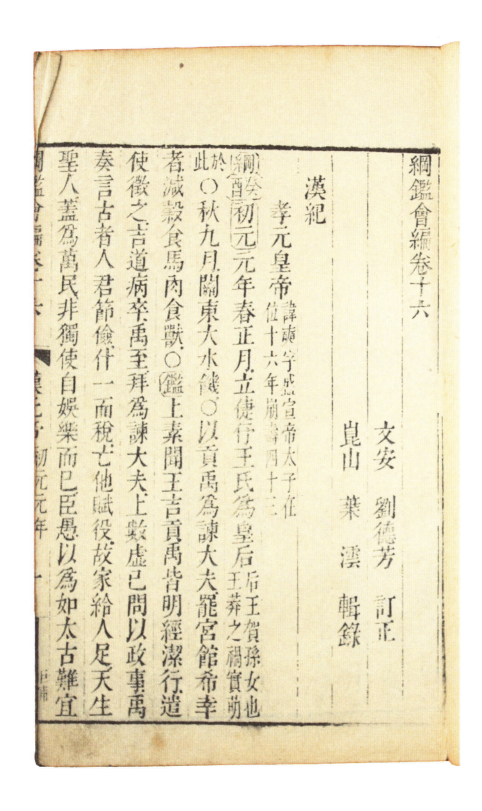

綱鑑會編卷十六

文安　劉德芳　訂正

崑山　葉澐　輯錄

漢紀

孝元皇帝諱奭宣帝太子在位十六年崩壽四十三

〈綱〉初元元年春正月立倢伃王氏為皇后后王賀孫女也〈其後王莽之禍實萌於此〉〇秋九月關東大水饑〇以貢禹為諫大夫罷宮館希幸者減穀食馬肉食獸〇〈鑑〉上素聞王吉貢禹皆明經潔行道

使徵之言道病卒禹至拜為諫大夫上數虛己問以政事禹奏言古者人君節儉什一而稅亡他賦役故家給人足天生聖人蓋為萬民非獨使自娛樂而已臣愚以為如太古難宜

〈綱鑑會編卷十六〉〈漢紀〉初元元年一

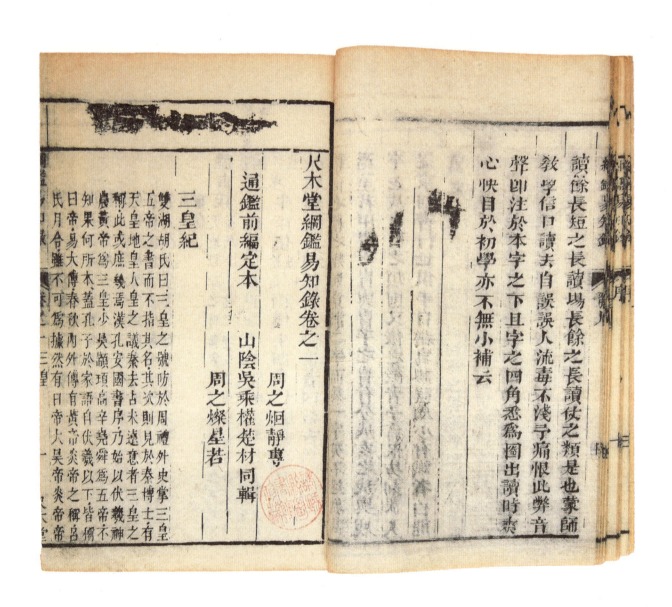

第160　尺木堂綱鑑易知錄一百七卷　（清）吳乘權、周之炯、周之燦輯

清康熙五十年（1711）尺木堂刻本　諸城市圖書館

前漢孝文皇帝紀上卷第七

荀悦

初大臣迎王於代郎中令張武議曰大臣未可信王
宜稱疾無行以觀其變中尉宋昌曰羣臣之議皆非
也夫秦失其政豪傑並起然卒踐天子位者劉氏也
天下絕其望一也高帝王子弟犬牙相制所謂盤石
之宗也天下服其強二也漢興除秦苛政人人自安
難搖動三也今大臣雖欲為變百姓不為使其黨豈
能專一邪且内有朱虛東牟之親外有諸侯之強必
無異心矣高帝子獨准南王與大王大王又長賢聖
聞於天下故大臣迎大王大王勿疑卜之兆得大橫
占曰大橫庚庚余為天王夏啓以光王乃令舅薄昭

第161　前漢紀三十卷　（漢）荀悅撰

明嘉靖二十七年（1548）黃姬水刻兩漢紀本　青州市圖書館

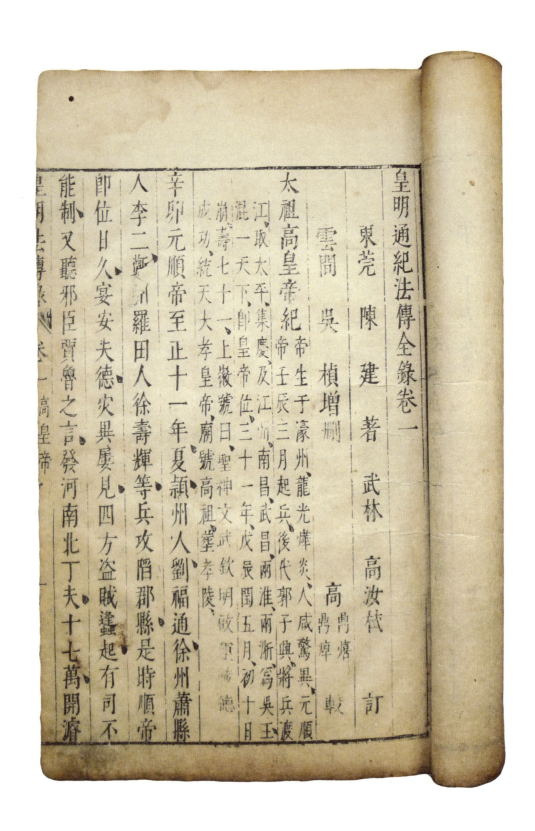

皇明通紀法傳全錄卷一

東莞　陳　建　著　　武林　高汝栻　訂

雲間　吳　楨増刪　　　　　　　高鼎燨較

太祖高皇帝紀

帝生于濠州龍光燁炎人咸驚異元順帝後代郭于興將兵渡江取太平集慶及江州南昌武昌兩淮兩浙寫吳玉混一天下郎皇帝位三十一年戊辰閏五月初十日崩壽七十一上徽號日聖神文武欽明敬宣俊德成功統天大孝皇帝廟號高祖塟孝陵

辛卯元順帝至正十一年夏潁州人劉福通徐州蕭縣人李二鄧州川羅田人徐壽輝等兵攻陷郡縣是時順帝即位日久宴安失德災異屢見四方盗賊逄蟊起有司不能制又聽邪臣賀魯之言發河南北丁夫十七萬開濬

皇明法傳卷　卷一　高皇帝

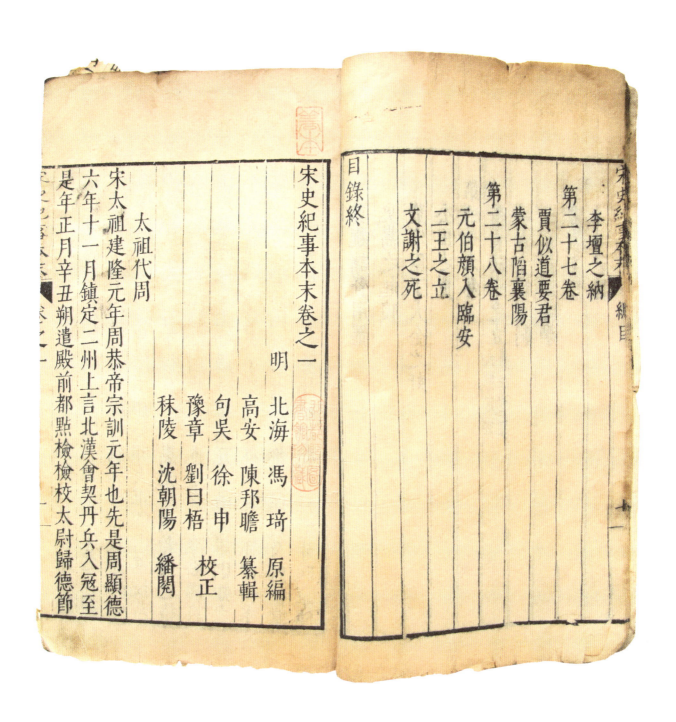

宋史紀事本末卷之一

明　北海　馮　琦　原編

高安　陳邦瞻　纂輯

句吳　徐　申　校正

豫章　劉曰梧

秣陵　沈朝陽　繙閱

太祖代周

宋太祖建隆元年周恭帝宗訓元年也先是周顯德
六年十一月鎮定二州上言北漢會契丹兵入寇至
是年正月辛丑朔遣殿前都點檢檢校太尉歸德節

第163　宋史紀事本末二十八卷　　（明）馮琦撰　　（明）陳邦瞻補

明萬曆三十三年（1605）刻本　青州市圖書館

二〇七

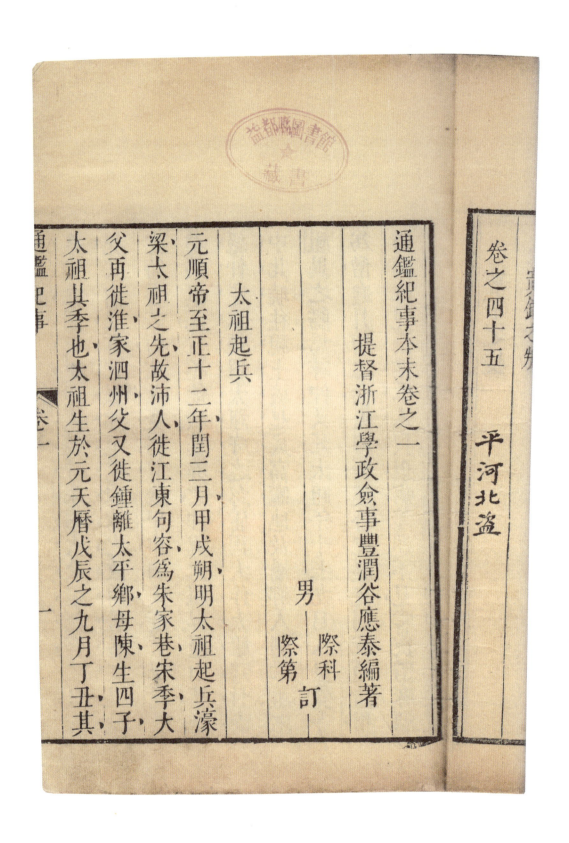

卷之四十五　平河北盜

通鑑紀事本末卷之一

提督浙江學政僉事豐潤谷應泰編著

男　際科　訂
　　際第

太祖起兵

元順帝至正十二年閏三月甲戌朔明太祖起兵濠
梁太祖之先故沛人徙江東句容爲朱家巷宋季大
父再徙淮家泗州父又徙鍾離太平鄉母陳生四子
太祖其季也太祖生於元天曆戊辰之九月丁丑其

通鑑紀事　　卷一　　一

第164　明朝紀事本末八十卷　（清）谷應泰撰

清順治十五年（1658）刻本　青州市圖書館

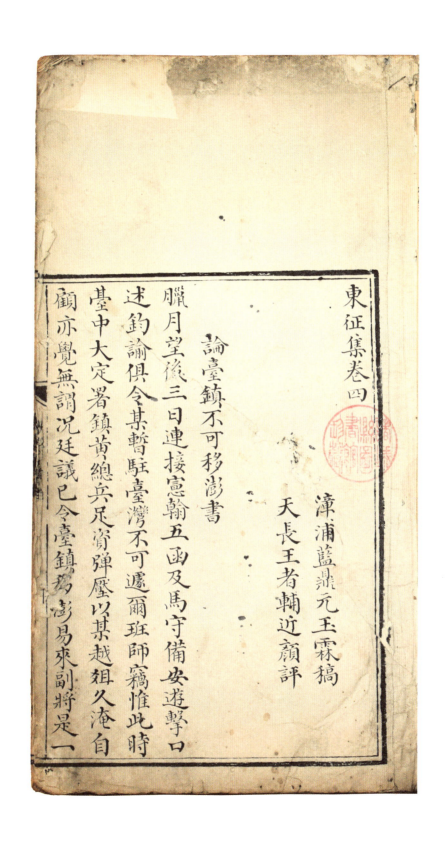

東征集卷四

漳浦藍鼎元玉霖稿

天長王者輔近巖評

論臺鎮不可移澎書

臘月望後三日連接憲翰五函及馬守備安遊擊口
述鈞諭俱令某暫駐臺灣不可遽爾班師竊惟此時
臺中大定署鎮黃總兵足資彈壓以某越俎久淹自
顧亦覺無謂況廷議已令臺鎮移澎易來副將是一

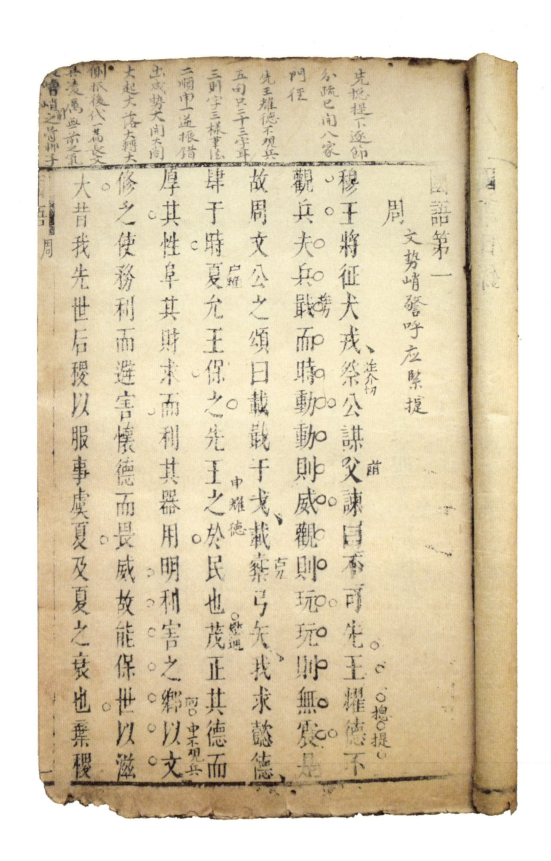

第166　國語九卷　　（吳）韋昭注　　（明）閔齊伋裁注

清康熙四十二年（1703）金谷園刻本　濰坊市圖書館

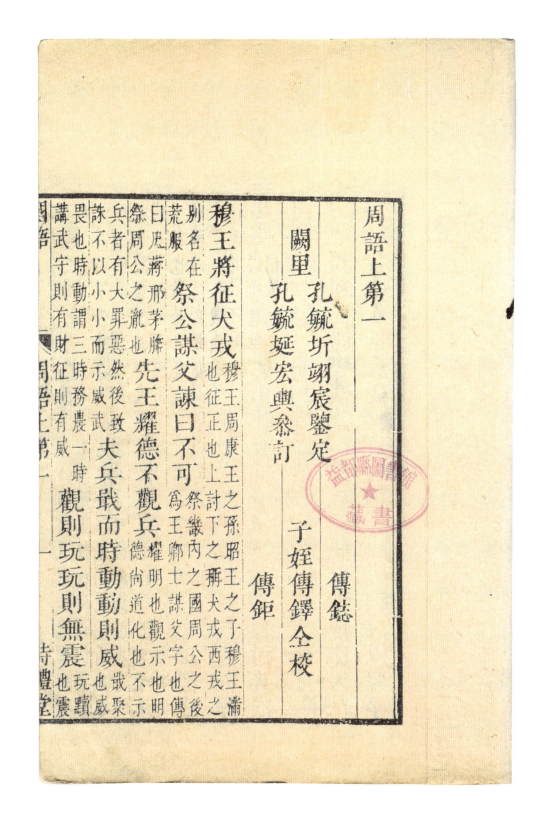

周語上第一

闕里

孔毓圻翊宸鑒定　　　　傳鐩

孔毓埏宏興泰訂　　子姪傳鐸仝校

　　　　　　　　　　傳鉅

穆王將征犬戎〔穆王周康王之孫昭王之子穆王名滿也征正也上討下之稱也犬戎西戎之別名在荒服〕

祭公謀父諫曰不可〔祭畿內之國周公之後為王卿士謀父字也〕

先王耀德不觀兵〔德尚道化也觀示也不示威〕

夫兵戢而時動動則威〔戢聚也威〕

觀則玩玩則無震〔玩瀆也震〕

誅不以小而示威兵者有大罪惡然後致夫誅不以小而示威也

繇周公之胤也

日服荒服

別名在荒服

畏也時動謂三時務農一時講武守則有財征則有威

第167　國語二十一卷　（吳）韋昭注

清孔氏詩禮堂刻本　青州市圖書館

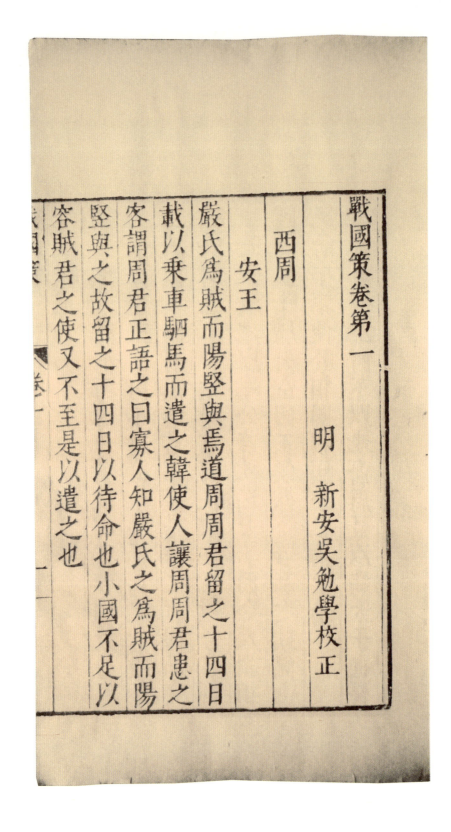

戰國策卷第一

　　明　新安吳勉學校正

西周

安王

嚴氏爲賊而陽竪與爲道周周君留之十四日
載以乘車駟馬而遣之韓使人讓周周君患之
客謂周君正語之曰寡人知嚴氏之爲賊而陽
竪與之故留之十四日以待命也小國不足以
容賊君之使又不至是以遣之也

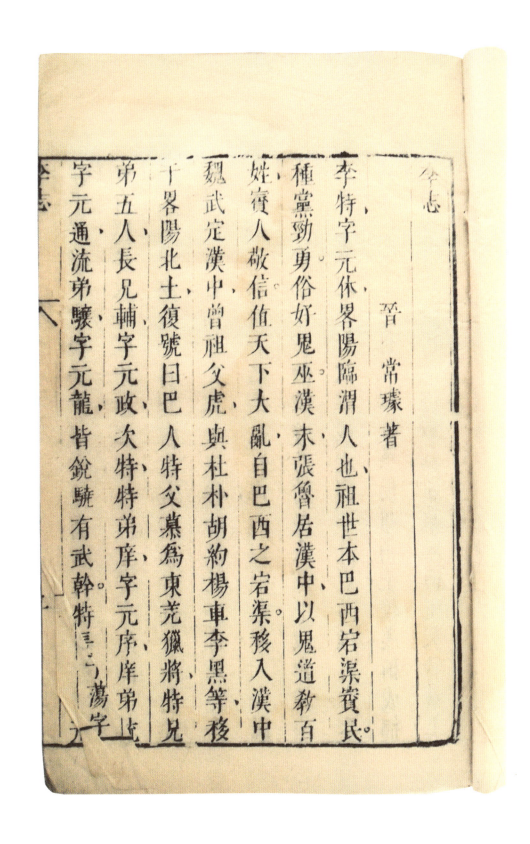

晉　常璩著

李特字元休畧陽臨渭人也、祖世本巴西宕渠賨民。
種黨勁勇俗好鬼巫漢末張魯居漢中以鬼道敎百
姓賨人敬信値天下大亂自巴西之宕渠移入漢中、
魏武定漢中曾祖父虎與杜朴胡約楊車李黑等後
十畧陽北土復號曰巴人特父慕爲東羌獵將特兄
弟五人長兄輔字元政次特特弟庠字元序庠弟若
字元通流弟驤字元龍皆銳驍有武幹特三子蕩字元

第169　華陽國志十二卷　（晉）常璩撰

明末刻本　高密市圖書館

釣磯立談

自楊氏奄有江淮其牧守多武夫悍人類以威鷙相高
平居齋几之開往往以斬伐為事至有位居侯伯而目
不識點畫手不能捉筆者及烈祖以軍功牧昇州初以
文藝自好招徠儒俊共論治體總督廉吏勤恤民隱由
是遠邇宅心以為己歸義祖聞之自京口往視其所為
見其城隍浚整樓堞完固府署中外蕭蕭咸有條理遂
自徙治而居之更以京口付烈祖時金陵之民顧懷其
惠莫不心折氣沮但逼追義祖之威而無敢建白者初

釣磯立談

第170　釣磯立談一卷附錄一卷　（宋）史□撰

清乾隆四十三年（1778）鮑氏刻本　濰坊市圖書館

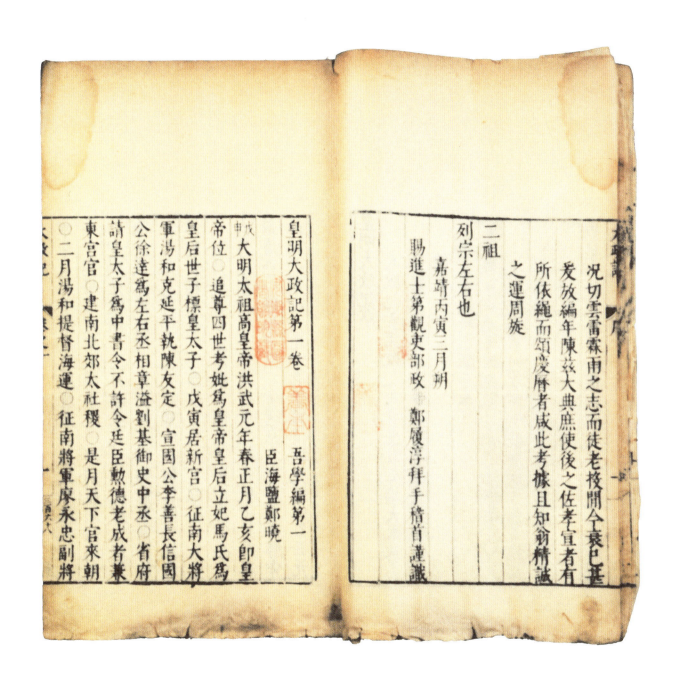

況切雲雷森雨之志而徒老校開仝袞已甚
爰放編年陳葢大典庶使後之佐考宜者有
所依繩而頒慶曆者咸此考㨾且知翁精誠
之運周旋

二祖
列宗左右也

嘉靖内寅二月朔

賜進士第觀吏部政　鄭履淳拜手稽首謹識

皇明大政記第一卷
　　　　吾學編第一
　　　　臣海鹽鄭曉

大明太祖高皇帝洪武元年春正月乙亥即皇
帝位○追尊四世考妣爲皇帝皇后立妃馬氏爲
皇后世子標爲皇太子○戊寅居新宫○征南大將
軍湯和克延平執陳友定○宣國公李善長信國
公徐達爲左右丞相章溢劉基御史中丞○省府
請皇太子爲中書令不許令廷臣勳德老成者兼
東宫官○建南北郊太社稷○是月天下官來朝
○二月湯和提督海運○征南將軍廖永忠副將

第171　吾學編六十九卷　（明）鄭曉撰

　　明萬曆二十七年（1599）鄭心材刻本　安丘市博物館

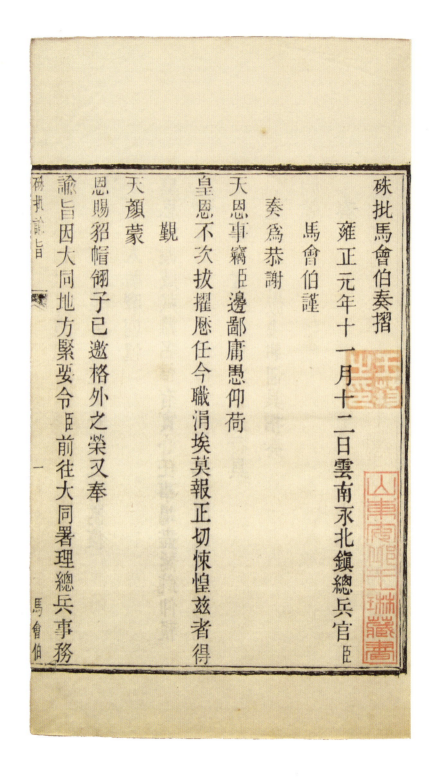

硃批馬會伯奏摺

雍正元年十一月十二日雲南永北鎮總兵官臣

馬會伯謹

奏為恭謝

天恩事竊臣邊鄙庸愚仰荷

皇恩不次拔擢歷任今職涓埃莫報正切悚惶茲者得

觀

天顏蒙

恩賜貂帽翎子已邀格外之榮又奉

諭旨因大同地方緊要令臣前往大同署理總兵事務

硃批諭旨 一

馬會伯

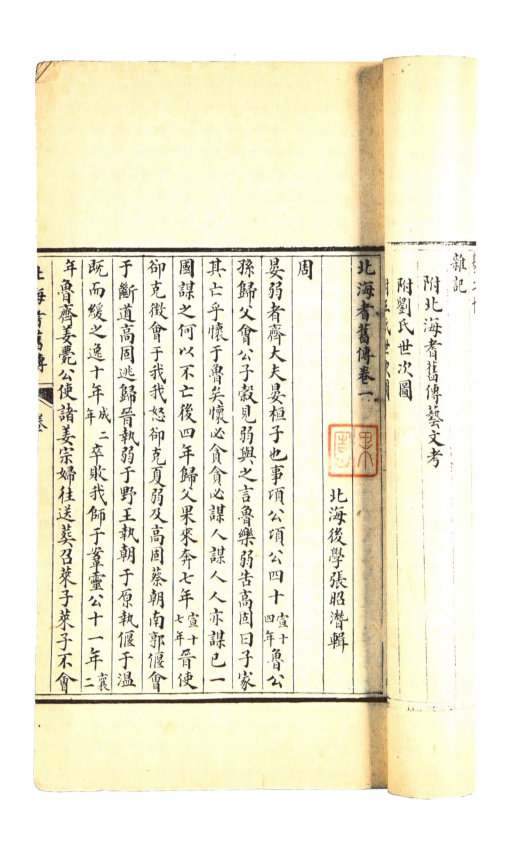

北海耆舊傳卷一

北海後學張昭潛輯

雜記

附北海耆舊傳藝文考

附劉氏世次圖

周

晏弱者齊大夫晏桓子也事頃公項公四十四年宣十年魯公

孫歸父會公子穀見弱與之言魯樂弱告高固曰子家

其亡乎懷于魯矣懷必貪貪必謀人謀人人亦謀已一

國謀之何以不亡後四年歸父果來奔七年宣十年晉使

卻克徵會于我我怒卻克夏弱及高固蔡朝南郭偃會

于斷道高固逃歸晉執弱于野王執朝于原執偃于溫

既而緩之逸十年年二卒敗我師于鞌靈公十一年襄

年魯齊姜斃公使諸姜宗婦往送葵召萊子萊子不會

第173　北海耆舊傳二十卷　（清）張昭潛輯

清鈔本　濰坊市博物館

二一七

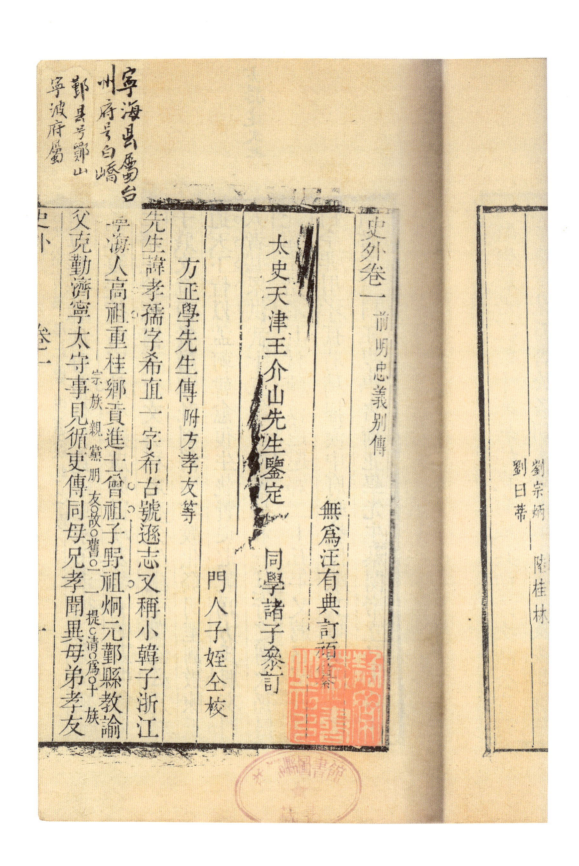

史外卷一 前明忠義別傳

無爲汪有典訂頊

太史天津王介山先生鑒定 同學諸子參訂

方正學先生傳 附方孝友等 門人子姪全校

先生諱孝孺字希直一字希古號遜志又稱小韓子浙江寧海人高祖重桂鄉貢進士曾祖子野祖炯元鄞縣教諭父克勤濟寧太守事見循吏傳同母兄孝聞異母弟孝友

宁海县屬台州府号白崎鄞县号鄞山宁波府属

宗族親黨朋友○改○舊○提○清○爲○十族

劉宗炳

劉日芾

陶桂林

第174　史外三十二卷　（清）汪有典纂

　　清乾隆十四年（1749）淡豔亭刻本　青州市圖書館

一不㮄邑在三楚號稱文獻頗多作者但家乘

野史尚鉄而未備倘採錄不該或至去取之

疑是以鑾不敢收補足之責屬之後來君子

一遺漏有不便叅入者則立爲補遺一欵於未

皇明詞林人物考卷之一

楚麻城王兆雲元禎輯著

豫順陽李　蔭祔嫐閱訂

劉文成

公名基字伯溫浙之青田人元未舉進士授江

西高安縣丞揭文安公見而奇之曰此魏徵之

流而英特過之將來濟時器也寓燕京時書肆

有天文書一帙因盡閱之翼日卽背誦如流其

人大驚欲以書授基基曰已在吾胷中矣無事

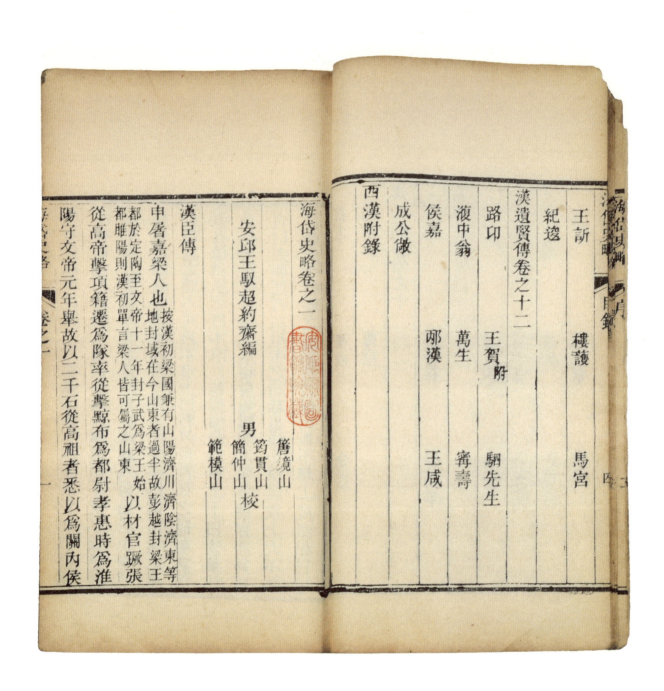

漢臣傳

安邱王馭超約齋編

海岱史略卷之一

漢臣傳

申屠嘉梁人也按漢初梁國兼有山陽濟川濟陰濟東等地封域在今山東者過半故彭越封梁王始都於定陶至文帝十一年封子武為梁王漢初單言梁人皆可屬之山東都睢陽則漢初單言梁人皆可屬之山東以材官蹶張從高帝擊項籍遷為隊率從擊黥布為都尉孝惠時為淮陽守文帝元年舉故以二千石從高祖者悉以為關內侯

海岱史略　卷之一　一

漢遺賢傳卷之十二

紀逖

王訢　　樓護　　馬宮

路印　　王賀附　駟先生

渡中翁　　萬生　　甯壽

侯嘉　　邴漢　　王咸

成公敞

西漢附錄

舊境山

笪貫山　　男

簡仲山校

範模山

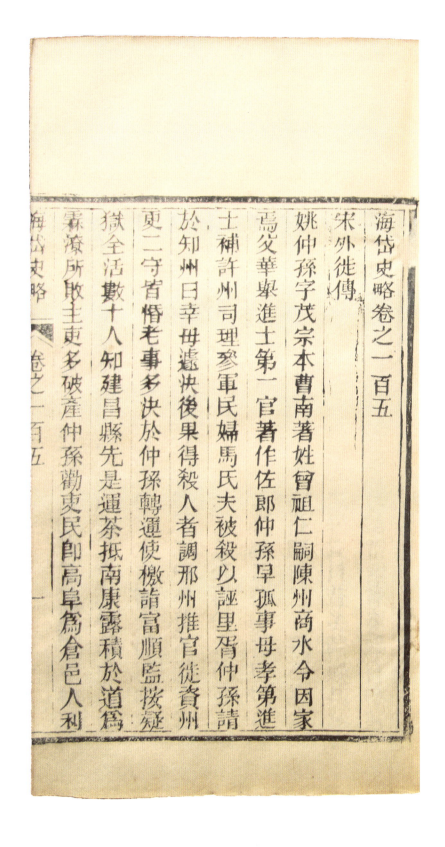

海岱史略卷之一百五

宋外徙傳

姚仲孫字茂宗本曹南著姓曾祖仁嗣陳州商水令因家
焉父華舉進士第一官著作佐郎仲孫早孤事母孝第進
士補許州司理參軍民婦馬氏夫被殺以誣里胥仲孫請
於知州曰幸母遽決後果得殺人者調邢州推官徙資州
更二守皆惜老事多決於仲孫轉運使檄詣富順監按疑
獄全活數十八知建昌縣先是運茶抵南康露積於道爲
霖潦所敗主吏多破產仲孫勸吏民卽高阜爲倉邑人利

第177　海岱史略一百四十卷附錄十一卷　　（清）王馭超撰

清光緒二十三年（1897）安丘王氏家刻本　濰坊學院圖書館

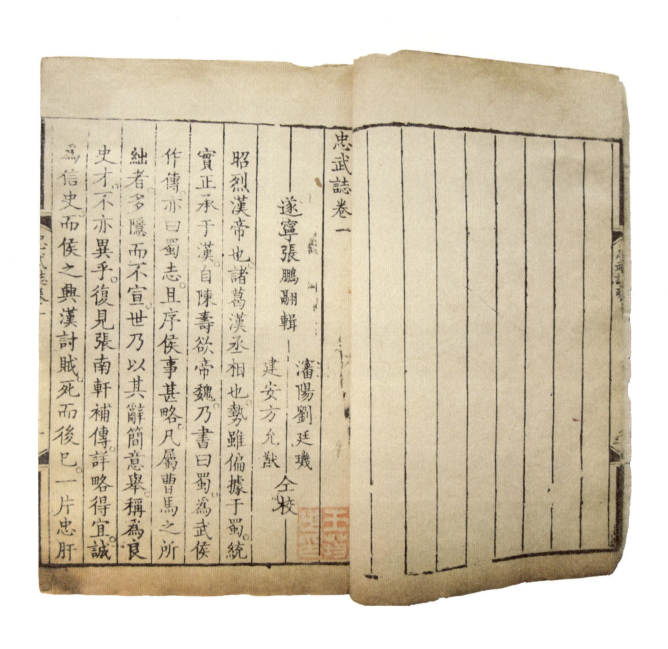

忠武誌卷一

遂寧張鵬翮輯

瀋陽劉廷璣

建安方允猷　仝校

昭烈漢帝也諸葛漢丞相也勢雖偏據于蜀統

實正承于漢自陳壽欲帝魏乃書曰蜀爲武侯

作傳亦曰蜀志且序侯事甚略凡屬曹馬之所

紐者多隱而不宣世乃以其辭簡意舉稱爲良

史才不亦異乎復見張南軒補傳詳略得宜誠

爲信史而侯之興漢討賊死而後已一片忠肝

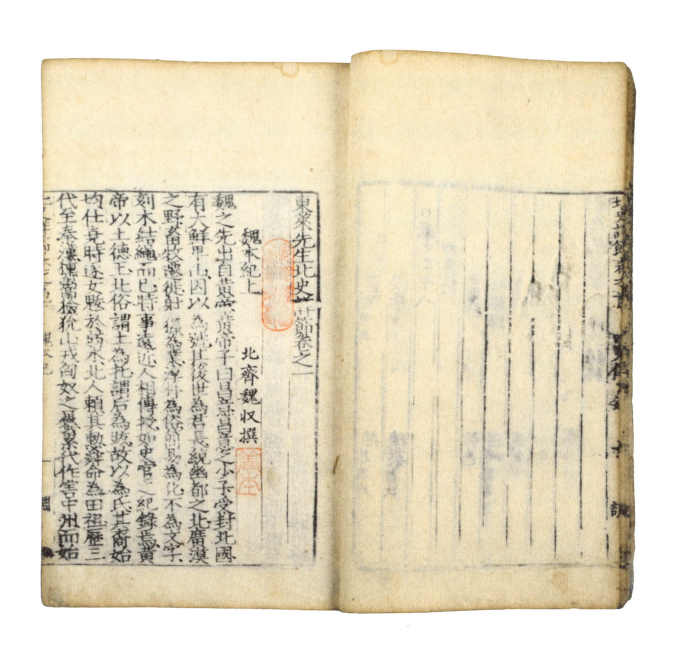

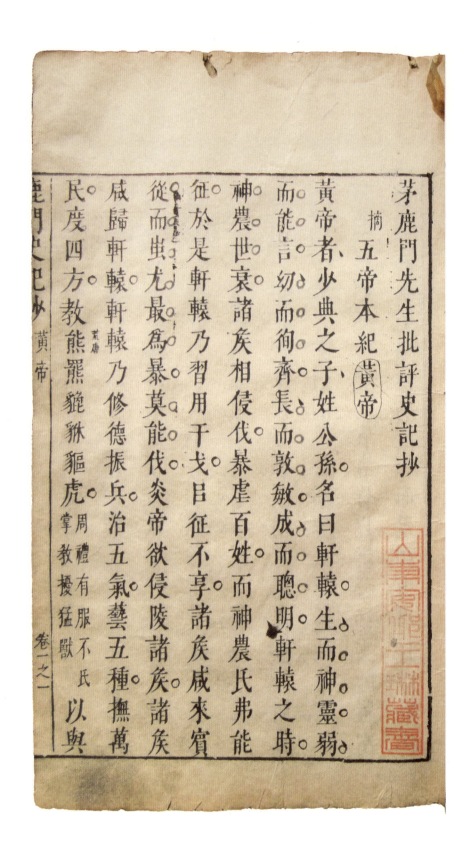

茅鹿門先生批評史記抄

摘

五帝本紀 黃帝

黃帝者、少典之子、姓公孫、名曰軒轅。生而神靈弱
而能言幼而徇齊長而敦敏成而聰明軒轅之時
神農世衰諸矦相侵伐暴虐百姓而神農氏弗能
征於是軒轅乃習用干戈以征不享諸矦咸來賓
從而蚩尤最爲暴莫能伐炎帝欲侵陵諸矦諸矦
咸歸軒轅軒轅乃修德振兵治五氣蓺五種撫萬
民度四方教熊羆貔貅貙虎 掌教擾猛獸 以與

鹿門史記抄 黃帝 卷一之一

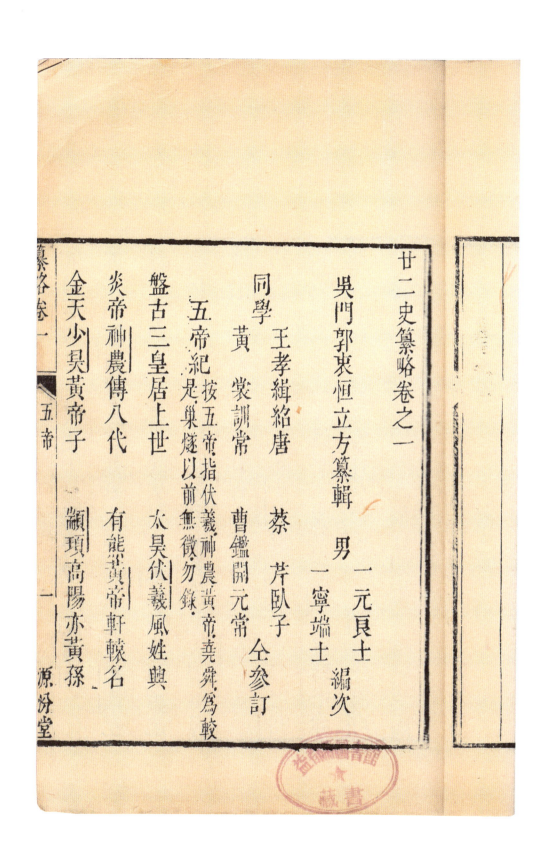

廿二史纂略卷之一

吳門郭衷恒立方纂輯　　男　一元頁士　編次

同學　　王孝緝紹唐　　蔡　芹臥子　　一寧端士

黃　裳訓常　　曹鑑開元常　　仝參訂

五帝紀　按五帝指伏羲神農黃帝堯舜爲較
是巢燧以前無徵勿錄

盤古三皇居上世　　太昊伏羲風姓與

炎帝神農傳八代　　有能罜黃帝軒轅名

金天少昊黃帝子　　顓頊高陽亦黃孫

纂略卷一　〈五帝〉　一　源汾堂

第181　廿二史纂略六卷　（清）郭衷恒撰

清乾隆十四年（1749）源汾堂刻本　青州市圖書館

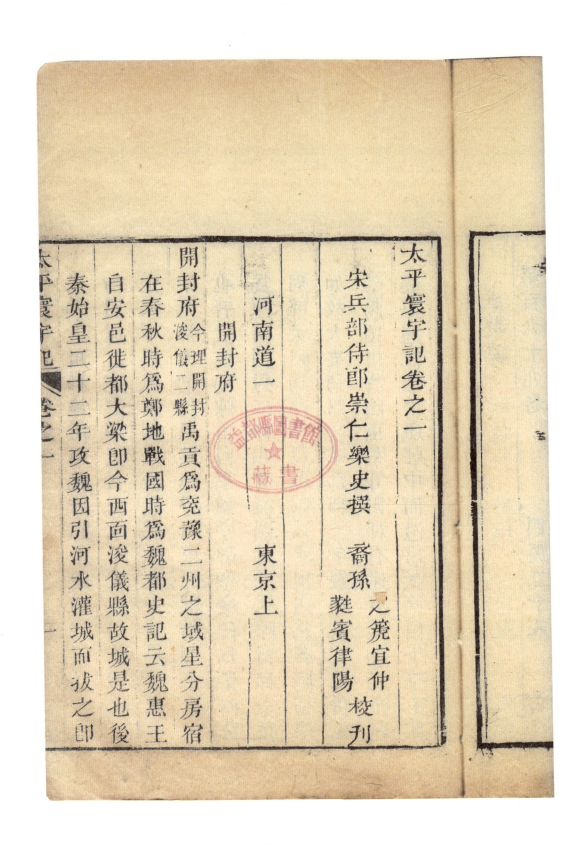

太平寰宇記卷之一

宋兵部侍郎崇仁樂史撰

裔孫 之箴宜仲 校刊
裔孫 麰賓律陽 校刊

河南道一

開封府 東京上

開封府

開封府今理開封浚儀二縣禹貢為豫兗二州之域星分房宿在春秋時為鄭地戰國時為魏都史記云魏惠王自安邑徙都大梁即今西面浚儀縣故城是也後泰始皇二十二年攻魏因引河水灌城而彼之即

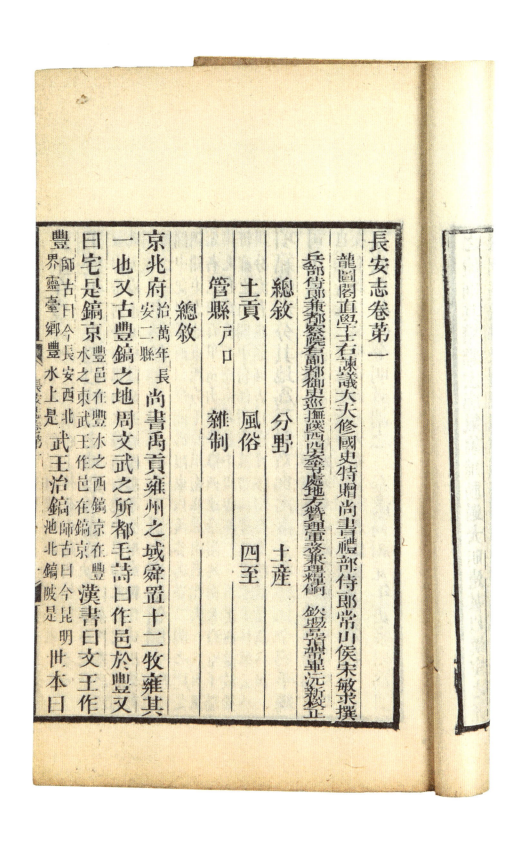

長安志卷第一

龍圖閣直學士右諫議大夫修國史特贈尚書禮部侍郎常山侯宋敏求撰

兵部侍郎兼都察院右副都御史巡撫陝西兼督察事處地方贊理軍務兼理糧餉　欽差督理軍畢沅敕校正

總敘　　分野　　土產

土貢　　風俗　　四至

管縣　戶口　雜制

總敘

京兆府 治萬年長安二縣

尚書禹貢雍州之域舜置十二牧雍其一也又古豐鎬之地周文武之所都毛詩曰作邑於豐又曰宅是鎬京 豐邑在豐水之東武王作邑在鎬京古曰今長安西北武王治鎬池北鎬陂是 漢書曰文王作豐邑在豐水之西鎬京在豐水之東武王作邑古曰今昆明世本曰師古曰今長安西北

豐界靈臺鄉豐水上是武王治鎬池北鎬陂是

第183　［熙寧］長安志二十卷　（宋）宋敏求撰　（元）李好文繪　（清）畢沅校

清乾隆四十九年（1784）鎮洋畢氏巖靈山館刻經訓堂叢書本　濰坊市博物館

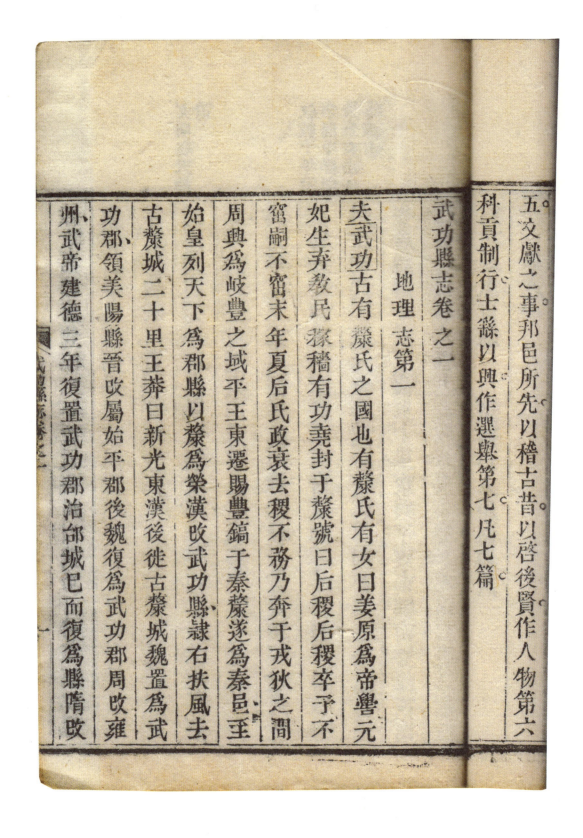

武功縣志卷之一

地理志第一

夫武功古有斄氏之國也有女曰姜原爲帝嚳元妃生弃教民稼穡有功堯封于斄號曰后稷后稷卒子不窋嗣不窋末年夏后氏政衰去稷不務乃奔于戎狄之間周興爲岐豐之域平王東遷賜豐鎬于秦斄遂爲秦邑至始皇列天下爲郡縣以斄爲榮漢改武功縣隸右扶風去古斄城二十里王莽曰新光東漢後徙古斄城魏置爲武功郡領美陽縣晉改屬始平郡後魏復爲武功郡周改雍州武帝建德三年復置武功郡治郿城巳而復爲縣隋改

科貢制行士錄以興作選舉第七凡七篇

五文獻之事邦邑所先以稽古昔以啓後賢作人物第六

第184　〔乾隆〕武功縣志三卷首一卷　（明）康海纂　（清）孫景烈評注

清乾隆二十六年（1761）瑪星阿刻本　青州市圖書館

哈薩克　布魯特　安集延　博羅尔　敖罕

溫都斯坦　克什米山　巴達克山　退木尔沙　沙關記

塞克　鄂羅斯　控噶尔　郭罕　退擺特

轄里薩普斯　哈拉替良　布哈拉　附絕域諸國

新疆記畧卷一

長白七十一椿園氏著

雪山

雪山自嘉峪關起龍蜿蜒而西或起伏或斷或續或折而三或聚

而一或嶄然发聳干棟雲天或散漫平崗迴環千里山南為哈密為

闢為哈喇沙拉為庫車為阿克蘇為烏什為葉尔羌為和闐為喀什

噶尔其餘小城無筭皆回人聚居所謂南路也山北為巴里坤為烏

魯木齊為伊犁為搭拉巴哈台其餘小城亦無筭為準噶尔故地所

謂北路也雪山之在中國者嘉峪關外東西綿亙九十餘里為南北

兩路之分界至葉尔羌愈遠峻西南折入溫都斯坦復折而西直達

第185　新疆記畧一卷　題（清）椿園七十一撰

清鈔本　諸城市圖書館

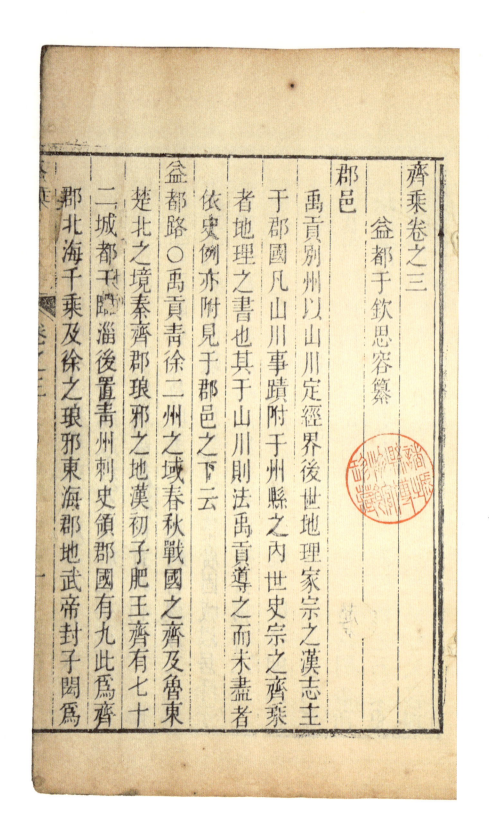

齊乘卷之三

　　　益都于欽思容纂

郡邑

禹貢別州以山川定經界後世地理家宗之漢志主
于郡國凡山川事蹟附于州縣之內世史宗之齊乘
者地理之書也其于山川則法禹貢導之而未盡者
依史例亦附見于郡邑之下云

益都路　○禹貢青徐二州之域春秋戰國之齊及魯東
楚北之境秦齊郡琅邪之地漢初子肥王齊有七十
二城都于臨淄後置青州刺史領郡國有九此爲齊
郡北海千乘及徐之琅邪東海郡地武帝封子閎爲

第186　［至元］齊乘六卷釋音一卷考證六卷　（元）于欽纂修　（元）于潛釋音　（清）周嘉猷考
證

　　清乾隆四十六年（1781）刻本　諸城市圖書館

二三〇

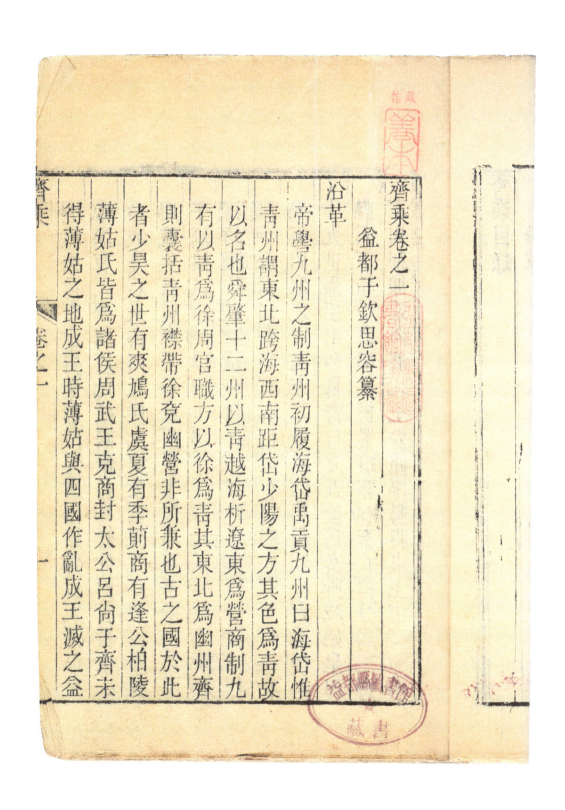

齊乘卷之一

　益都于欽思容纂

沿革

帝嚳九州之制青州初履海岱禹貢九州曰海岱惟
青州謂東北跨海西南距岱少陽之方其色爲青故
以名也舜肇十二州以青越海析遼東爲營制九
有以青爲徐周官職方以徐爲青東北爲幽州齊
則囊括青州襟帶徐兗幽營非所兼也古之國於此
者少昊之世有爽鳩氏虞夏有季蒯商有逢公柏陵
薄姑氏皆爲諸侯周武王克商封太公呂尚于齊未
得薄姑之地成王時薄姑與四國作亂成王滅之益

第187　［至元］齊乘六卷釋音一卷考證六卷　　（元）于欽纂修　　（元）于潛釋音　　（清）周嘉猷考
證
　　清乾隆四十六年（1781）胡德琳、周嘉猷刻本　青州市圖書館

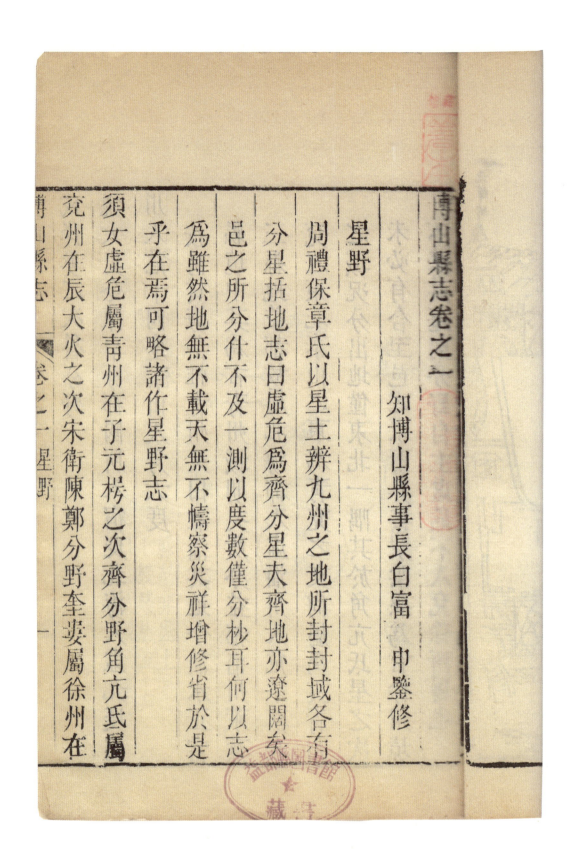

星野

知博山縣事長白富　申鑒修

周禮保章氏以星土辨九州之地所封封域各有

分星括地志曰虛危爲齊分星夫齊地亦遼闊矣

邑之所分什不及一測以度數僅分秒耳何以志

爲雖然地無不載天無不幬察災祥增修省於是

乎在焉可略諸作星野志

須女虛危屬青州在子元枵之次齊分野角亢氐屬

兗州在辰大火之次宋衛陳鄭分野奎婁屬徐州在

博山縣志　　卷之一　星野　　一

第188　［乾隆］博山縣志十卷　　（清）富申修　　（清）田士麟纂

清乾隆十八年（1753）刻本　青州市圖書館

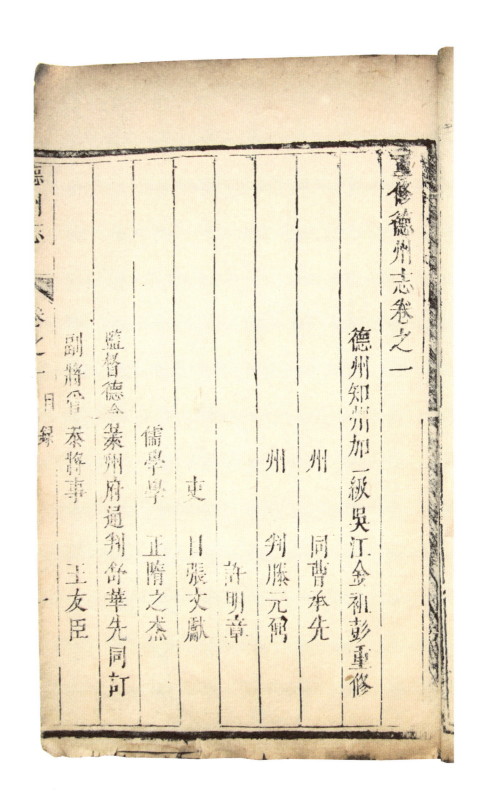

重修德州志卷之一

德州知州加一級吳江金祖彭重修

   州   同曹承先

  州 判滕元祚

     許明章

  吏 目張文獻

 儒學學 正隋之杰

監督德舍纂州府通判舒華先同訂

副將僉泰將事王友臣

德州志目錄卷之一

第189　［康熙］重修德州志十卷　　（清）金祖彭修　　（清）程先貞纂

  清康熙十二年（1673）刻本　青州市圖書館

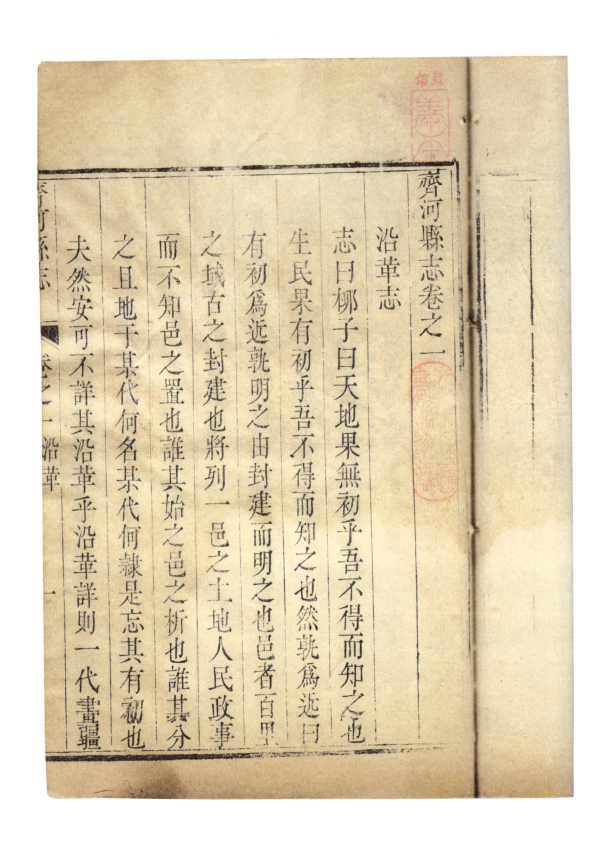

齊河縣志卷之一

沿革志

　志曰椰子曰天地果無初乎吾不得而知之也
　生民果有初乎吾不得而知之也然既爲近曰
　有初爲近就明之由封建而明之也邑者百里
　之域古之封建也將列一邑之土地人民政事
　而不知邑之置也誰其始之邑之析也誰其分
　之且地千某代何名某代何隸是志其有初也
　夫然安可不詳其沿革乎沿革詳則一代畫疆

第190　[雍正]齊河縣志十卷首一卷　（清）上官有儀修　（清）許琰纂
　　清乾隆二年（1737）刻本　青州市圖書館

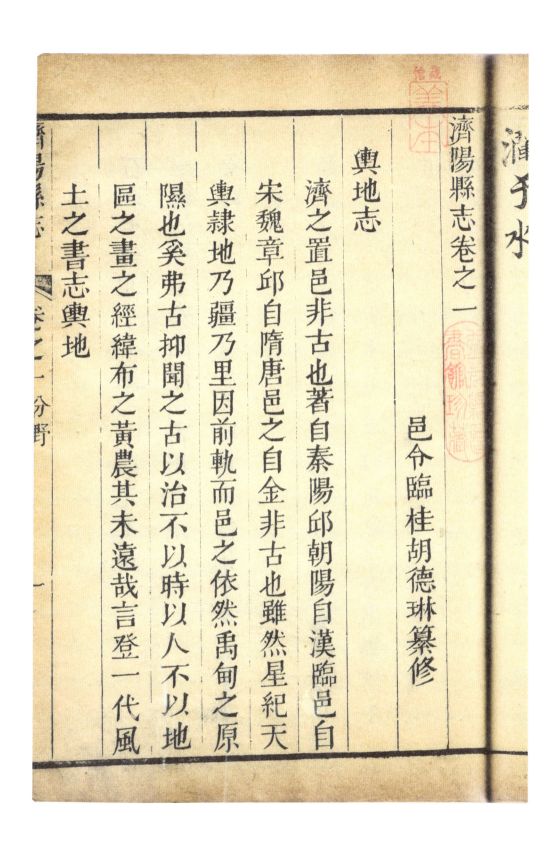

濟陽縣志卷之一

邑令臨桂胡德琳纂修

輿地志

濟之置邑非古也著自秦陽邱朝陽自漢臨邑自

宋魏章邱自隋唐邑之自金非古也雖然星紀天

輿隸地乃疆乃里因前軌而邑之依然禹甸之原

隰也奚弗古抑聞之古以治不以時以人不以地

區之畫之經緯布之黃農其未遠哉言登一代風

土之書志輿地

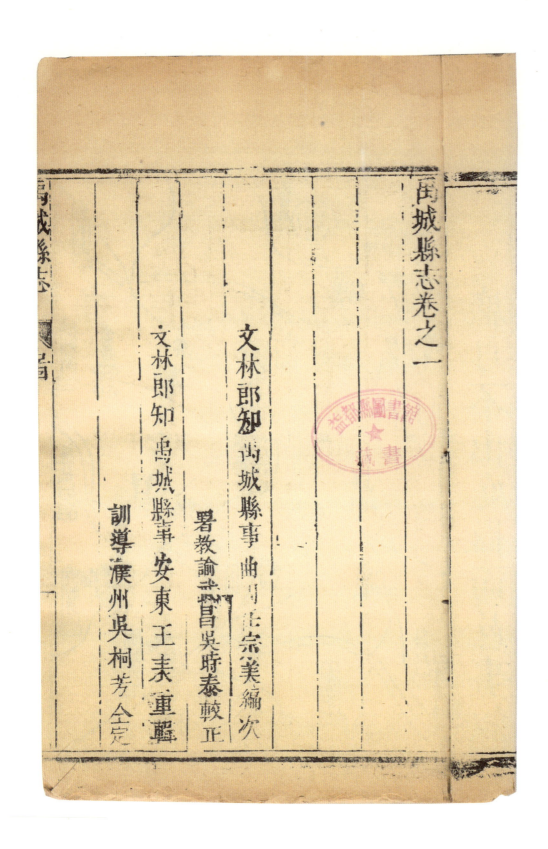

禹城縣志卷之一

文林郎知禹城縣事曲周任宗美編次

署教諭昌邑吳時泰較正

文林郎知禹城縣事安東王表重輯

訓導濮州吳桐芳全定

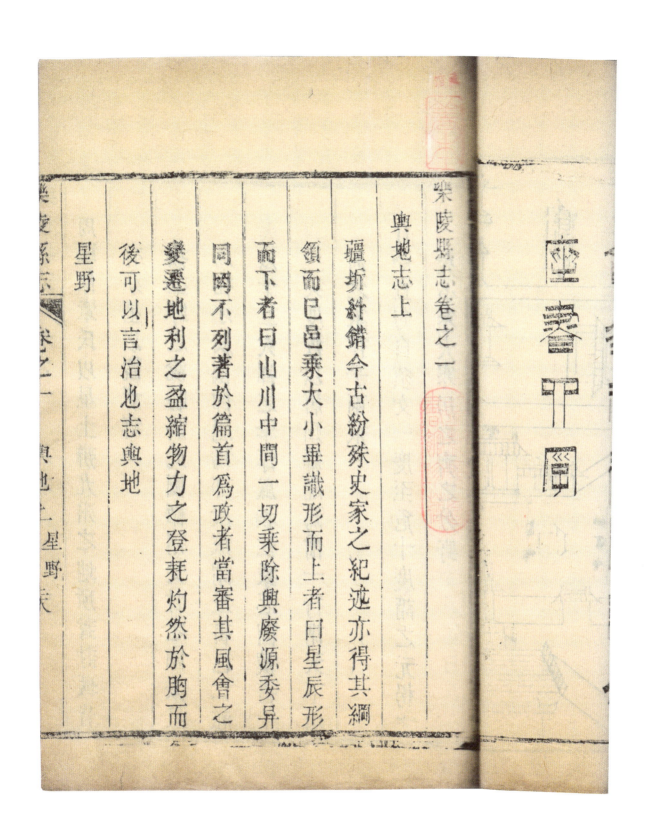

樂陵縣志卷之一

輿地志上

疆圻紕錯今古紛殊史家之紀述亦得其綱

領而已邑乘大小畢識形而上者曰星辰形

而下者曰山川中間一切乘除興廢源委異

同罔不列著於篇首爲政者當審其風會之

變遷地利之盈縮物力之登耗灼然於胸而

後可以言治必志輿地

星野

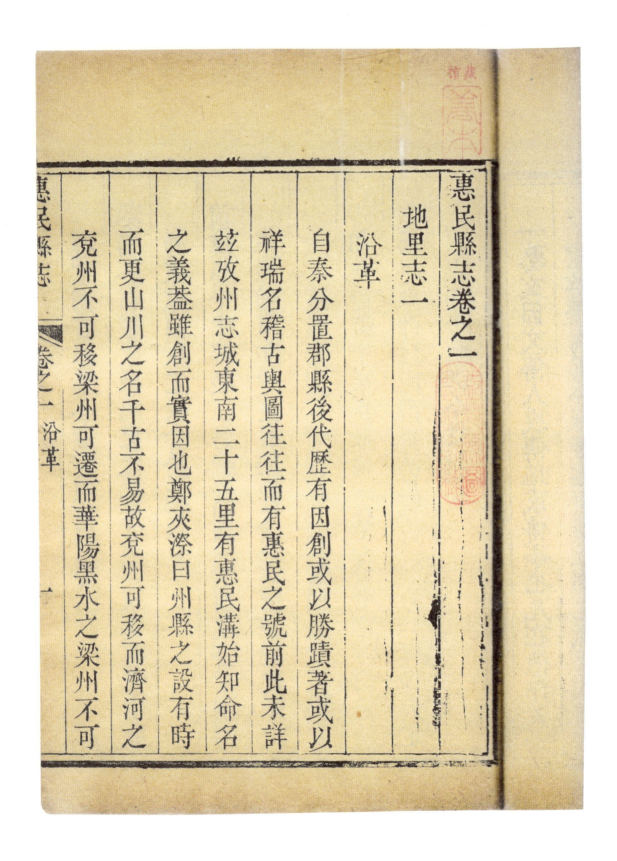

惠民縣志卷之一

地里志一

沿革

自秦分置郡縣後代歷有因創或以勝蹟著或以
祥瑞名稽古與圖往往而有惠民之號前此未詳
茲攷州志城東南二十五里有惠民溝始知命名
之義蓋雖創而實因也鄭夾漈曰州縣之設有時
而更山川之名千古不易故兗州可移而濟河之
兗州不可移梁州可遷而華陽黑水之梁州不可

惠民縣志 卷之一 沿革 一

第194　［乾隆］惠民縣志十卷首一卷　（清）倭什布修　（清）劉長靈纂
清乾隆四十七年（1782）刻本　青州市圖書館

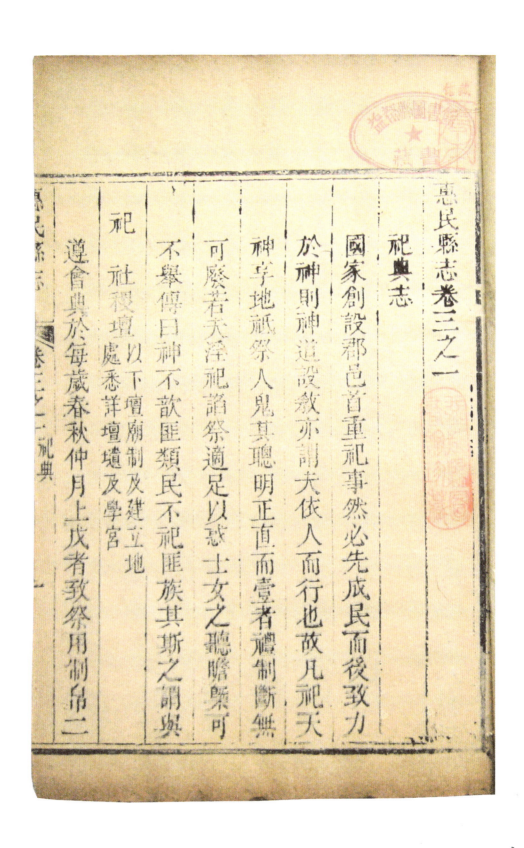

惠民縣志卷三之一

祀典志

國家創設郡邑首重祀事然必先成民而後致力
於神則神道設教亦謂夫依人而行也故凡祀天
神享地祇祭人鬼其聰明正直而壹者禮制斷無
可瘞若夫淫祀諂祭適足以惑士女之聽瞻孰可
不舉傳曰神不歆非類民不祀非族其斯之謂與

祀
　社稷壇　以下壇廟制及建立地
　　　處悉詳壇壝及學宮

遵會典於每歲春秋仲月上戊者致祭用制帛二

惠民縣志　卷三之一　祀典　一

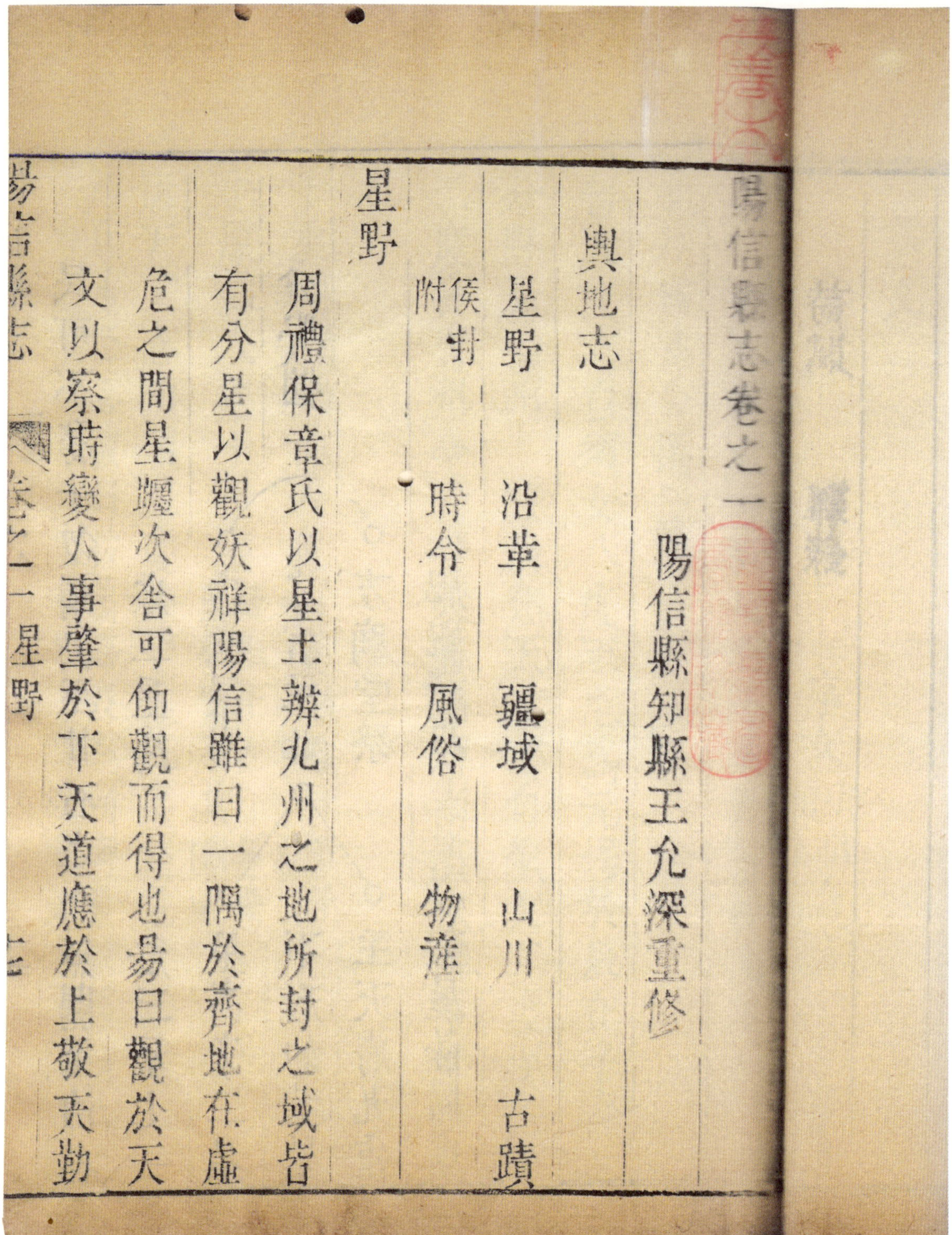

陽信縣志卷之一

陽信縣知縣王允深重修

輿地志

星野　沿革　疆域　山川　古蹟

侯封附　時令　風俗　物產

星野

周禮保章氏以星土辨九州之地所封之域皆有分星以觀妖祥陽信雖曰一隅於齊地在虛危之間星躔次舍可仰觀而得也易曰觀於天文以察時變人事肇於下天道應於上敬天勤

陽信縣志　卷之一　星野　一

第196　［乾隆］陽信縣志八卷首一卷　（清）王允深修　（清）沈佐清等纂

清乾隆二十四年（1759）刻本　青州市圖書館

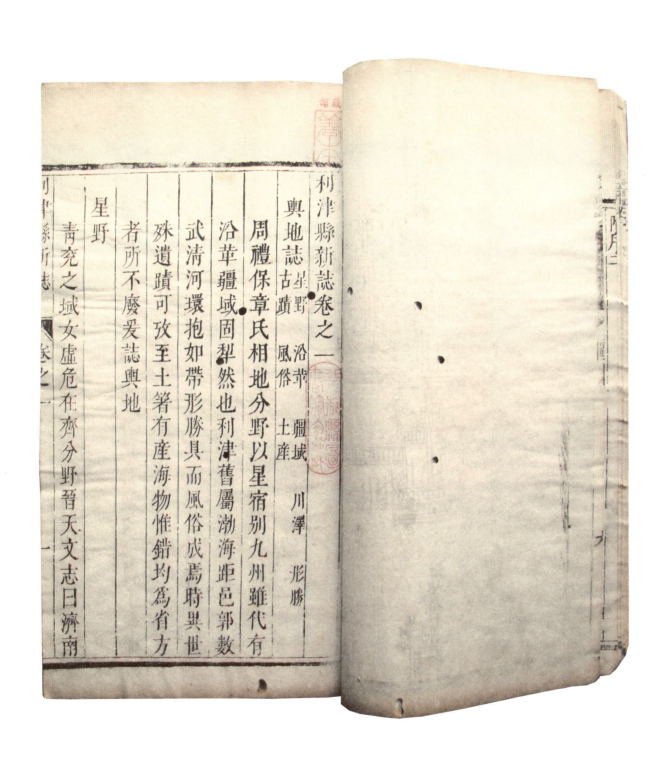

利津縣新誌卷之一

輿地誌　星野　沿革　疆域　川澤　形勝
　　　　古蹟　風俗　土産

周禮保章氏相地分野以星宿別九州雖代有
沿革疆域固犁然也利津舊屬渤海距邑部數
武清河環抱如帶形勝具而風俗成爲時異世
殊遺蹟可攷至土箸有産海物惟錯均爲省方
者所不廢爰誌輿地

星野

青兗之域女虛危在齊分野晉天文志曰濟南

利津系所志　　卷之一　　一

第197　［康熙］利津縣新志十卷　（清）韓文焜纂修
清乾隆二十三年（1758）刻本　青州市圖書館

二四一

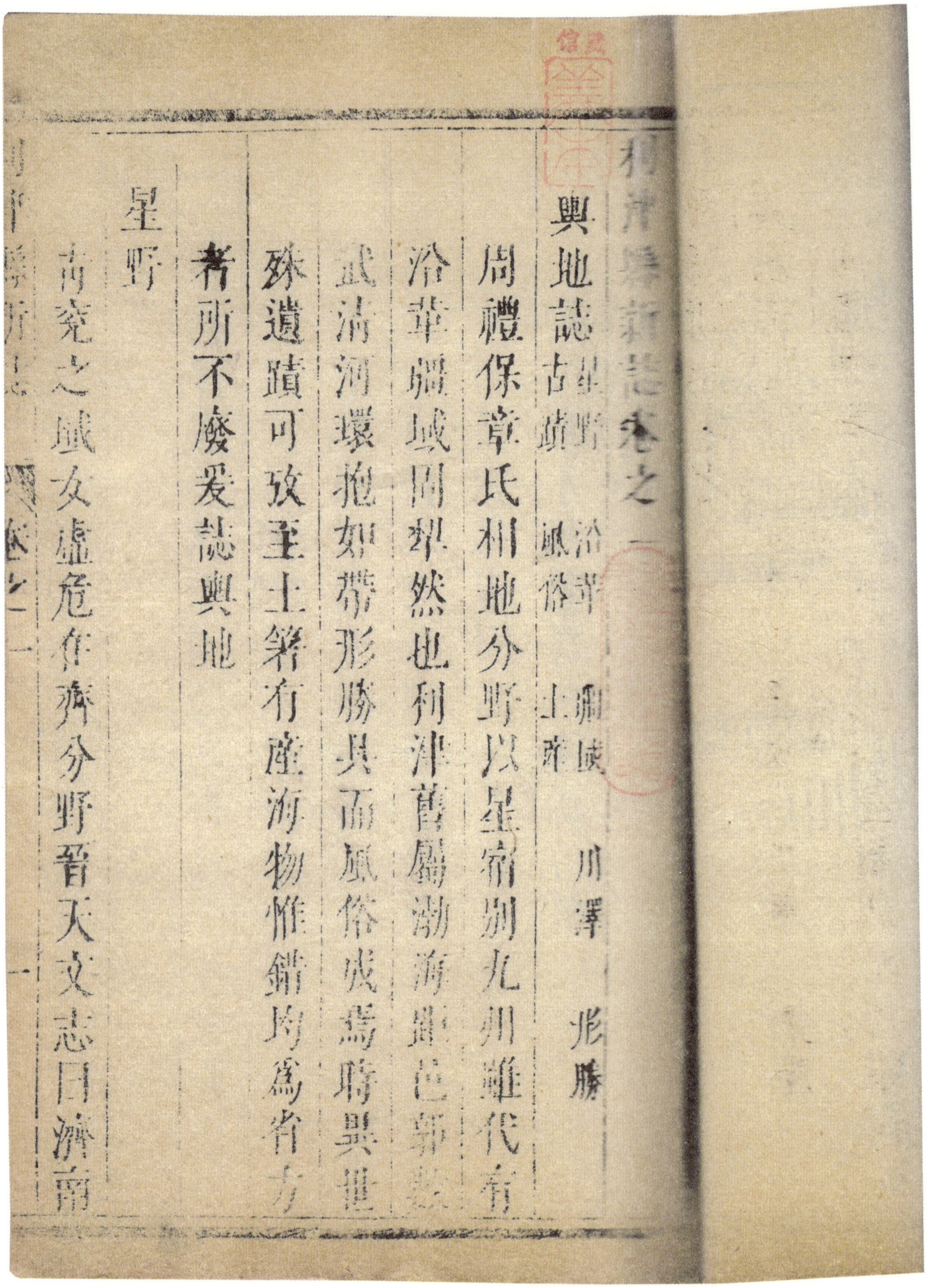

興地誌　星野　沿革　疆域　土產　川澤　形勝
　　　　　古蹟　風俗

周禮保章氏相地分野以星宿別九州離代有

沿革畺域回紆然也利津舊屬渤海郡巳郭敷

武清河環抱如帶形勝具面風俗戎爲膠東惟

殊遺蹟可攷主土第有產海物惟錯均爲省方

著所不廢爰誌興地

星野

青兖之域友虛危在齊分野晉天文志曰濟南

利津縣新志卷之一

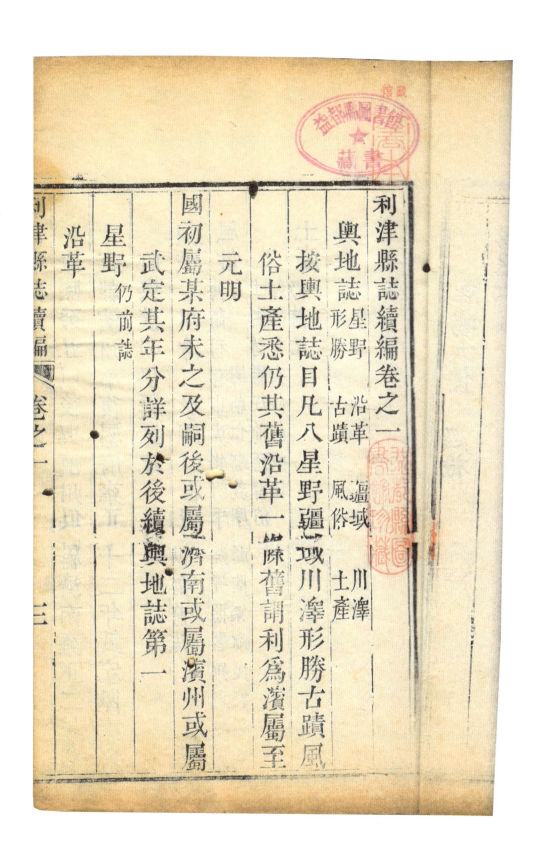

利津縣誌續編卷之一

興地誌　星野　沿革　疆域　川澤

　　　形勝　古蹟　風俗　土產

按興地誌目凡八星野疆域川澤形勝古蹟風

俗土產悉仍其舊沿革一條舊謂利爲濱屬至

元明

國初屬某府未之及嗣後或屬濟南或屬濱州或屬

武定其年分詳列於後續興地誌第一

星野　仍前誌

沿革

利津縣志續編　卷之一　　　一

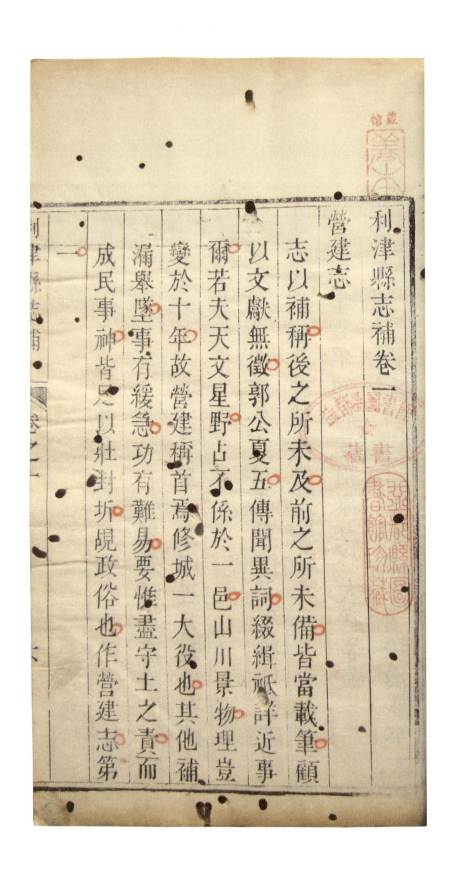

利津縣志補卷一

營建志

志以補稱後之所未及前之所未備皆當載筆顧

以文獻無徵郭公夏五傳聞異詞綴緝祇許近事

爾若夫天文星野占不係於一邑山川景物理豈

變於十年故營建稱首爲修城一大役也其他補

一漏舉墜事有緩急功有難易要惟盡守土之責而

一成民事神皆忠以壯封圻覘政俗也作營建志第

利津縣志補　　卷之一

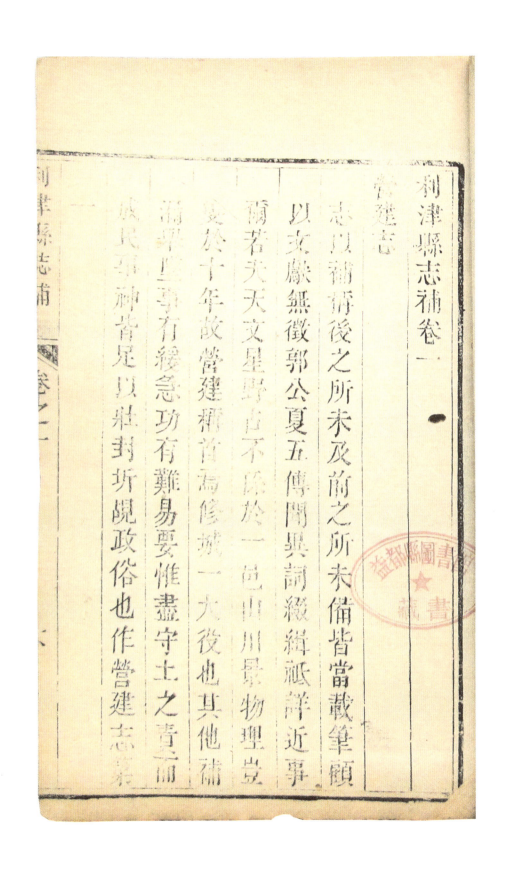

利津縣志補卷一

營建志

志以補前所後之所未及前之所未備皆當戴筆顧

以文獻無徵郭公夏五傳聞異詞綴輯祗詳近事

爾若夫天文星野古不係於一邑山川景物豈

嘗於十年故營建釋首為修城一大役也其他補

而聖朝有綏急功有難易要惟盡守土之責而

成民乎神者足以壯觀政俗也作營建志第

第201　［乾隆］利津縣志補六卷　　（清）程士範纂修

清乾隆三十五年（1770）刻本　青州市圖書館

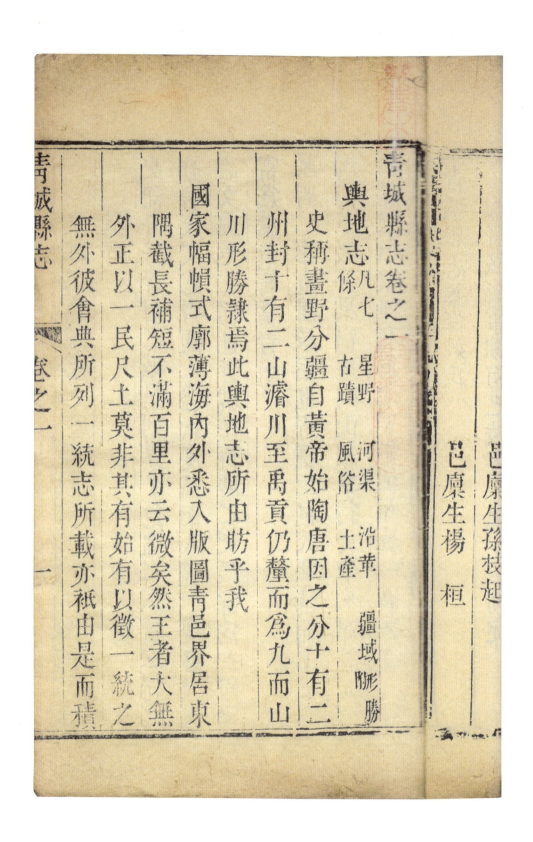

青城縣志卷之一

輿地志係凡七

　星野　河渠　沿革　疆域阨勝
　古蹟　風俗　土產

史稱畫野分疆自黃帝始陶唐因之分十有二
州封十有二山濬川至禹貢仍釐而爲九而山
川形勝隸焉此輿地志所由昉乎我
國家幅幀式廓薄海內外悉入版圖青邑界居東
隅截長補短不滿百里亦云微矣然王者大無
外正以一民一尺土莫非其有始有以徵一統之
無外彼會典所列一統志所載亦祇由是而積

一

邑廩生楊　桓
邑廩生孫扱起

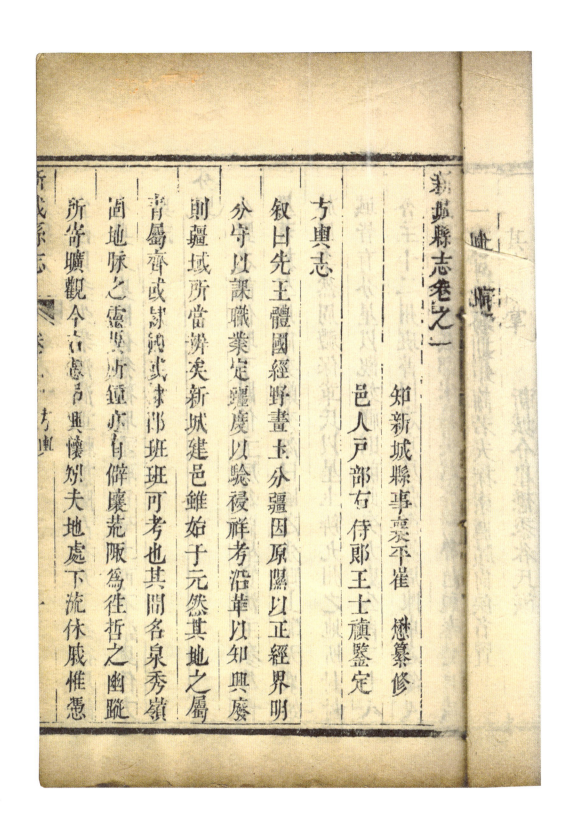

新城縣志卷之一

知新城縣事襄平崔　懋纂修

邑人戶部右侍郎王士禛鑒定

方輿志

敘曰先王體國經野盡土分疆因原隰以正經界明

分守以課職業定壃廛以驗禝祥考沿革以知興廢

則壃域所當辨矣新城建邑雖始于元然其地之屬

青屬齊或隸鄃或隸郡班班可考也其間各泉秀嶺

固地脈之虛興所鍾歷自僻壤荒陬爲往哲之幽蹤

所寄曠觀今古世君事懷烈夫地處下流休戚惟慼

齊城縣志

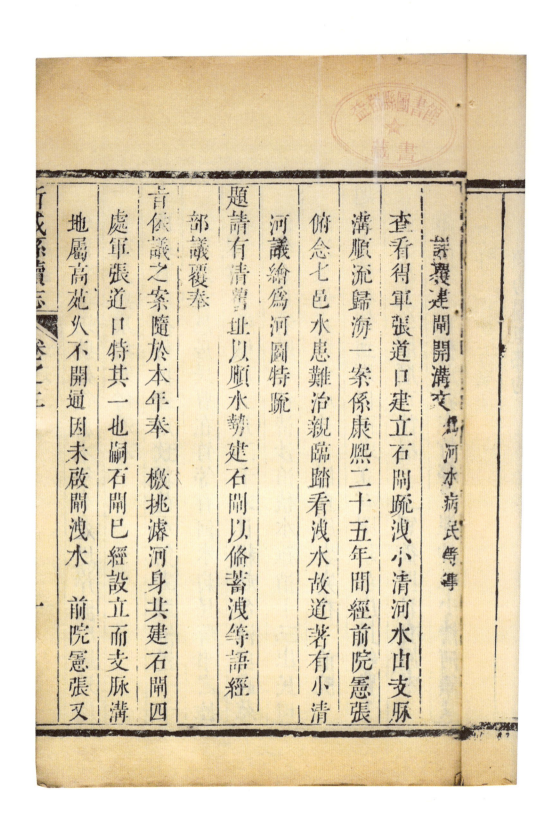

議覆建閘開溝交妨河水病民等事

查看得軍張道口建立石閘疏洩小清河水由支脉

溝順流歸游一案係康熙二十五年間經前院憲張

俯念七邑水患難治親臨踏看洩水故道著有小清

河議繪爲河圖特踏

題請有清書址以順水勢建石閘以條蓄洩等語經

部議覆奉

青依議之案隨於本年奉　橄挑濠河身共建石閘四

處軍張道口特其一也扁石閘巳經設立而支脉溝

地屬高苑久不開通因未啟閘洩水　前院憲張又

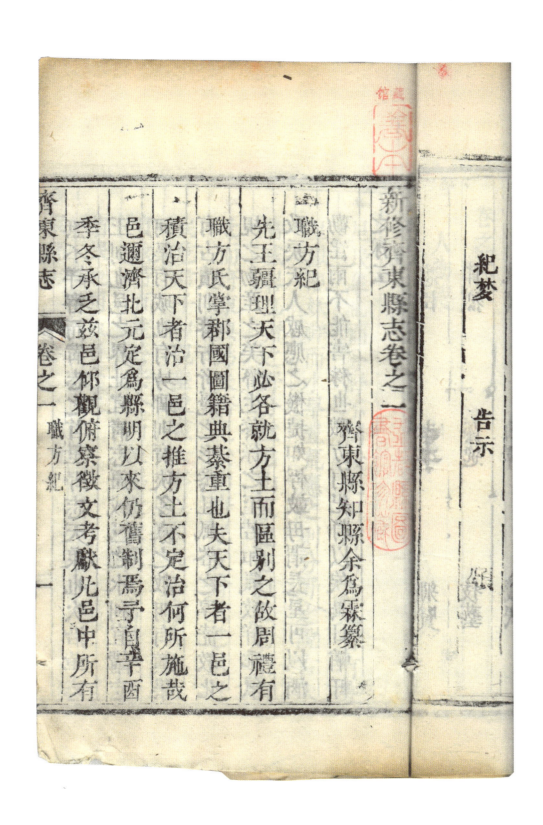

新修齊東縣志卷之一

紀夢　告示

齊東縣知縣余爲霖纂

職方紀

先王疆理天下必各就方土而區別之故周禮有
職方氏掌邦國圖籍典藝童也夫天下者一邑之
積治天下者治一邑之推方土不定治何所施哉
一邑邇濟北元定爲縣明以來仍舊制焉守自辛酉
季冬承乏兹邑郎觀府寮徵文考獻九邑中所有

齊東縣志　　《卷之一　職方紀　　　　　一

第205　［康熙］新修齊東縣志八卷　（清）余爲霖修　（清）郭國琦纂
清康熙二十四年（1685）刻本　青州市圖書館

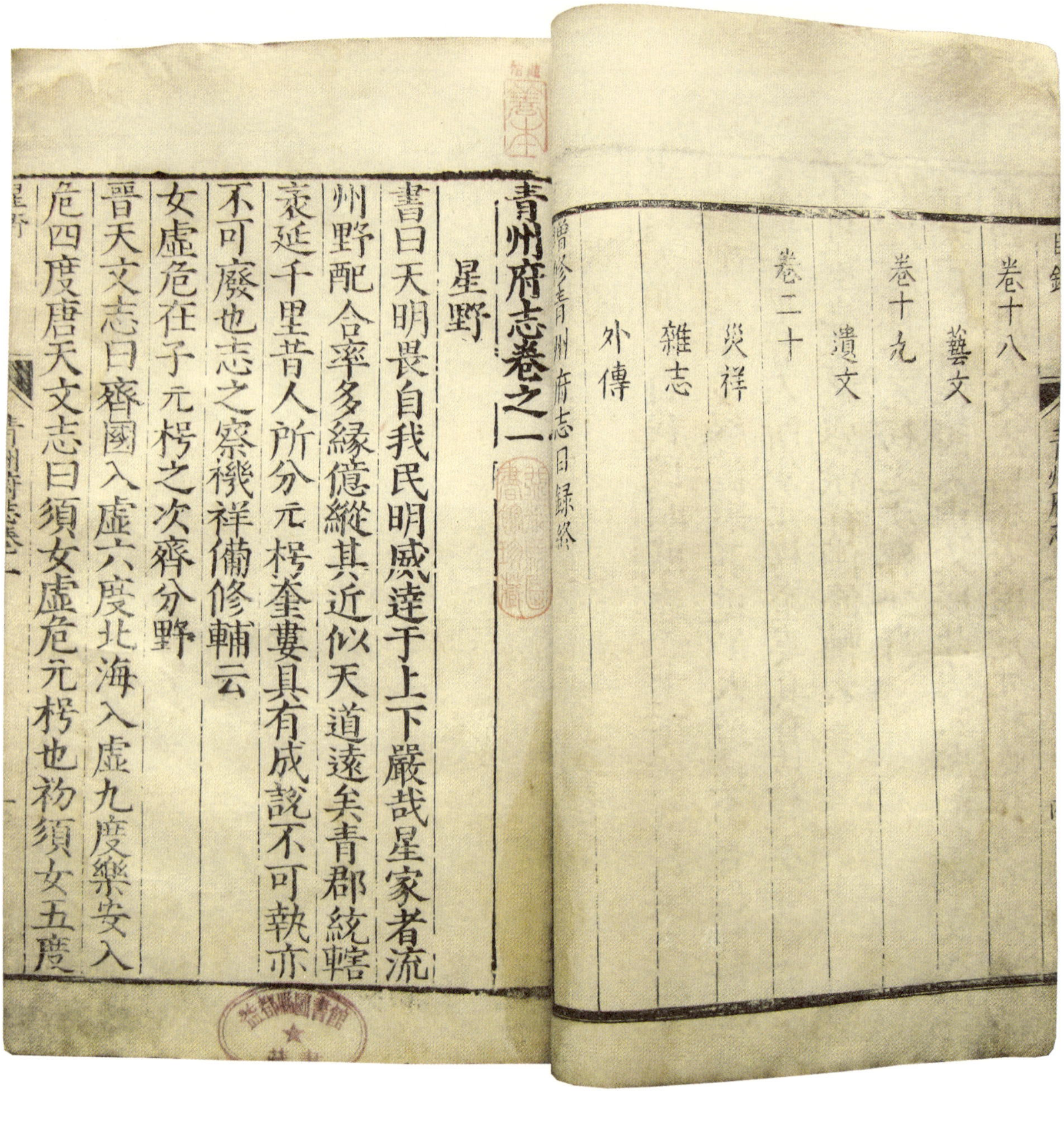
卷十八　藝文
卷十九　遺文
卷二十　災祥　雜志　外傳
增修青州府志目録終

青州府志卷之一
星野
書曰天明畏自我民明威達于上下嚴哉星家者流州野配合率多緣億縱其近似天道遠矣青郡統轄袤延千里昔人所分元枵奎婁具有成說不可執亦不可廢也志之察機祥備修輔云
女虛危在子元枵之次齊分野
晉天文志曰齊國入虛六度北海入虛九度樂安入危四度唐天文志曰須女虛危元枵也初須女五度

第206　［康熙］青州府志二十卷　（清）張連登修　（清）張貞、安致遠纂
清康熙四十八年（1709）刻本　青州市圖書館

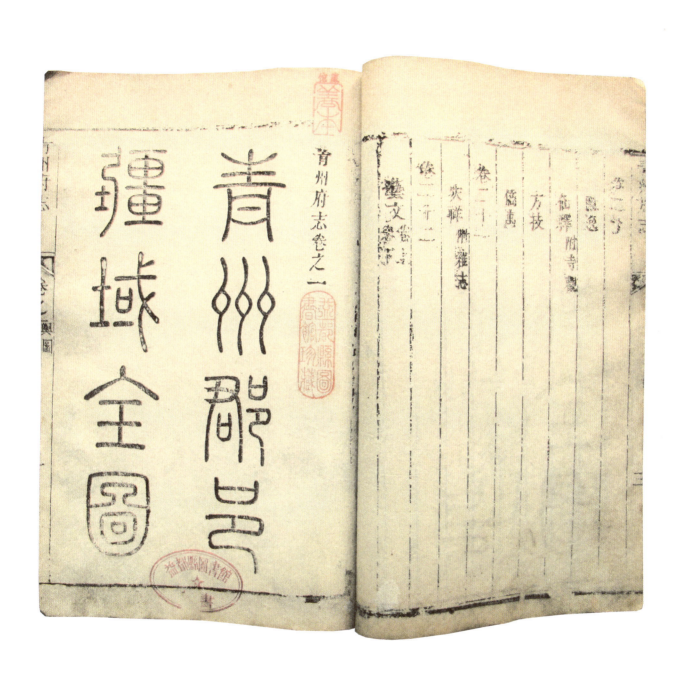

第207　［康熙］青州府志二十二卷　（清）陶錦修　（清）王昌學、王樫纂

清康熙六十年（1721）刻本　青州市圖書館

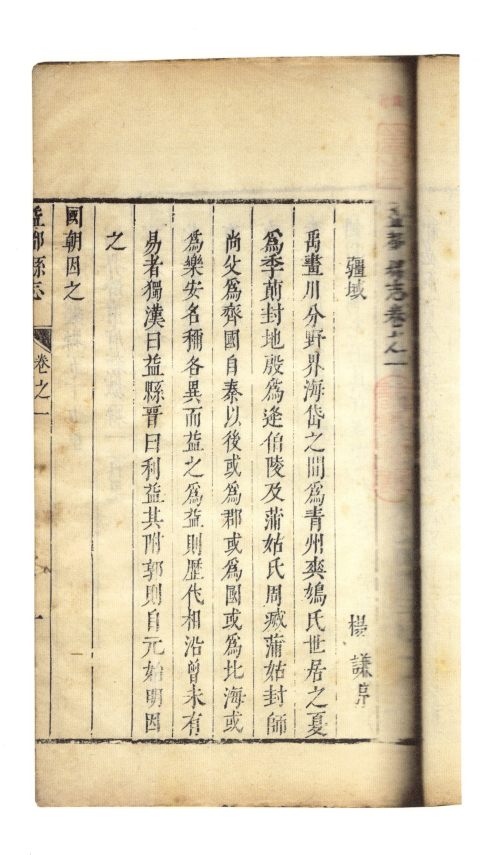

疆域

楊謙亭

禹畫川分野界海岱之間爲青州爽鳩氏世居之夏

爲季萴封地殷爲逄伯陵及蒲姑氏周臧蒲姑封師

尚父爲齊國自泰以後或爲郡或爲國或爲北海或

爲樂安名稱各異而益之爲益則歷代相沿曾未有

易者獨漢曰益縣晉曰利益其附郭則自元始明因

國朝因之

之

益都縣志　卷之一

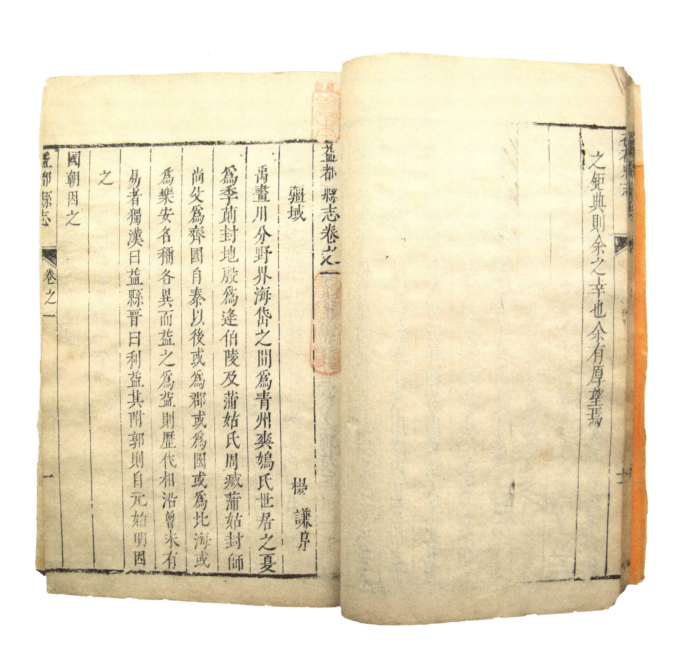

之鉅典則余之幸也余有厚望焉

疆域　　　　楊謙序

禹畫川分野界海岱之間爲青州爽鳩氏世居之夏
爲季萴封地虞爲逄伯陵及蒲姑氏周臧蒲姑封師
尚父爲齊國自泰以後或爲郡或爲國或爲比海或
爲樂安各稱各異而益之爲益則歷代相沿曾未有
易者獨漢曰益縣晉曰利益其附郭則自元始明因
國朝囚之
之

益都原志　卷之一　一

第209　　［康熙］益都縣志十四卷首一卷　　（清）陳食花修　　（清）鍾諤等纂

清康熙十一年（1672）刻本　青州市圖書館

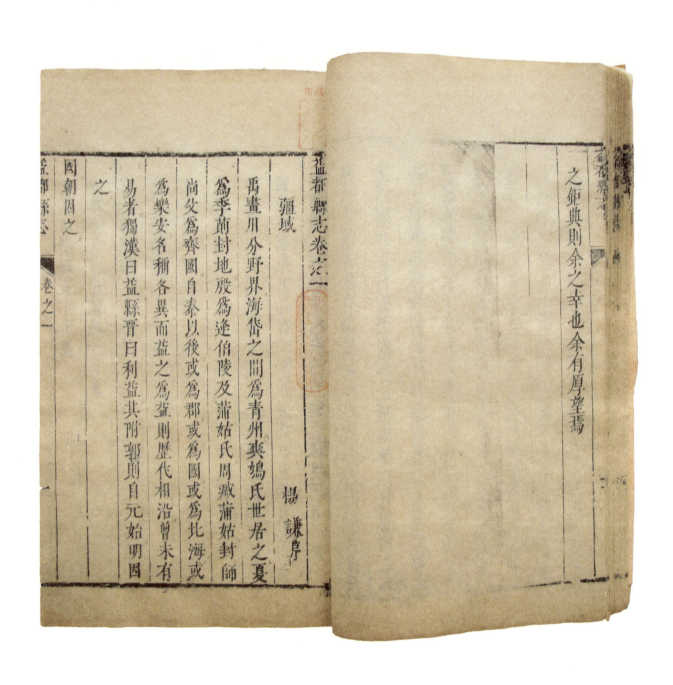

之鉅典則余之幸也余有厚望焉

益都縣志

疆域

楊謙身

禹畫川分野界海岱之間為青州爽鳩氏世居之夏
為季萴封地殷為逄伯陵及蒲姑氏周臧蒲姑封師
尚父為齊國自泰以後或為郡或為國或為北海或
為樂安各稱各異而益之為益則歷代相沿曾未有
易者獨漢曰益縣晉曰利益其附郭則自元始明圖
之

國朝因之

卷之一

第210　［康熙］益都縣志十四卷首一卷　（清）陳食花修　（清）鍾諤等纂

清康熙十一年（1672）刻本　青州市圖書館

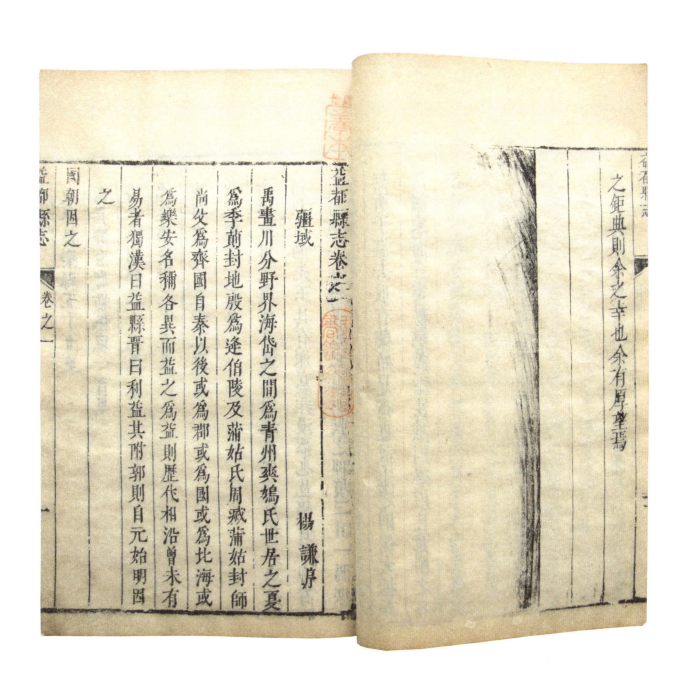

之鉅典則余之幸也余有厚望焉

益都縣志卷之一

彊域　　　　　　　　　　　楊　謙身

禹貢川分野界海岱之間為青州爽鳩氏世居之夏
為季蒯封地殷為逢伯陵及蒲姑氏周臧蒲姑封師
尚父為齊國自泰以後或為郡或為國或為北海或
為樂安各稱各異而益之為益則歷代相沿曾未有
易者獨漢曰益縣晉曰利益其附郭則自元始明囚
國朝因之
之

益都縣志　卷之一

第211　[康熙]益都縣志十四卷首一卷　（清）陳食花修　（清）鍾諤等纂

清康熙十一年（1672）刻本　青州市圖書館

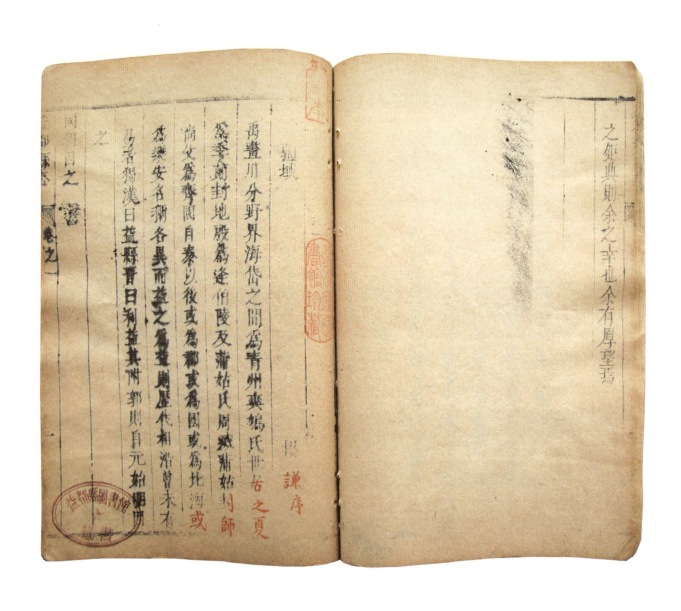

之鉅典則余之幸也余有厚望焉

疆域

楊
謙序

禹畫川分野界海岱之間為青州爽媯氏世姑之夏
羹季前封地殷為逢伯陵及蒲姑氏周戚蒲姑引師
尚父為齊國自秦以後或為郡其為國或為北海或
為樂安各郡各異而益之為畫則歷代相沿曾未有
改者獨漢曰益將晉曰洌益其附郭則自元始明明

益都縣志　卷之一

第212　［康熙］益都縣志十四卷首一卷　（清）陳食花修　（清）鍾諤等纂

清康熙十一年（1672）刻本　青州市圖書館

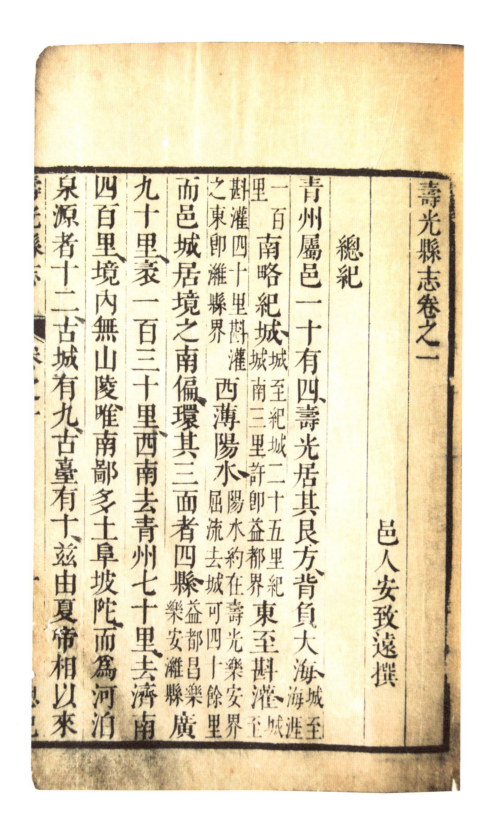

總紀

邑人安致遠纂

青州屬邑一十有四、壽光居其艮方背負大海〔海城至
一百南略紀城〔城南三里許卽益都界東至斟灌至城
里斟灌四十里斟灌西薄陽水屈流去城可四十餘里
之東卽濰縣界

而邑城居境之南偏環其三面者四縣益都昌樂安濰縣廣

九十里袤一百三十里西南去青州七十里去濟南

四百里境內無山陵唯南鄙多土阜坡陀而爲河洎

泉源者十二古城有九古臺有十兹由夏帝相以來

第213　［康熙］壽光縣志三十二卷　（清）劉有成修　（清）安致遠纂

清康熙三十七年（1698）刻本　壽光市博物館

二五七

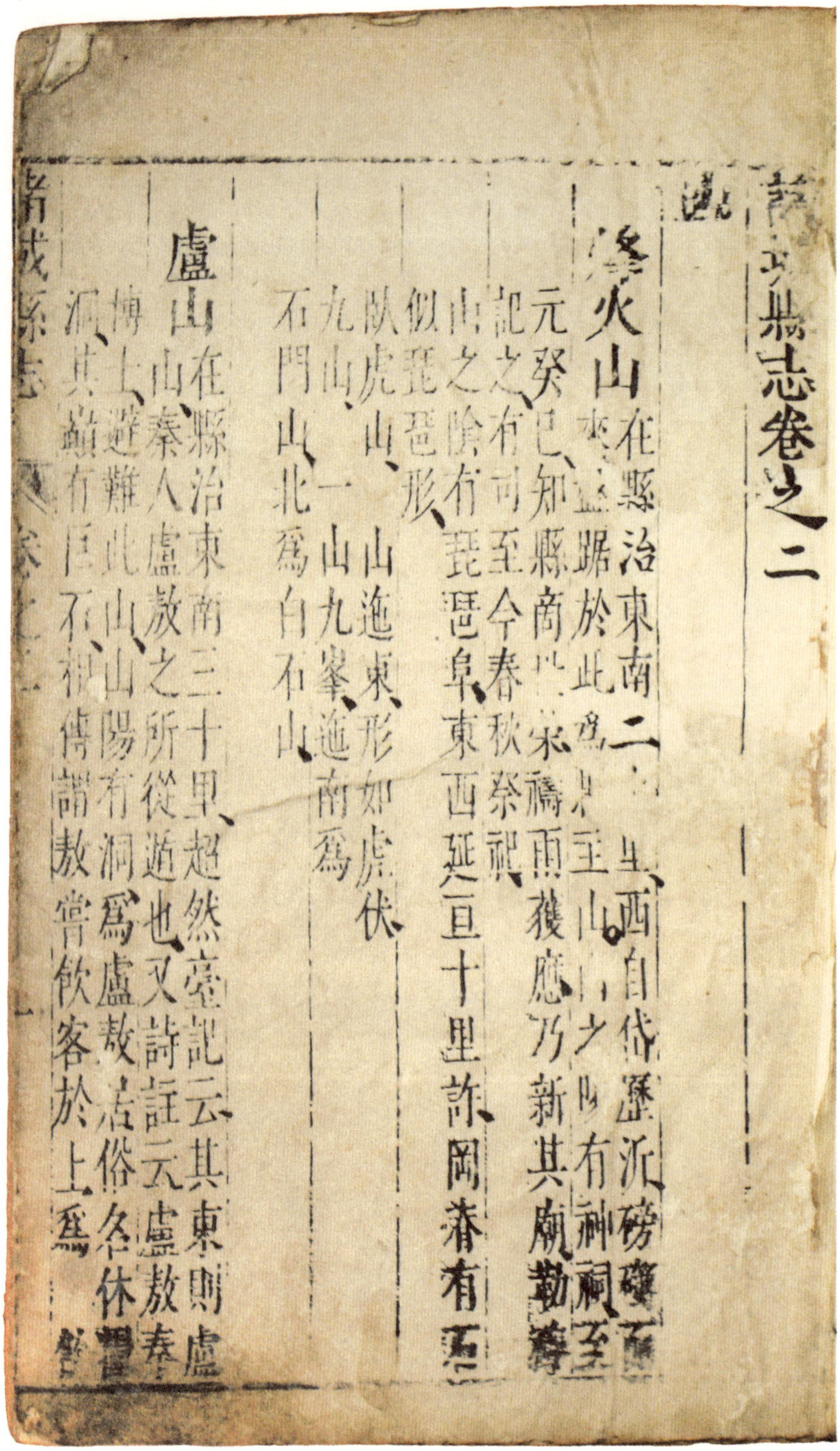

諸城縣志卷之二
山
烽火山在縣治東南二十里西自徐歷沂磅礴而
來[illegible]盤踞於此[illegible]至山[illegible]之陰有神祠至
元癸巳知縣商[illegible]求禱雨獲應乃新其廟勒碑
記之有司至今春秋祭祀
山之陰有琵琶阜東西延亘十里許岡脊有石
似琵琶形
臥虎山山迤東形如虎伏
九山一山九峯迤南爲
石門山北爲白石山
盧山在縣治東南三十里超然臺記云其東則盧
山秦人盧敖之所從遁也又詩註云盧敖秦
博士避難此山山陽有洞爲盧敖居俗名休[illegible]
洞其巔有巨石相傳謂敖嘗飲客於上爲[illegible]
諸城縣志 卷之二 一

第214　［康熙］諸城縣志十二卷　（清）卞穎修　（清）王勸纂

清康熙十二年（1673）刻本　諸城市圖書館

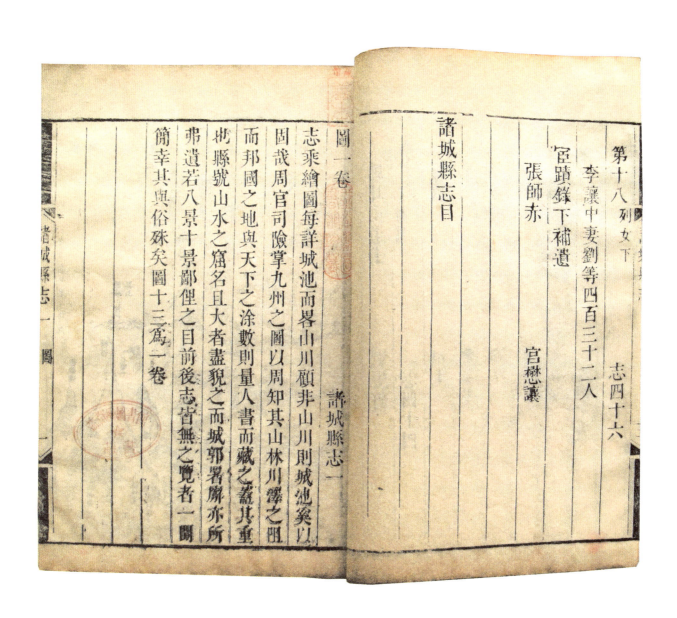

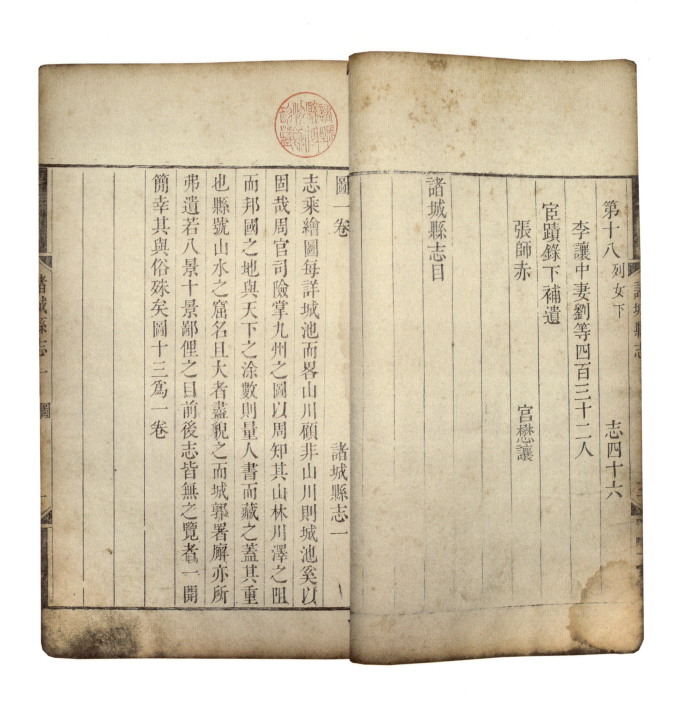

諸城縣志目

第十八 列女下 志四十六

李讓中妻劉等四百三十二人

宮蹟錄下補遺

張師赤　　　　　宮懋讓

圖一卷　　　　　諸城縣志一

志乘繪圖每詳城池而畧山川顧非山川則城池奚以
固哉周官司險掌九州之圖以周知其山林川澤之阻
而邦國之地與天下之涂數則量人書而藏之蓋其重
也縣號山水之窟名且大者盡貌之而城郭署廨亦所
弗遺若八景十景鄙俚之目前後志皆無之覽者一開
簡幸其與俗殊矣圖十三爲一卷

第216　［乾隆］諸城縣志四十六卷　　（清）宮懋讓修　　（清）李文藻等纂

清乾隆二十九年（1764）刻本　諸城市圖書館

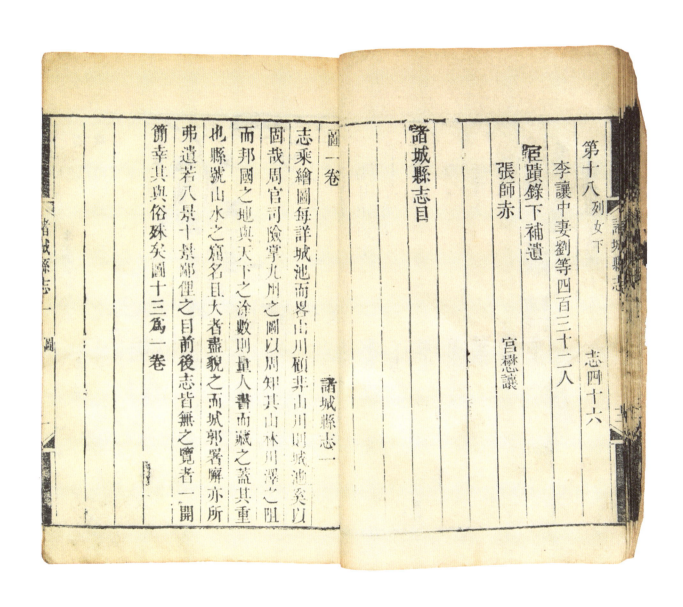

第十八 列女下　志四十六

李讓中妻劉等四百三十二人

宦蹟錄下補遺

張師赤　　　　宮懋讓

諸城縣志目

圖一卷　　　　　　　　　　諸城縣志一

志乘繪圖每詳城池而畧山川顧其山川則城池矣以
固哉周官司險掌九州之圖以周知其山林川澤之阻
而邦國之地與天下之塗數則量人書而藏之蓋其重
也縣號山水之篇名且大者盡貌之而城郭署廨所
弗遺若八景十景鄉僅之目前後志皆無之覽者一開
簡幸其與俗殊矣圖十三為一卷

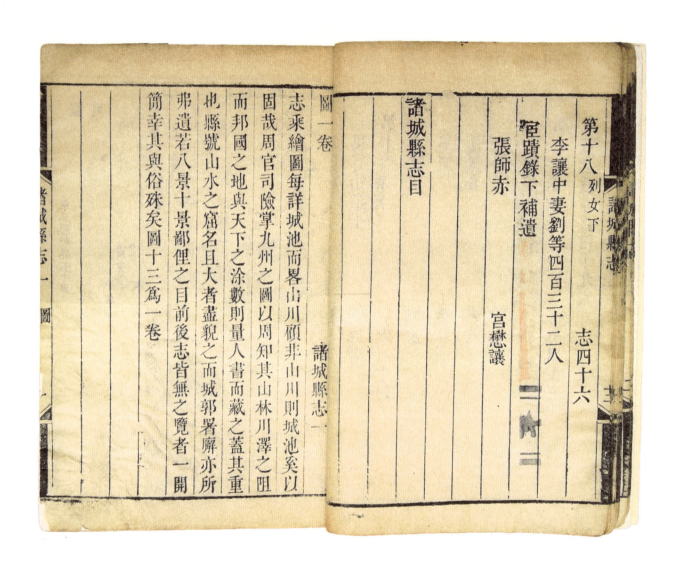

諸城縣志

第十八列女下　　志四十六

李讓中妻劉等四百三十二人

官蹟錄下補遺

張師赤　　宮懋讓

諸城縣志目

圖一卷　　諸城縣志一

志乘繪圖每詳城池而畧山川顧非山川則城池奚以
固哉周官司險掌九州之圖以周知其山林川澤之阻
而邦國之地與天下之涂數則量人書而藏之蓋其重
也縣號山水之窟名且大者盡貌之而城郭署廨亦所
弗遺若八景十景鄉邨之目前後志皆無之覽者一開
簡幸其與俗殊矣圖十三寫一卷

諸城系志一　圖

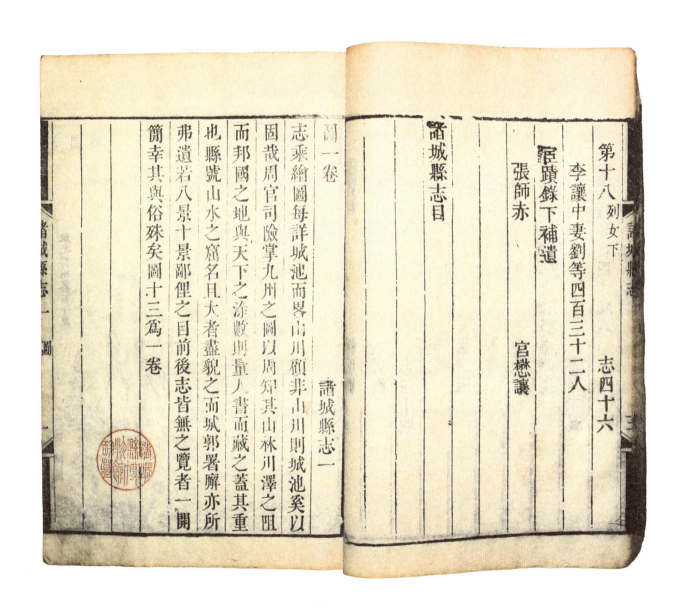

諸城縣志目

第十八列女下　志四十六

李讓中妻劉等四百三十二人

官蹟錄下補遺

張師赤、　　宮懋讓

圖一卷　　諸城縣志一

志乘繪圖每詳城池而畧山川顧非山川則城池奚以

固哉周官司險掌九州之圖以周知其山林川澤之阻

而邦國之地與天下之塗數則量人書而藏之蓋其重

地縣號山水之窟名且大者盡貌之而城郭署廨亦所

弗遺若八景十景鄙俚之目前後志皆無之覽者一開

簡幸其與俗殊矣圖十三爲一卷

諸城縣志一　圖

第219　〔乾隆〕諸城縣志四十六卷　（清）宮懋讓修　（清）李文藻等纂
清乾隆二十九年（1764）刻本　諸城市圖書館

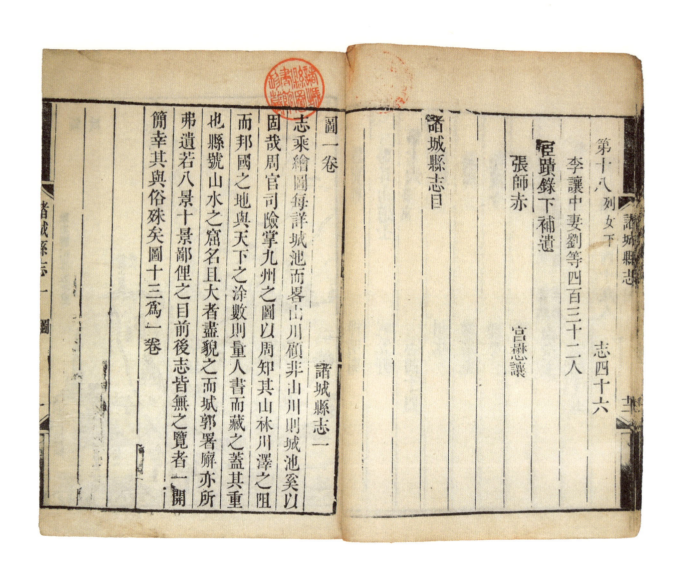

第十八 刻女下　　　志四十六

李讓中妻劉等四百三十二人

官蹟錄下補遺

張師赤　　　　　　　宮縣志讓

諸城縣志目

圖一卷　　　　　　　諸城縣志一

志乘繪圖每詳城池而畧山川頋非山川則城池奚以
固哉周官司險掌九州之圖以周知其山林川澤之阻
而邦國之地與天下之塗數則量人書而藏之蓋其重
也縣號山水之窟名且大者盡貌之而城郭署廨亦所
弗遺若八景十景鄙俚之目前後志皆無之覽者一開
簡幸其與俗殊矣圖十三爲一卷

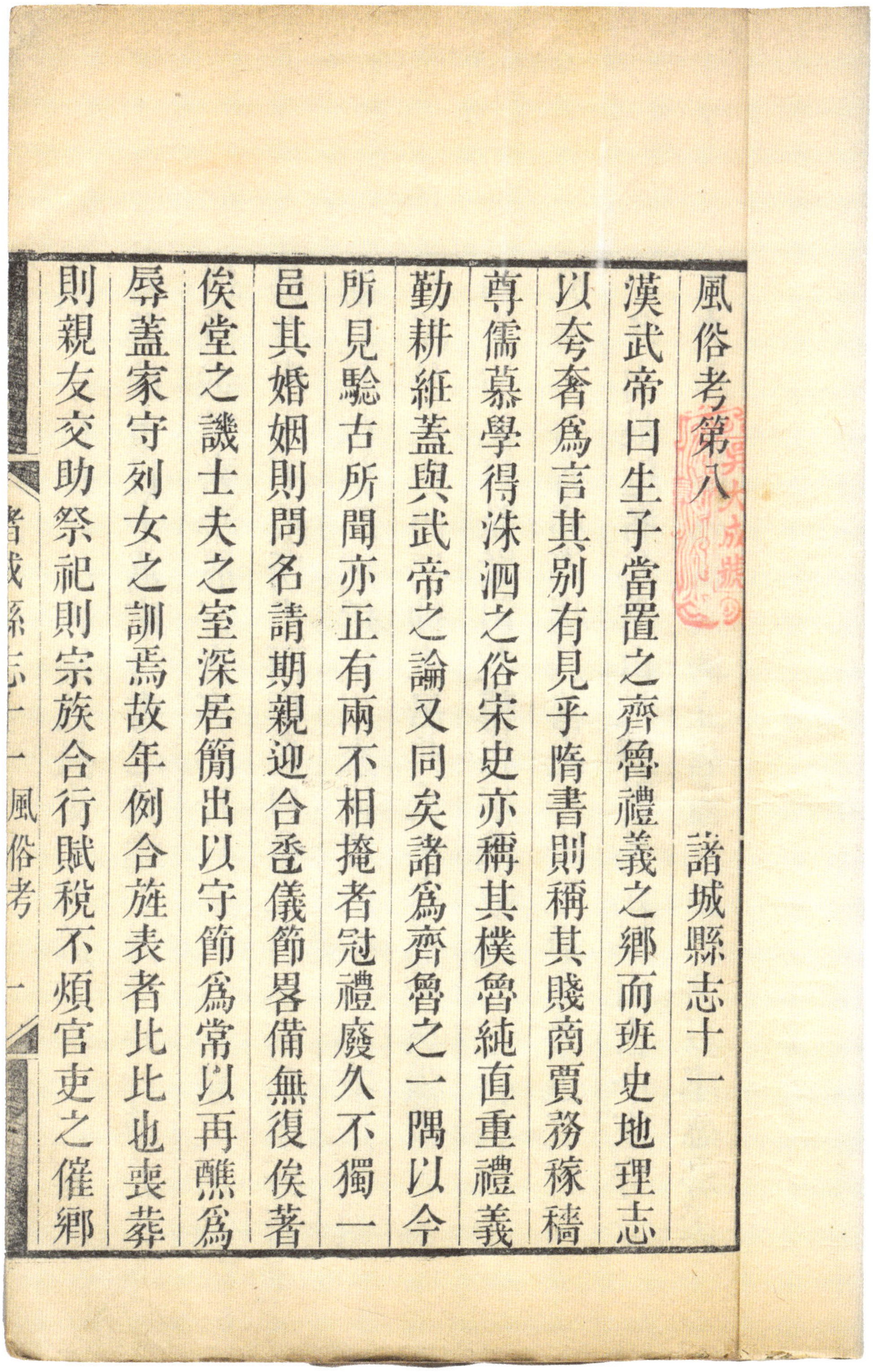

風俗考第八　　諸城縣志十一
漢武帝曰生子當置之齊魯禮義之鄉而班史地理志以夸奢爲言其别有見乎隋書則稱其賤商賈務稼穡尊儒慕學得洙泗之俗宋史亦稱其樸魯純直重禮義勤耕紝蓋與武帝之論又同矣諸爲齊魯之一隅以今所見驗古所聞亦正有兩不相掩者冠禮廢久不獨一邑其婚姻則問名請期親迎合巹儀節畧備無復俟著俟堂之譏士夫之室深居簡出以守節爲常以再醮爲辱蓋家守列女之訓焉故年例合旌表者比比也喪葬則親友交助祭祀則宗族合行賦稅不煩官吏之催鄉
諸城縣志十一　風俗考　一

第221　［乾隆］諸城縣志四十六卷　（清）宫懋讓修　（清）李文藻等纂
清乾隆二十九年（1764）刻本　青州市圖書館

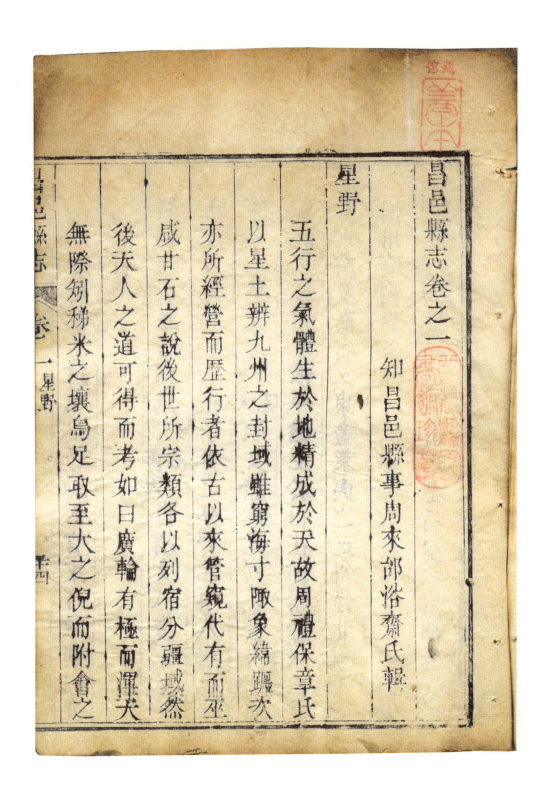

昌邑縣志卷之一

知昌邑縣事周來邰裕齋氏輯

星野

五行之氣體生於地精成於天故周禮保章氏
以星土辨九州之封域雖窮海寸陬象緯躔次
亦所經營而歷行者依古以來管窺代有而巫
咸甘石之說後世所宗類各以列宿分疆域然
後天人之道可得而考如日廣輪有極而渾天
無際刻稊米之壤烏足取至大之倪而附會之

昌邑縣志 卷一 星野

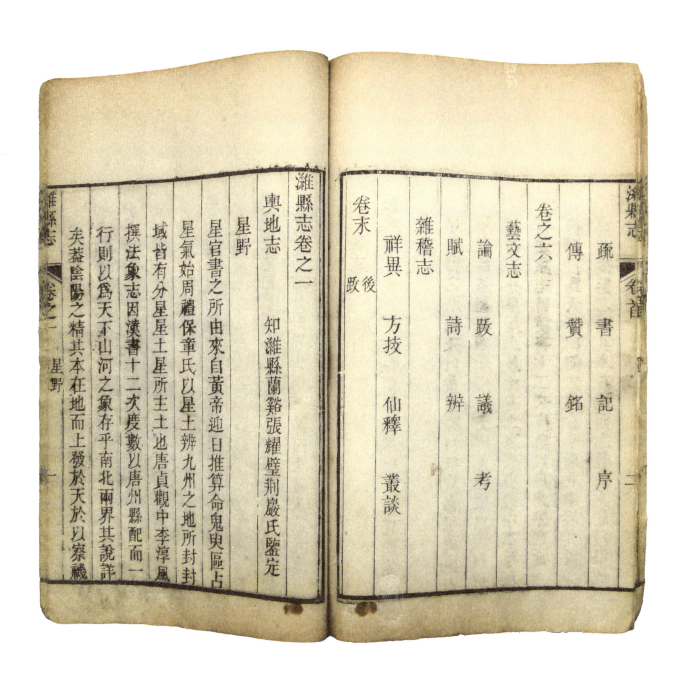

潍縣志卷之一

興地志

　　　知潍縣蘭谿張耀璧荆巌氏鑒定

星野

星官書之所由來自黃帝迎日推算命鬼臾區占
星氣始周禮保章氏以星土辨九州之地所封封
域皆有分星星土星所主土也唐貞觀中李淳風
撰法象志因漢書十二次度數以唐州縣配而一
行則以爲天下山河之象存乎南北兩界其說詳
矣蓋陰陽之精其本在地而上發於天於以察禨

論
　　　　卷之六

藝文志
　　論
　　　　跋議考
　　賦詩辨

雜稽志
　　祥異方技仙釋叢談

卷末
　　跋後

疏書記序
　　傳贊銘

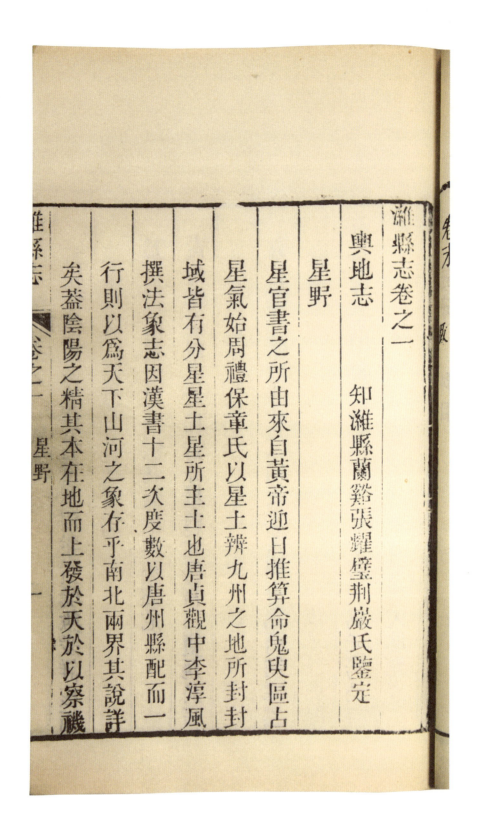

濰縣志卷之一

輿地志　　知濰縣蘭谿張耀璧荊巖氏鑒定

星野

星官書之所由來自黃帝迎日推算命鬼臾區占

星氣始周禮保章氏以星土辨九州之地所封封

域皆有分星星土所主土也唐貞觀中李淳風

撰法象志因漢書十二次度數以唐州縣配而一

行則以為天下山河之象存乎南北兩界其說詳

矣蓋陰陽之精其本在地而上發於天於以察禨

濰系志　　卷之一　　星野　　一

第224　　［乾隆］濰縣志六卷首一卷末一卷　　（清）張耀璧修　　（清）王誦芬纂
清乾隆二十五年（1760）刻本　　濰城區檔案館

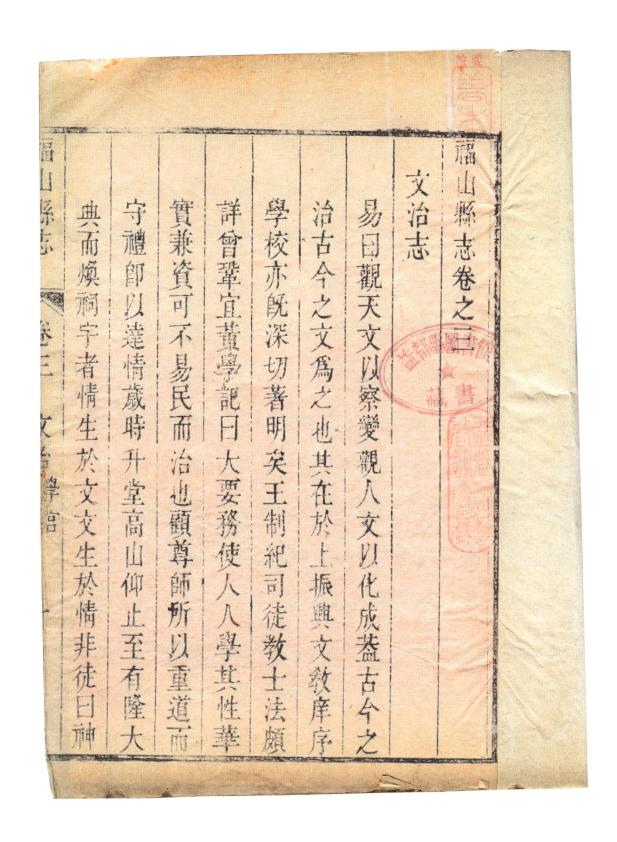

福山縣志卷之三

文治志

易曰觀天文以察變觀人文以化成蓋古今之
治古今之文為之也其在於上振興文教庠序
學校亦既深切著明矣王制紀司徒教士法頗
詳曾輩宜董學記曰大要務使人八學其性華
實兼資可不易民而治也顧尊師所以重道而
守禮郎以達情葳時升堂高山仰止至有隆大
典而煥祠宇者情生於文文生於情非徒日神

福山縣志 卷三 文治 學宮

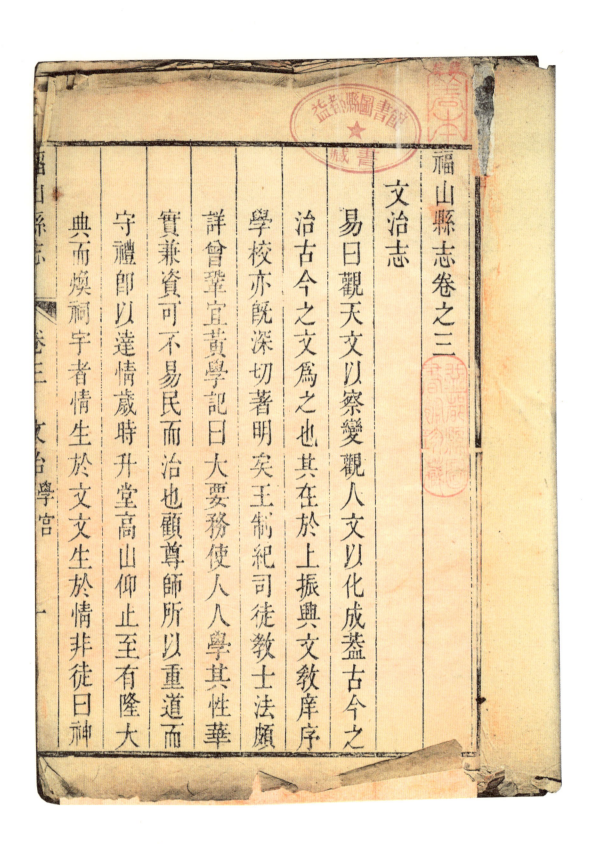

福山縣志卷之三

文治志

易曰觀天文以察變觀人文以化成蓋古今之

治古今之文爲之也其在於上振興文教庠序

學校亦旣深切著明矣王制紀司徒教士法顧

詳曾臣宜黃學記曰大要務使人人學其性華

實兼資可不易民而治也顧尊師所以重道而

守禮郎以達情歲時升堂高山仰止至有隆大

典而煥祠宇者情生於文文生於情非徒曰神

福山縣志　卷三　文治學宮

第226　［乾隆］福山縣志十二卷　（清）何樂善修　（清）蕭劼、王積熙纂

清乾隆二十八年（1763）刻本　青州市圖書館

二七〇

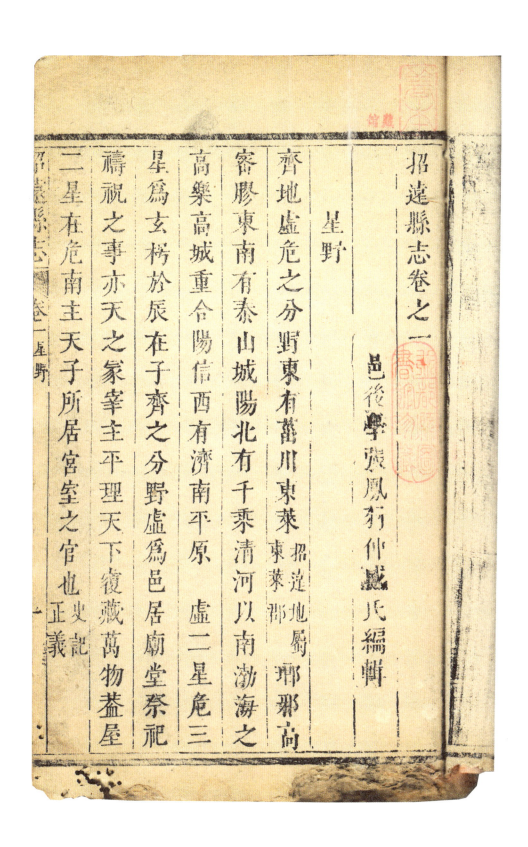

招遠縣志卷之一

邑後學張鳳羽仲威氏編輯

星野

齊地虛危之分野東有菑川東萊東萊郡高

密膠東南有泰山城陽北有千乘清河以南渤海之招遠地屬鄭邪高

高樂高城重合陽信西有濟南平原盧二星危三

星為玄枵於辰在子齊之分野盧為邑居廟堂祭祀

禱祝之事亦天之冢宰主平理天下復藏萬物蓋屋

二星在危南主天子所居宮室之官也正義史記

招遠縣志　　　卷一星野　　　一

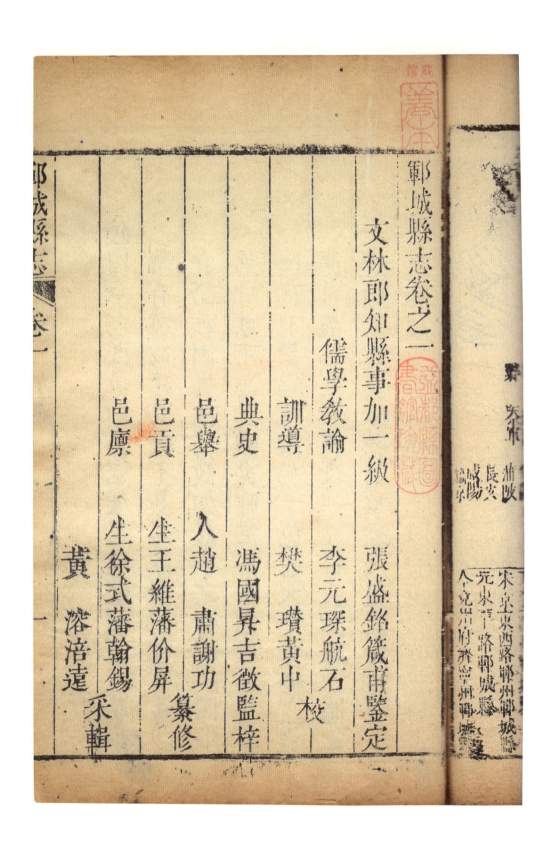

鄆城縣志卷之一

文林郎知縣事加一級　　　張盛銘籤甫鑒定

儒學敎諭　　　　　　　　李元琛航石　校

訓導　　　　　　　　　　樊　瓚黃中　校

典史　　　　　　　　　　馮國昇吉徵監梓

邑舉　　　　　　　入趙　肅謝功　纂修

邑貢　　　　　生王維藩价屏

邑廩　　　生徐式藩翰錫　采輯

　　　　黃溶涪遠

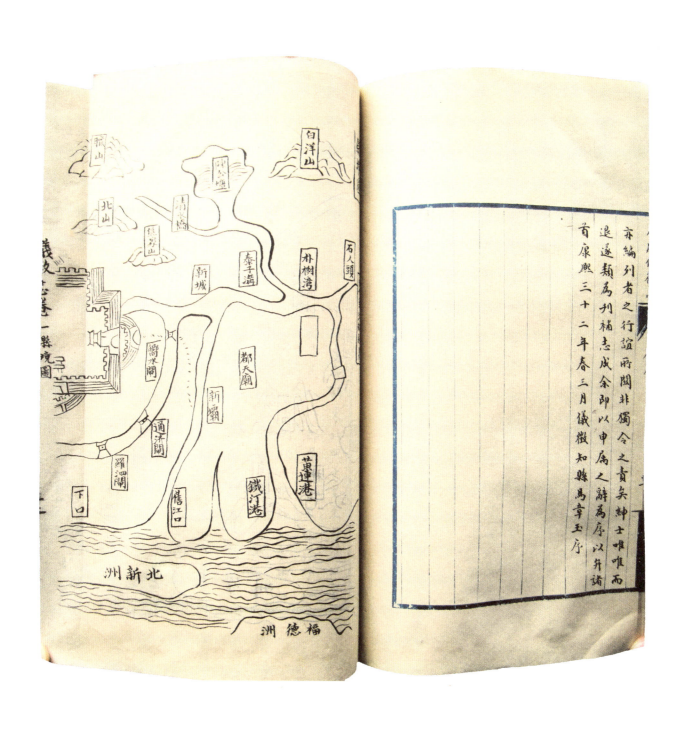

亦編列者之行誼而閭非獨令之責矣紳士唯唯而
退逐類為刊補志成余即以申屬之辭為序以弁諸
首康熙三十二年春三月儀微知縣馬章玉序

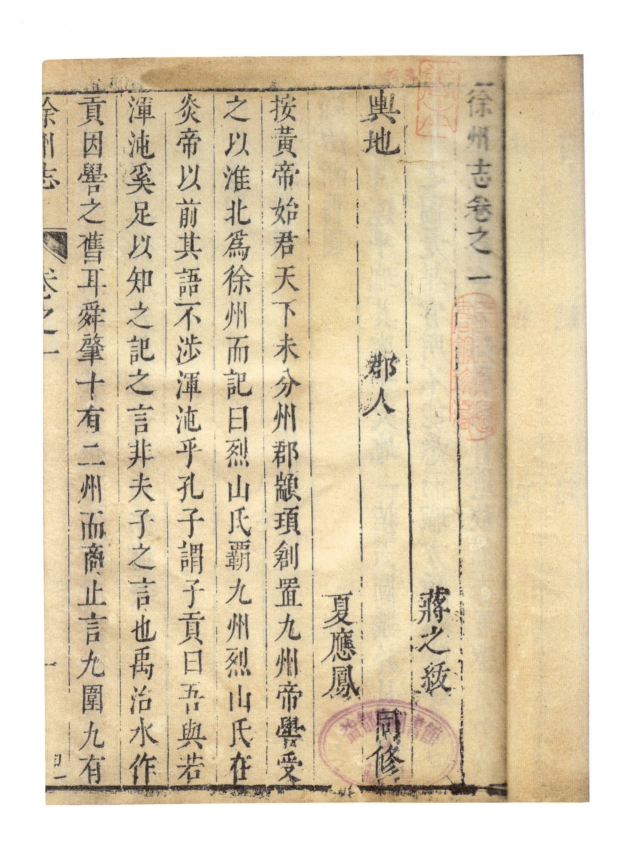

興地

郡人　蔣之綾
　　　夏應鳳　同修

按黃帝始君天下未分州郡顓頊剗置九州帝嚳受
之以淮北爲徐州而記曰烈山氏霸九州烈山氏在
炎帝以前其語不涉渾沌乎孔子謂子貢曰吾與若
渾沌奚足以知之記之言非夫子之言也禹治水作
貢因譽之舊耳舜肇十有二州而商止言九圍九有

徐州志　卷之一

第230　［順治］徐州志八卷　（清）余志明修　（清）李向陽纂

清順治十一年（1654）刻本　青州市圖書館

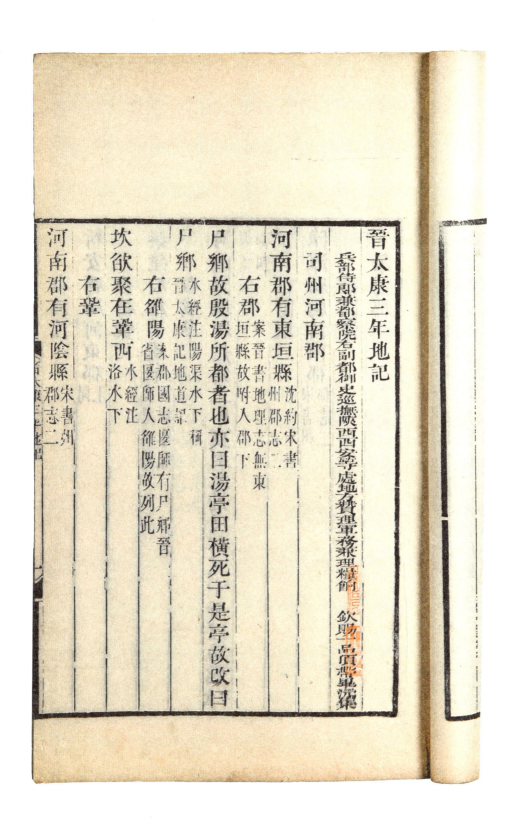

晉太康三年地記

兵部侍郎兼都察院右副都御史巡撫陝西等處地方贊理軍務兼理糧餉　欽賜〔印〕〔印〕

司州河南郡

河南郡有東垣縣　州郡志　沈約宋書

右郡　案晉書地理志無東垣縣故附入郡下

尸鄉　晉太康記地道記

右鞏陽省　案郡國志匽師有尸鄉晉人雒陽故列此

尸鄉故殷湯所都者也亦曰湯亭田橫死于是亭故改曰　水經注陽渠水下稱

坎欲聚在鞏西洛水下　水經注

右鞏　宋書州郡志

河南郡有河陰縣　郡志二宋書州郡

第231　晉太康三年地記一卷　（晉）□□撰　（清）畢沅輯　王隱晉書地道記一卷　（晉）王隱撰（清）畢沅輯

清乾隆四十九年（1784）西安巴院刻本　濰坊市博物館

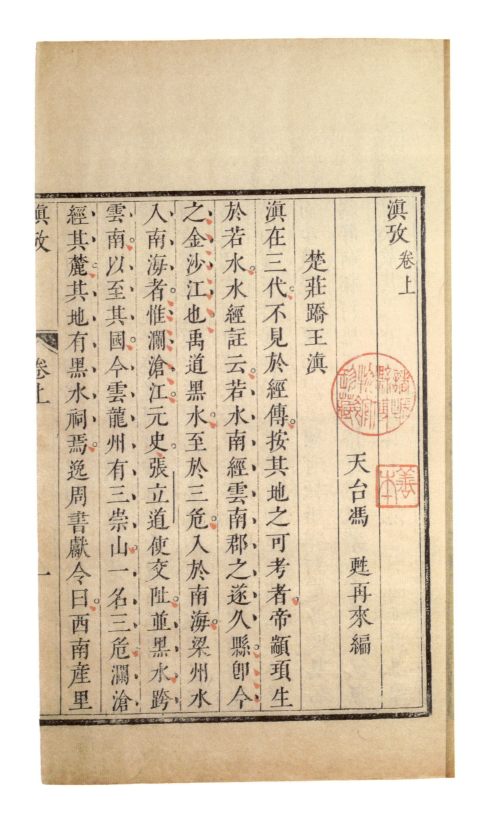

天台馮　甦再來編

楚莊蹻王滇

滇在三代不見於經傳按其地之可考者帝顓頊生
於若水水經証云若水南經雲南郡之遂久縣即今
之金沙江也禹道黑水至於三危入於南梁州水
入南海者惟瀾滄江元史張立道使交阯並黑水跨
雲南以至其國今雲龍州有三崇山一名三危瀾滄
經其麓其地有黑水祠焉逸周書獻令日西南產里

滇
攷

卷
上

一

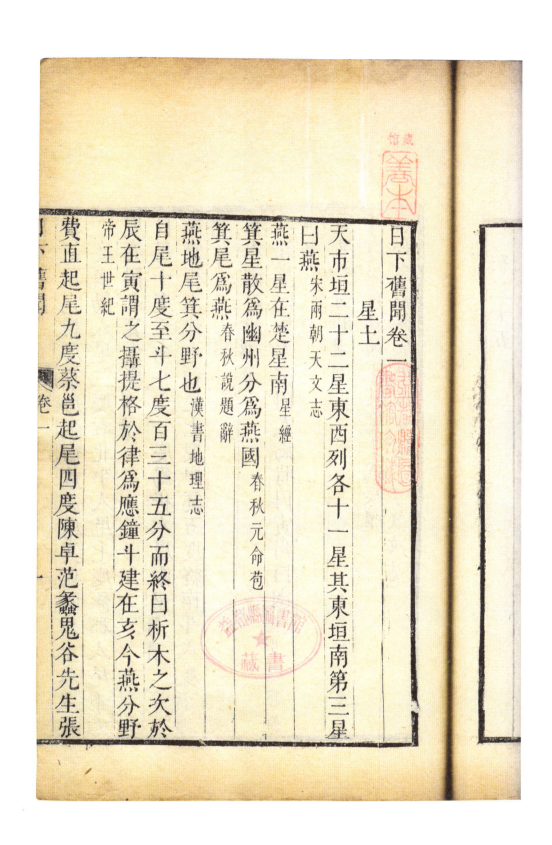

日下舊聞卷一

星土

天市垣二十二星東西列各十一星其東垣南第三星
曰燕　宋兩朝天文志

燕一星在楚星南　星經

箕星散爲幽州分爲燕國　春秋元命苞

箕尾爲燕　春秋說題辭

燕地尾箕分野也　漢書地理志

自尾十度至斗七度百三十五分而終曰析木之次於
辰在寅謂之攝提格於律爲應鐘斗建在亥今燕分野
帝王世紀

費直起尾九度蔡邕起尾四度陳卓范蠡鬼谷先生張

卷一　一

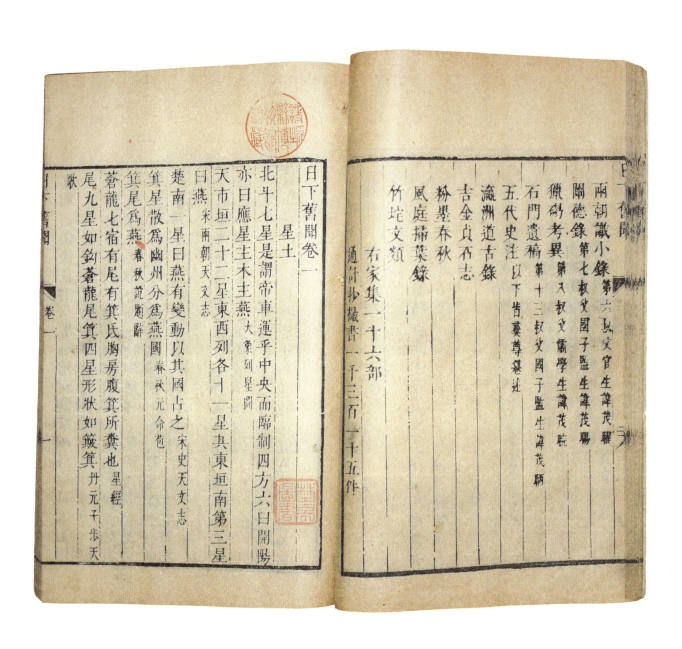

右家集二十六部
通計抄撮書一千三百二十五件

竹垞文類
風庭掃葉錄
粉墨春秋
吉金貞石志
瀛洲道古錄
五代史注以下皆彝尊撰述
石門遺稿第十三叔父閩于監生諱茂駉
獺砾考異第八叔父儒學生諱茂晥
關德錄第七叔父閩于監生諱茂賜
兩朝識小錄第六長文官生諱茂曜

日下舊聞卷一

星土
北斗七星是謂帝車運乎中央而臨制四方六日開陽大象列星圖
亦曰應星生木主燕
天市垣二十二星東西列各十一星其東垣南第三星曰燕宋兩朝天文志
楚南一星曰燕有變動以其國古之宋史天文志
其星散為幽州分為燕國春秋元命苞
箕尾為燕春秋說題辭
箕尾九宿有箕氏胸房腹箕所糞也星經
蓍龍七宿有尾有箕蓍龍尾箕四星形狀如簸箕開元干步天歌
尾九星如鉤

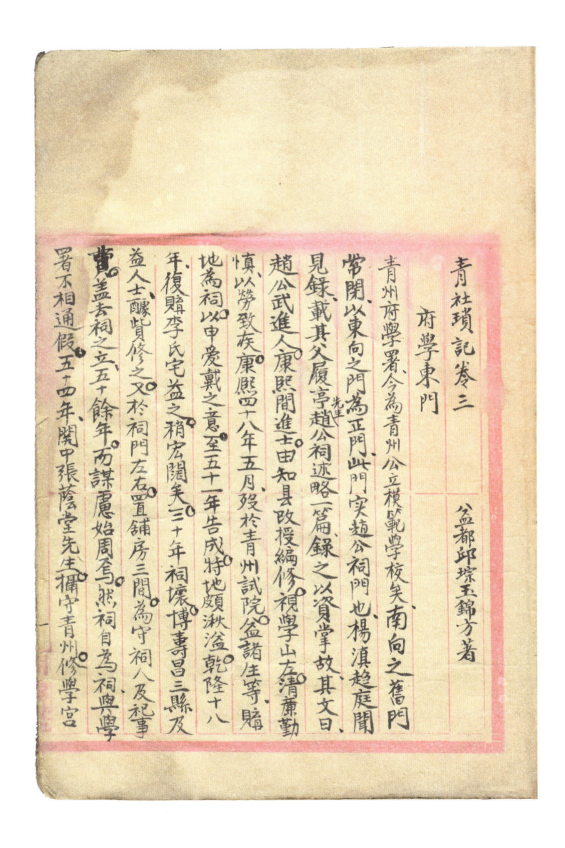

青社瑣記卷三　　　　　益都邱琮玉錦方著

府學東門

青州府學署、今為青州公立模範學校矣、南向之舊門
常開以東向之門為正門、此門實趙公祠門也、楊滇趙庭聞
見錄、載其父履亭趙公祠迹略一篇、錄之以資掌故其文曰、
趙公武進人康熙間進士由知縣改授編修、視學山左清廉勤
慎、以勞致疾康熙四十八年五月殁於青州試院益諸生等、賻
地為祠以申愛戴之意、至五十一年告成特地頗漱溢乾隆十八
年復賻李氏宅益之又於祠門左右置舖房三間為守祠人及祀事
費、蓋去祠之立、五十餘年、丙謀廳始周為然、祠自為祠與學
益人士釀貲修之又於祠門左右置舖房三間為守祠人及祀事
署不相通假五十四年關中張蔭堂先生攝守青州修學宮

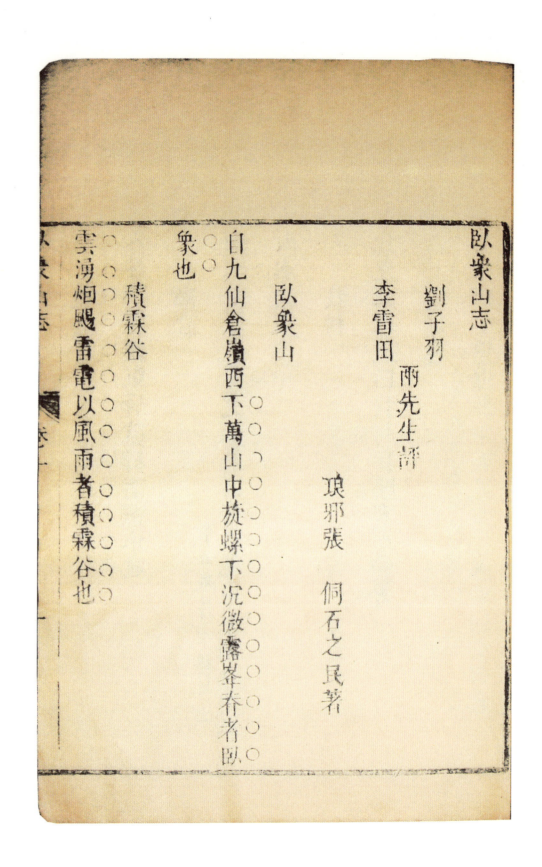

臥象山志

劉子羽
李雷田　兩先生評

瑯邪張　侗石之民著

臥象山　○○○○○○○○○○○○○○○
白九仙倉嶺西下萬山中旋螺下沉微露峯春者臥
象也　○○○○○○○○○○○○
積霖谷　○○○○○○○○○○
雲濤炮颺雷電以風雨者積霖谷也

第236　卧象山志四卷　（清）張侗撰

清康熙十八年（1679）刻本　諸城市圖書館

二八〇

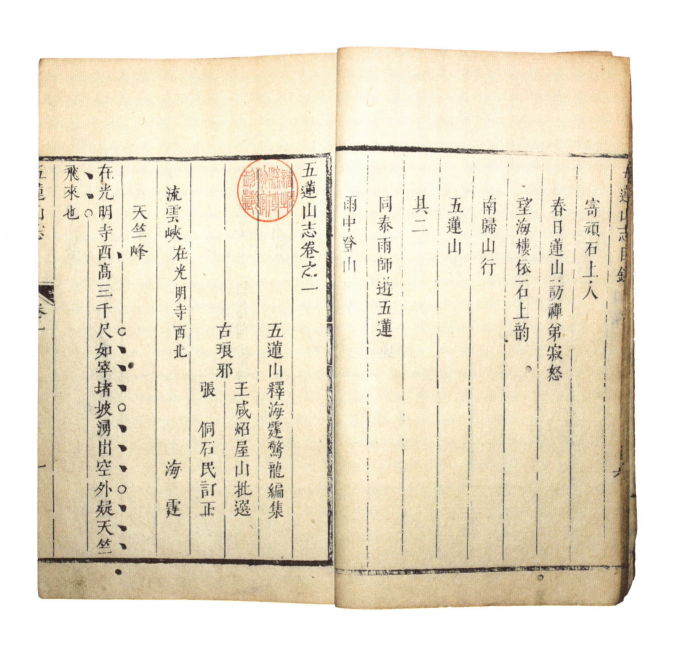

五蓮山志卷之一

五蓮山釋海霆鷲龍編集

王咸焀屋山批選

古琅邪　張　侗石民訂正

流雲峽　在光明寺西北　　　海霆

天竺峰

在光明寺西高三千尺如宰堵坡湧出空外巍天竺

飛來也

第238　雩東山莊八景圖　（清）臧燿初繪

　清光緒二十五年（1899）彩繪本　諸城市圖書館

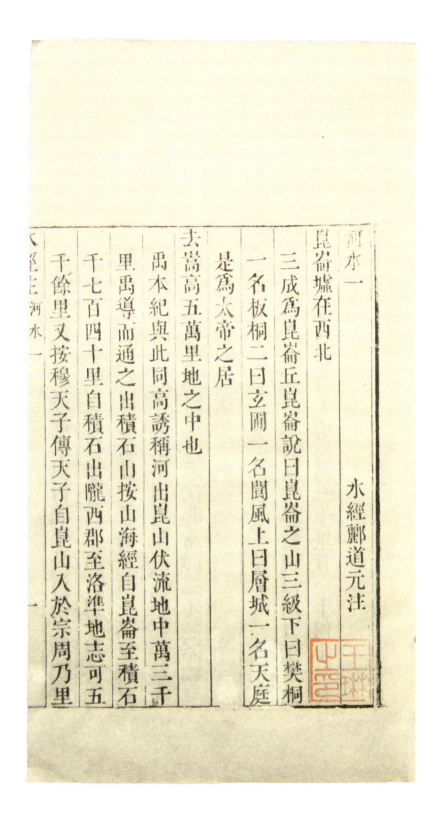

河水一

水經酈道元注

崐崘墟在西北

三成爲崐崘丘崐崘說曰崐崘之山三級下曰樊桐

一名板桐二曰立圃一名閬風上曰曾城一名天庭

是爲太帝之居

去嵩高五萬里地之中也

禹本紀與此同高誘稱河出崐山伏流地中萬三千

里禹導而通之出積石山按山海經自崐崘至積石

千七百四十里自積石出隴西郡至洛凖地志可五

千餘里又按穆天子傳天子自崐山入於宗周乃里

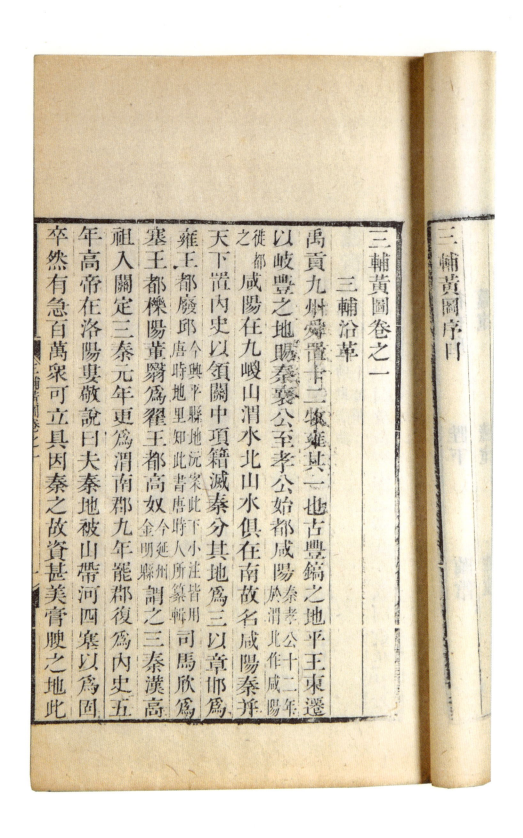

三輔黃圖序目

三輔黃圖卷之一

三輔沿革

禹貢九州舜罷十二牧雍其一也古豐鎬之地平王東遷
以岐豐之地賜秦襄公至孝公始都咸陽於渭北作咸陽
之徙都咸陽在九嵏山渭水北山水俱在南故名咸陽秦并
天下置內史以領關中項籍滅秦分其地為三以章邯為
雍王都廢邱今興平縣地沉案此下小注皆用司馬欣為
塞王都櫟陽董翳為翟王都高奴金明縣詢之三秦漢高
祖入關定三秦元年更為渭南郡九年罷郡復為內史五
年高帝在洛陽婁敬說曰夫秦地被山帶河四塞以為固
卒然有急百萬衆可立具因秦之故資甚美膏腴之地此

第240　三輔黃圖六卷補遺一卷　（漢）□□撰　（清）畢沅校

清乾隆四十九年（1784）刻本　濰坊市博物館

二八四

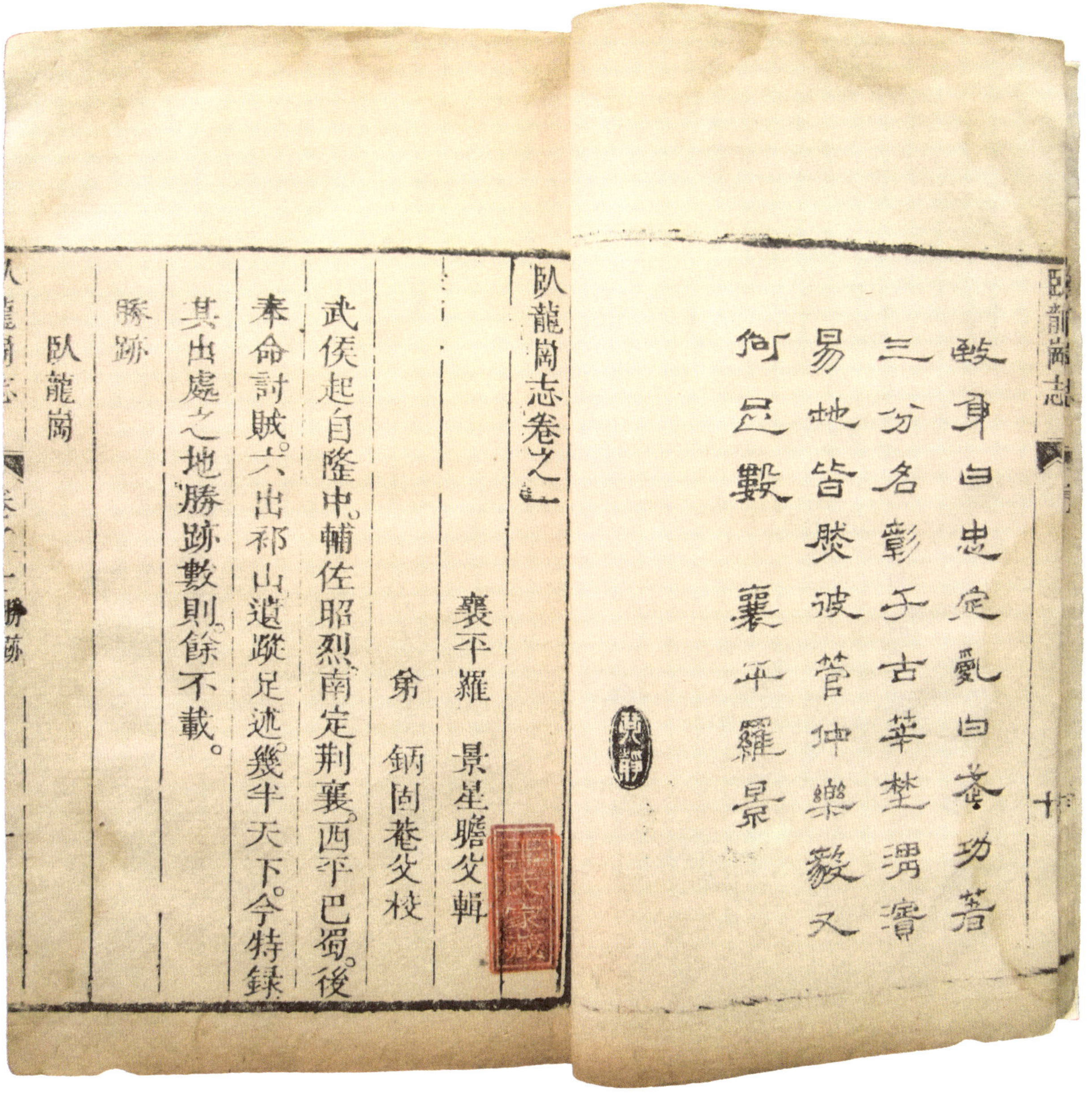

致身自忠定亂自養功著

三分名彰于古莘埜渭濱

易地皆然彼管仲樂毅又

何足數　襄平羅景

卧龍崗志卷之一

襄平羅　景星瞻父輯

男　　錫固巷父校

武侯起自隆中輔佐昭烈南定荆襄西平巴蜀後

奉命討賊六出祁山遺蹤足迹幾半天下今特錄

其出處之地勝迹數則餘不載。

縣跡

臥龍崗

第241　卧龍崗志二卷　（清）羅景撰　（清）羅鍿校

清康熙五十一年（1712）自刻本　濰坊學院圖書館

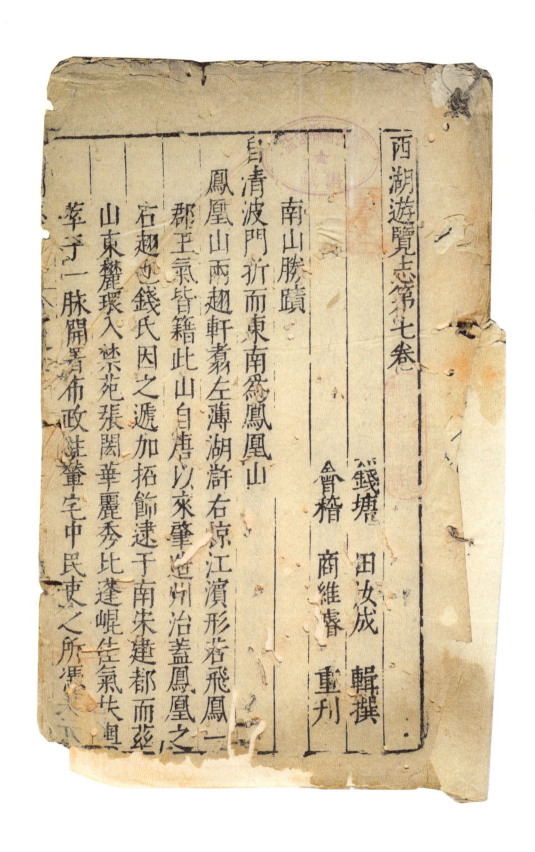

西湖遊覽志第七卷

錢塘　田汝成　輯撰

會稽　商維濬　重刊

南山勝蹟

自清波門折而東南爲鳳凰山

鳳凰山兩翅軒翥左薄湖滸右傍江濱形若飛鳳

郡王氣皆籍此山自唐以來肇造州治蓋鳳凰之

右翅如錢氏因之遞加拓飾逮于南宋建都而菱

山東麗環入禁苑張閎華麗秀比蓬崐佳氣失興

萃于一脉開菁布政注釐宅中民吏之所憑

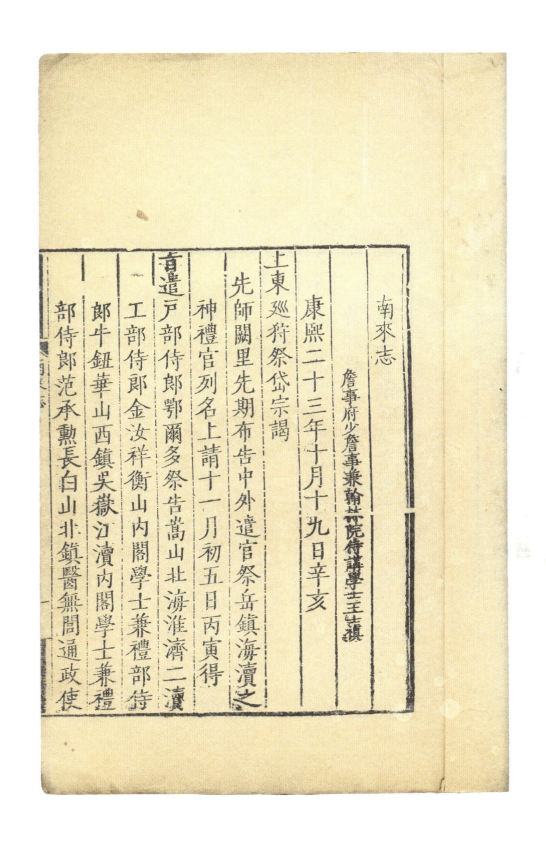

南來志　　詹事府少詹事兼翰林院侍講學士王士禎

康熙二十三年十月十九日辛亥

上東巡狩祭岱宗謁

先師闕里先期布告中外遣官祭岳鎮海瀆之

神禮官列名上請十一月初五日丙寅得

旨遣戶部侍郎鄂爾多祭告嵩山北海淮濟二瀆

工部侍郎金汝祥衡山内閣學士兼禮部侍

郎牛鈕華山西鎮吳嶽汀瀆内閣學士兼禮

部侍郎范承勳長白山北鎮醫無閭通政使

第243　南來志一卷北歸志一卷廣州遊覽小志一卷　　（清）王士禎撰

清康熙二十三年（1684）刻本　青州市圖書館

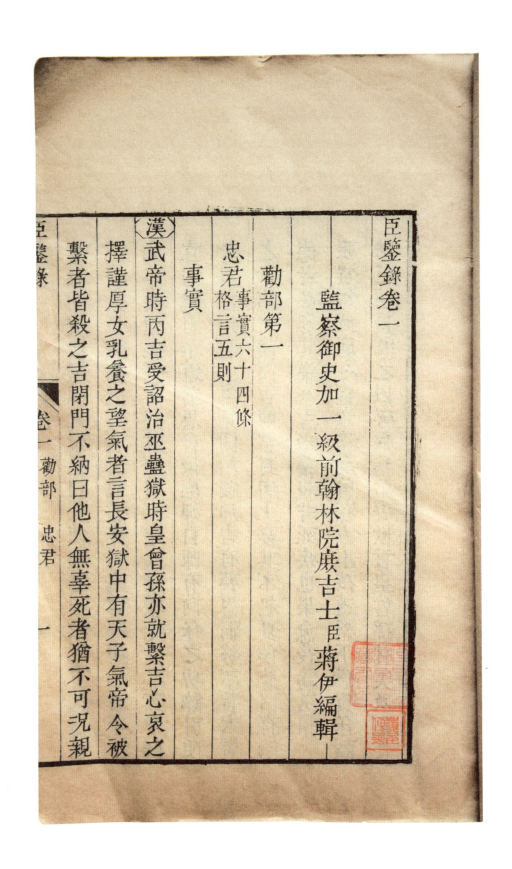

臣鑑錄卷一

監察御史加一級前翰林院庶吉士臣蔣伊編輯

勸部第一

忠君格言五則

事實

漢武帝時丙吉受詔治巫蠱獄時皇曾孫亦就繫吉心哀之擇謹厚女乳養之望氣者言長安獄中有天子氣帝令被繫者皆殺之吉閉門不納曰他人無辜死者猶不可況親

卷一　勸部　忠君　一

臣鑑錄

潍坊市珍贵古籍名录图录

下

《潍坊市珍贵古籍名录图录》编委会 编

国家图书馆出版社

石蟹

蟲

螢　　山蟬
密蜂　蝎　　山草驢　百脚蟲　龍虱
蟾　　蟬　　驢尾蛇　柞鱗蛇　香蛇

土石
不灰木　石脂　石英　羊腦石　雲母石
鑽子石　蔞菌石　璊玉　琅邪石　康嶺石

記異
石堆字畫　六谷文桂　元寶堆　海石生花
馬耳晴雲

諸城山海物産志卷上

諸城臧燿初晉堂著　　男繼昭訂

山志

諸邑四面皆山而東向南向為最東向則有盧山
即東坡所謂泰人盧敖之所從遁處又有障日峰
東坡稱為小峨嵋者也南向則有常山馬耳山為
縣治之朝岸再南有九仙山即東坡所謂壓京東
者内有五峰似五朵蓮花故俗號為五蓮山其實
與九仙為一山也稍東南又有松朶山三峰秀削
插天似華山而小真奇觀也至於無數諸山自西
南而東北綿亘二百餘里皆與此數山相連所謂

經義考卷一

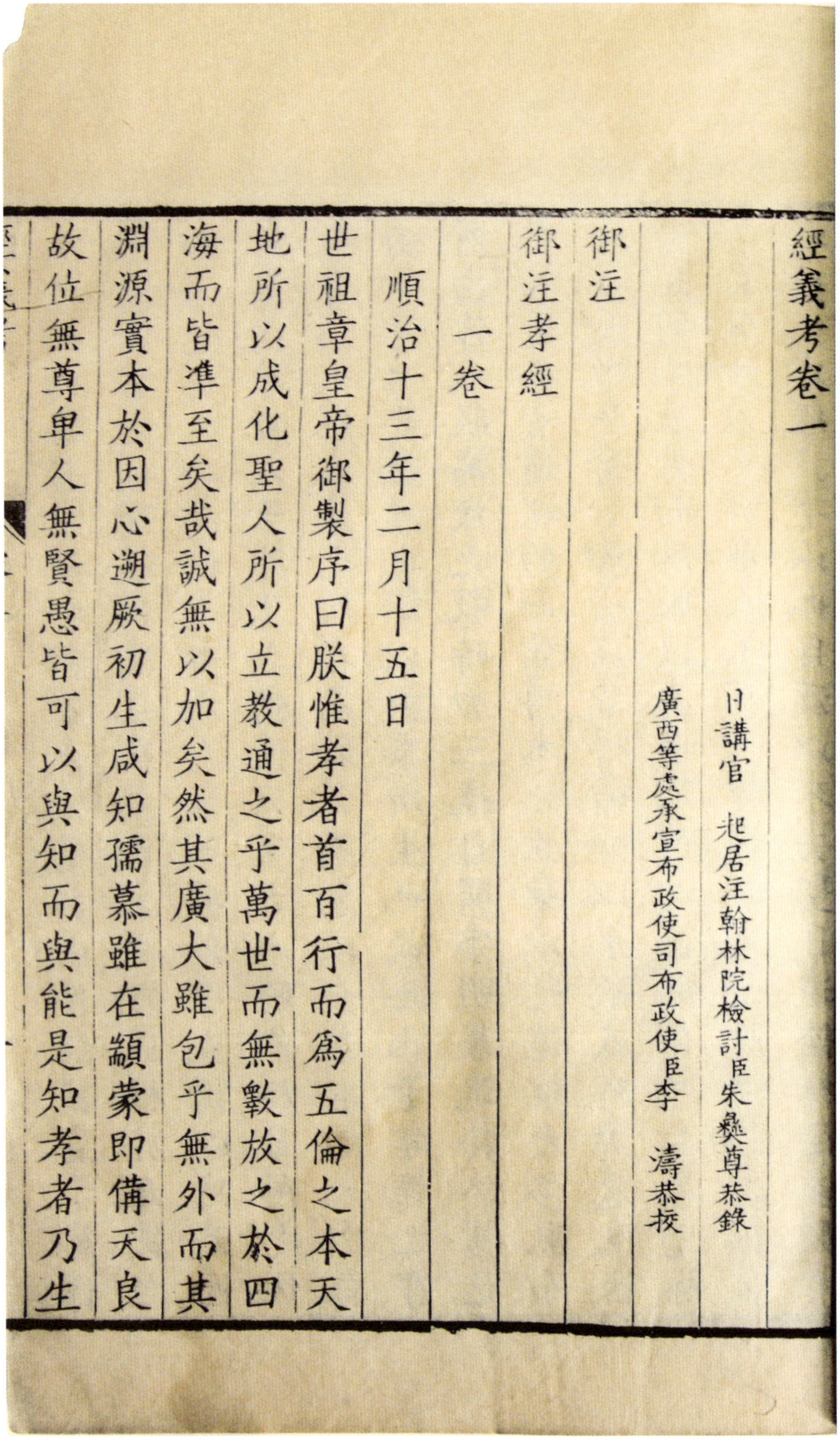

日講官 起居注翰林院檢討臣朱彝尊恭錄

廣西等處承宣布政使司布政使臣李 濤恭按

御注

御注孝經

一卷

順治十三年二月十五日

世祖章皇帝御製序曰朕惟孝者首百行而爲五倫之本天地所以成化聖人所以立教通之乎萬世而無斁放之於四海而皆準至矣哉誠無以加矣然其廣大雖包乎無外而其淵源實本於因心遡厥初生咸知孺慕雖在顓蒙即備天良故位無尊卑人無賢愚皆可以與知而與能是知孝者乃生

第246　經義考三百卷　（清）朱彝尊撰

清康熙刻乾隆二十年（1755）盧見曾增刻本　高密市圖書館

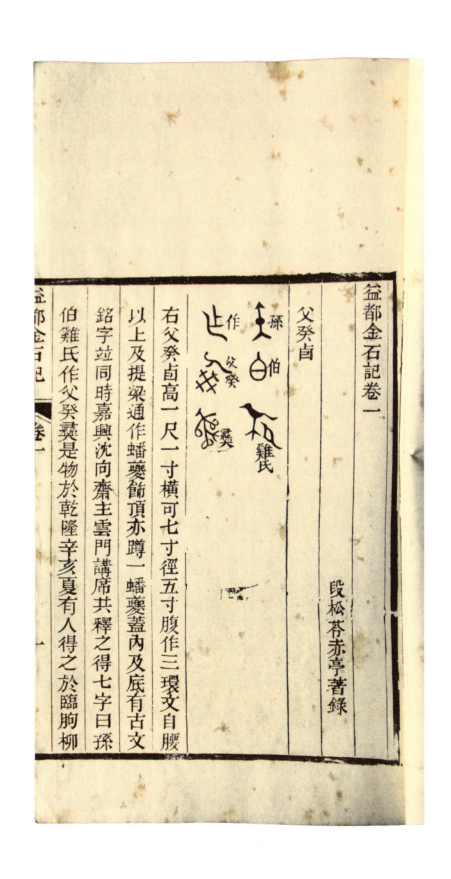

益都金石記卷一

父癸卣

段松苓赤亭著錄

右父癸卣高一尺一寸橫可七寸徑五寸腹作三環文自腰

以上及提梁通作蟠夔飾頂赤蹲一蟠夔蓋內及底有古文

銘字竝同時嘉興沈向齋主雲門講席共釋之得七字曰孫

伯雞氏作父癸尊是物於乾隆辛亥夏有人得之於臨朐柳

第247　益都金石記四卷　　（清）段松苓撰

清光緒九年（1883）刻本　壽光市博物館

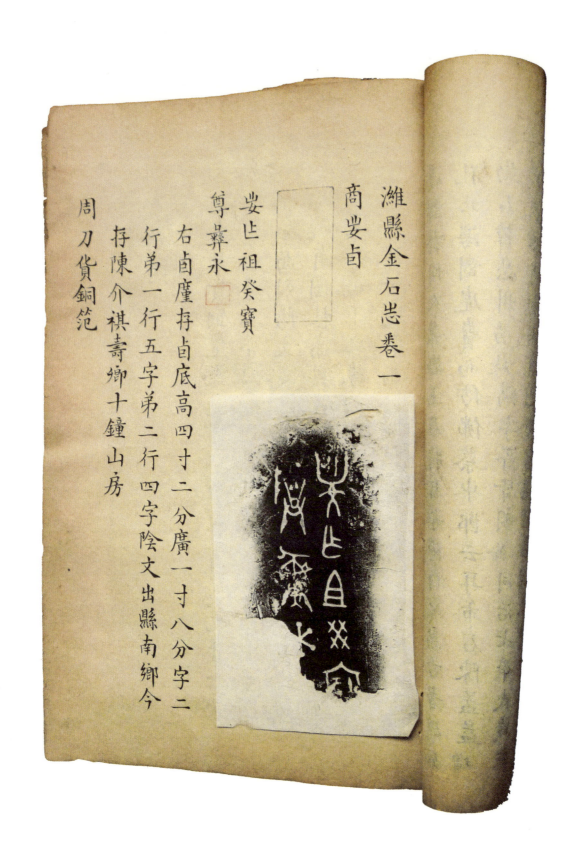

周刀貨銅笵

拃陳介祺壽卿十鐘山房

行第一行五字第二行四字陰文出縣南鄉今

右卣蓋存卣底高四寸二分廣一寸八分字二

尊彝永

妥匕祖癸寶

商妥卣

濰縣金石志卷一

第248　濰縣金石志八卷　（清）郭麐撰

稿本　濰坊市圖書館

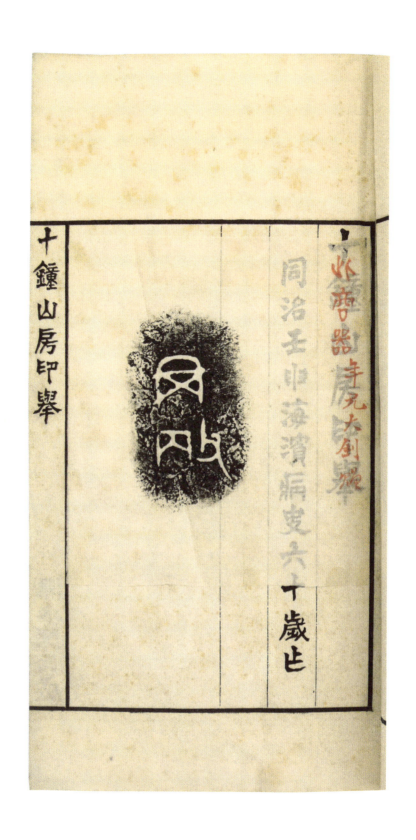

十鐘山房印舉

同治壬申海濱病叟六十歲比

第249　彝齋手集古器銘不分卷　（清）陳介祺藏拓

清拓本　濰坊市博物館

第250 秦詔量瓦拓片不分卷 （清）陳介祺集

清拓本 濰坊市博物館

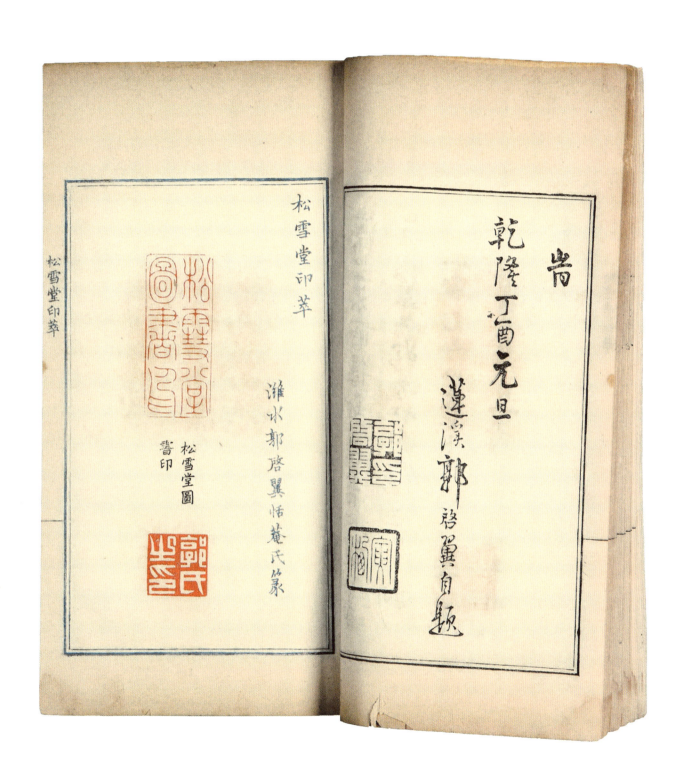

第251　松雪堂印萃不分卷　（清）郭啓翼輯

清乾隆五十五年（1790）松雪堂刻鈐印本　濰坊市博物館

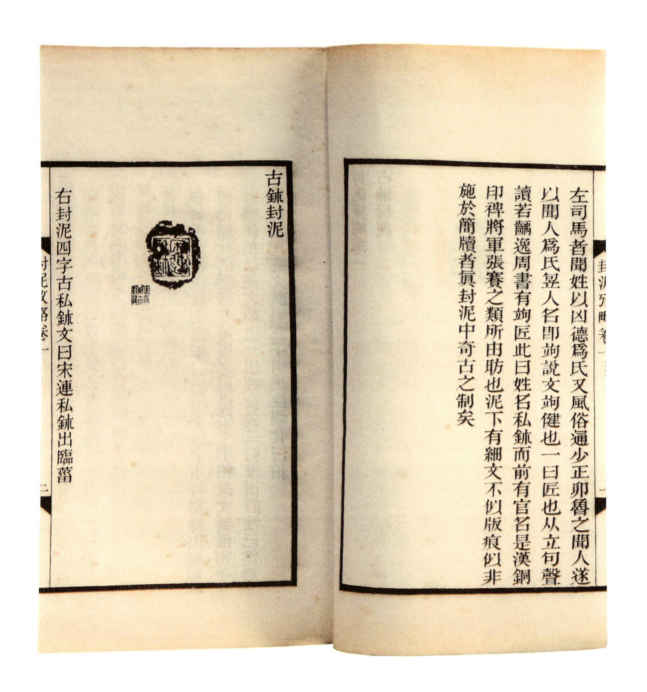

右封泥四字古私鈢文曰宋連私鈢出臨菑

古鈢封泥

封泥攷略卷一

二

左司馬者聞姓以凶德爲氏又風俗逼少正卯魯之聞人遂
以聞人爲氏翌人名即咰說文咰健也一曰匠也从立句聲
讀若麤逸周書有咰匠此曰姓名私鈢而前有官名是漢銅
印鉢將軍張賽之類所由眆泥下有細文不似版痕似非
施於簡牘者眞封泥中奇古之制矣

封泥攷略卷一

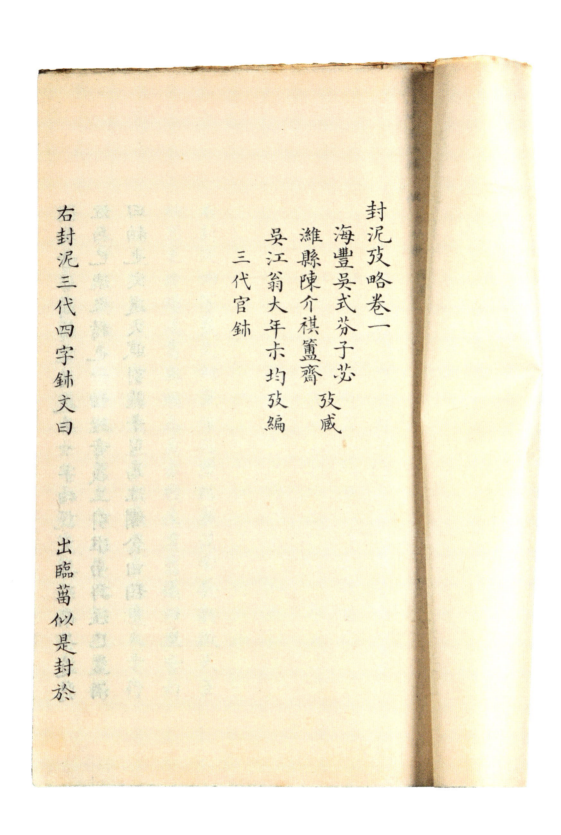

封泥攷略卷一

海豐吳式芬子苾

濰縣陳介祺簠齋　攷藏

吳江翁大年禾均攷編

三代官鉢

右封泥三代四字鉢文曰

出臨菑似是封於

第253　封泥考略十卷　（清）吳式芬、陳介祺輯　（清）翁大年考編

清鈔本　濰坊市博物館

二九七

第254　古印偶存不分卷　（清）王石經、田鎔叡、高鴻裁、劉嘉穎同輯

清光緒十六年（1890）石印本（1961年陳秉忱題跋）　濰坊市博物館

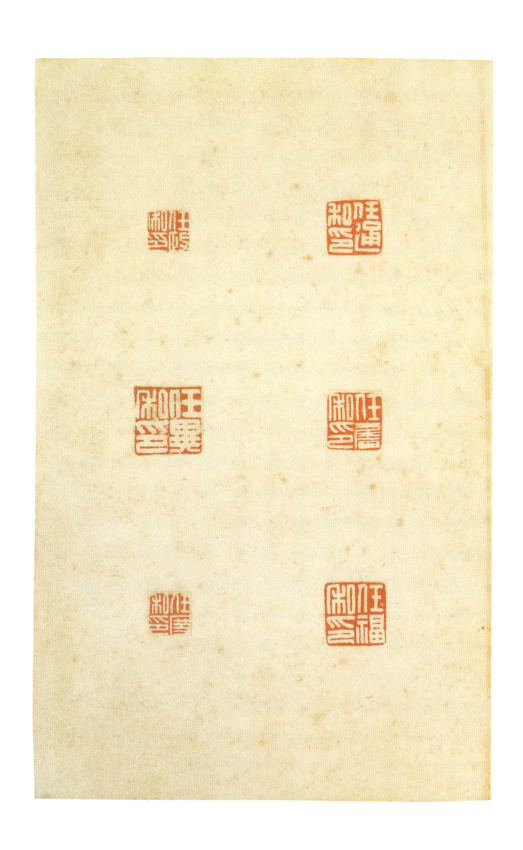

第255　高慶齡集印不分卷　（清）高慶齡集

清鈐印本　濰坊市博物館

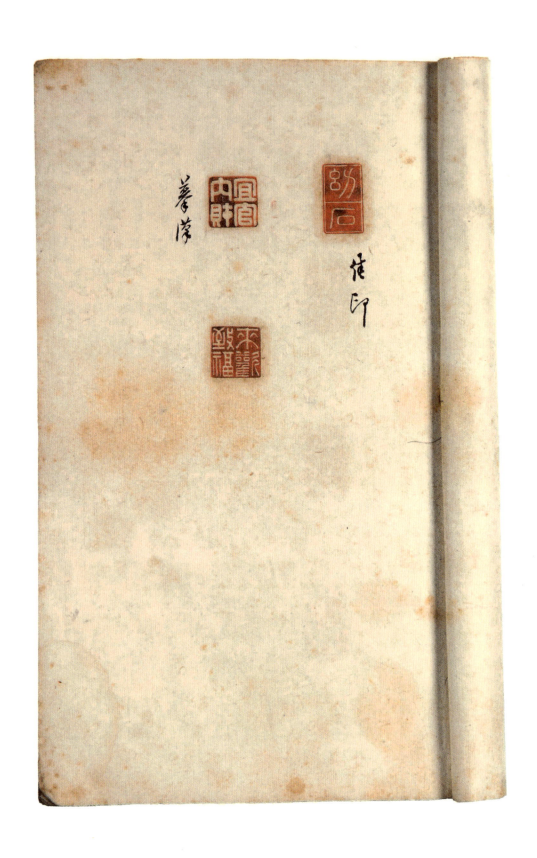

第256　胥芝塘鑄印不分卷　（清）胥倫治印

　　清鈐印本　濰坊市博物館

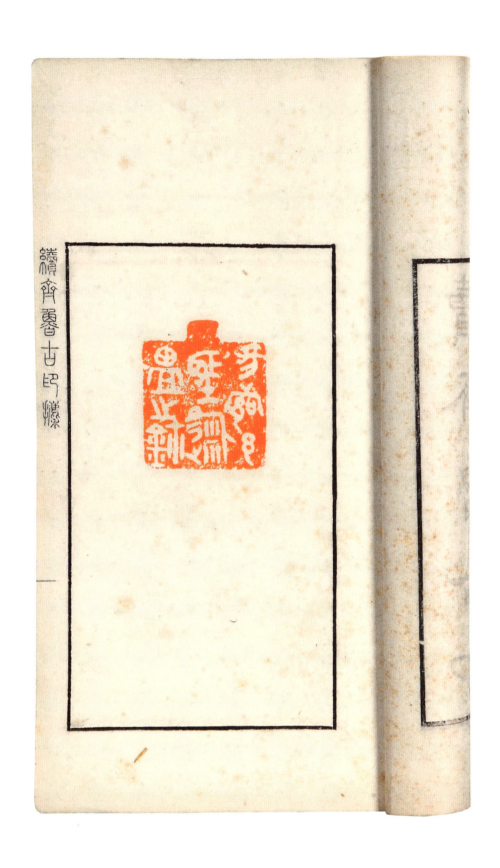

第257　續齊魯古印攈十六卷　（清）郭裕之輯

　　清光緒十八年（1892）刻鈐印本　濰坊市博物館

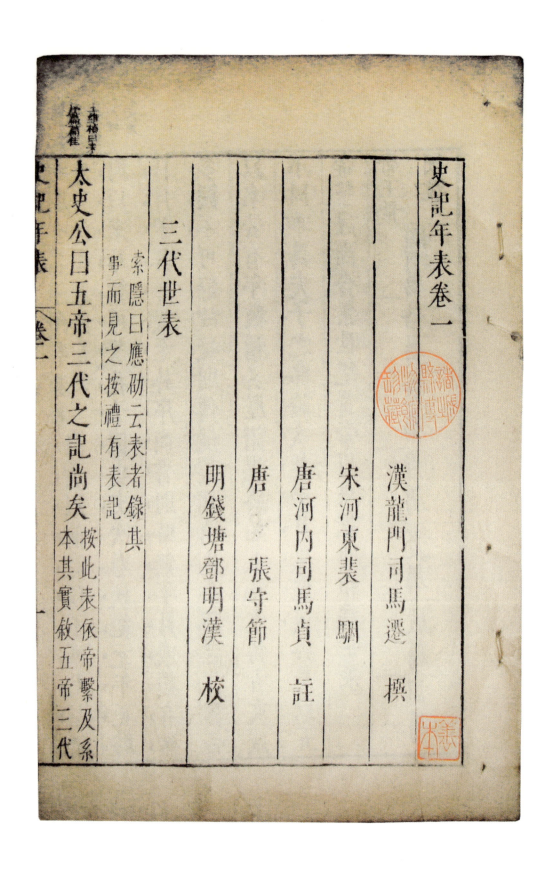

史記年表卷一

漢龍門司馬遷　撰

宋河東裴駰

唐河內司馬貞　註

唐　張守節

明錢塘鄧明漢　校

三代世表

索隱曰應劭云表者錄其
事而見之按禮有表記

太史公曰五帝三代之記尚矣
按此表依帝繫及系
本其實敘五帝三代

史記年表　卷一

第258　史記評林一百三十卷　（明）凌稚隆輯

明刻本　諸城市圖書館

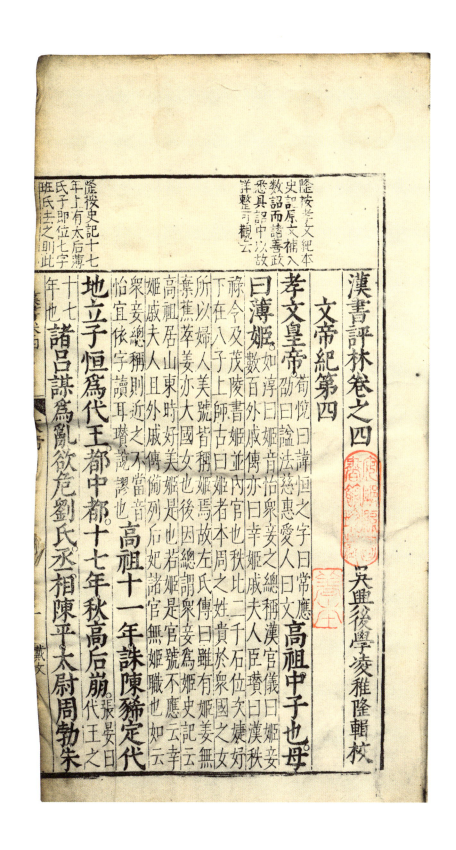

漢書評林卷之四

文帝紀第四

吳興後學凌稚隆輯校

孝文皇帝，荀悅曰諱恒之字曰常應劭曰諡法慈惠愛人曰文高祖中子也母曰薄姬。如淳曰姬音怡眾妾之總稱漢官儀曰姬妾數百外戚傳亦曰幸姬戚夫人臣瓚曰漢秋祿令及茂陵書姬并內官也秋比二千石位次婕妤蔡邕姜亦大國女也後因姬是官號不應云孝所以婦人美號皆稱姬也後因以為姬周之姓貴於眾國之女高祖居山東時好美姬是也若姬官號無不姬戚夫人且外戚傳倘列諸官妃姬職也如云眾妾總稱則近之不當音怡讀耳璎謇謬也怡宜依字讀之

高祖十一年誅陳豨定代張晏曰代王之地立子恒為代王都中都。十七年秋高后崩。諸呂謀為亂欲危劉氏丞相陳平太尉周勃朱

第259　漢書評林一百卷　　（明）凌稚隆輯

明萬曆九年（1581）凌稚隆刻本　安丘市博物館

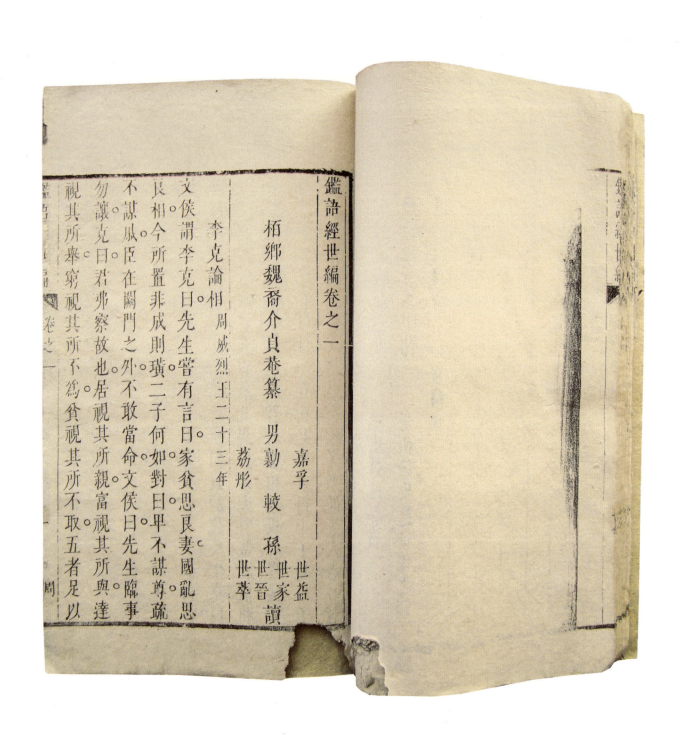

鑑語經世編卷之一

栢鄉魏裔介貞葊纂　　　　嘉孚
　　　男　勸　較　　　世益
　　　　　　　　　　　世家
　　　　荔彤　孫　世晉讀
　　　　　　　　世萃

李克論相　周威烈王二十三年

文侯謂李克曰先生嘗有言曰家貧思良妻國亂思
良相今所置非成則璜二子何如對曰卑不謀尊疏
不謀戚臣在闕門之外不敢當命文侯曰先生臨事
勿讓克曰君弗察故也居視其所親富視其所與達
視其所舉窮視其所不爲貧視其所不取五者足以

第260　鑑語經世編二十七卷　（清）魏裔介撰

清康熙十四年（1675）兼濟堂刻本　濰坊學院圖書館

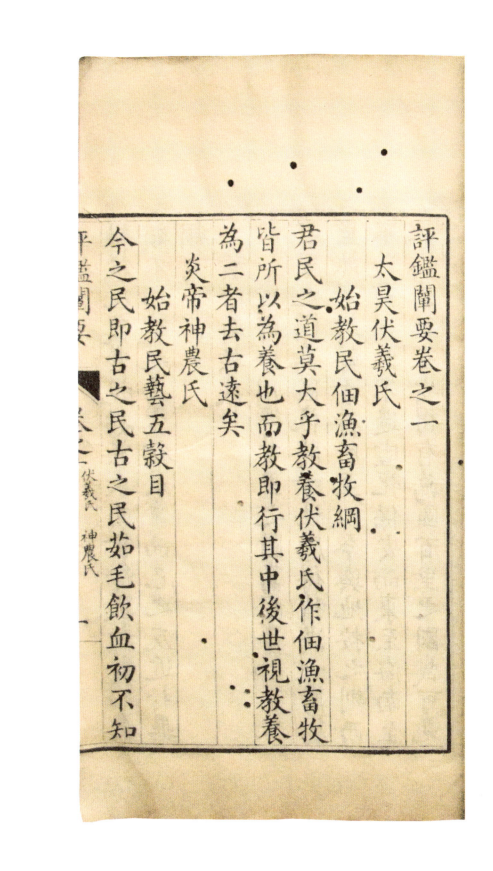

評鑑闡要卷之一

太昊伏羲氏

始教民佃漁畜牧綱

君民之道莫大乎教養伏羲氏作佃漁畜牧
皆所以為養也而教即行其中後世視教養
為二者去古遠矣

炎帝神農氏

始教民藝五穀目

今之民即古之民古之民茹毛飲血初不知

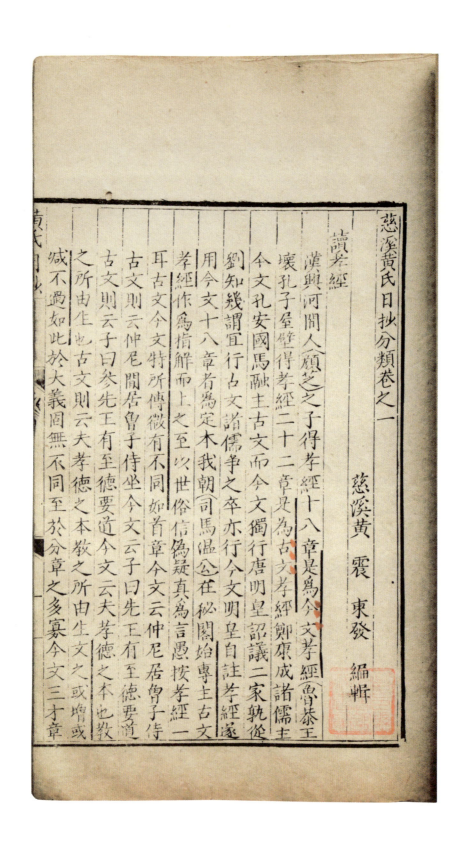

慈溪黃氏日抄分類卷之一

慈溪黃　震　東發　編輯

讀孝經

漢興河間人顏芝之子得孝經十八章是爲今文孝經魯共王壞孔子壁得孝經二十二章是爲古文孝經鄭康成諸儒主今文孔安國馬融主古文而今文獨行唐明皇詔議二家乾從劉知幾謂宜行古文諸儒爭之卒亦行今文明皇自註孝經遂用今文十八章者爲定木我朝司馬溫公在祕閣始專主古文孝經作爲指解而上之至以世俗信僞疑眞爲言愚按孝經一耳古文今文特所傳微有不同如首章今文云仲尼居曾子侍坐今文云仲尼居曾子侍古文則云仲尼閒居曾子侍坐今文云子曰先王有至德要道今文云子曰先王有至德要道古文則云子曰參先王有至德要道之所由生也古文則云夫孝德之本敎之所由生文之或增或減不過如此於大義固無不同至於分章之多寡今文三才章

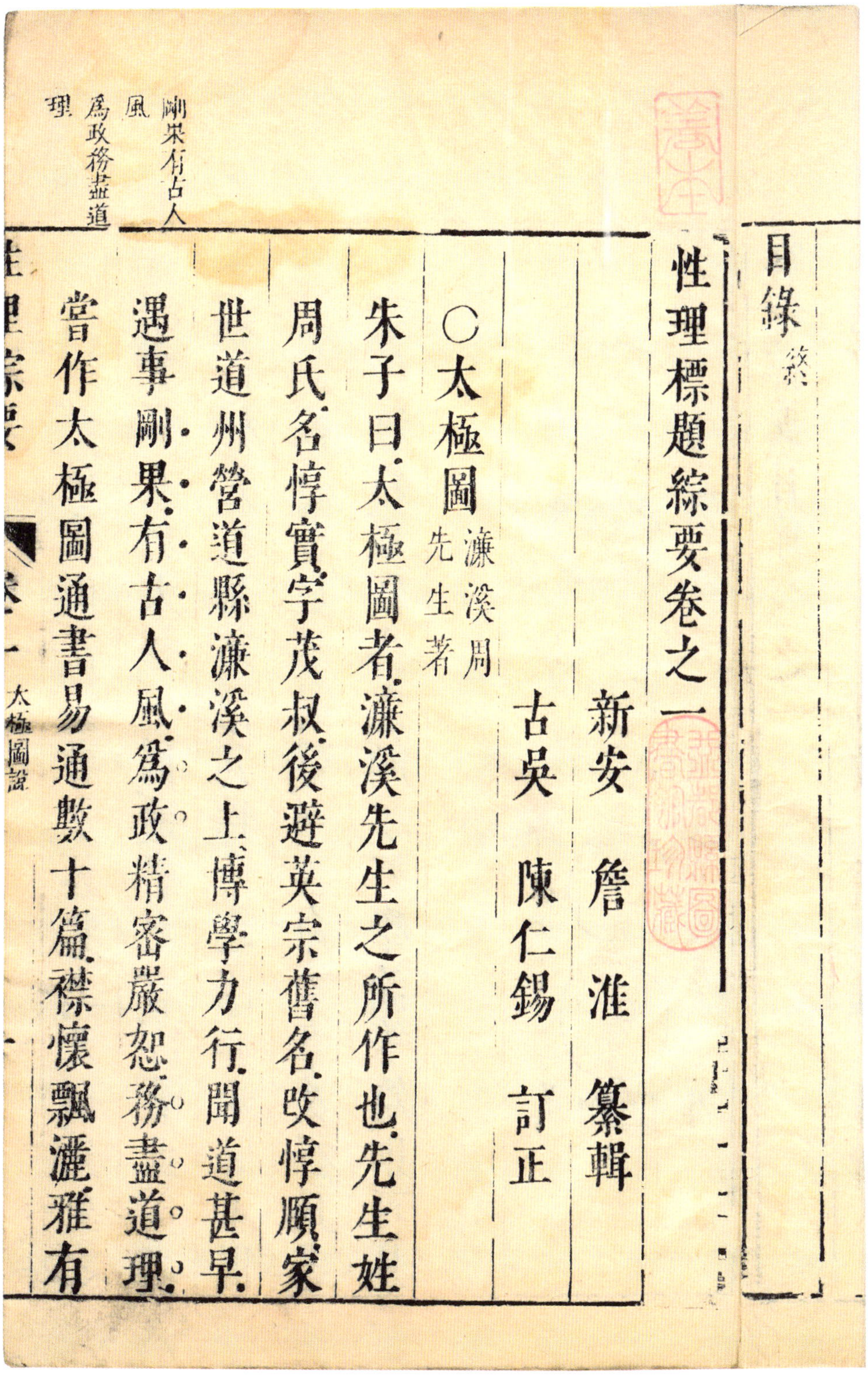

目錄終
性理標題綜要卷之一
新安　詹淮　纂輯
古吳　陳仁錫　訂正
○太極圖　濂溪周先生著
朱子曰太極圖者濂溪先生之所作也先生姓
周氏名惇實字茂叔後避英宗舊名改惇頤家
世道州營道縣濂溪之上博學力行聞道甚早
遇事剛果有古人風爲政精密嚴恕務盡道理
嘗作太極圖通書易通數十篇襟懷飄灑雅有
剛果有古人風
爲政務盡道理
性理綜要　卷一　太極圖說

第263　性理標題綜要二十二卷　（明）詹淮輯　（明）陳仁錫訂正

明崇禎刻本　青州市圖書館

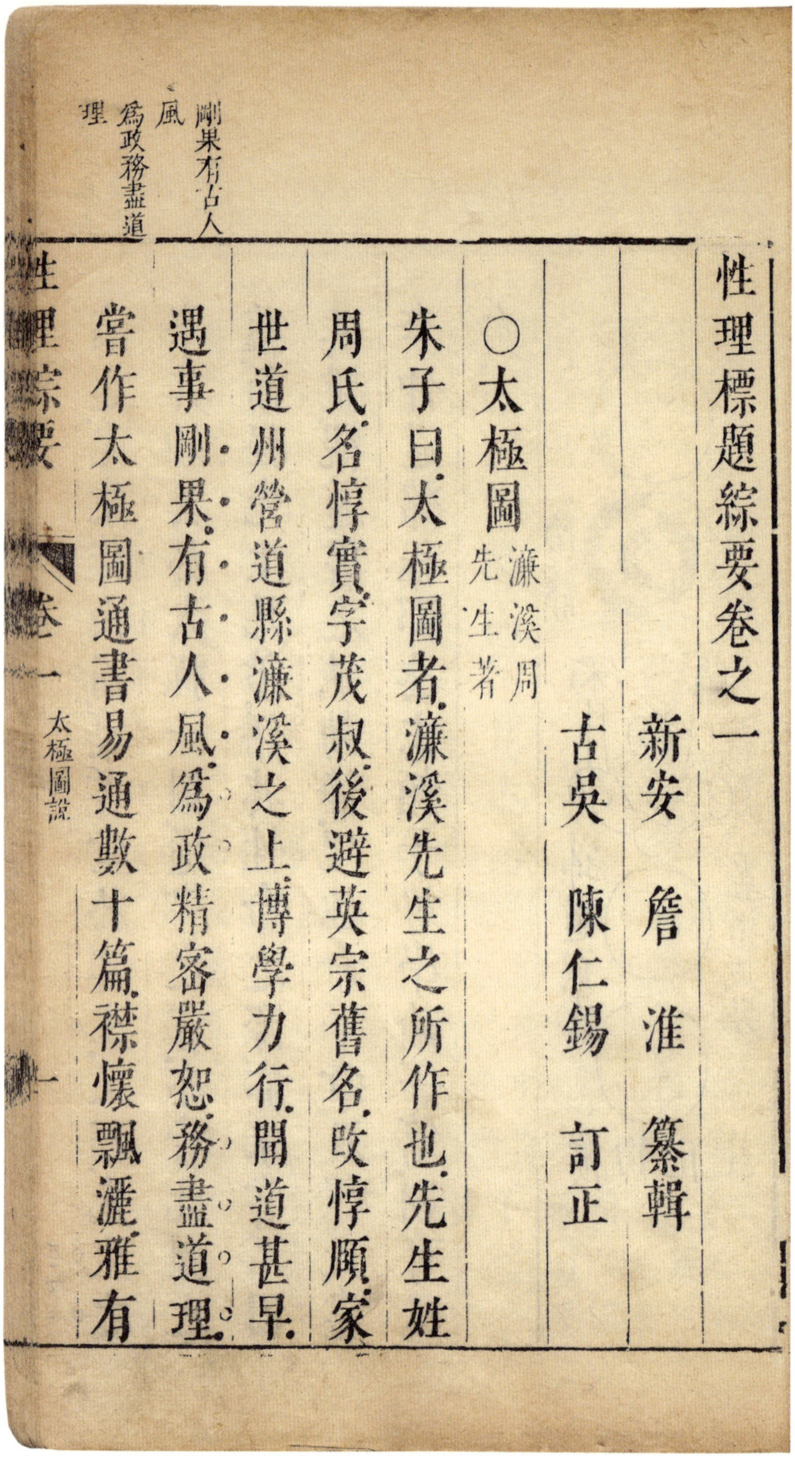

剛果有古人風
爲政務盡道理
性理標題綜要卷之一
新安　詹淮　纂輯
古吳　陳仁錫　訂正
○太極圖　濂溪周先生著
朱子曰太極圖者濂溪先生之所作也先生姓
周氏名惇實字茂叔後避英宗舊名改惇頤家
世道州營道縣濂溪之上博學力行聞道甚早
遇事剛果有古人風爲政精密嚴恕務盡道理
嘗作太極圖通書易通數十篇襟懷飄灑雅有
性理綜要　卷一　太極圖說　一

第264　性理標題綜要二十二卷　（明）詹淮輯　（明）陳仁錫訂正

明崇禎刻本　青州市博物館

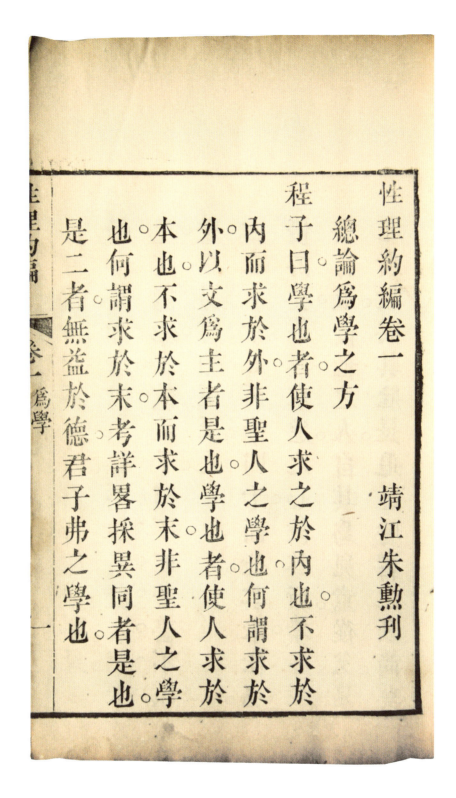

性理約編卷一　　靖江朱勳刊

總論爲學之方

程子曰學也者使人求之於內也不求於
外而求於外非聖人之學也何謂求於
外以文爲主者是也學也者使人求於
本也不求於本而求於末非聖人之學
也何謂求於末考詳畧採異同者是也。
是二者無益於德君子弗之學也。

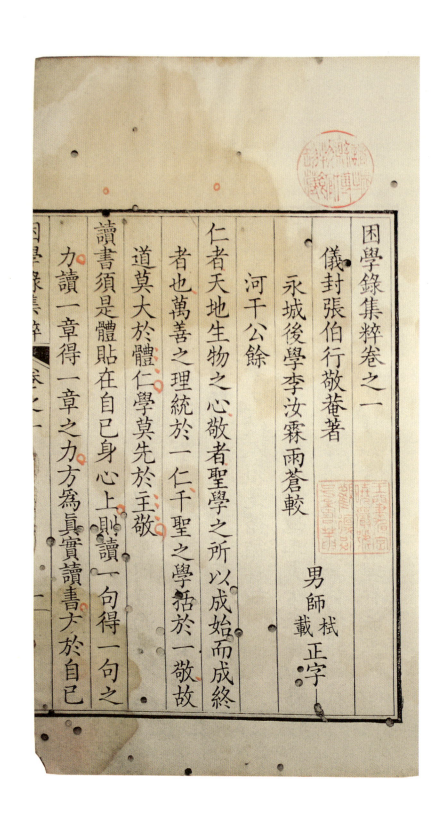

困學錄集粹卷之一

　儀封張伯行敬菴著

永城後學李汝霖兩蒼較

男師栻　正字
　師載

河干公餘

仁者天地生物之心敬者聖學之所以成始而成終
者也萬善之理統於一仁千聖之學括於一敬故
道莫大於體仁學莫先於主敬

讀書須是體貼在自已身心上則讀一句得一句之
力讀一章得一章之力方為真實讀書大於自已

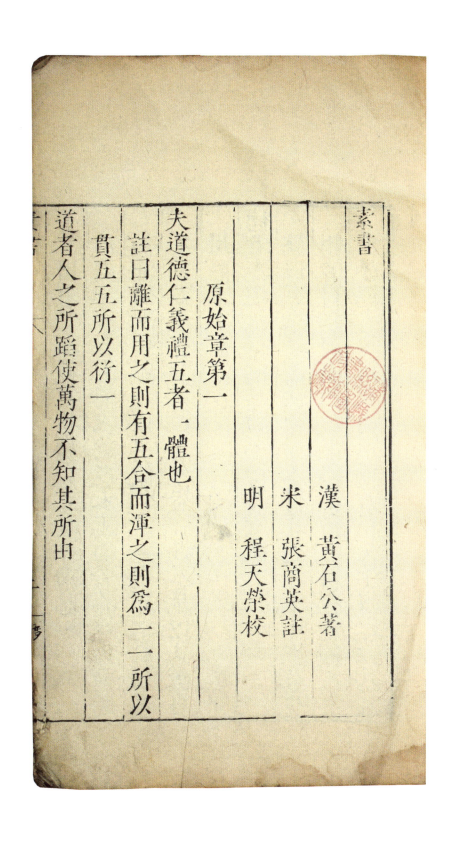

素書

漢　黃石公著
宋　張商英註
明　程天榮校

原始章第一

夫道德仁義禮五者一體也

註曰離而用之則有五合而渾之則爲一所以
貫五五所以衍一

道者人之所蹈使萬物不知其所由

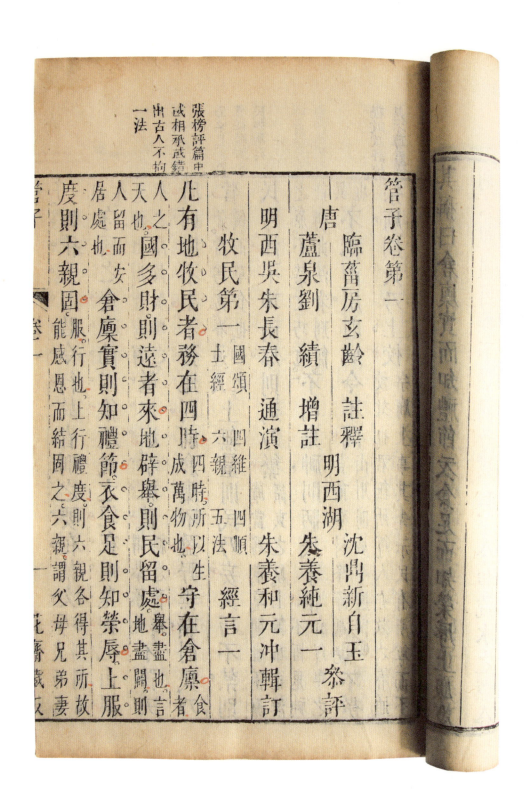

管子卷第一

臨舊房玄齡　　註釋　　　　　　沈罟新自玉　參評

唐蘆泉劉績　增註　　　明西湖　朱養純元一

明西吳朱長春　通演　　　　　　朱養和元冲輯訂

牧民第一　士經　國頌　四維　四順　六親　五法

凡有地牧民者務在四時　成萬物也　舉盡地言　守在倉廩者　食

人之國多財則遠者來地辟舉則民留處地盡關則

天也　居處也　服行也上行禮度則六親各得其所故

人留而安倉廩實則知禮節衣食足則知榮辱上服

度則六親固能感恩而結固之六親謂父母兄弟妻

第268　管子二十四卷　　（唐）房玄齡注　　（明）劉績補注　　（明）張榜等評

明天啟五年（1625）朱養純花齋刻本　高密市圖書館

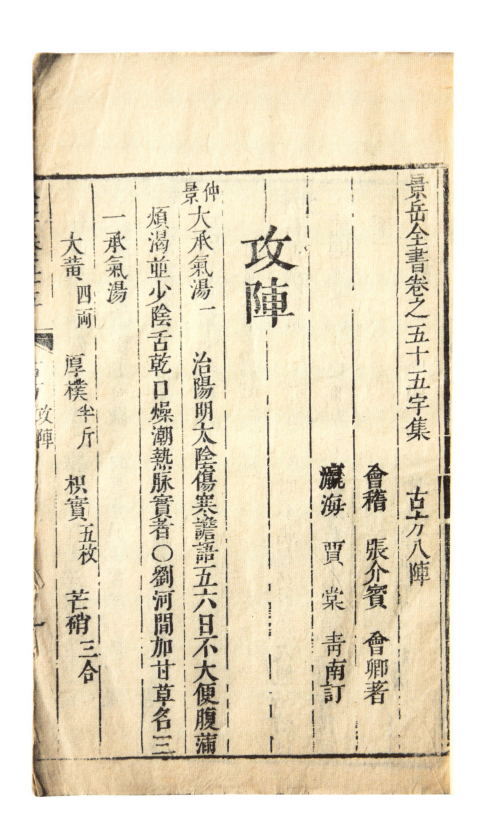

古人八陣

會稽　張介賓　會卿　著

瀛海　賈　棠　青南　訂

攻陣

仲景

大承氣湯一　治陽明太陰傷寒譫語五六日不大便腹滿

煩渴並少陰舌乾口燥潮熱脉實者○劉河間加甘草名三

一承氣湯

大黃四兩　厚樸半斤　枳實五枚　芒硝三合

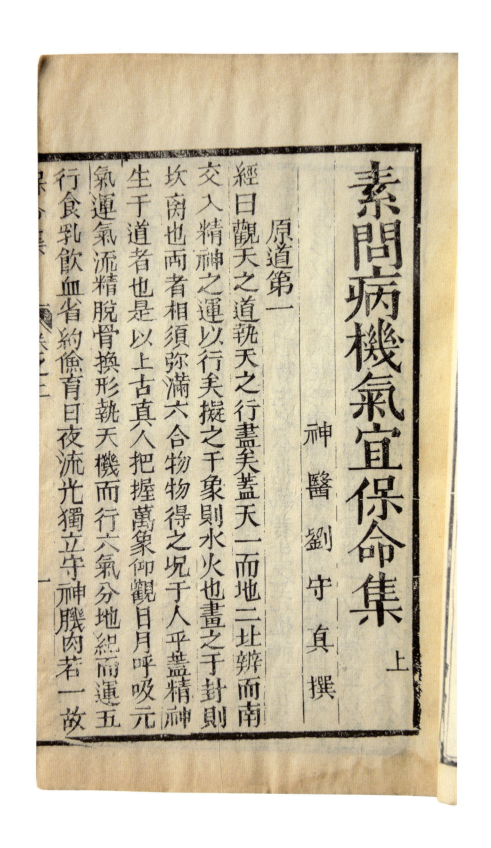

素問病機氣宜保命集 上

神醫劉守眞撰

原道第一

經曰觀天之道執天之行盡矣蓋天一而地二址辨而南交入精神之運以行矣擬之于象則水火也畫之于封則坎离也兩者相須弥滿六合物物得之坎于人乎蓋精神生于道者也是以上古眞人把握萬象御觀日月呼吸元氣運氣流精脫骨換形執天機而行六氣分地經而運五行食乳飲血省約儉育日夜流光獨立守神腠肉若一故

保命集　　卷之上　　一

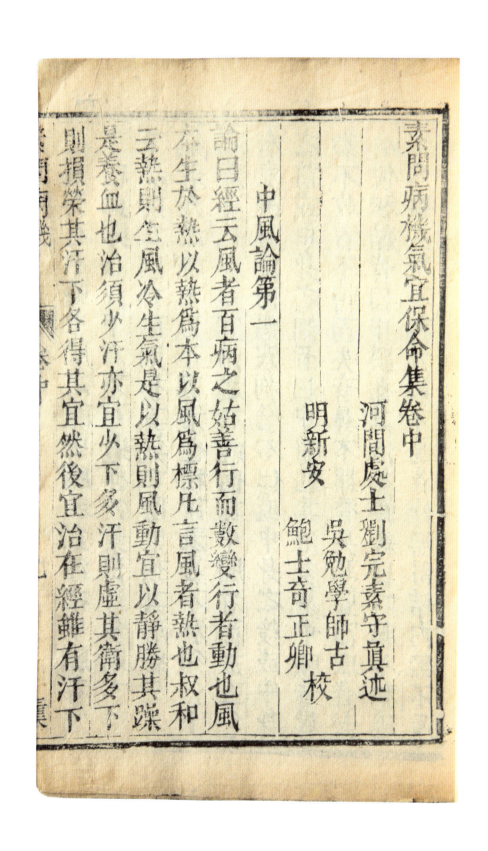

素問病機氣宜保命集卷中

河間處士劉完素守眞述

明新安

吳勉學師古校

鮑士奇正卿校

中風論第一

論曰經云風者百病之始善行而數變行者動也風本生於熱以熱爲本以風爲標凡言風者熱也故和云熱則生風冷生氣是以熱則風動宜以靜勝其躁是養血也治須少汗亦宜少下多汗則虛其衛多下則損其榮其汗下各得其宜然後宜治在經雖有汗下

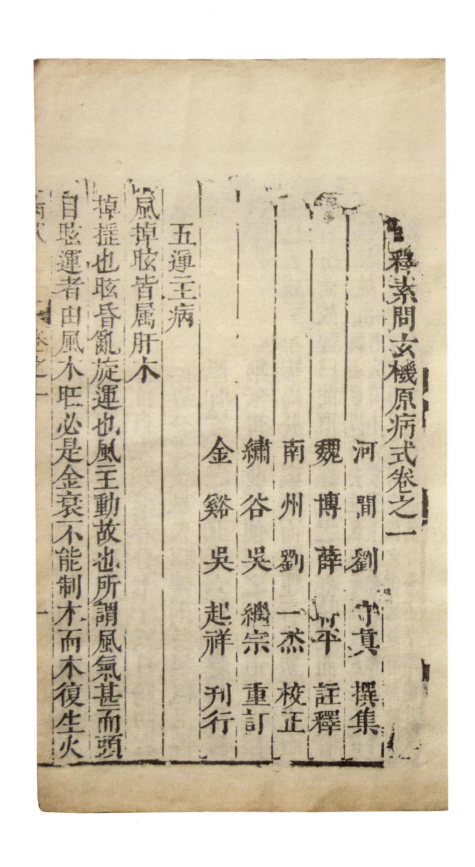

新刊註釋素問玄機原病式卷之一

河間　劉守眞　撰集

南州　劉一杰　校正

魏博　薛時平　註釋

繡谷　吳纘宗　重訂

金谿　吳起祥　刊行

五運主病

諸風掉眩皆屬肝木

掉搖也眩昏亂旋運也風主動故也所謂風氣甚而頭目眩運者由風木旺必是金衰不能制木而木復生火

第272　新刊註釋素問玄機原病式二卷　（金）劉完素撰　（元）薛時平注

明金谿吳起祥刻本　濰坊學院圖書館

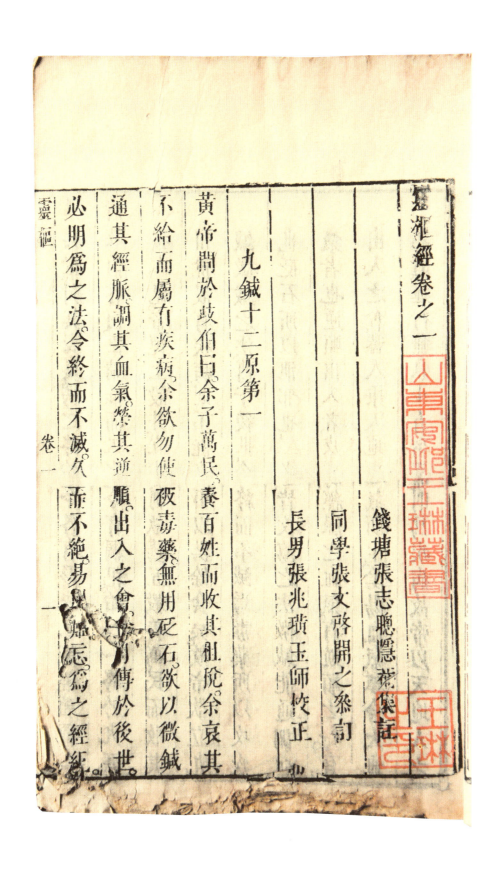

靈樞經卷之一

九鍼十二原第一

黃帝問於歧伯曰余子萬民養百姓而收其租稅余哀其不給而屬有疾病余欲勿使被毒藥無用砭石欲以微鍼通其經脈調其血氣營其逆順出入之會令可傳於後世必明為之法令終而不滅久而不絕易用難忘為之經紀

錢塘張志聰隱菴集注
同學張文啓開之參訂
長男張兆璜玉師校正

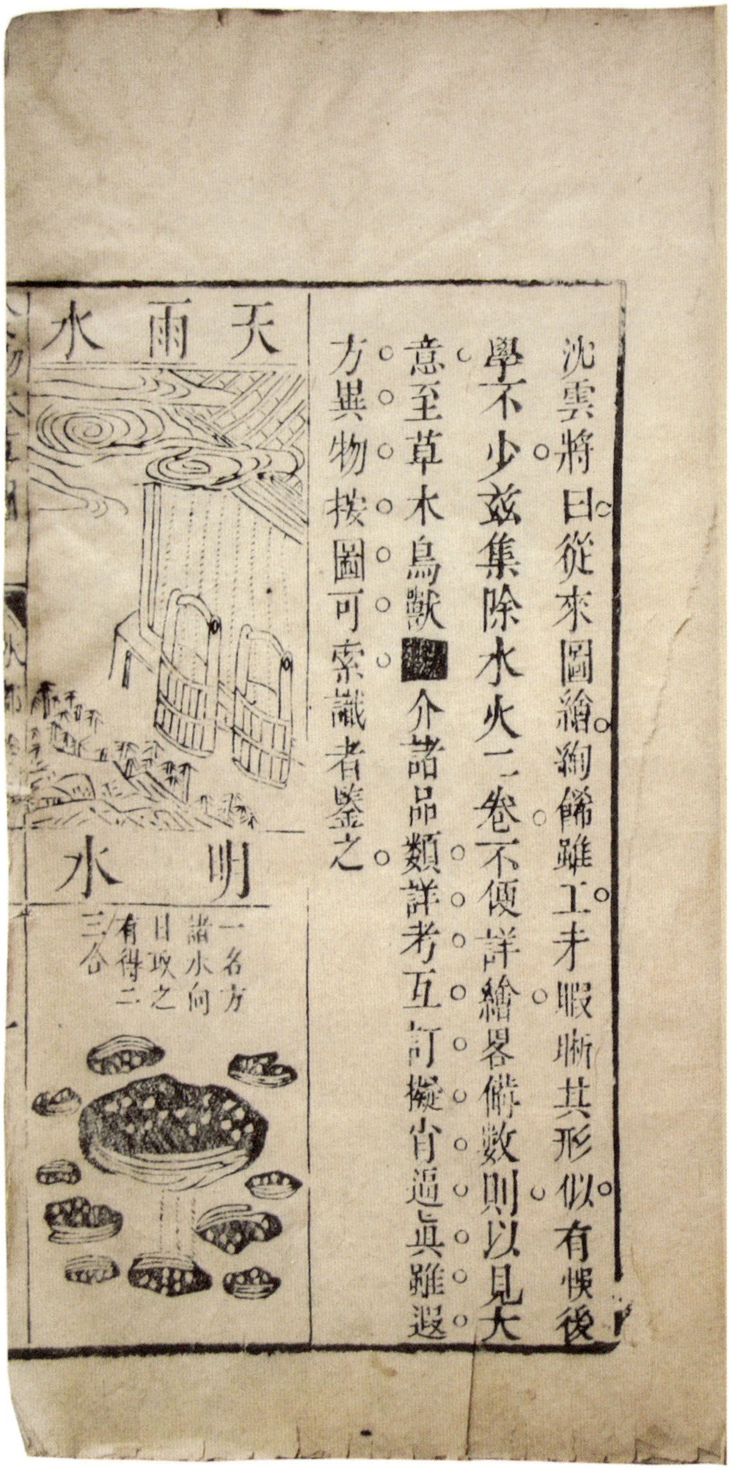

沈雲將曰從來圖繪絢儷雖工才暇晰其形似有慢後

學不少茲集除水火二卷不便詳繪器備數則以見大

意至草木鳥獸介諸品類詳考互訂擬肖逼真雖遲

方異物按圖可索識者鑒之

天雨水

明水

第274　食物本草會纂十二卷　（清）沈李龍撰

清乾隆四十八年（1783）金閶書業堂刻本　青州市圖書館

白茅根　白鮮皮　延胡索　落得打　開金鎖　冬蟲夏草
錦地羅　本仙根

草部　山草類

人參　大補元氣生陰血亦瀉虛火

甘溫微苦大補肺中元氣〔李東垣用藥法象曰肺主氣肺氣旺則臟腑之氣皆旺精自生而形自盛十劑曰補可去弱人參羊肉之類也人參補氣羊肉補形虛而生熱得甘溫以益元氣而虛熱自退故亦謂之瀉李東垣曰參芪甘草瀉火之聖藥按煩勞則〕除煩生津止渴開心益智〔心氣虛則〕瀉火東垣曰〔參芪甘草〕安精神定魂魄止驚悸通血脉〔行氣壯而胃自開氣和〕善思而聰耳明目〔多智而〕行則血破堅積稍化〔則消痰水行水消〕而食自化治虛勞內傷〔養正傷於七情六慾飲食作勞為內傷宜〕祛邪如發熱證外感則發熱無間內傷則時熱時止惡寒暑濕燥火為外感宜〕外感雖絮火不除內傷則得暖便減頭痛證外感則常痛不〔

八參

草部

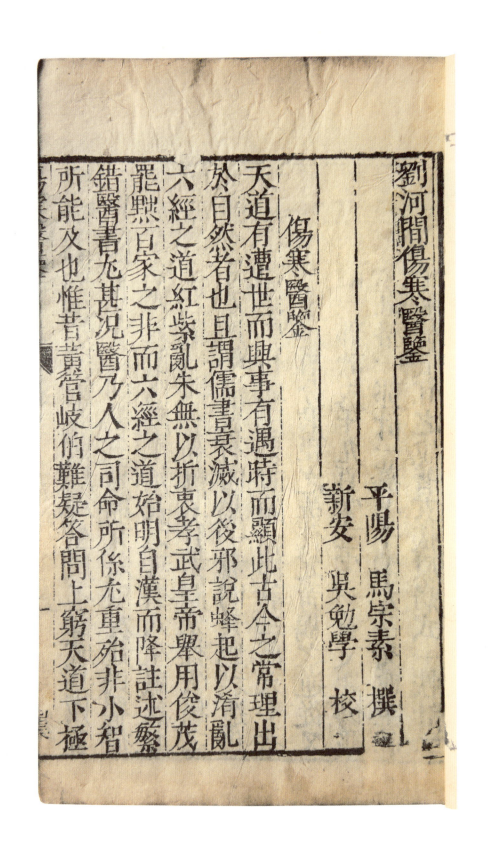

劉河間傷寒醫鑒

平陽　馬宗素　撰

新安　吳勉學　校

傷寒醫鑒

天道有遭世而與事有遇時而顯此古今之常理出
於自然者也且謂儒書豈衰滅以後邪說蜂起以淆亂
六經之道紅紫亂朱無以折衷孝武皇帝舉用俊茂
罷黜百家之非而六經之道始明自漢而降註述鑒
錯醫書尤甚況醫乃人之同命所係尤重殆非小智
所能及也惟昔黃管岐伯難疑答問上窮天道下極

傷寒懸解卷一

昌邑黃元御坤載著　　　　長沙徐樹銘校栞

脈法上篇

微妙在脈不可不察素問凡虛實之變遷寒熱之消長表
裏之進退陰陽之勝復氣機一動無不形之於脈而太陰
行氣於三陰陽明行氣於三陽素問藏病則取之於寸口
寸口手太陰之脈在府病則取之於衝陽衝陽脈在足次指陷之
手太指魚際之下
谷之寸口在手衝陽在足手足之動脈氣原於經絡而神
遍於藏府故精於脈者不徒上池之水而操隔垣之明仲
景脈法大含二元氣纖入無倫文字隱深義理奧衍較之六
經病證更爲難解所謂微妙而元通也呂覽有言精而熟
之神將告之非神將告之也精而熟之仲景脈法
之神將告之非神將告之也精而熟

衛生易簡方卷之一

諸風

治中風不語手足不隨口眼喎斜鼻流清涕頭旋
眩言語澁滯心胸痰積口中涎水手足頑痺腰膝疼
痛久立不得頭痛尤甚攻耳成膿而聾又衝眼赤及
骨節風遠腕風腎臟風胎風頭風暗風心風大風白
癜風并膈氣冷熱諸氣等證並皆治之用威靈仙一
味冬三月丙丁戊巳日採洗淨焙乾為末好酒和令
微濕入竹筒內牢塞口九蒸九曝如乾添酒重灑之
以白飯和搗為圓如梧桐子大每服二十九至三十

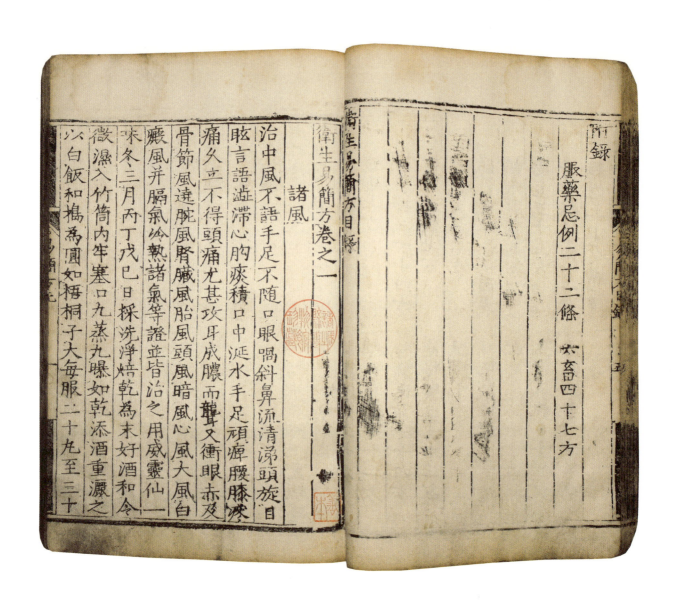

第278　衛生易簡方十二卷　　（明）胡濙撰

明嘉靖四十一年（1562）刻本　諸城市圖書館

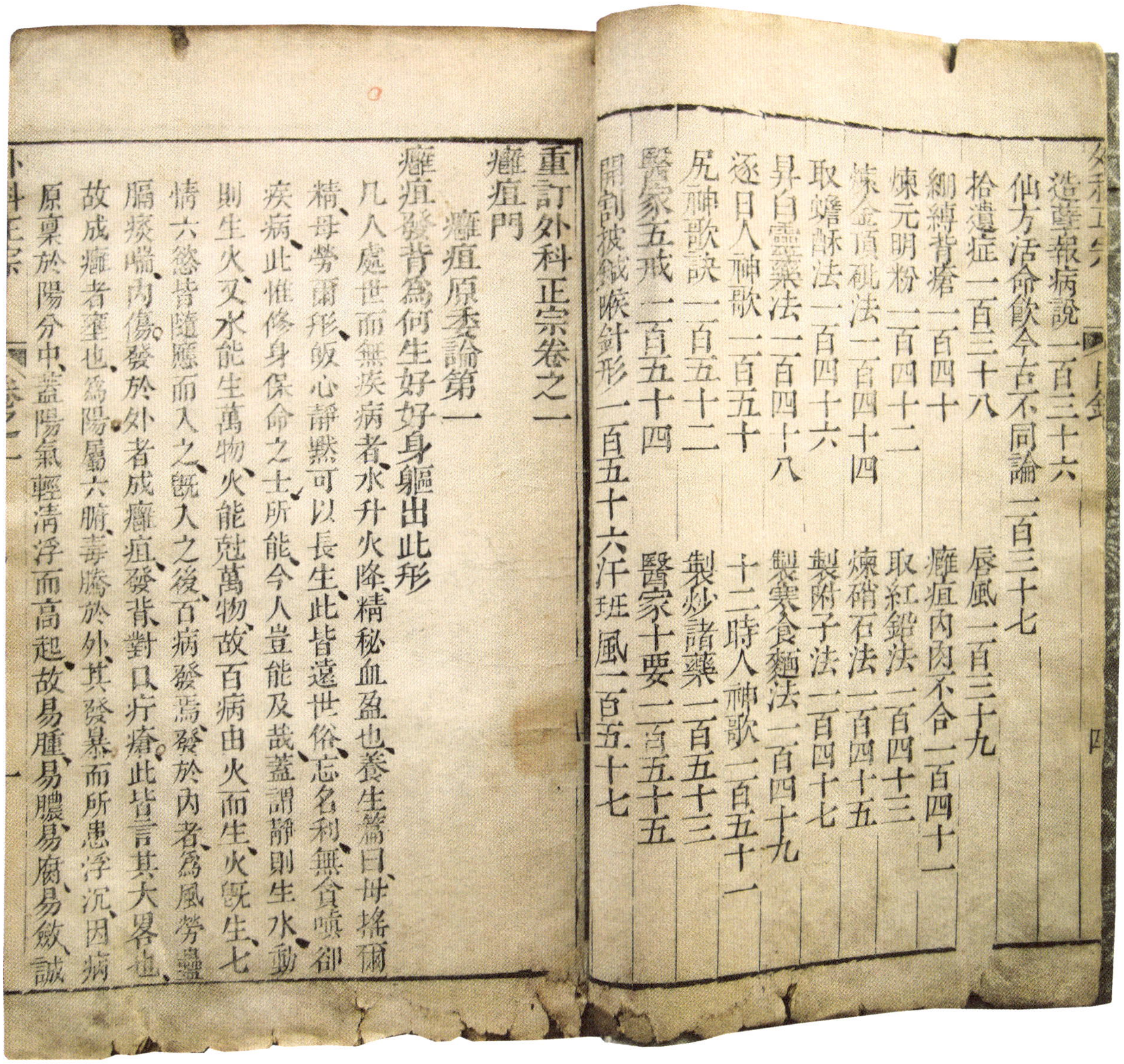
造孽報病說一百三十六
仙方活命飲今古不同論一百三十七
拾遺症一百三十八　唇風一百三十九
綑縛背瘡一百四十　癰疽內肉不合一百四十一
煉元明粉一百四十二　取紅鉛法一百四十三
煉金頂砒法一百四十四　煉硝石法一百四十五
取蟾酥法一百四十六　製附子法一百四十七
升白靈藥法一百四十八　製寒食麵法一百四十九
逐日人神歌一百五十　十二時人神歌一百五十一
尻神歌訣一百五十二　製炒諸藥一百五十三
醫家五戒一百五十四　醫家十要一百五十五
開割披鍼喉針形一百五十六　汗斑風一百五十七

重訂外科正宗卷之一
癰疽門
癰疽原委論第一
癰疽發背爲何生好好身軀出此形
凡人處世而無疾病者水升火降精秘血盈也養生篇曰毋搖爾精毋勞爾形皈心靜默可以長生此皆遠世俗忘名利無貪嗔卻疾病此惟修身保命之士所能今人豈能及哉蓋謂靜則生水動則生火又水能生萬物火能尅萬物故百病由火而生火既生七情六慾皆隨應而入之既入之後百病發焉發於內者爲風勞蠱膈痰喘內傷發於外者成癰疽發背對口疔瘡此皆言其大畧也故成癰者壅也爲陽屬六腑毒騰於外其發暴而所患浮沉因病原禀於陽分中蓋陽氣輕清浮而高起故易腫易膿易腐易斂誠
外科正宗　卷之一　一

第279　重訂外科正宗十二卷　（明）陳實功撰　（清）朱德敷輯
清乾隆四十五年（1780）刻本　潍坊學院圖書館

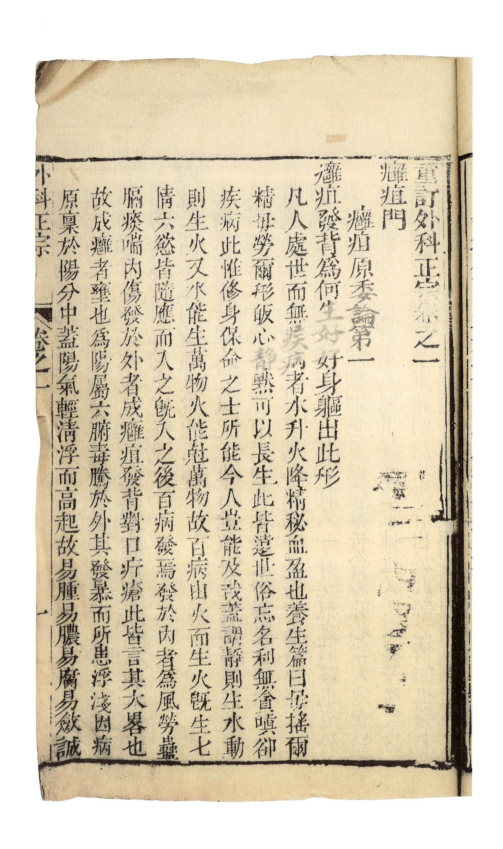

重訂外科正宗卷之二

癰疽門

癰疽原委論第一

癰疽發背為何生好好身軀出此形

凡人處世而無疾病者水升火降精秘血盈也養生篇曰安搖爾

精母勞爾形飯心靜默可以長生此皆蓋蕆世俗忘名利無貪嗔卻

疾病此惟修身保命之士所能令人豈能及爰蓋謂靜則生水動

則生火又水能生萬物火能尅萬物故百病由火而生火既生七

情六慾皆隨應而入之既入之後百病發焉發於內者為風勞蠱

膈瘓喘肉傷發於外者成癰疽發背對口疔瘡此皆言其大暑也

故成癰者癰也發於陽屬六腑毒騰於外其發暴而所患浮淺因病

原稟於陽分中蓋陽氣輕清浮而高起故易腫易膿易腐易歛誠

外科正宗　卷之二　一

第280　重訂外科正宗十二卷　（明）陳實功撰　（清）張篤翼重訂

清乾隆五十二年（1787）刻本　濰坊市圖書館

濟陰綱目卷之一

關中　武之望叔卿父輯著，　錢塘　張志聰隱菴父訂正

西陵　汪淇憺漪子箋釋　天都　查　望于周父參閱

○調經

○論經主衝任二脉、

○論經主衝任二脉

民方論曰岐伯云女子七歲腎氣盛齒更髮長二七而天癸至任脉通太衝脉盛月事以時下天謂天真之氣癸謂壬癸之水故云天癸也然衝爲血海任主胞胎二脉流通經血漸盈應府而下常以三旬一見以象月盈則虧也若遇經行最宜謹慎否則與產後症相類若被驚恐勞役則血氣錯亂經脉不行多致勞瘵等疾若逆於頭面肢體之間則重痛不寧若怒氣傷肝則頭暈脇痛嘔血

任脉主任一身之陰血室太衝屬陽明爲血之海故發氣盛則血海滿而月事

常也然有大之過天此其者爲一小會也三旬一見

濟陰綱目　《卷一　調經》　一

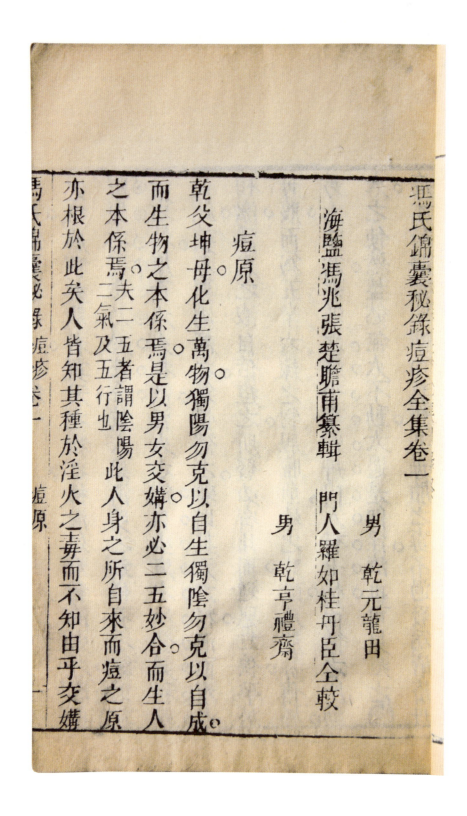

馮氏錦囊秘錄痘疹全集卷一

海鹽馮兆張楚瞻甫纂輯　　門人羅如桂丹臣全較

男　乾元龍田

男　乾亨禮齋

痘原

乾父坤母化生萬物獨陽勿克以自生獨陰勿克以自成。

而生物之本係焉是以男女交媾亦必二五妙合而生人

之本係焉夫二五者謂陰陽此人身之所自來而痘之原

亦根於此矣人皆知其種於淫火之毒而不知由乎交媾

馮氏錦囊秘錄痘疹卷一　　痘原

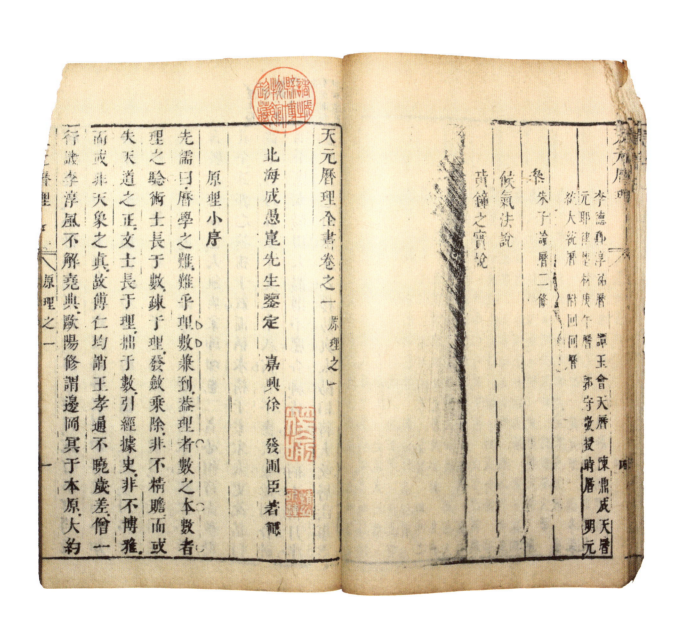

天元曆理全書卷之一「原理之一」

北海成愚崑先生鑒定

嘉興徐發囦臣著輯

原理小序

先需曰・曆學之難・難乎理數兼到・益理者數之本數者
理之賦術士長于數・疏于理・發斂乘除・非不精瞻・而或
失天道之正・文士長于理・拙于數・引經據史・非不博雅・
而或非天象之真・故傳仁均諸王孝通不曉歲差・僧一
行誚李淳風不解堯典・歐陽修謂邊岡冥于本原・大約

黃鐘之實說

候氣法說

朱子議曆二條

統大統曆 附回回曆

元耶律楚材庚午曆

李德卿淳祐曆　譚玉會天曆　陳鼎成天曆

郭守敬授時曆　明元

婺源江永著

歷學補論

勿菴先生歷學疑問三卷五十二章又補二卷二十四
章巳為歷法疏通源流指示深奧永觀味其書別有觸
悟隨筆識之或贅說於本書之旁或衍繹於本書之中
泰山河海無俟一勺聊自道其管蠡窺測云爾

論天地開闢

問天地固當有始如陳星川壤天地人三元之說一元有二千
四百一十九萬二千年▢當人元四百五十九萬二千餘年▢

第284　歷學八卷續歷學一卷　（清）江永撰　聖祖仁皇帝御製推步法五卷　（清）江永解

清鈔本　濰坊市圖書館

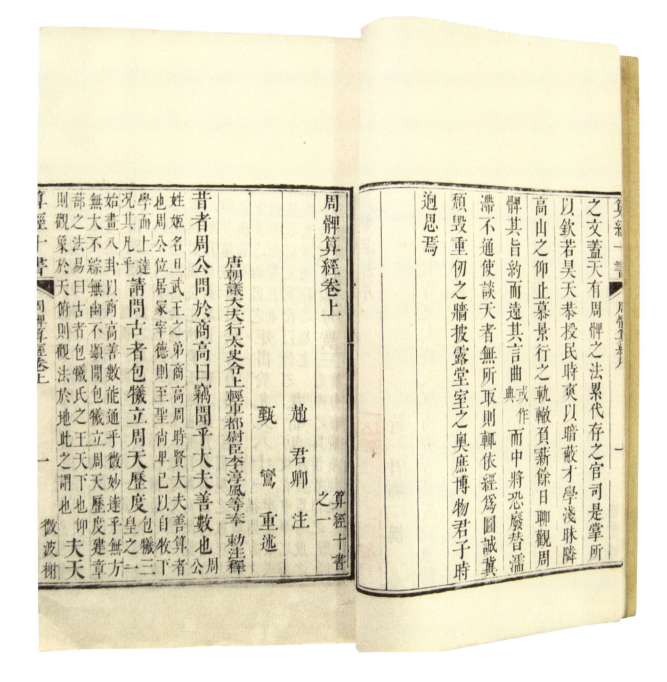

周髀算經卷上

算經十書
之一

趙君卿注

甄鸞重述

唐朝議大夫行太史令上輕車都尉臣李淳風等奉勅注釋

昔者周公問於商高曰竊聞乎大夫善數也周
公者姬姓名旦武王之弟商高周時賢大夫善
算者也周公位居冢宰德則至聖尙甲已以自牧下
況其凡乎請問古者包犧立周天歷度包犧三
皇之一始畫八卦以商高善數能通乎微妙達乎無方
無大不綜無幽不顯包犧立周天歷度建章
蔕之法易曰古者包犧氏之王天下也仰則
則觀象於天俯則觀法於地此之謂也夫天
微波榭

之文蓋天有周髀之法累代存之官司是掌所
以欽若昊天恭授民時爽以晻薇才學淺眛隆
高山之仰止慕景行之軌轍頁薪餘日聊觀周
髀其旨約而遠其言曲典或作而中將恐廢替濡
滯不通使談天者無所取則輒依經爲圖誠冀
頹毁重刓之牆披露堂室之奧庶博物君子時
迥思焉

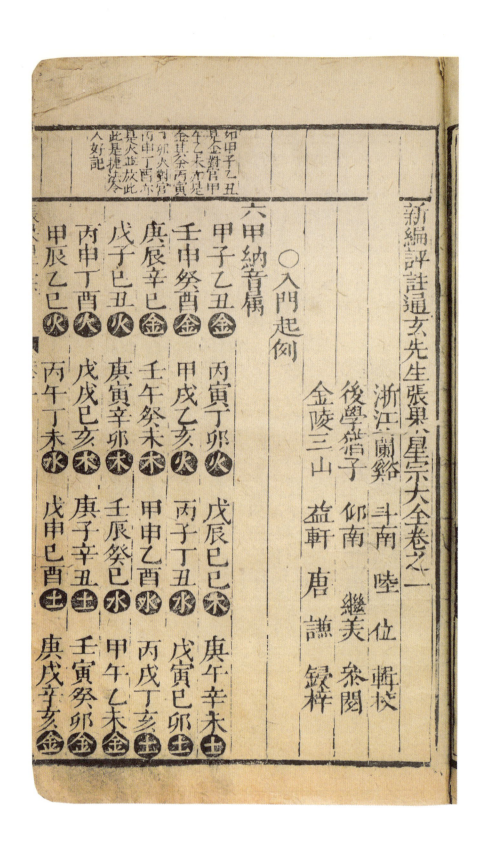

新編評註通玄先生張果星宗大全卷之一

浙江蘭谿　斗南　陸位　再校
後學猶子　仰南　繼美　參閱
金陵三山　益軒　唐謙　鋅梓

○入門起例

六甲納音屬

納甲子乙丑
是金對官甲
午乙未尤是
金其余倣寅

丁卯火對官
丙申丁酉尤
是火並故今
此是捷法令
入人好記

甲子乙丑 金　　丙寅丁卯 火　　戊辰己巳 木　　庚午辛未 土

壬申癸酉 金　　甲戌乙亥 火　　丙子丁丑 水　　戊寅己卯 土

庚辰辛巳 金　　壬午癸未 木　　甲申乙酉 水　　丙戌丁亥 土

戊子己丑 火　　庚寅辛卯 木　　壬辰癸巳 水　　甲午乙未 金

丙申丁酉 火　　戊戌己亥 木　　庚子辛丑 土　　壬寅癸卯 金

甲辰乙巳 火　　丙午丁未 水　　戊申己酉 土　　庚戌辛亥 金

第286　新編評註通玄先生張果星宗大全十卷　（題唐）張果撰　（明）陸位刪補

明萬曆二十二年（1594）金陵書林唐謙刻本　濰坊市圖書館

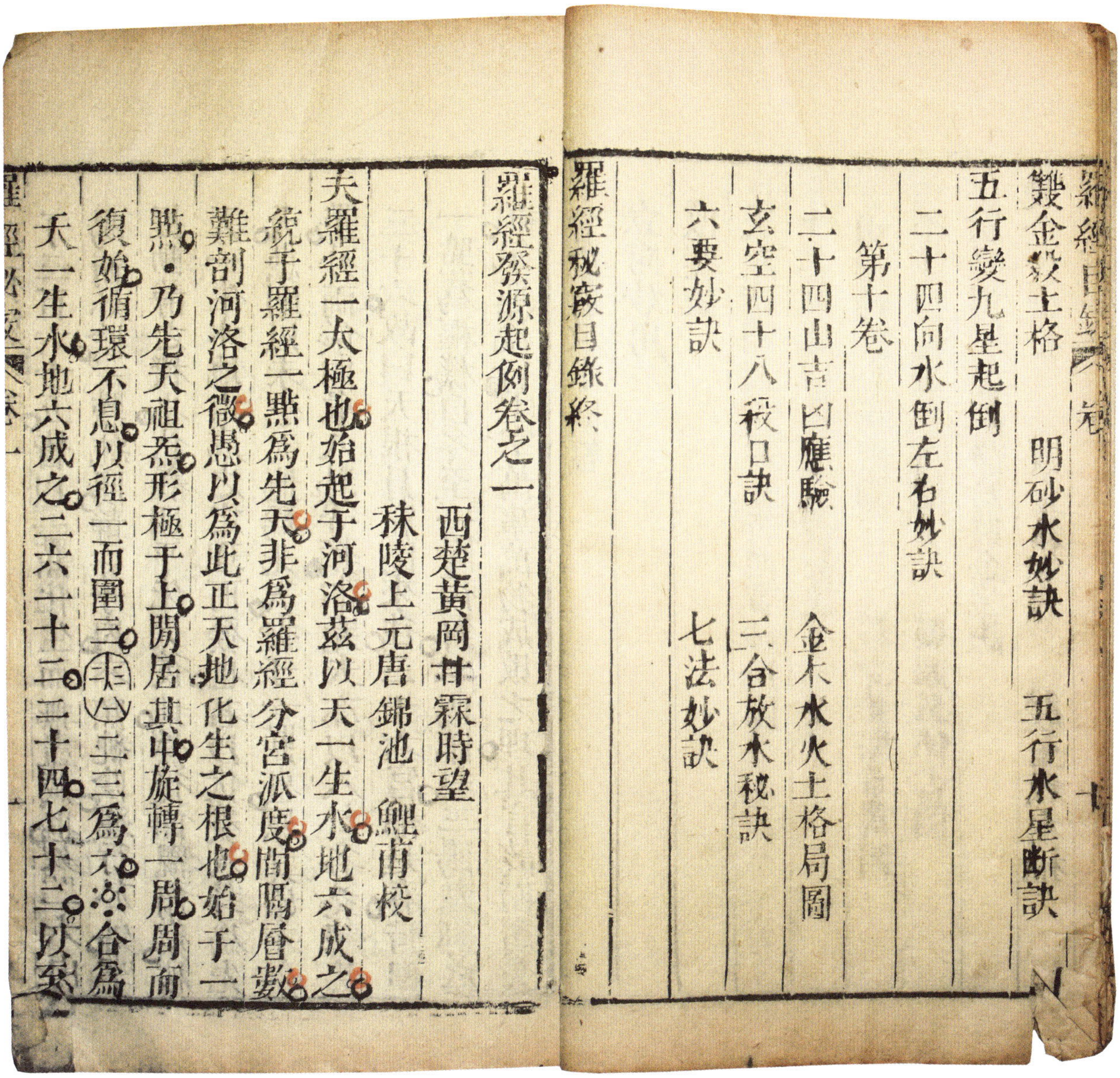

羅經目錄 卷
雙金殺土格　明砂水妙訣　五行水星斷訣
五行變九星起倒
二十四向水倒左右妙訣
第十卷
二十四山吉凶應驗　金木水火土格局圖
玄空四十八殺口訣　三合放水秘訣
六要妙訣　七法妙訣
羅經秘竅目錄終

羅經發源起例卷之一
西楚黄岡甘霖時望
秣陵上元唐錦池　鯉甫校
夫羅經一太極也始起于河洛茲以天一生水地六成之
統于羅經一點爲先天非爲羅經分宮派度間闊曆數
難剖河洛之微愚以爲此正天地化生之根也始于一
點乃先天祖炁形極于上開居其中旋轉一周周而
復始循環不息以經一而圖三天地人三三爲太極合爲
天一生水地六成之二六一十二二十四七十二以寂
羅經秘竅　卷一

第287　五種秘竅全書十二卷　（明）甘霖撰　（明）梁廷棟校

明末梁廷棟刻本　諸城市圖書館

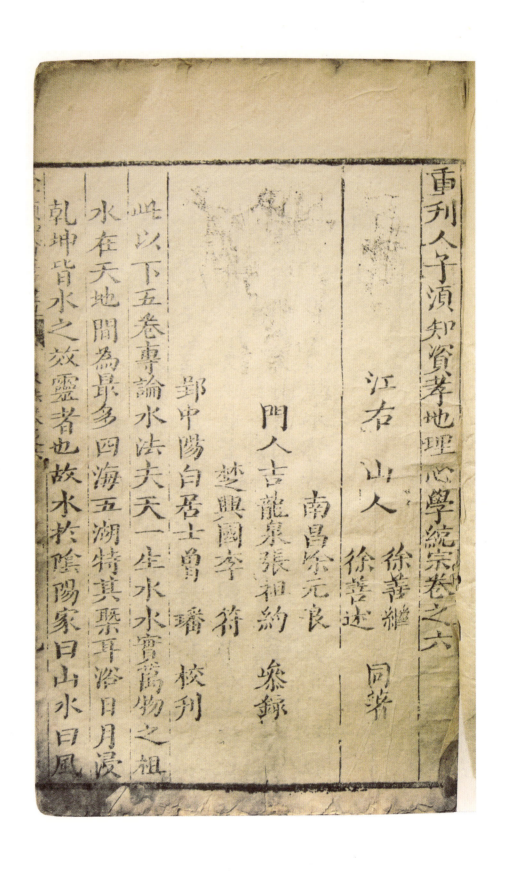

重刊人子須知資孝地理心學統宗卷之六

江右　山人　徐善繼　繼

　　　　　　　徐善述　同纂

門人吉龍泉張祖約　纂錄

南昌徐元良

楚興國李　符

鄞中陽白君士曾　璠　校刊

此以下五卷專論水法夫天一生水水實為物之祖

水在天地間為最多四海五湖特其聚耳浴日月浸

乾坤皆水之效靈者也故水於陰陽家曰山水曰風

第288　重刊人子須知資孝地理心學統宗三十九卷　（明）徐善繼、徐善述撰　（明）曾璠校

明萬曆十一年（1583）曾璠刻本　濰坊學院圖書館

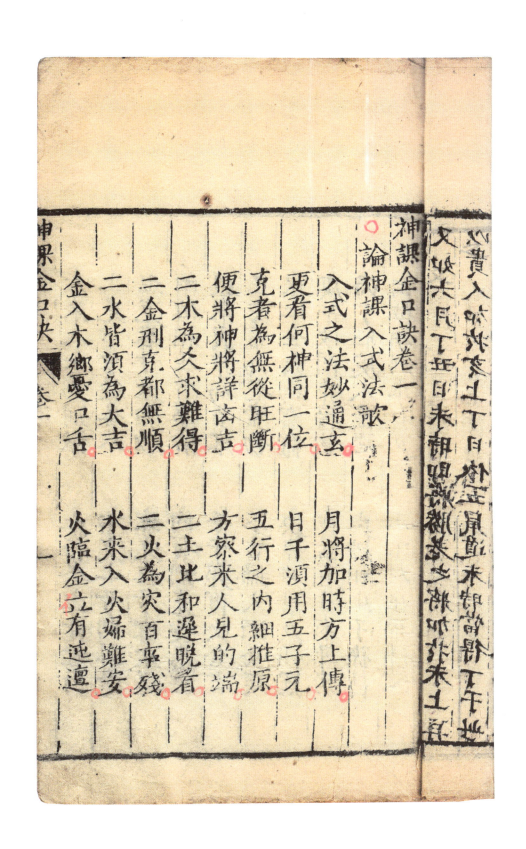

神課金口訣卷一

論神課入式法歌

入式之法妙通玄

更看何神同一位

克者為無從旺斷

便將神將詳高吉

二木為久求難得

二金刑克都無順

二水皆須為大吉

金入木鄉憂口舌

月將加時方上傳

日干須用五子元

五行之內細推原

方察来人兒的端

二土比和遲晚着

二火為災百事殘

水来入火嫌難安

火臨金位有迍邅

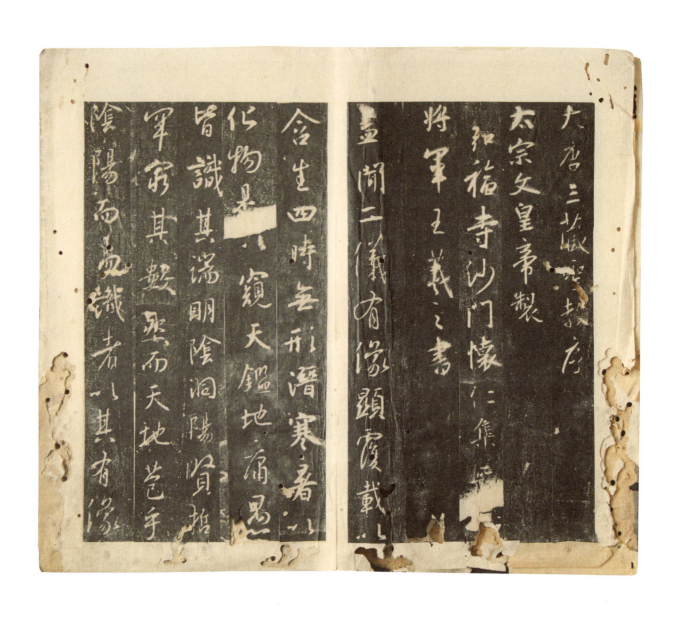

第290　大唐三藏聖教序一卷　　（唐）太宗李世民撰　　（唐）釋懷仁集　　（晉）王羲之書

舊拓本　昌邑市圖書館

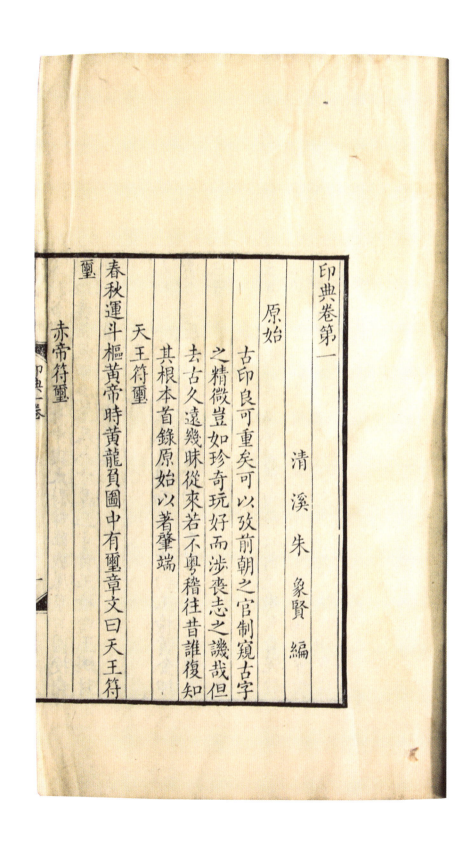

印典卷第一

清溪　朱象賢　編

原始

古印良可重矣可以攷前朝之官制窺古字
之精微豈如珍奇玩好而涉喪志之譏哉但
去古久遠幾昧從來若不粵稽往昔誰復知
其根本首錄原始以著肇端

天王符璽

春秋運斗樞黃帝時黃龍負圖中有璽章文曰天王符
璽

赤帝符璽

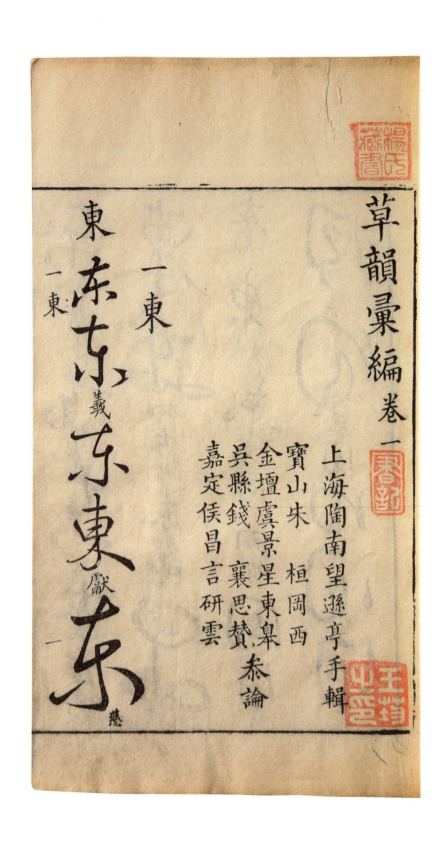

草韻彙編卷一

上海陶南望遜亭手輯
寶山朱桓岡西
金壇虞景星東皋
吳縣錢襄思賛　泰論
嘉定侯昌言研雲

一東

一東

一東

東東東東東東東
義　獻

第292　草韻彙編二十六卷　（清）陶南望輯

清乾隆十九年（1754）南邨草堂刻本　子部藝術類書畫　濰坊學院圖書館

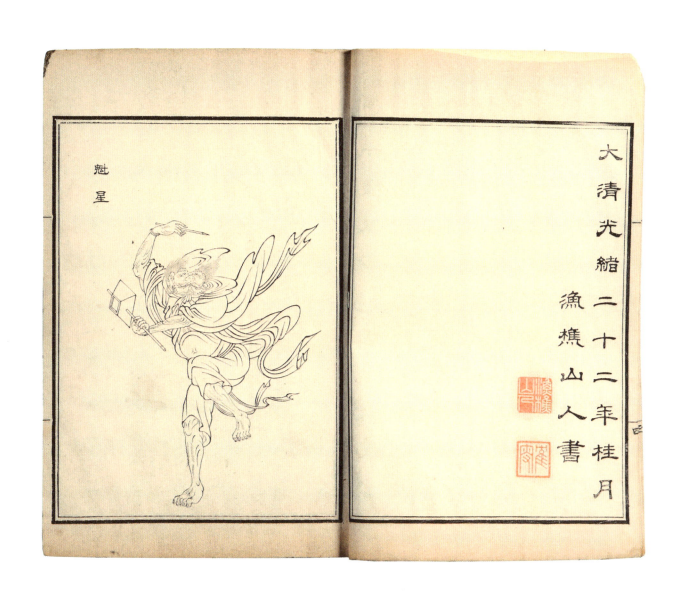

魁星

大清光緒二十二年桂月

漁樵山人書

第293　歷代畫像傳四卷　（清）丁善長撰

清光緒二十二年（1896）刻本　濰坊市博物館

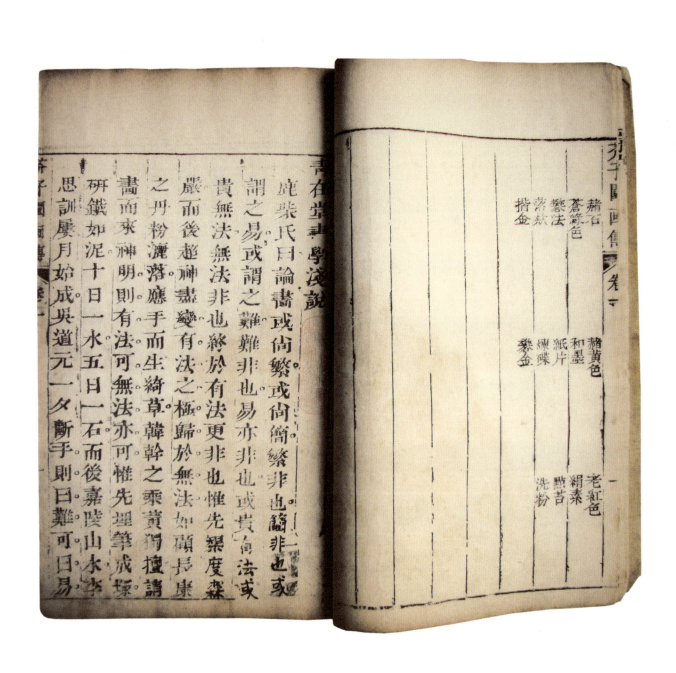

思訓屢月始成吳道元一夕斷手則曰難可曰易
研鐵如泥十日一水五日一石而後嘉陵山水卒
畫而來神明則有法可無法亦可惟先理筆成竹
嚴而後超神盡變有法之極歸於無法如顧長康
之丹粉灑滯手而生綺草韓幹之乘黃狗擅諸
貴無法無法非也終於有法更非也惟先矩度森
謂之易或謂之難易非也難非也或貴有法或
鹿柴氏曰論畫或尚繁或尚簡繁非也簡非也或
青在堂畫學淺說

赭石
蒼綠色
藤法
嫩綠
掭金

藤黃色
和墨
紙片
爛碟
染金

老紅色
絹素
黑苔
洗粉

第294　芥子園畫傳五卷　（清）王槩等編繪　（清）李漁論定

清康熙刻本　青州市圖書館

三三八

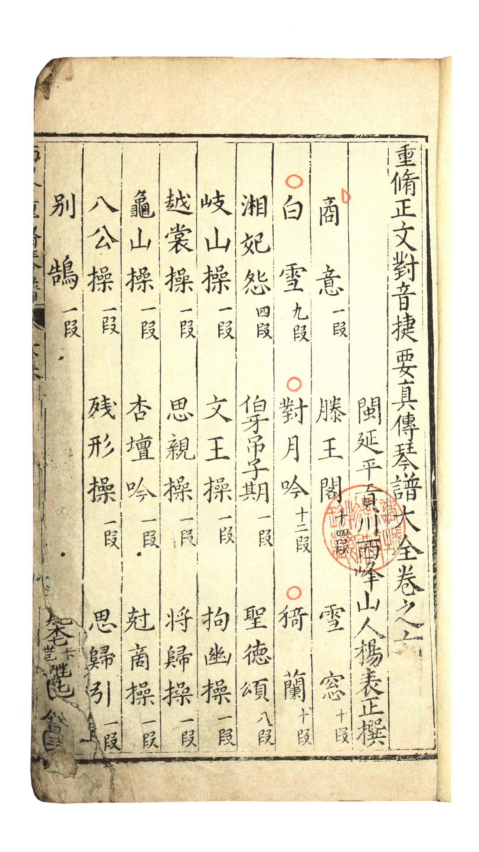

重修正文對音捷要真傳琴譜大全卷之二

閩延平貞川西峰山人楊表正撰

商意 一段　滕王閣 一段　雪窗 十段

○白雪 九段　對月吟 十二段　○猗蘭 十段

湘妃怨 四段　倅身吊子期 一段　聖德頌 八段

岐山操 一段　文王操 一段　拘幽操 一段

越裳操 一段　思親操 一段　將歸操 一段

龜山操 一段　杏壇吟 一段　赳商操 一段

八公操 一段　殘形操 一段　思歸引 一段

別鵠 一段

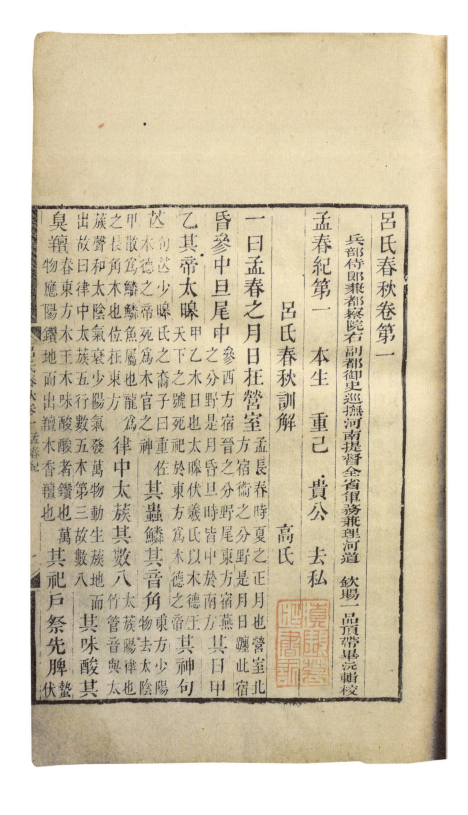

呂氏春秋卷第一

兵部侍郎兼都察院右副都御史巡撫河南提督全省軍務兼理河道　欽賜一品頂帶畢沅輯校

孟春紀第一

本生　重己　貴公　去私

呂氏春秋訓解

高氏

一曰孟春之月日在營室昏參中旦尾中其日甲乙其帝太皞其神句芒其蟲鱗其音角律中太蔟其數八其味酸其臭羶其祀戶祭先脾伏蟄……

第296　呂氏春秋二十六卷　（秦）呂不韋撰　（漢）高誘注　（清）畢沅輯校

清乾隆五十四年（1789）畢氏靈巖山館刻本　濰坊市圖書館

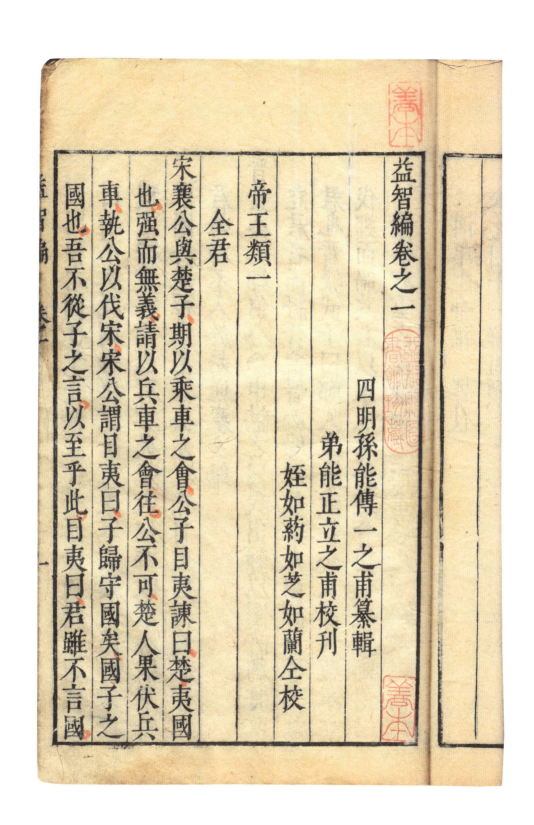

益智編卷之一

四明孫能傳一之甫纂輯

弟能正立之甫校刊

姪如藥如芝如蘭仝校

帝王類一

全君

宋襄公與楚子期以乘車之會公子目夷諫曰楚夷國也强而無義請以兵車之會往公不可楚人果伏兵車執公以伐宋宋公謂目夷曰子歸守國矣國子之國也吾不從子之言以至乎此目夷曰君雖不言國

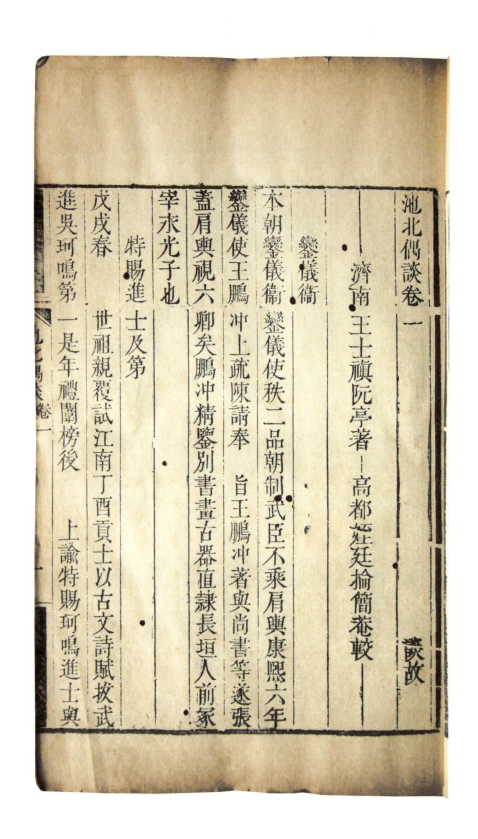

池北偶談卷一

濟南　王士禛阮亭著

高都莛廷掄簡荅較

戩改

鑾儀衛

本朝鑾儀衛　鑾儀使秩二品朝制武臣不乘肩輿康熙六年

鑾儀使王鵬冲上疏陳請奉　旨王鵬冲著與尚書等遂張

蓋肩輿視六卿矣鵬冲精鑑別書畫古器直隸長垣人前寡

宰永光子也

　特賜進士及第

戊戌春　世祖親覆試江南丁酉貢士以古文詩賦拔武

進吳珂鳴第一是年禮闈榜後　上諭特賜珂鳴進士與

第298　池北偶談二十六卷　（清）王士禛撰

清康熙三十九年至四十年（1700—1701）臨汀郡署刻本　壽光市博物館

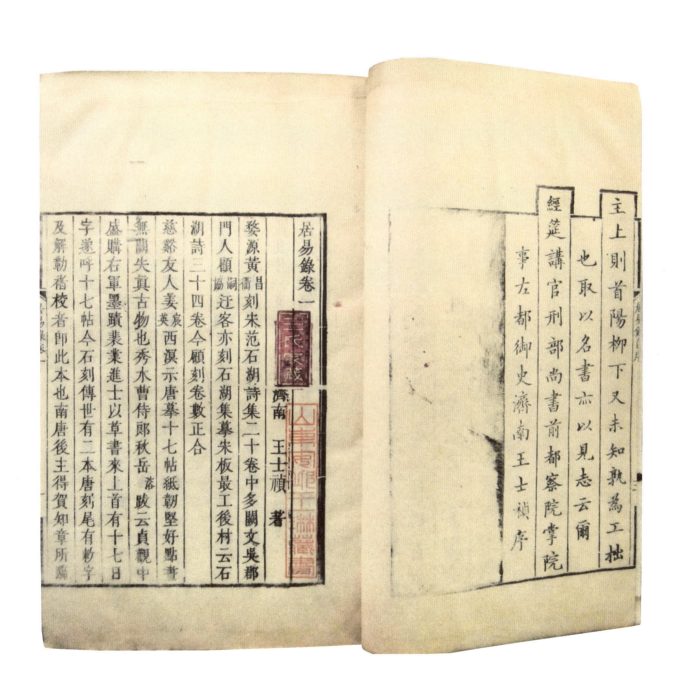

主上則首陽柳下又未知就為工拙
也取以名書亦未以見志云爾
經筵講官刑部尚書前都察院掌院
事左都御史濟南王士禎序

居易錄卷一

濟南　王士禎　著

婺源黃昌刻宋范石湖詩集二十卷中多關文吳郡
門人顧迁客亦刻石湖集摹宋板最工後村云石
湖詩三十四卷今顧刻卷數正合
慈谿友人姜宸英示唐摹十七帖紙韌堅好點書
無關失真古物也秀水曹侍郎秋岳跋云貞觀中
盛購右軍墨蹟裴進士以草書來上首有十七日
字篆呼十七帖今石刻傳世有二本唐刻尾有勑字
及解勒舊校著即此本也南唐後主得賀知章所臨

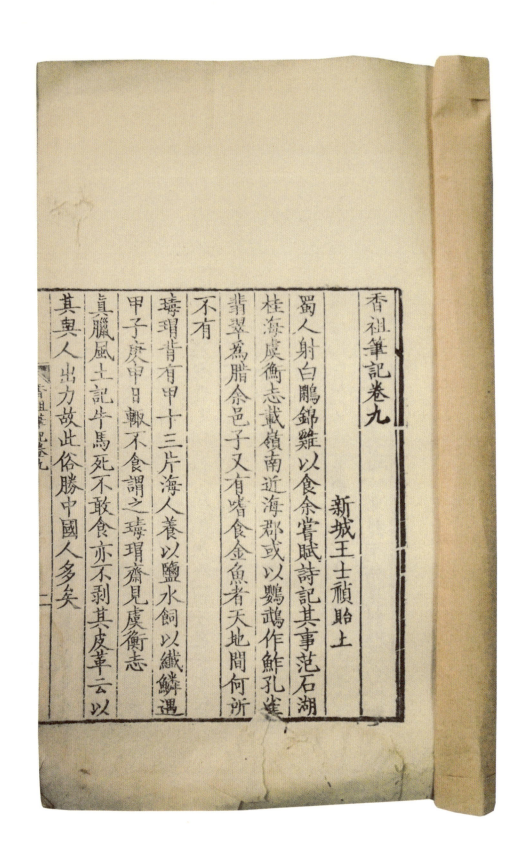

香祖筆記卷九

新城王士禎貽上

蜀人射白鷳錦雞以食余嘗賦詩記其事范石湖

桂海虞衡志載嶺南近海郡或以鸚鵡作鮓孔雀

翡翠為腊余邑子又有嗜食金魚者天地間何所

不有

璹珸背有甲十三片海人養以鹽水飼以纖鱗遇

甲子庚甲日輒不食謂之璹珸齋見虞衡志

真臘風土記牛馬死不敢食亦不剝其皮革云以

其奧人出力故此俗勝中國人多矣

三易

夫子言包羲氏始畫八卦不言作易而曰易之興也其於
中古乎又曰易之興也其當殷之末世周之盛德邪當文
王與紂之事邪是文王所作之辭始名為易而周官大卜
掌三易之法一曰連山二曰歸藏三曰周易連山歸藏非
易也而云三易者後人因易之名以名之也猶之墨子書
言周之春秋燕之春秋宋之春秋齊之春秋周燕齊宋之
史非必皆春秋也而云春秋者因魯史之名以名之也
左傳僖十五年戰於韓卜徒父筮之曰吉其卦遇蠱曰千
乘三去三去之餘獲其雄狐成十六年戰於鄢陵公筮之

日知録

第301 日知錄三十二卷 （清）顧炎武撰

清刻本 濰坊工程職業學院圖書館

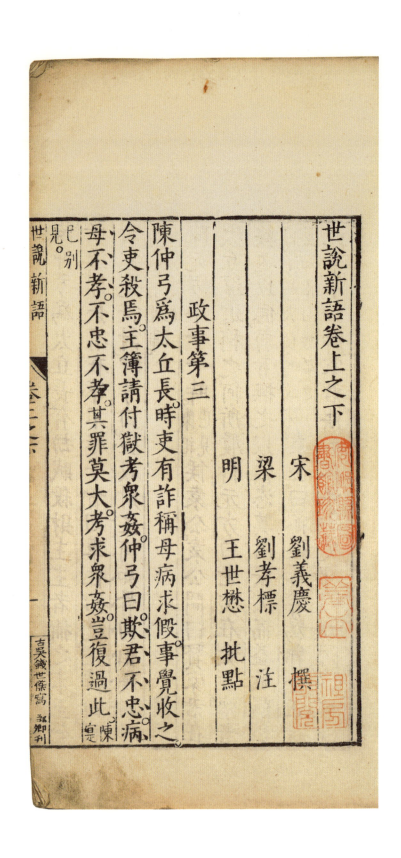

世說新語卷上之下

宋　　劉義慶　撰

梁　　劉孝標　注

明　　王世懋　批點

政事第三

陳仲弓為太丘長時吏有詐稱母病求假事覺收之
令吏殺焉主簿請付獄考眾姦仲弓曰欺君不忠病
母不孝不忠不孝其罪莫大考求眾姦豈復過此 陳寔
已別見。

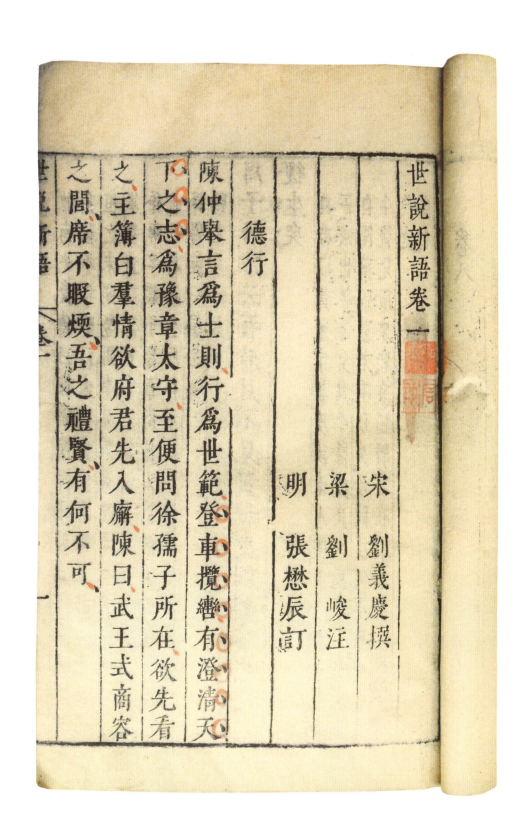

世說新語卷一

宋　劉義慶撰

梁　劉峻注

明　張懋辰訂

德行

陳仲舉言爲士則行爲世範登車攬轡有澄清天下之志爲豫章太守至便問徐孺子所在欲先看之主簿白羣情欲府君先入廨陳曰武王式商容之閭席不暇煗吾之禮賢有何不可

河南邵氏聞見後錄卷一

宋　邵　博　著

明　毛　晉　訂

太祖既定天下嘗令趙普等二三大臣陳當今已
施行可利及後世者普等歷言大功數十太祖
俾更言其上者普等歷罪思慮無以言因以爲
請太祖曰吾家之事唯養兵爲百代之利蓋凶
年歲有叛民而叛兵不不幸樂藏變生有叛兵而

聞見後錄

卷一

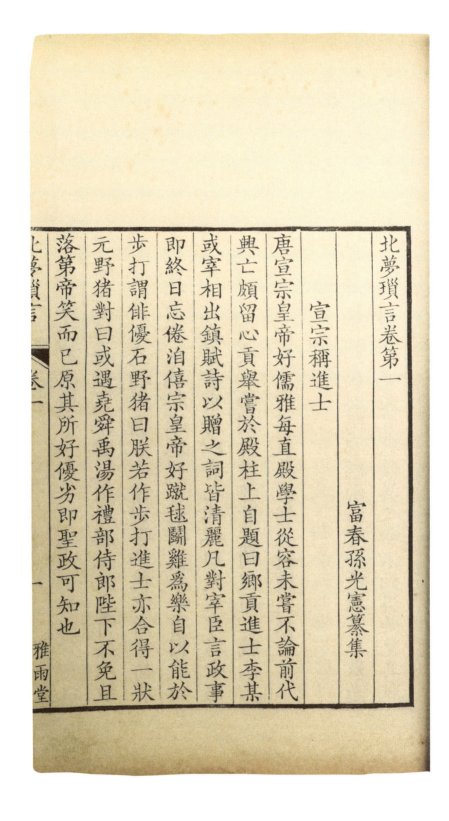

北夢瑣言卷第一

富春孫光憲纂集

宣宗稱進士

唐宣宗皇帝好儒雅每直殿學士從容未嘗不論前代
興亡頗留心貢舉嘗於殿柱上自題曰鄉貢進士李某
或宰相出鎮賦詩以贈之詞皆清麗几對宰臣言政事
即終日忘倦洎僖宗皇帝好蹴毬鬭雞爲樂自以能於
步打謂俳優石野猪曰朕若作步打進士亦合得一狀
元野猪對曰或遇堯舜禹湯作禮部侍郎陛下不免且
落第帝笑而已原其所好優劣即聖政可知也

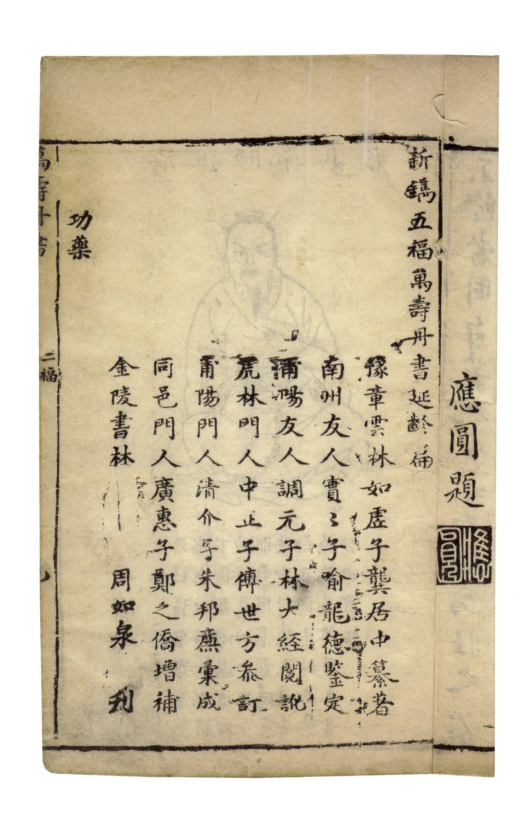

新鐫五福萬壽丹書延齡編　　　應圓題

豫章雲林如盧子龔居中纂著

南州友人寶兒子俞龍德鑒定

毘林門人中正子傳世方叅訂

甫陽友人調元子林大經閱訂

甫陽門人清介子朱邦蕙彙成

同邑門人廣惠子鄭之僑增補

金陵書林　周如泉刊

功藥

高壽丹書

二福

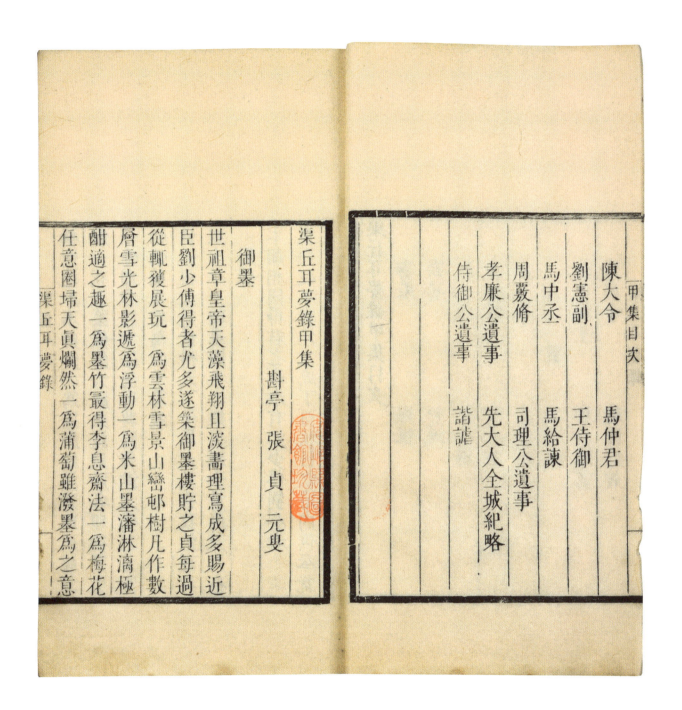

渠丘耳夢錄甲集

對亭　張　貞　元旉

御墨

世祖章皇帝天藻飛翔且潑畫理寫成多賜近
臣劉少傅得者尤多遂築御墨樓貯之貞每過
從輒獲展玩一為雲林雪景山巒邨樹凡作數
層雪光林影遞為浮動一為米山墨瀋淋漓極
酣適之趣一為墨竹最得李息齋法一為梅花
任意圈垛天真爛然一為蒲萄雖潑墨為之意

第307　渠丘耳夢錄四卷　　（清）張貞撰

清康熙四十八年（1709）刻本　安丘市博物館

四海棠卷一

第一回

　詞曰

閱盡炎涼世態，春開名利機關、尋章摘句枉徒然、詩書學問揺淡，算來富貴總由天何必貪窮嗟怨、別有心愁寄筆端、致使英雄氣斷。

朱解元風雨沈舟　吳監生青樓暗箭

大凡世間作筆墨匠者，都是些扯淡，這說那極不扯淡處扯出淡來可惜小子才淺學疎於這海棠花上加不得一分顏色文美文中着不上絲毫精神不過是說作好事描他才子佳人一叚堂堂正正的事情此不得浮世那些淫詞小說全是引誘人

第一回

第308　四海棠四卷　佚名撰

清光緒三十一年（1901）楊維樞鈔本　諸城市圖書館

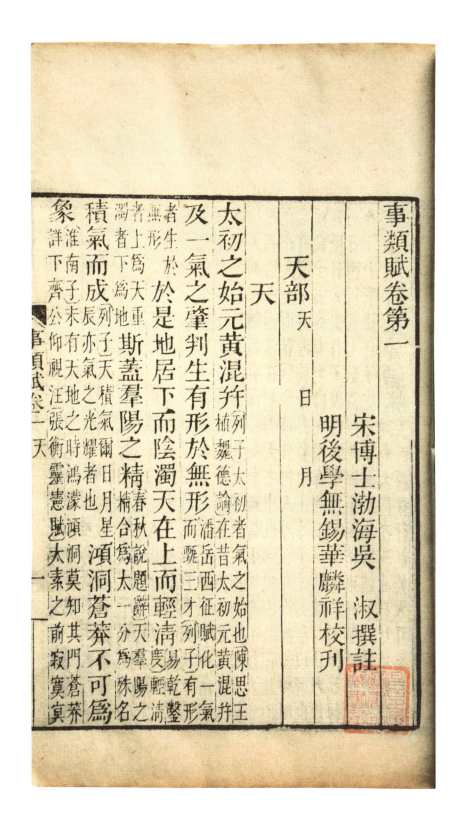

事類賦卷第一

天部　天

　　日　月

宋博士渤海吳　淑撰註

明後學無錫華麟祥校刊

天

太初之始元黃混并〔列子太初者氣之始也陳思王潘岳西征賦化元黃混并〕及一氣之肇判生有形於無形而甄三才列子有一氣者生於〔無形者上爲天重濁者下爲地〕於是地居下而陰濁天在上而輕淸〔易乾鑿度天輕淸〕斯蓋羣陽之精精合爲太〔春秋說題辭天羣陽之精合爲殊名之〕者日月星頑洞蒼莽不可爲〔天之光耀者也鴻濛頑洞莫知其門蒼莽〕積氣而成列子〔天積氣爾有大地之時〕象詳下齊公仰視汪〔淮南子未有天地張衡靈憲賦太素之前寂寞冥〕

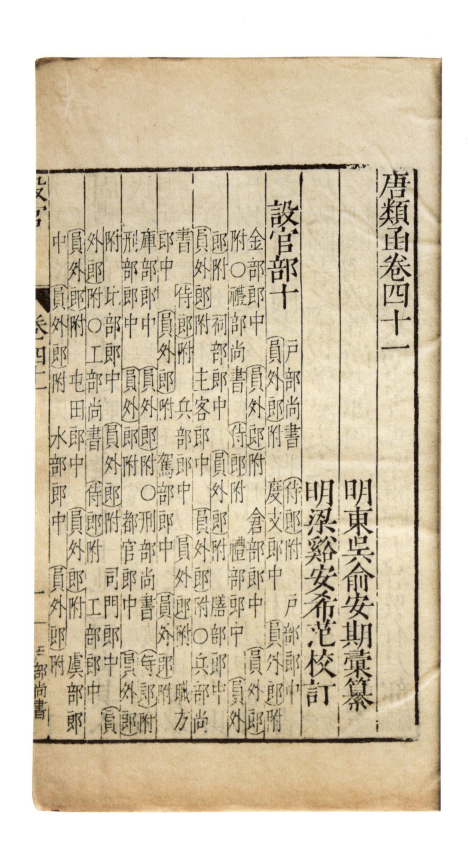

第310　唐類函二百卷　（明）俞安期撰　（明）安希范校訂

明刻本　昌邑市圖書館

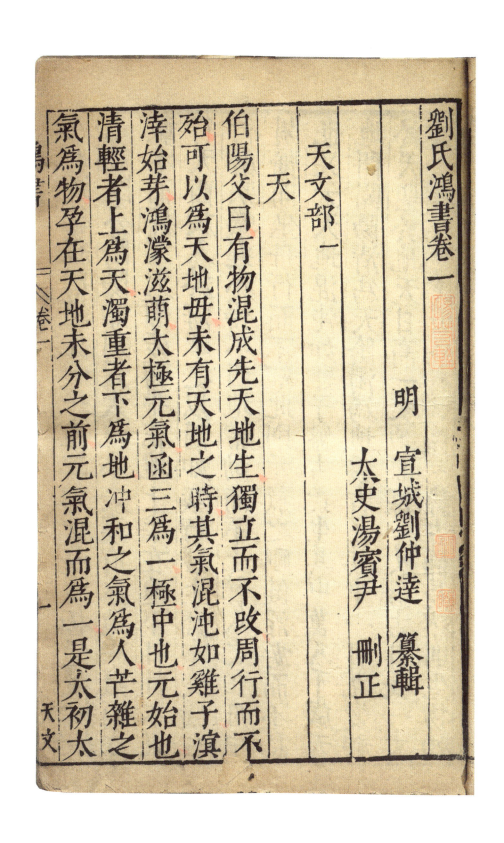

劉氏鴻書卷一

明　宣城劉仲達　纂輯
太史湯賓尹　刪正

天文部一

天

伯陽父曰有物混成先天地生獨立而不改周行而不
殆可以爲天地毋未有天地之時其氣混沌如雞子滇
澤始芽鴻濛滋萌太極元氣函三爲一極中也元始也
清輕者上爲天濁重者下爲地冲和之氣爲人芒雜之
氣爲物孕在天地未分之前元氣混而爲一是太初太

第311　劉氏鴻書一百八卷　（明）劉仲達輯

明萬曆刻本　青州市博物館

三五五

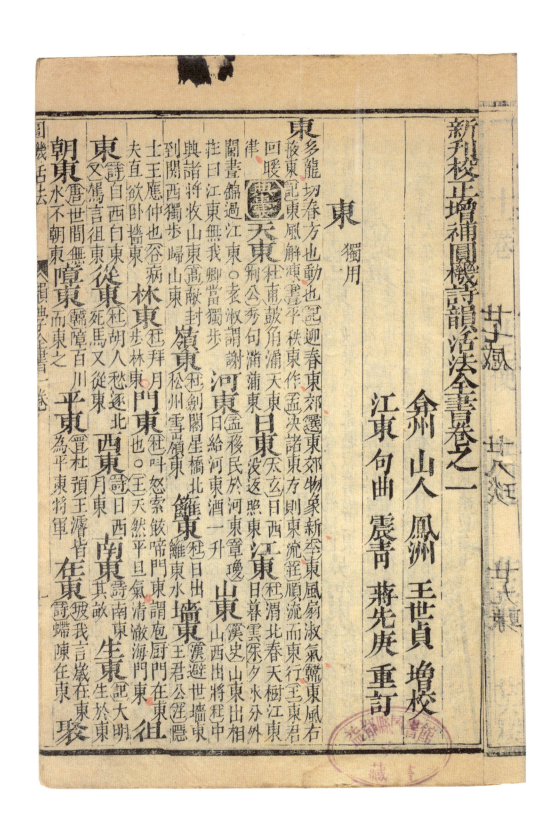

東 獨用

東

天東

河東

日東

江東

嵩

壇東

籬東

嶺東

林東

門東

西東

南東

平東

朝東

東從

東又

圓機活法

第312 新刊校正增補圓機詩韻活法全書十四卷 （明）王世貞增補 （清）蔣先庚重訂

清刻本 青州市圖書館

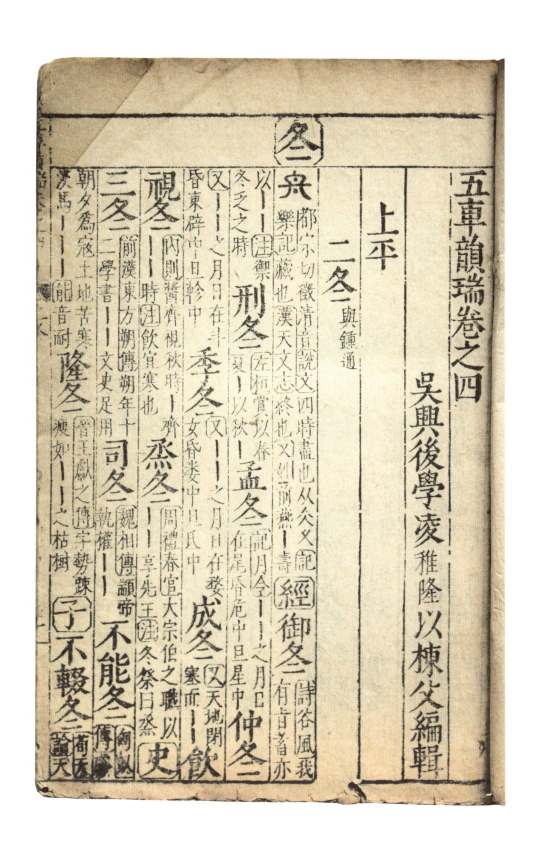

五車韻瑞卷之四

吳興後學凌稚隆以楝父編輯

上平

二冬 與鍾通

冬 都宗切徵清音說文四時盡也從仌文記樂記藏也漢天文志終也又到前燕壽詩谷風我以——注禦〔左桓賞以春〕以秋——孟冬記月令——之月日在尾昏危中旦星中經御冬又天地閉塞所以——之月日在斗中昏東壁中旦軫中女昏婁中旦氐中仲冬——飲

視冬——時注飲宜寒也則則醬齊視秋時—齊丞冬——周禮春官大宗伯之職以以——史刑冬——季冬——丞冬——成冬冬祭目丞

三冬——前漢東方朔傳朔年十——文史足用魏相傳韻帝——享先王涒以——傳——不能冬——闕以傳

朝夕為寇土地苦寒漢馬——能音耐隆冬——瘦如——之枯樹晉王獻之傳字勢敢踈子不輆冬——論天蒿庚

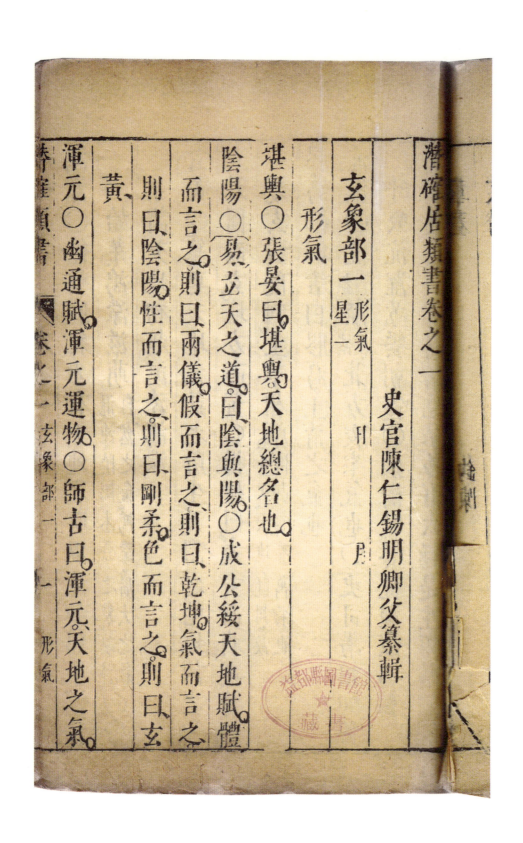

玄象部一　形氣　星一

史官陳仁錫明卿父纂輯

日月

形氣

堪輿○張晏曰堪輿天地總名也。

陰陽○熊立天之道曰陰與陽○成公綏天地賦體
而言之則曰兩儀假而言之則曰乾坤氣而言之
則曰陰陽性而言之則曰剛柔色而言之則曰玄
黃

渾元○幽通賦渾元運物○師古曰渾元天地之氣。

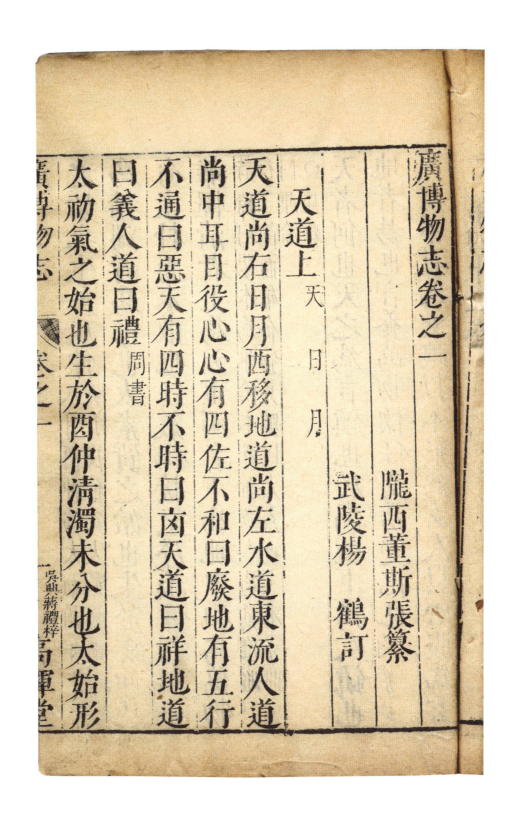

廣博物志卷之一

隴西董斯張纂

武陵楊　鶴訂

天道上　天日月

天道尚右日月西移地道尚左水道東流人道

尚中耳目役心心有四佐不和日廢地有五行

不遇日惡天有四時不時日凶天道曰祥地道

曰義人道曰禮周書

太初氣之始也生於酉仲清濁未分也太始形

廣博物志　　卷之一　　　吳郡蔣禮梓高暉堂

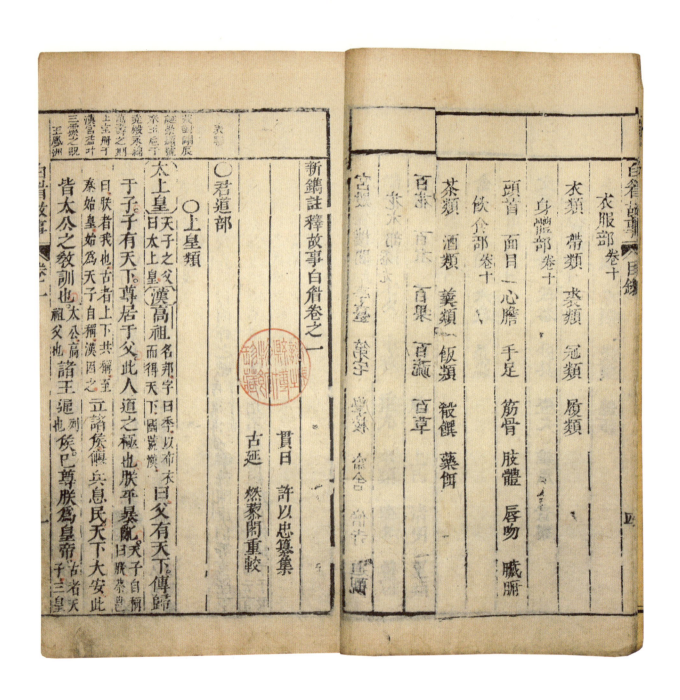

新鐫註釋故事白眉卷之一

　　　　　　　　　　貫日　許以忠纂集

　　　　　　　　　古延　燃藜閣重較

○君道部

○上皇類

太上皇曰太上皇〔漢高祖名邦字曰季以布衣得天下國號漢〕曰父有天下傳歸

于子子有天下。尊居于父此人道之極也朕平暴亂犬子自稱

日朕者我也。古者上下共稱至秦始皇始為天子自稱曰朕今朕奈邑

立諸侯傳共息民天下大安此

皆太公之教訓也〔太公高祖父也諸王遲也侯巳尊朕為皇帝子三聖〕

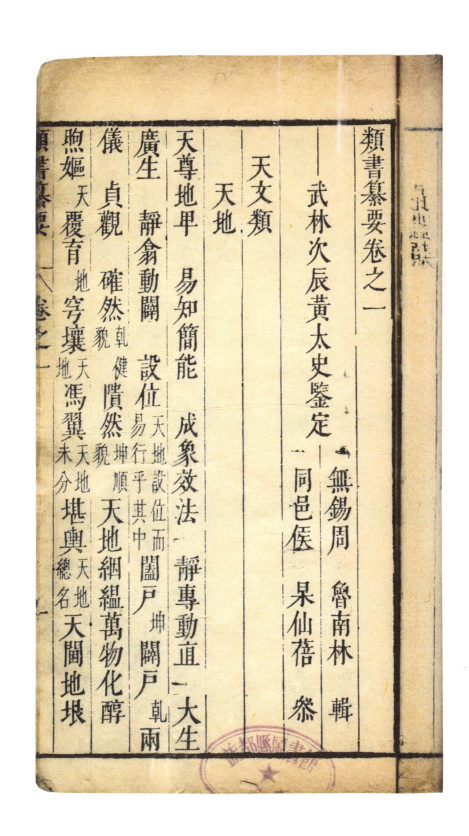

類書纂要卷之一

武林次辰黃太史鑒定

無錫周　魯南林　輯
同邑侯　杲仙蓓　叅

天文類

天地

天尊地甲　易知簡能　成象效法　靜專動直 大生

廣生　靜翕動闢　設位 天地設位而 闔戶坤闢戶乾兩

儀　貞觀　確然 乾健 憒然 坤順 天地絪縕萬物化醇

煦嫗　天覆育 地 穹壤 天馮翼 未分 堪輿 天地總名 天閫地垠

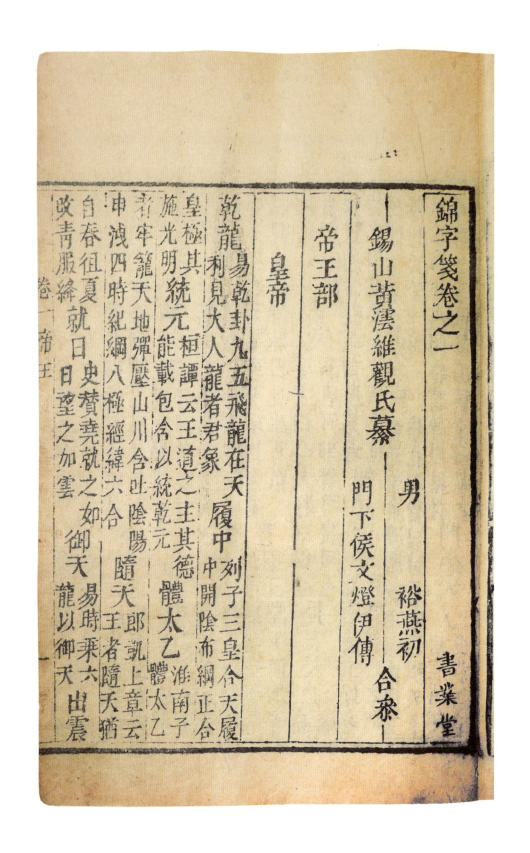

錫山黃澐維觀氏纂

帝王部

皇帝

乾龍易乾卦九五飛龍在天履中列子三皇令天履中開陰布綱正合
龍利見大人龍者君象　淮南子
皇極其桓譚云王道之主其德體太乙體太乙
施光明統元能載包含以統乾元
鞏牢籠天地彌壓山川含吐陰陽臨天
申澆四時紀綱八極經緯六合郎凱上章云
自春徂夏就日史贊堯就之如御天王者隨天猶
敬青服絳就日望之加雲易時乗六出震
卷一帝王　　　　　　　　　　　　　　　　　　　　易龍以御天

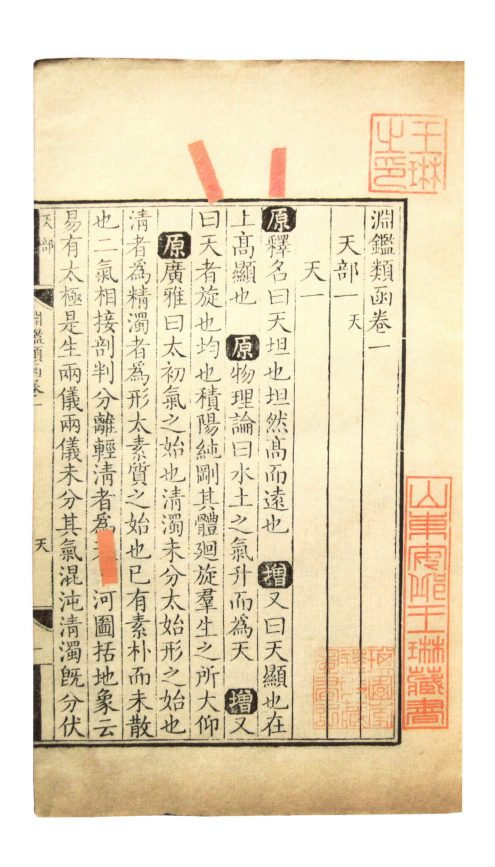

淵鑑類函卷一

天部一　天

天一

原 釋名曰天坦也坦然高而遠也

上高顯也

原 物理論曰水土之氣升而為天

日天者旋也均也積陽純剛其體廻旋羣生之所大仰

增 又曰天顯也在

增 又

原 廣雅曰太初氣之始也清濁未分太始形之始

也清濁未分太素質之始也已有素朴而未散

也二氣相接剖判分離輕清者為天

河圖括地象云

清者為精濁者為形太素質之始而未散

易有太極是生兩儀兩儀未分其氣混沌清濁旣分伏

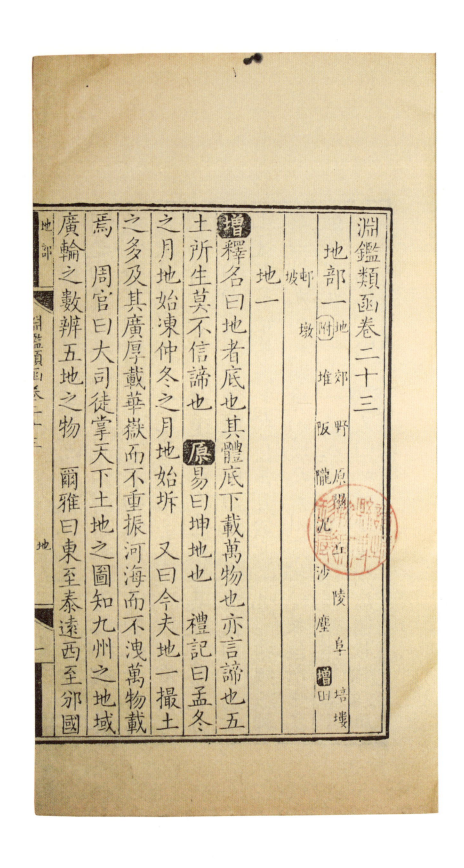

淵鑑類函卷二十三

地部一　地郊野原（附）
　　坡坷墩
　　堆阪隴原撥
　　沈沙陵阜培塿
　　增田

地一

增釋名曰地者底也其體底下載萬物也亦言諦也　五

原易曰坤地也　禮記曰孟冬
之月地始凍仲冬之月地始坼　又曰今夫地一撮土
之多及其廣厚載華嶽而不重振河海而不洩萬物載
焉　周官曰大司徒掌天下土地之圖知九州之地域
廣輪之數辨五地之物　爾雅曰東至泰遠西至邠國

地部

地

佩文韻府卷一

上平聲

一東韻

東 冲 窮 濛 罿 涷 曹 橦 麗
同 終 馮 籠 驄 盦 璁 瞳 浹
銅 戎 風 聾 通 狨 供 銅 叢
桐 崇 楓 櫳 蓬 灃 峒 狪 簇
童 嵩 豐 朧 篷 瘲 鬤 仲 敻
僮 茲 充 洪 潼 篷 鬉 窿 艘
瞳 弓 隆 紅 夢 朣 嵸 彤 幢
箮 躬 空 鴻 矇 棷 楤 芃 衕
中 宮 公 虹 朧 訌 酆 訌 鼟
衷 融 功 叢 薥 蔑 蝀 蔉 猌
忠 雄 工 蓯 愡 倥 釭 釭 稦
蟲 熊 攻 葱 矇 絧 倱 襲 酮
穹 蒙 聰 縱 峒 幢 雺 峒 硐

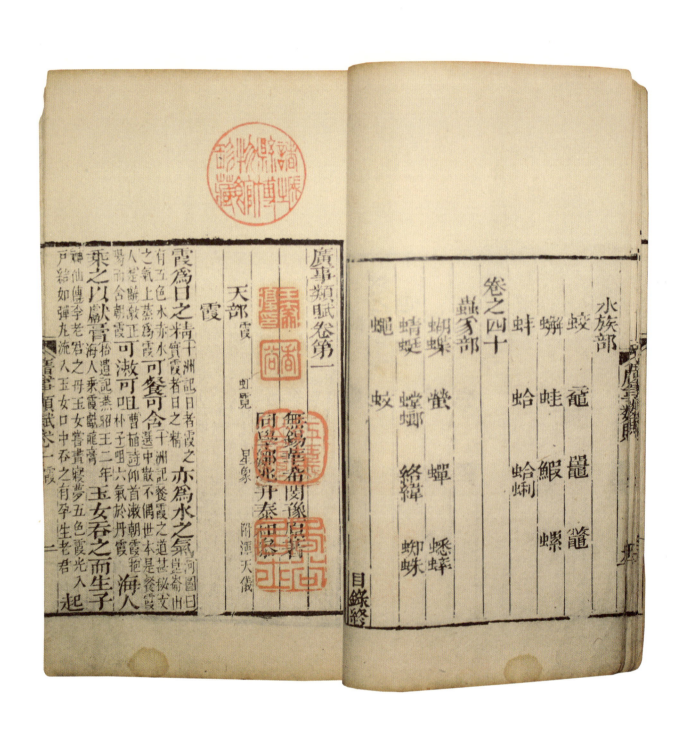

右頁（目錄）

水族部

蛟　蠪　鼉　鼈　鼊　螺
蜃　蛙　鰕　螺
蚌　蛤　蛤蜊

卷之四十
蟲豸部

蝴蝶　螢　蟬　蟋蟀
蜻蜓　螳螂　絡緯　蜘蛛
蠅　蚊

目錄終

左頁

廣事類賦卷第一

天部　霞
霞　虹蜺　星象　附渾天儀

無錫華希閔豫巖輯
同學鄒兆升泰甡參

霞為日之精　十洲記曰霞者日之精也有五色水赤為霞為霞之氣上蒸為霞人餐之可延可餐可含可漱可咀曹植詩仰首漱朝霞袍朝霞於丹

亦為水之氣　崑崙出河圖曰河圖出崑崙有玉色水之道甚秘艾本是餐霞海人

乘之以獻青霞　海人乘霞戲龍膏神仙傳李老君之母玉女誓寢夢五色霞光入口中吞之而有孕生老君玉女吞之而生子　起

第322　廣事類賦四十卷　（清）華希閔撰　（清）鄒兆升參

清刻本　諸城市圖書館

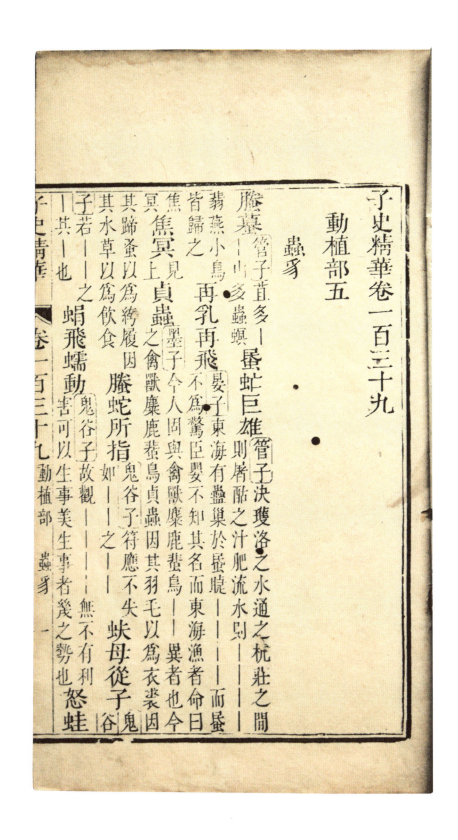

動植部五

蟲豸

管子決瓊洛之水通之杭莊之間則屠酷之汁肥流水別而蚤

蚤蛇巨雄〔管子〕首多——蚤蛇巨雄

翡燕小鳥〔山海經〕多蟲蟛

晏子東海有蟲巢於蚊睫不知其名而東海漁者命曰——異者也今

再乳再飛——子東海有蟲不為驚臣嬰與

皆歸之

焦蟯冥見——蟄子令人固與禽獸麋鹿蜚鳥

冥焦冥上 貞蟲——之禽獸麋鹿蜚鳥貞蟲因其羽毛以為衣裳因

其歸蚤以為綺履因

滕蛇所指如——之——鬼谷子符應不失—— 蚨母從子

其水草以為飲食——鬼谷子故觀——之——無不有利

蜎飛蠕動——鬼谷子故觀——怒蛙

子若——也害可以生事美生事者幾之勢也

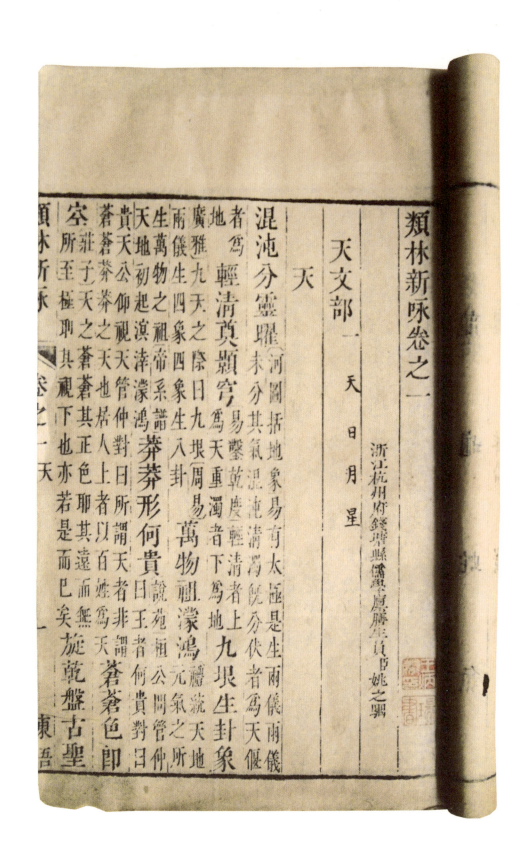

類林新咏卷之一

浙江杭州府錢塘縣儒學教諭膝生貟曾姚之駟

天文部一

　天日月星

天

混沌分靈曜〔河圖括地象易有太極是生兩儀兩儀
未分其氣混沌清濁旣分伏者為天假〕
地者為輕清奠顥穹〔易鑿度輕清者上為天重濁者下為地〕
廣雅九天之除日九垓〔周易萬物祖濛鴻
兩儀生四象四象生八卦〕
天地萬物之祖帝系譜濛鴻元氣氣之所
生天地初起溟涬濛鴻苍苍形何貴日
天公仰視天〔禮就天地之
貴天公對日所謂天者非謂天
蒼蒼之色耶其正色耶苍苍色卽
　莊子天之苍苍其
容所至極耶其視下也亦若是而已矣旋乾轉古聖
類林所咏〔　〕卷之一天　　　　康吾

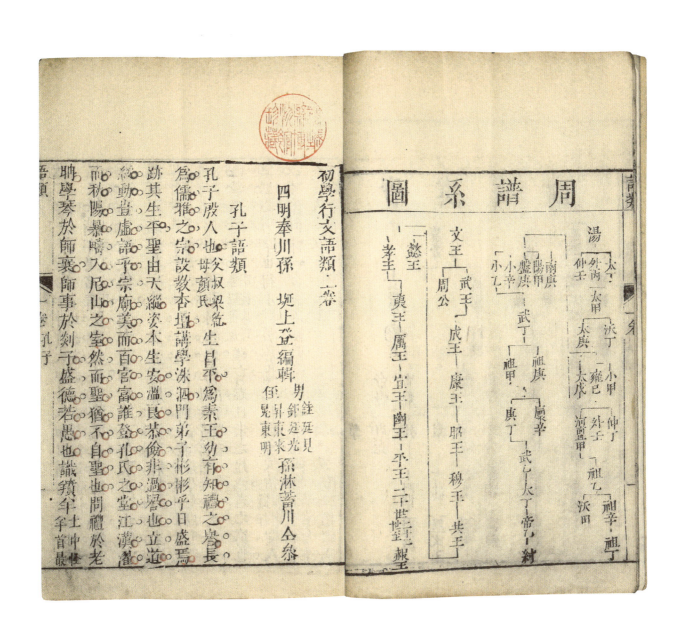

周譜系圖

初學行文語類一卷

四明奉川孫　埏上益編輯

男　鈺延見
　　鈸延光
　　昇東來　孫淋藝川仝參
侄　昆東明

孔子語類

孔子殷人也父叔梁紇生昌平為素王幼有知禮之譽長
為儒雅之宗設教杏壇講學洙泗門彬彬乎日盛焉
跡其生平聖由天縱資本生安溫良恭儉非過譽也立道
絕動登虛語于宗廟美而百官富雖登孔氏之堂江漢灌
秋陽暴曬入尼山之室焯然而聖猶不自聖也問禮於老
聃學琴於師襄師事於剡子盛德若愚也識纘牟牛仲性
吾顏

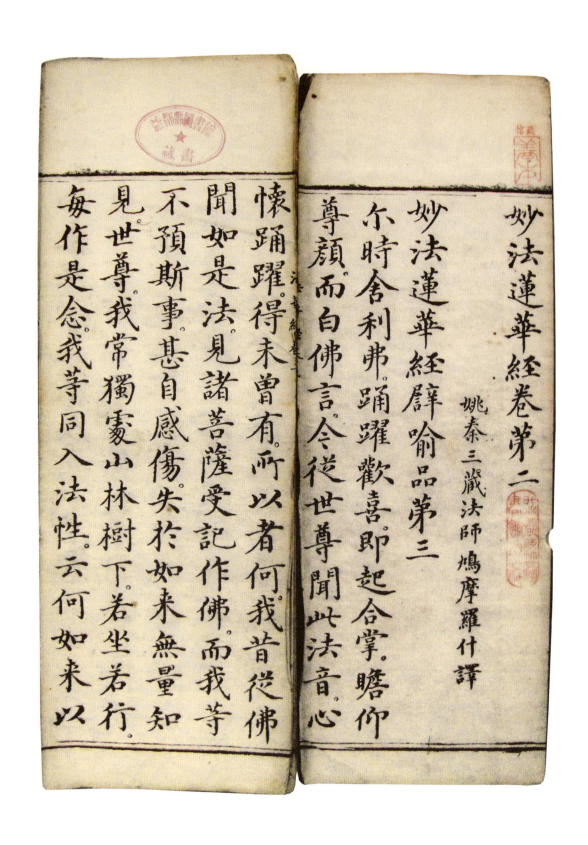

妙法蓮華經卷第二

姚秦三藏法師鳩摩羅什譯

妙法蓮華經譬喻品第三

尒時舍利弗踊躍歡喜即起合掌瞻仰

尊顏而白佛言今從世尊聞此法音心

懷踊躍得未曾有所以者何我昔從佛

聞如是法見諸菩薩受記作佛而我等

不預斯事甚自感傷失於如來無量知

見世尊我常獨處山林樹下若坐若行

每作是念我等同入法性云何如來以

第326　妙法蓮華經七卷　（後秦）釋鳩摩羅什譯

清南京能仁寺禪堂刻本　青州市圖書館

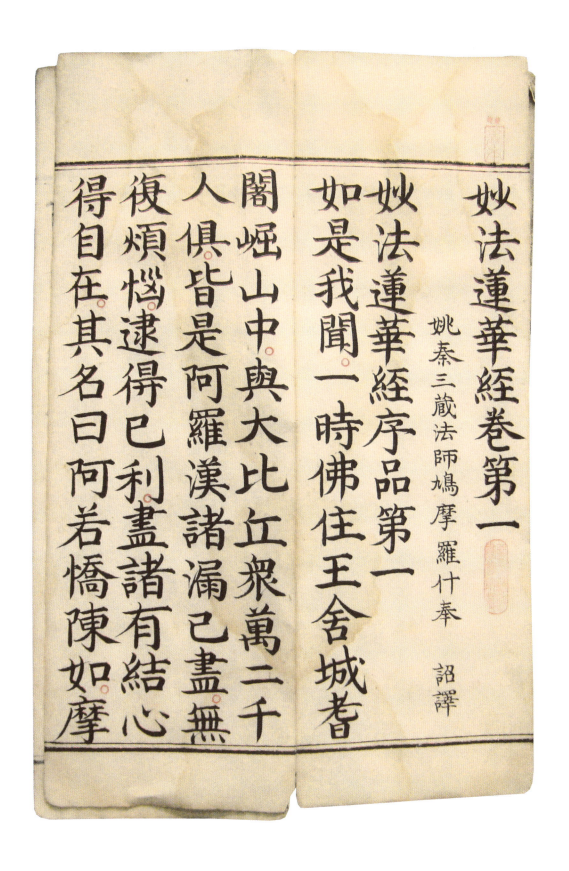

妙法蓮華經卷第一

姚秦三藏法師鳩摩羅什奉　詔譯

妙法蓮華經序品第一

如是我聞一時佛住王舍城耆
闍崛山中與大比丘眾萬二千
人俱皆是阿羅漢諸漏已盡無
復煩惱逮得已利盡諸有結心
得自在其名曰阿若憍陳如摩

第327　妙法蓮華經七卷　（後秦）釋鳩摩羅什譯

清鈔本　青州市圖書館

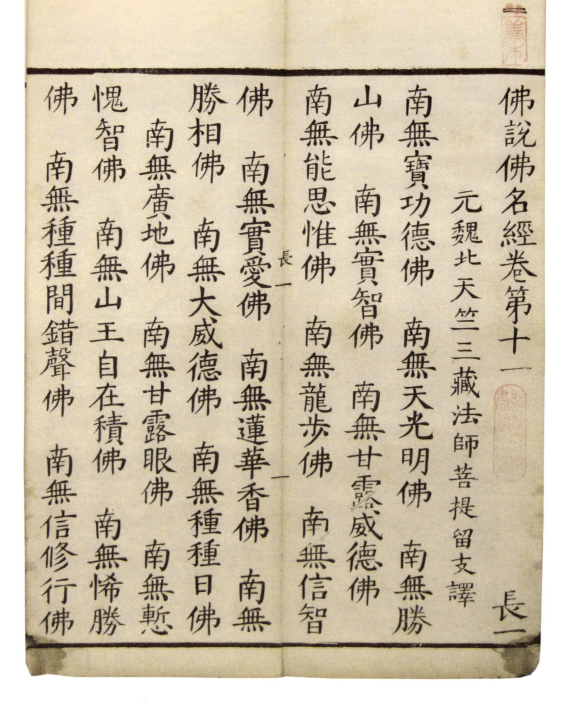

佛說佛名經卷第十一 長一

元魏北天竺三藏法師菩提留支譯

南無寶功德佛　南無天光明佛　南無勝

山佛　南無實智佛　南無甘露威德佛

南無能思惟佛　南無龍步佛　南無信智

佛　南無實愛佛　南無蓮華香佛　南無

勝相佛　南無大威德佛　南無種種日佛

南無廣地佛　南無甘露眼佛　南無慇

愧智佛　南無山王自在積佛　南無愒勝

佛　南無種種間錯聲佛　南無信修行佛

第328　佛說佛名經十二卷　（北魏）釋菩提留支譯

清雍正十三年（1735）刻本　青州市圖書館

大乘莊嚴經論卷第一

無　著　菩　薩　造

唐　三　藏　波羅頗迦羅蜜多羅譯

緣起品第一

偈曰

義智作諸義　言句皆無垢　救濟苦眾生

慈悲為性故　巧說方便法　所謂最上乘

為發大心者　略以五義現

釋曰莊嚴大乘經論誰能莊嚴答義智能莊

嚴問義智云何莊嚴答開作諸義問以何開

第329　大乘莊嚴經論十三卷　題無著菩薩造　（唐）釋波羅頗迦羅蜜多羅譯

清雍正十三年（1735）刻本　青州市圖書館

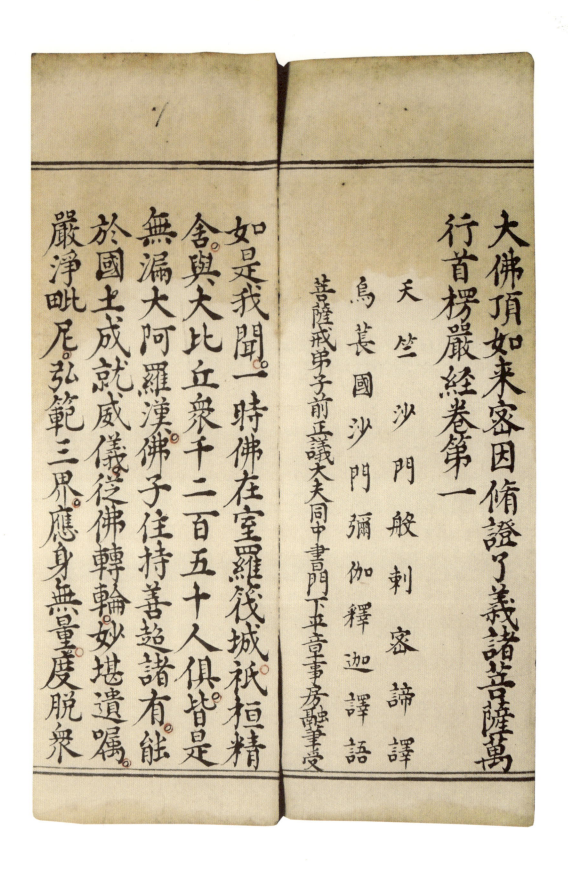

大佛頂如來密因脩證了義諸菩薩萬行首楞嚴經卷第一

天竺沙門般刺密諦 譯
烏萇國沙門彌伽釋迦譯語
菩薩戒弟子前正議大夫同中書門下平章事房融筆受

如是我聞一時佛在室羅筏城祇桓精
舍與大比丘眾千二百五十人俱皆是
無漏大阿羅漢佛子住持善超諸有能
於國土成就威儀従佛轉輪妙堪遺囑
嚴淨毗尼弘範三界應身無量度脫眾

第330　大佛頂如來密因修證了義諸菩薩萬行首楞嚴經十卷　題（唐）釋般剌密諦、彌伽釋迦譯
清康熙十九年（1680）比丘仁昶鈔本　高密市圖書館

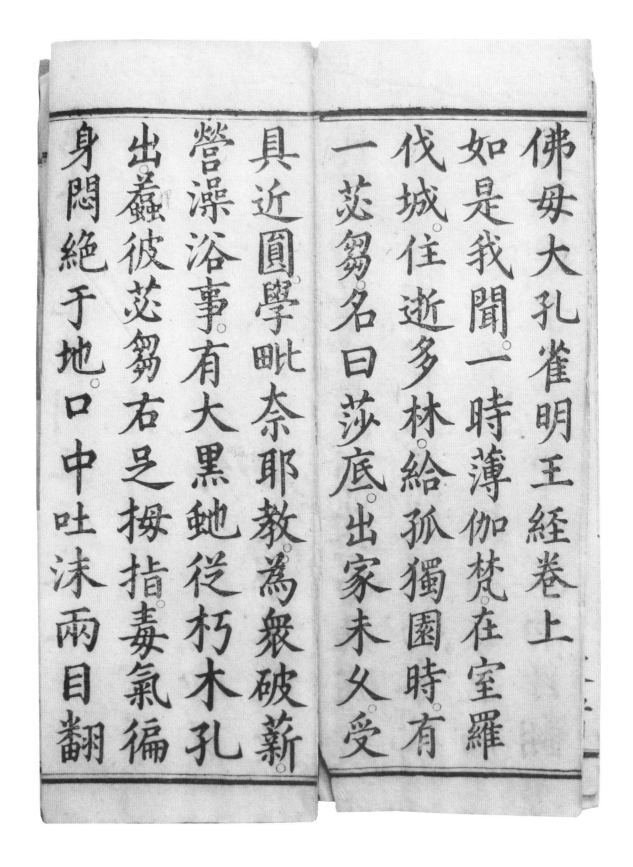

佛母大孔雀明王經卷上

如是我聞一時薄伽梵在室羅伐城住逝多林給孤獨園時有一苾芻名曰莎底出家未久受具近圓學毘奈耶教為眾破薪營澡浴事有大黑虵從朽木孔出螫彼苾芻右足拇指毒氣徧身悶絕于地口中吐沫兩目翻

第331　佛母大孔雀明王經三卷　（唐）釋不空譯

明刻本　青州市圖書館

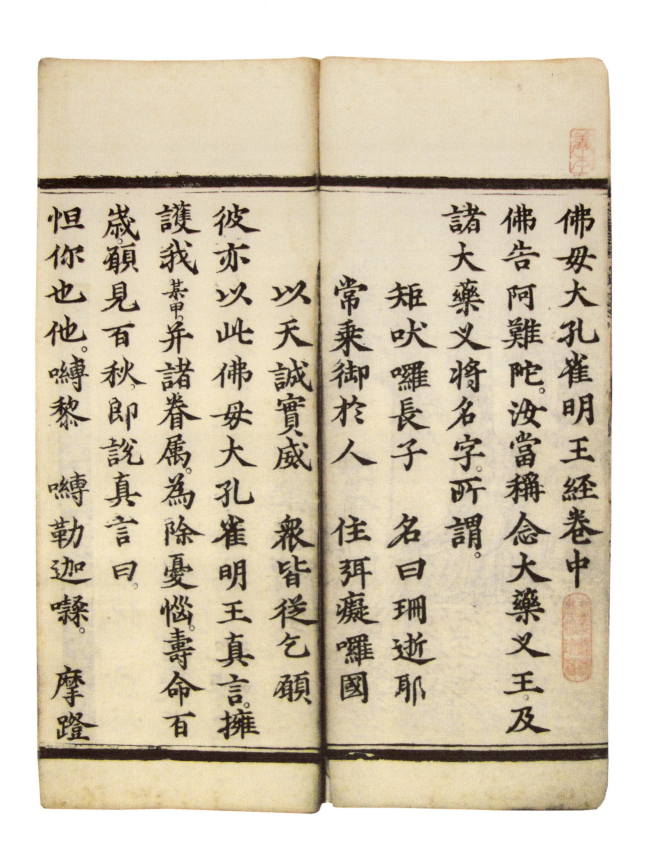

佛母大孔雀明王經卷中

佛告阿難陀。汝當稱念大藥叉王。及

諸大藥叉大將名字所謂。

矩吠囉長子　名曰珊逝耶

常乘御於人　住斑癡囉國

以天誠實威　眾皆從乞願

彼亦以此佛母大孔雀明王真言。擁

護我某甲并諸眷屬。為除憂惱壽命百

歲願見百秋。即說真言曰。

怛你也他。嚩黎　嚩勒迦隸　摩蹬

第332　佛母大孔雀明王經三卷　（唐）釋不空譯

明刻本　青州市圖書館

三七六

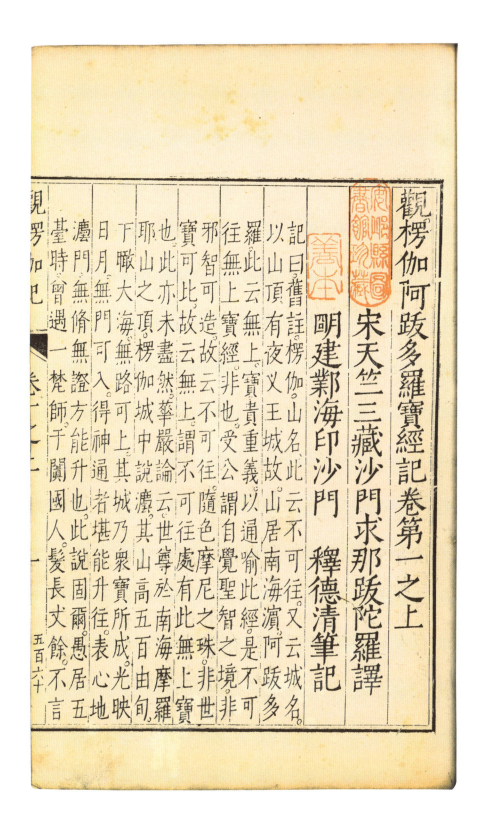

觀楞伽阿跋多羅寶經記卷第一之上

宋天竺三藏沙門求那跋陀羅譯

明建鄴海印沙門　釋德清筆記

記曰舊註楞伽山名此云不可往又云城名
以山頂有夜义王城故山居南海濱阿跋多
羅此云無上寶貴重義以通喻此經是不可
往無上寶經非也受公謂自覺聖智之境非
邪智可比故云無上謂不可隨色摩尼之珠非世
寶可比故云無上謂不可隨色摩尼之珠非世
也此亦未盡然華嚴論云其山高五百由旬
耶山之頂楞伽城中說濾其眾寶所成光映
下瞰大海無路可上其城乃眾寶所成光映地
日月無門可入得神通者堪能升往表心地
濾門無條無證方能升也此說固爾愚居五
臺時曾遇一梵師于闐國人髮長丈餘不言

觀楞伽記
卷之二
一
五百六

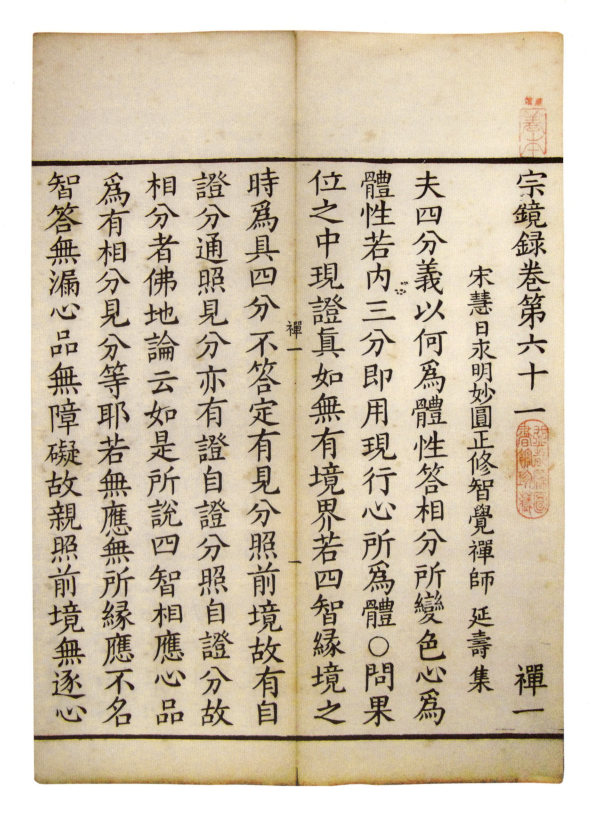

宗鏡録卷第六十一　　禪一

宋慧日永明妙圓正修智覺禪師　延壽集

夫四分義以何為體性答相分所變色心為

體性若內三分即用現行心所為體○問果

位之中現證真如無有境界若四智緣境之

時為具四分不答定有見分照前境故有自

禪一

證分通照見分亦有證自證分照自證分故

相分者佛地論云如是所說四智相應心品

為有相分見分等耶若無應無所緣應不名

智答無漏心品無障礙故親照前境無逐心

第334　宗鏡録一百卷　（宋）釋延壽集

清雍正十三年（1735）刻本　青州市圖書館

南華眞經評注卷之二

周蒙漆園史莊周著

晉竹林賢士向秀註

評

長枝大藝羽翼肉篇

外篇駢拇第八 上　此篇言仁義失性就自己身

足大指連第二指　手有六指　生而有之　此於人所同得則爲剩矣

駢拇同　餘肉　癭瘤　生於有形之後　此於初生則爲剩矣　多端〔宇法〕

胼下　拇母下　枝指出乎性哉而後於德附〔宇法〕

贅縣疣　尤出乎形哉而後於性多方乎仁義

此篇直敷衍韓子原道篇模之　章法

告子以義爲外莊子併仁義而非在內

仁義之教以仁藏之情猶僞自枝贅疣也附旁期自然大理更益其疾矣

駢拇

而用之者列於五藏哉而非道德之正也是

五性感動列於五藏必配五行

而非道德之自然也

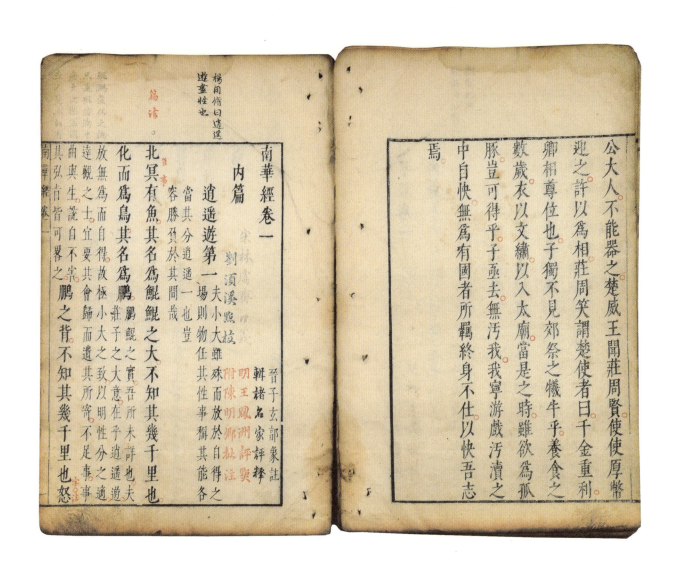

楊用脩曰逍遙
遊盡性也

偽讀。

南華經卷一

內篇

逍遙遊第一 　宋林希逸口義
　　　　　晉子玄郭象註
　　　　　宋劉須溪點校
　　　　　明王鳳洲評
　　　　　附陳明鄉批注
　　　　　輯諸名家評釋

夫小大雖殊而放於自得之
場則物任其性事稱其能各
當其分逍遙一也豈容勝負
於其間哉

北冥有魚其名為鯤鯤之大不知其幾千里也
化而為鳥其名為鵬鵬之背不知其幾千里也怒

公大人不能器之楚威王聞莊周賢使使厚幣
迎之許以為相莊周笑謂楚使者曰千金重利
卿相尊位也子獨不見郊祭之犧牛乎養食之
數歲衣以文繡以入太廟當是之時雖欲為孤
豚豈可得乎子亟去無污我我寧游戲污瀆之
中自快無為有國者所覊終身不仕以快吾志
焉

第336　南華經十六卷　（晉）郭象注　（宋）林希逸口義　（宋）劉辰翁點校　（明）王世貞評點
（明）陳仁錫批注

明末刻四色套印本　安丘市博物館

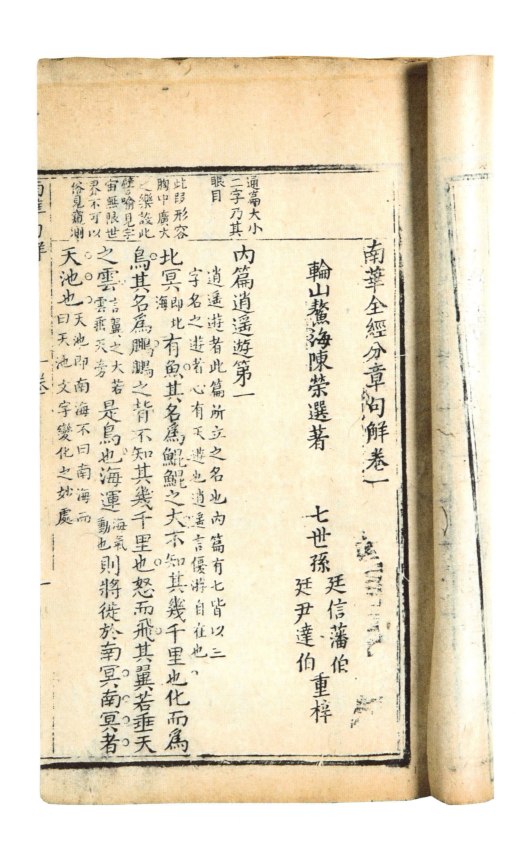

南華全經分章句解卷一

輪山鰲海陳榮選著

七世孫　廷信藩伯

廷尹達伯　重梓

內篇逍遙遊第一

逍遙遊者此篇所立之名也內篇有七皆以三
字名之逍遙逍遙言優游自在也

北冥即北
海也
北冥有魚其名為鯤鯤之大不知其幾千里也化而為
鳥其名為鵬鵬之背不知其幾千里也怒而飛其翼若垂天
之雲雲言翼之大若天旁是鳥也海運動也則將徙於南冥南冥者
天池也日天池即南海不日南海而
日天池文字變化之妙處

眼目

通篇大小
二字乃其

此段形容
字名之怪若
胸中廣大
之樂設此
璧喻見宇
宙無限世
界不可以
俗見窺測

南華句解

一

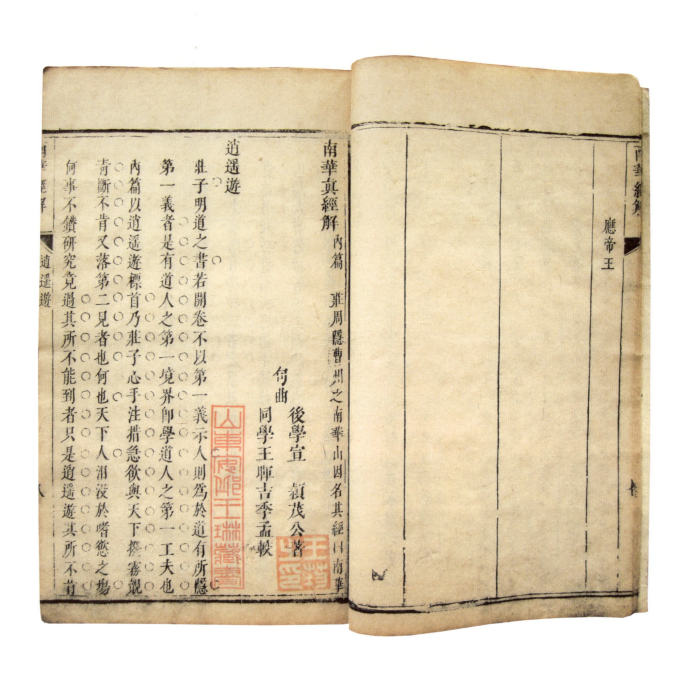

南華真經解　内篇

逍遙遊

莊子明道之書若開卷不以第一義示人則爲於道有所隱
第一義者是有道人之第一境界卽學道人之第一工夫也
内篇以逍遙遊標首乃莊子心手注措急欲與天下撥霧覿
青斷不肯又落第二見者也何也天下人淪沒於嗜慾之場
何事不鑚研究竟過其所不能到者只是逍遙遊其所不肯

莊周隱曹州之南華山因名其經曰南華

後學宣　穎茂公著
句曲
同學王暉吉季孟較

應帝王

平養食之數歲衣以文繡以入太廟當是之時雖欲為孤
豚豈可得乎子亟去無汙我我寧遊戲污瀆之中自快無
為有國者所羈終身不仕以快吾志焉。

莊子因卷之一

內篇逍遙遊第一

三山林雲銘西仲評述

北冥有魚其名為鯤鯤之大不知其幾千里也○總照出大
之○化而為鳥其名為鵬鵬之背不知其幾千里也○大字是
一綱怒即怒哮怒生之意怒而飛其翼若垂天之雲○廣
大怒而飛其翼若垂天之雲○所以分之分聚出廣
是鳥也海運則將徙於南冥○海運則鵬欲乘
大翼力而南冥者天池也○能遊作收束齊諧者志怪者也○
此風力而南冥句可解一語作
南冥者古書名也○南冥句可解一語作收束齊諧者志怪者也○
齊諧者志怪者也○
語作起引著他書俱可無有那能如奇談宏波扶拋一諧之

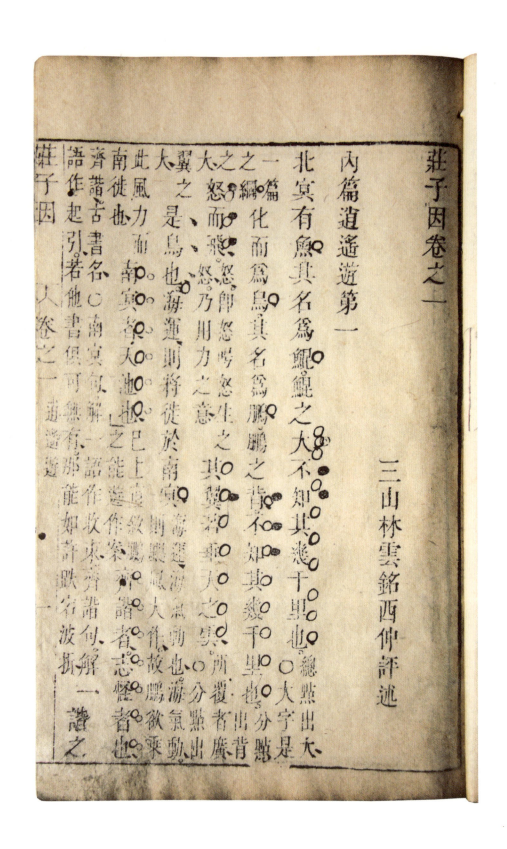

內篇逍遙遊第一

三山林雲銘西仲評述

北冥有魚其名為鯤鯤之大不知其幾千里也○總點出大
一篇之綱化而為鳥其名為鵬鵬之背不知其幾千里○大字是分點
之怒而飛怒卽怒號怒生之意○分點出怒其翼若垂天之雲○所
大之怒而飛怒乃用力之意覆者廣○出背翼之是鳥也海運則將徙於南冥則與運氣動
南冥者天池也○上皆敍鵬欲乘氣動分點出南冥則
此風力而南冥者天池也○能遊之能○大雀故鵬欲乘
齊諧者志怪者也○南冥是解一語作起作奏齊諧諸句皆志怪
語作起引若他書名○齊諧古書名○南冥為解一語作
莊子因大卷之一
莊子因卷之一逍遙遊

有是處
一莊子當以五經之法讀之使其理為布帛菽粟日用常
行之道不起疑異於心則與我相親矣
一莊子當以傳奇之法讀之使其論一人為一事有原有
委顏省畢張無不躍躍欲出于載而下可想見也

莊子因卷之一

三山林雲銘西仲評述

內篇逍遙遊第一

北冥有魚其名為鯤鯤之大不知其幾千里也○總點出大
一篇之綱化而為鳥其名為鵬鵬之背不知其幾千里也○分
之怒即怒哮怒生之意○其翼若垂天之雲○所覆者廣
大之怒而飛怒方用力之意○分點出背
翼之是鳥也海運則將徙於南冥南冥者天池也○已上直敘
大風力而南冥海運則颶風大作故海氣動也○鵬欲乘
此南徙也○能遊作收束案齊諧者志怪者也○怪者志
南徙也○書名○一語作收束
齊諧語作起別若他書俱可無○有○那能如許跌宕波折解一諧之

王子因
卷之一
逍遙遊

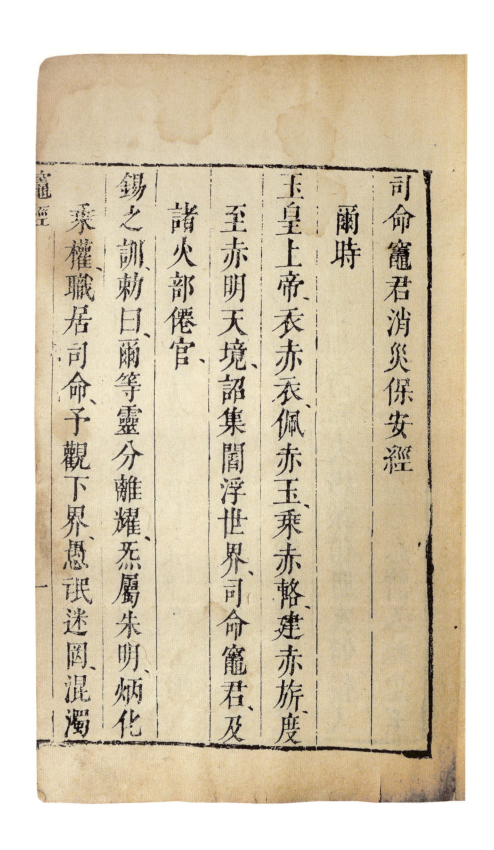

司命竈君消災保安經

爾時

玉皇上帝衮赤衣佩赤玉乘赤輅建赤旂度

至赤明天境詔集閻浮世界司命竈君、及

諸火部偓官、

錫之訓勅曰爾等靈分離耀炁屬朱明炳化

乗權職居司命予觀下界愚氓迷罔混濁

竈經一

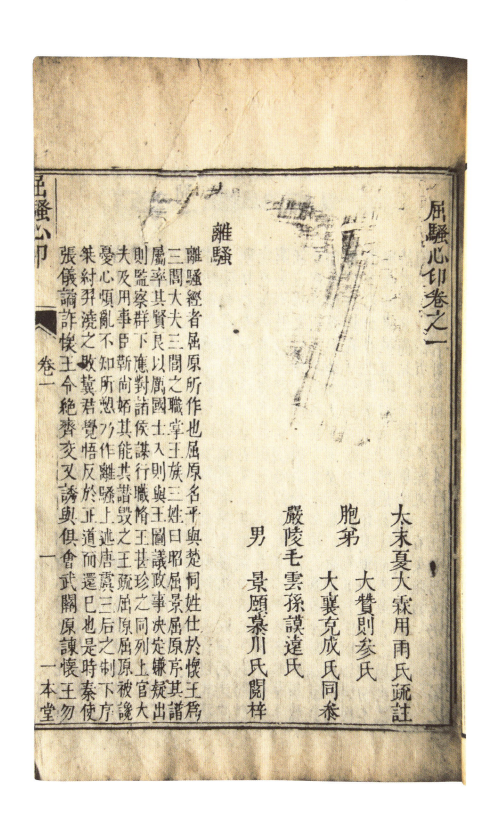

離騷

離騷經者屈原所作也屈原名平與楚同姓仕於懷王為
三閭大夫三閭之職掌王族三姓曰昭屈景屈原序其譜屬
率其賢良以屬國士入則與王圖議政事決定嫌疑出
則監察群臣應對諸侯謀行職脩之同列上官大夫與
夫及用事靳尚妬害其能共譖毀之王甚珍屈原大怒
憂心煩亂不知所愬乃作離騷王疏屈原屈原被讒
愁思頓亂不知所愬乃作離騷上述唐虞三后之制下方
菜紂羿澆之敗冀君覺悟反於正道而還已也是時秦使
張儀譎詐懷王令絕齊交又誘與俱會武關原諫懷王勿

屈騷心印　　卷一　　　　　　　　　　　一本堂

太末夏大霖用雨氏疏註

大贊則參氏

胞弟　大襄克成氏同泰

嚴陵毛雲孫謨達氏

男　景願慕川氏閱梓

屈騷心印卷之一

第343　屈騷心印五卷首一卷　　（清）夏大霖撰

清乾隆三十九年（1774）一本堂刻本　壽光市博物館

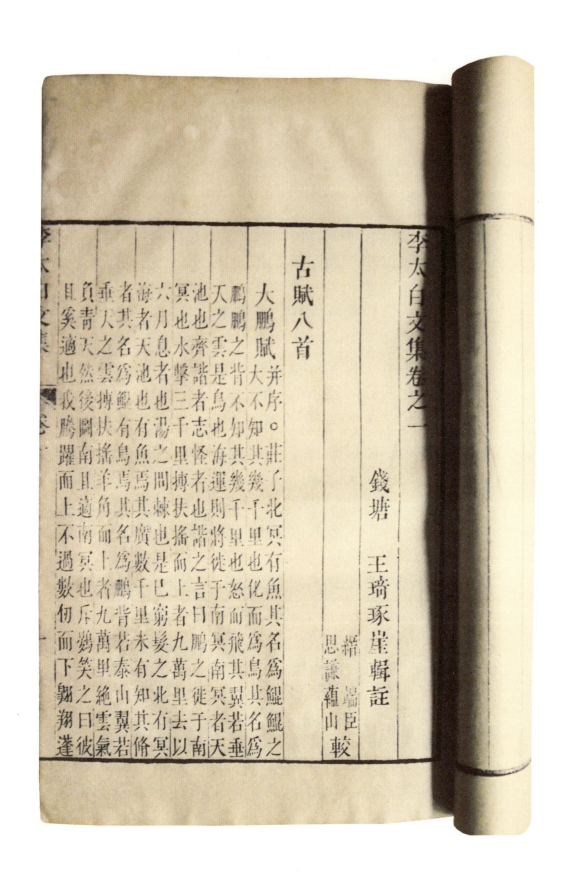

第344　李太白文集三十六卷　（唐）李白撰　（清）王琦輯注
清乾隆寶笏樓刻二十五年（1760）增刻本　高密市圖書館

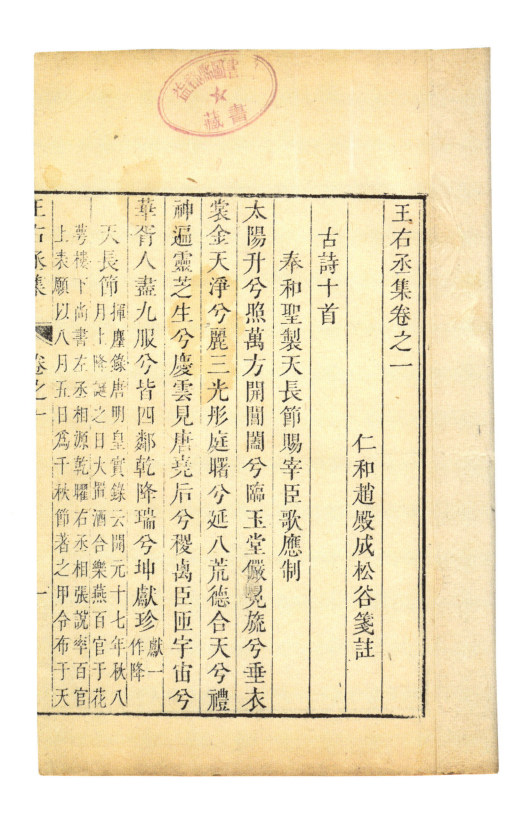

王右丞集卷之一

古詩十首

仁和趙殿成松谷箋註

奉和聖製天長節賜宰臣歌應制

太陽升兮照萬方開閶闔兮臨玉堂儼晬旒兮垂衣

裳金天淨兮麗三光彤庭曙兮延八荒德合天兮禮

神遍靈芝生兮慶雲見唐堯后兮稷禼臣匪宇宙兮

華胥人盡九服兮皆四鄰乾降瑞兮坤獻珍

作降

獻一

天長節月上隆誕之日大酺酒合樂燕百官于花

萼樓下尚書左丞相源乾曜右丞相張說率百官

上表願以八月五日為千秋節著之甲令布于天

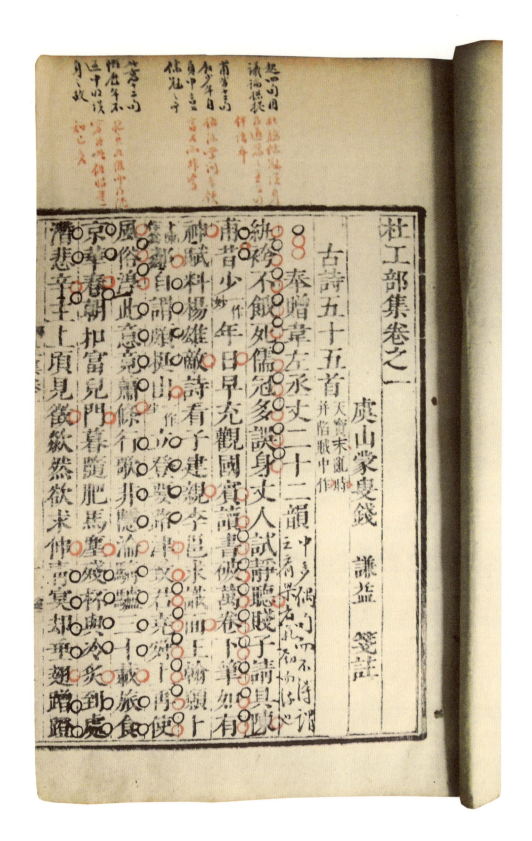

杜工部集卷之一

虞山蒙叟錢　謙益　箋註

古詩五十五首

奉贈韋左丞丈二十二韻　天寶末亂離中作

紈袴不餓死　儒冠多誤身　丈人試靜聽　賤子請具陳
甫昔少年日　早充觀國賓　讀書破萬卷　下筆如有神
賦料揚雄敵　詩看子建親　李邕求識面　王翰願卜鄰
自謂頗挺出　立登要路津　致君堯舜上　再使風俗淳
此意竟蕭條　行歌非隱淪　騎驢十三載　旅食京華春
朝扣富兒門　暮隨肥馬塵　殘杯與冷炙　到處潛悲辛

第346　杜工部集二十卷　（唐）杜甫撰　（清）錢謙益箋注　年譜一卷諸家詩話一卷唱酬題詠附錄一卷附錄一卷

清康熙六年（1667）季氏靜思堂刻本　高密市圖書館

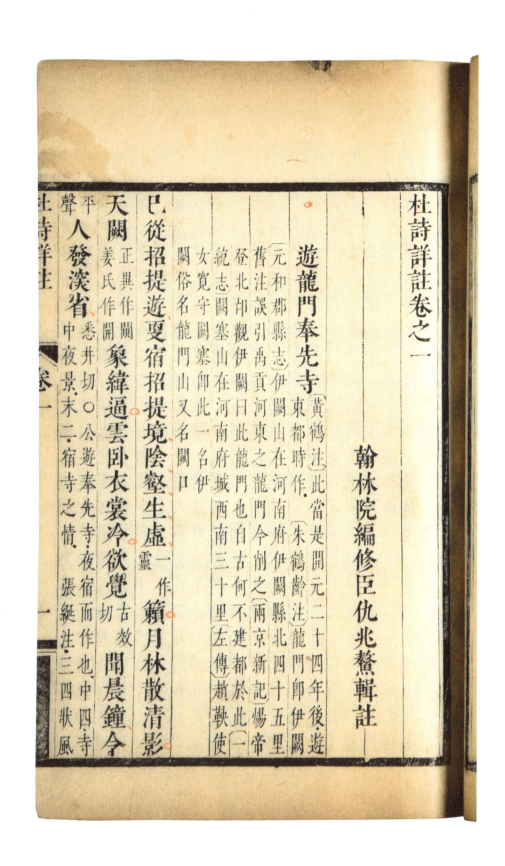

杜詩詳註卷之一

翰林院編修臣仇兆鰲輯註

遊龍門奉先寺〔黃鶴注〕此當是開元二十四年後遊
登北郡觀伊闕日此龍門也自古何不建都於此〔兩京新記〕煬帝
舊注誤引禹貢河東之龍門今削之〔兩京新記〕煬帝
〔元和郡縣志〕伊闕山在河南府伊闕縣北四十五里〔朱鶴齡注〕龍門即伊闕
統志闕塞山在河南府城西南三十里〔左傳〕趙鞅使
女寛守闕塞即此一名伊
闕俗名龍門山又名闕口

已從招提遊更宿招提境陰壑聚生虛靈一作
籟月林散清影

天闕〔姜氏作開闕〕正興作開象緯逼雲臥衣裳冷欲覺古效
切聞晨鐘令

平人發深省〔悉井切〕○公遊奉先寺夜宿而作也中四寺
聲中夜景末二宿寺之情張綖注三四狀風

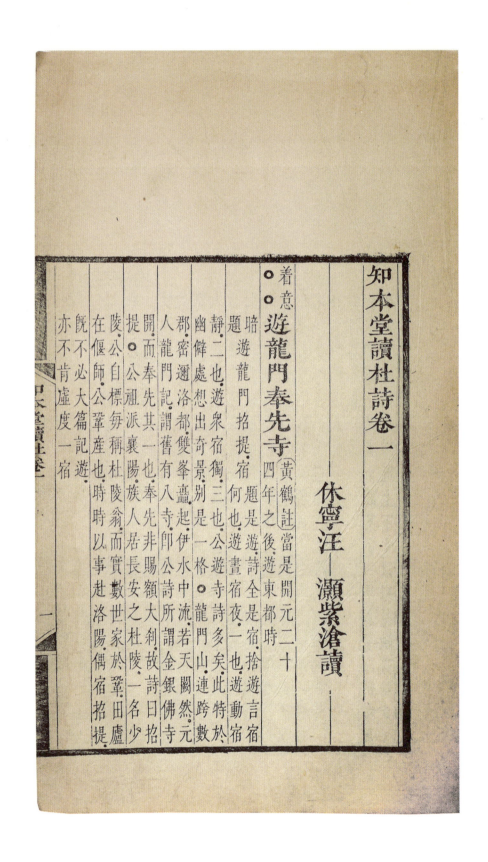

知本堂讀杜詩卷一

休寧汪灝紫滄讀

遊龍門奉先寺〔黃鶴註〕當是開元二十四年之後遊東都時

○○着意

暗遊龍門招提宿何也遊畫宿夜一也遊動宿

靜二也遊泉宿獨三也公遊寺詩多矣此特於

幽僻處想出奇景別是一格○龍門山連跨數

郡密邇洛都雙峯蘿起伊水中流若天闕然元

人龍門記謂舊有八寺即公詩所謂金銀佛寺

開而奉先其一也奉先賜額大刹故詩曰招

提○公自標每稱杜陵一名少

陵公祖派襄陽族人居長安之杜陵一

在偃師公葉產也時時以事赴洛陽偶宿招提

既不必大篇記遊

亦不肯虛度一宿

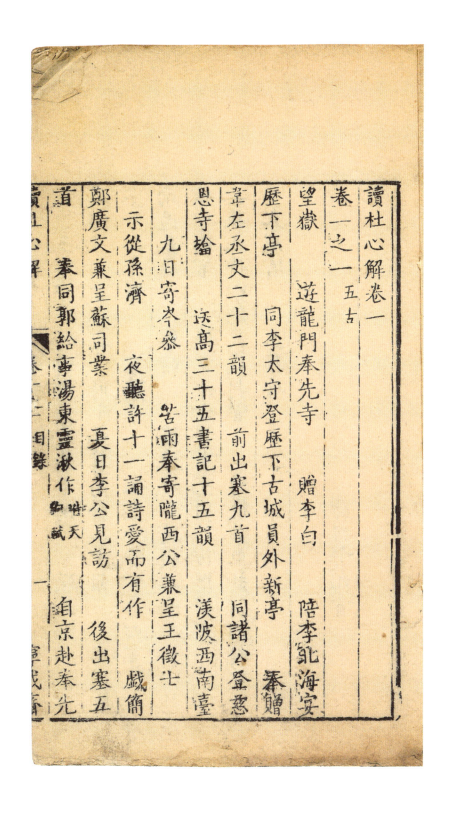

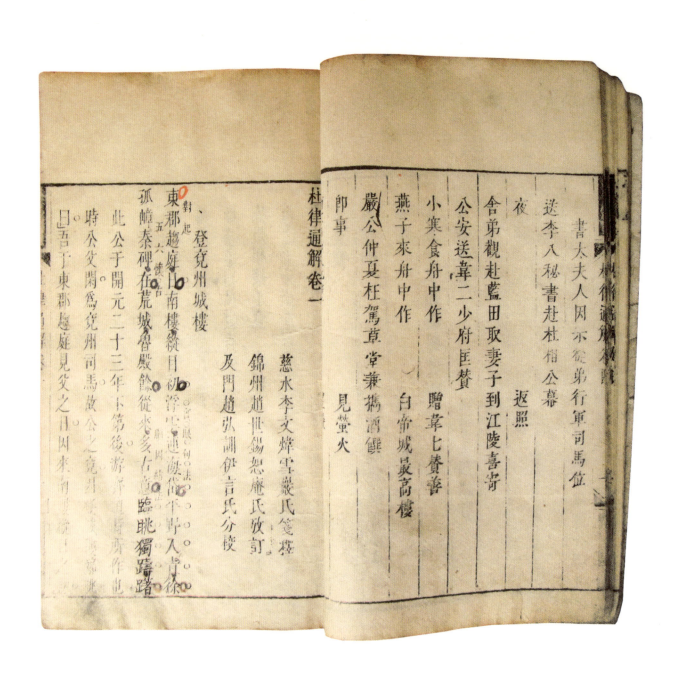

第350　杜律通解四卷　（清）李文煒撰

清康熙六十年（1721）自刻本　濰坊工程職業學院圖書館

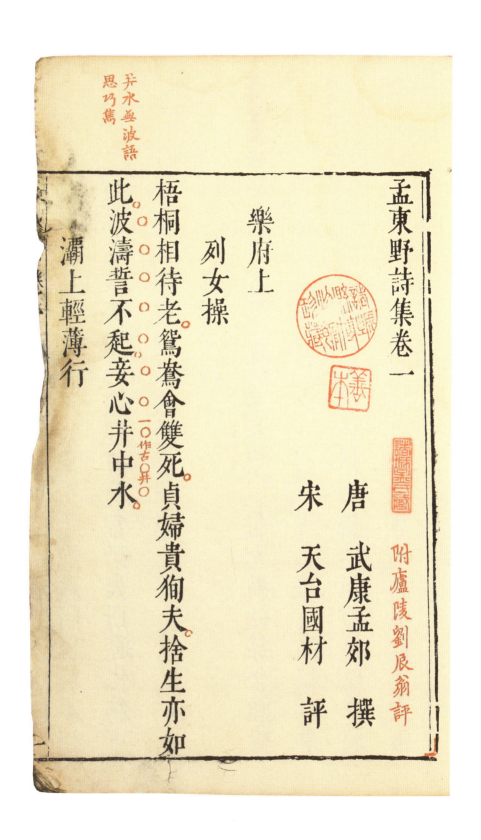

孟東野詩集卷一

附廬陵劉辰翁評

唐　武康孟郊　撰

宋　天台國材　評

樂府上

　　烈女操

梧桐相待老鴛鴦會雙死貞婦貴狥夫捨生亦如此波濤誓不起妾心井中水

　　灞上輕薄行

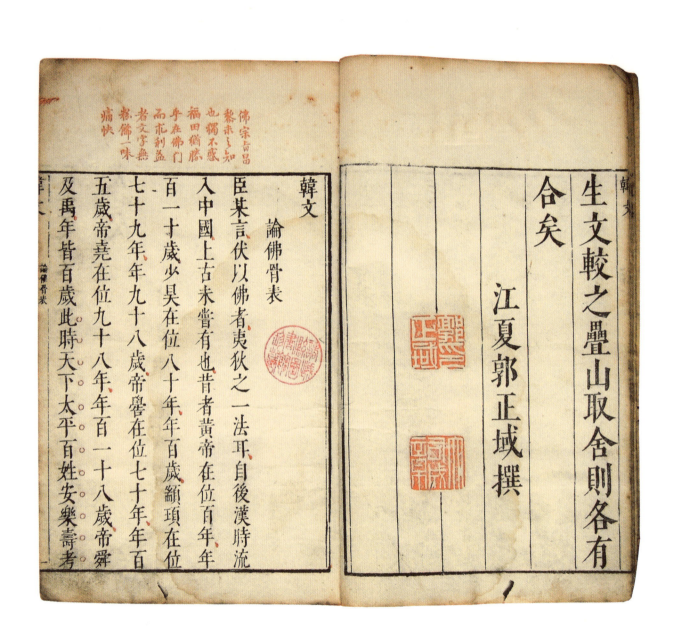

生文較之疊山取舍則各有
合矣
江夏郭正域撰

韓文

論佛骨表

臣某言伏以佛者夷狄之一法耳自後漢時流
入中國上古未嘗有也昔者黃帝在位百年年
百一十歲少昊在位八十年年百歲顓頊在位
七十九年年九十八歲帝嚳在位七十年年百
五歲帝堯在位九十八年年百一十八歲帝舜
及禹年皆百歲此時天下太平百姓安樂壽考

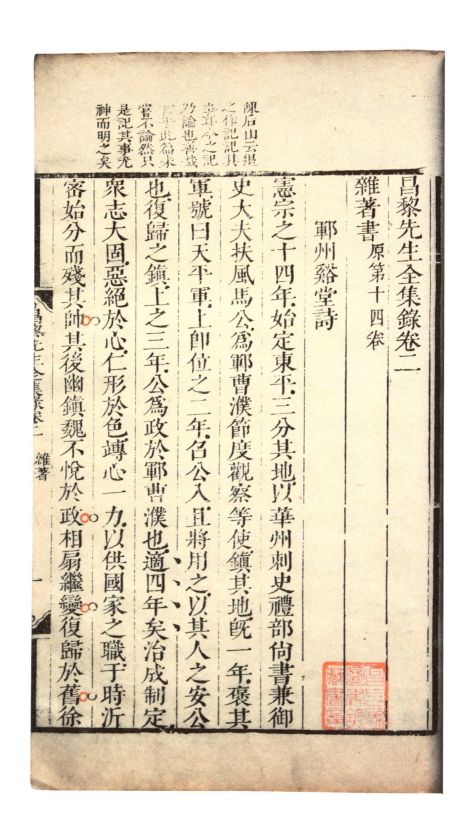

昌黎先生全集錄卷二

雜著書原第十四卷

鄆州谿堂詩

憲宗之十四年始定東平三分其地以華州刺史禮部尚書兼御史大夫扶風馬公為鄆曹濮節度觀察等使鎮其地既一年襃其軍號曰天平軍上卽位之二年召公入且將用之以其人之安公也復歸之鎮上之三年公為政於鄆曹濮也適四年矣治成制定

衆志大固惡絕於心仁形於色簿心一力以供國家之職于時沂密始分而殘其師其後幽鎮魏不悅於政相扇繼變復歸於舊徐

陳后山云退之作記其記昌黎先生全集錄卷二　雜著　一之作記其乃論世善哉束手今之記

嘗不論矣用年此篇末也復歸之鎮上之三年也復歸之鎮

是記其事亢神而明之矣

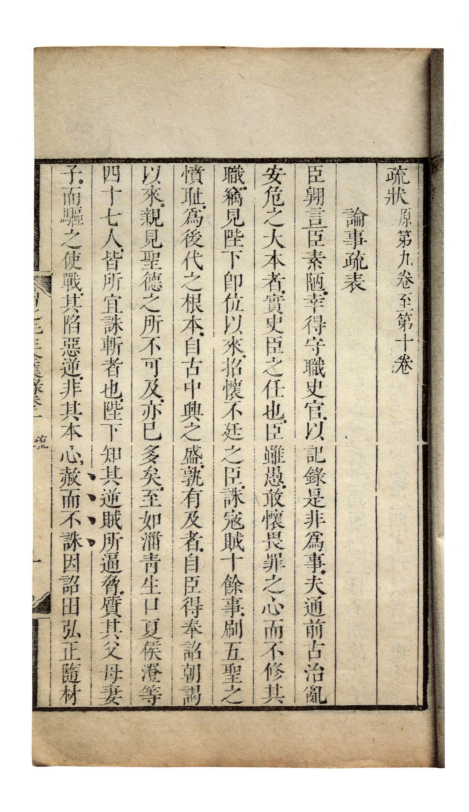

論事疏表

臣翱言臣素陋幸得守職史官以記錄是非爲事夫通前古治亂

安危之大本者實史臣之任也臣雖愚敢懷畏罪之心而不修其

職竊見陛下即位以來招懷不廷之臣誅寇賊十餘事刷五聖之

憤耻爲後代之根本自古中興之盛莫有及者自臣得奉詔朝謁

以來親見聖德之所不可及亦已多矣至如淄青生口夏侯澄等

四十七人皆所宜誅斬者也陛下知其逆賊所逼脅質其父母妻

子而驅之使戰其陷惡逆非其本心赦而不誅因詔田弘正隨材

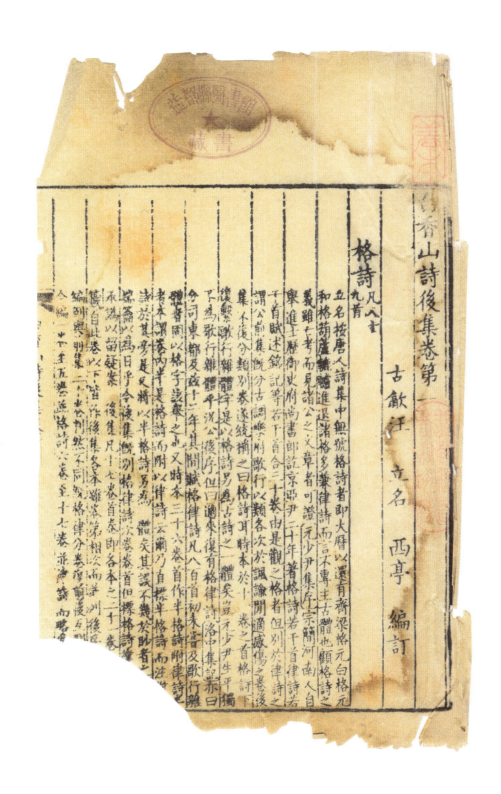

寒亭畱客　老題石泉

招山僧

　池鶴八絶句　池上有
　不羣烏鳶雜鶴介然
　誦鶴亦時復一鳴予非治長諸禽似有所
　因歲與之聊亦贈答以意耕選二首
　酌之聊亦自取笑耳

鸞贈鶴
　　　鶴答鸞

遊趙村杏花
　　　附白尚書賦垂柳亭有
附白尚書篇云
　　　附河南尹盧貞和

香山詩鈔卷一

太原白居易樂天著

武進楊大鶴芝田選

五言古

賀雨

皇帝嗣寶曆元和三年冬自冬及暮春不雨旱爐
爐上心念下民懼歲成災凶遂下罪巳詔殷勤告
俗作制萬邦帝日予一人纘天承祖宗憂勤不遑寧
夙夜心忡忡元年誅劉闢二年戮李
錡不戰安江東顧惟聊聊德遠有巍巍功或者天

第356　香山詩鈔二十卷　　（唐）白居易撰　　（清）楊大鶴選

清康熙四十年（1701）刻本　諸城市圖書館

四〇〇

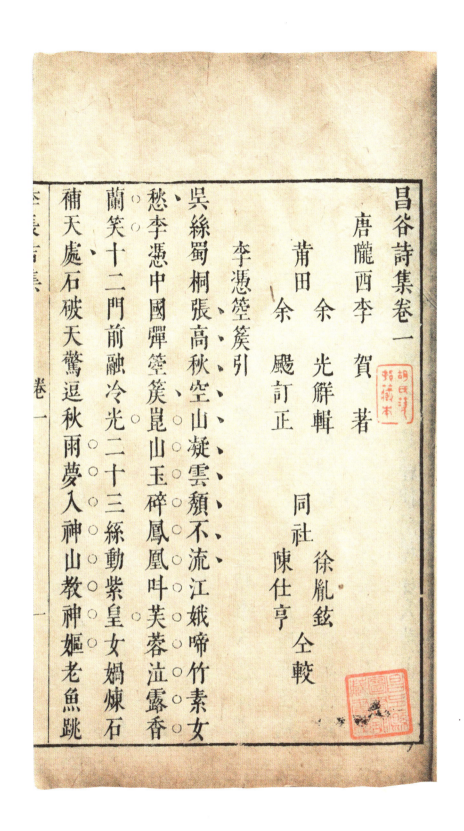

昌谷詩集卷一

唐隴西李　賀　著

莆田　余　光辭輯

　　　余　懸訂正

同社　　徐胤鉉

　　　陳仕亨　仝較

李憑箜篌引

吳絲蜀桐張高秋　空山凝雲頹不流　江娥啼竹素女

愁李憑中國彈箜篌　崑山玉碎鳳凰叫　芙蓉泣露香

蘭笑十二門前融冷光　二十三絲動紫皇　女媧煉石

補天處石破天驚逗秋雨夢入神山教神嫗　老魚跳

昌谷詩集　　卷一　　　　一

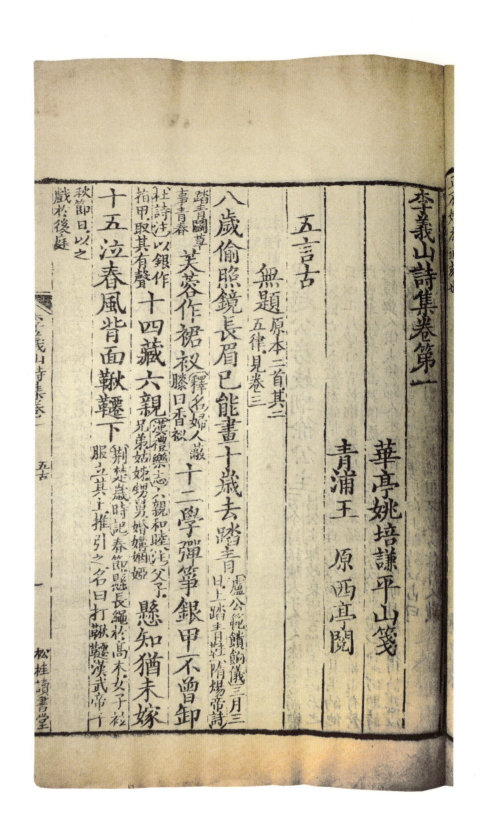

李義山詩集卷第一

華亭姚培謙平山箋

青浦王　原西直閲

五言古

無題　原本二首其二
　　　　五律見卷三

八歳偸照鏡　長眉巳能畫　十歳去踏青　〔盧公範饋餉儀三月三〔釋名婦人嚴〔踏青嗣草日上踏青鞋隋煬帝詩　芙蓉作裙衩〔膝曰香裙　十二學彈箏銀甲不曾卸　〔杜詩注以銀作〔漢書禮樂志六親和睦〔父子　甲取其有聲　　　　〔兄弟姑姊妹舅男婚媾姻婭　十四藏六親　懸知猶未嫁　〔荊楚歲時記春節懸長繩衫高木女子社　十五泣春風　背面鞦韆下　服立其下推引之名曰打鞦韆漢武帝宮

秋節日以之
戲於後庭

五古　　一

松桂讀書堂

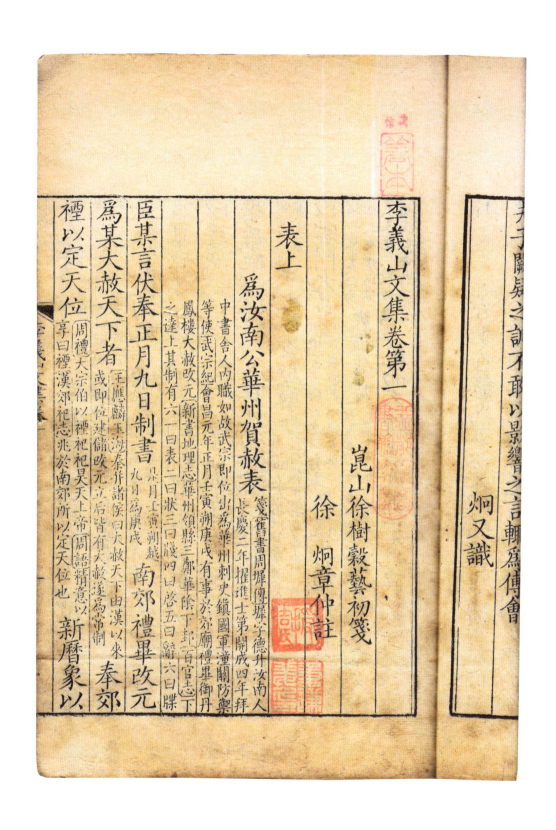

炯又識

李義山文集卷第一

崑山徐樹穀藝初箋

徐　炯章仲註

表上

為汝南公華州賀赦表

箋舊書周墀傳墀字德升汝南人
長慶二年擢進士第開成四年拜
中書舍人內職如故武宗即位出為華州刺史鎮國軍潼關防禦
等使武宗紀會昌元年正月壬寅出於郊廟禮畢御丹
鳳樓大赦改元新書地理志華州領縣三鄭華陰下邽百官志下
之達上其制有六一日表二日狀三日牋四日啟五日辭六日牒

臣某言伏奉正月九日制書是月壬寅朔誤按
九日為庚戌　南郊禮畢改元
為某大赦天下者或即位建儲改元立后皆有大赦遂為常制　奉郊
王僬麟玉海奏并諸侯曰大赦天下由漢以來　新曆象以
禋以定天位周禮大宗伯以禋祀祀昊天上帝周語精意以
享曰禋漢郊祀志兆於南郊所以定天位也

歐陽文忠公全集卷一

譜二

族譜圖序

譜圖

年譜

族譜圖序右本

歐陽氏之先本出於夏禹之苗裔自帝必康封其庶子於會稽使守禹祀歷夏商周以世相傳至于允常子曰句踐是爲越王越王句踐傳五世至王無疆爲楚威王所滅其諸族子分散爭立皆受封於楚而無

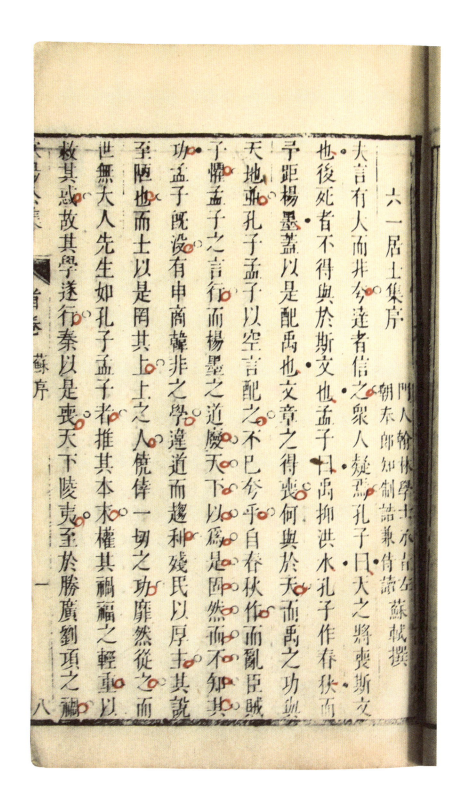

門人翰林學士承旨左朝奉郎知制誥兼侍讀蘇軾撰

夫言有大而非夸達者信之眾人疑焉孔子曰大之將喪斯文
也後死者不得與於斯文也孟子曰禹抑洪水孔子作春秋而
予距楊墨蓋以是配禹也文章之得喪何與於天而禹之功與
天地亞孔子孟子以空言配之不已夸乎自春秋作而亂臣賊
子懼孟子之言行而楊墨之道廢天下以為是固然而不知其
功孟子既没有申商韓非之學違道而趨利殘民以厚主其說
至陋也而士以是罔其上上之人僥倖一切之功靡然從之而
世無大人先生如孔子孟子者推其本末權其禍福之輕重以
救其惑故其學遂行秦以是喪天下陵夷至於勝廣劉項之禍

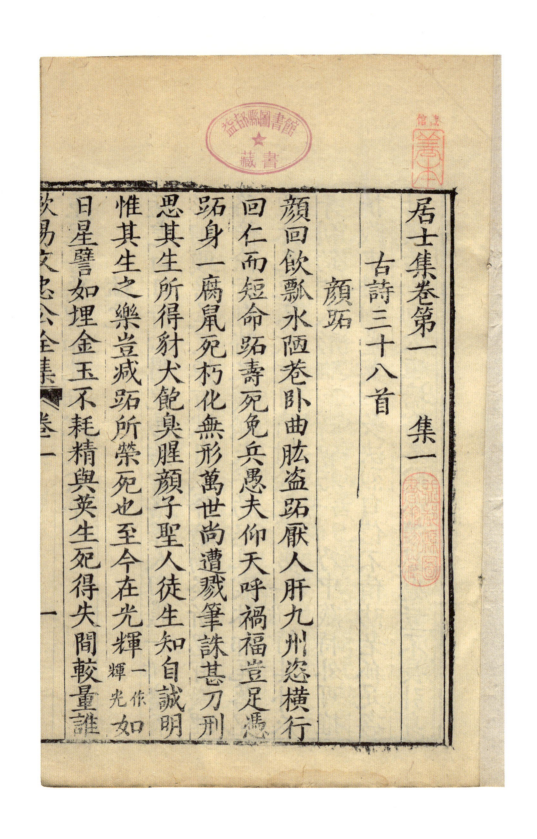

居士集卷第一　集一

古詩三十八首

顏跖

顏回飲瓢水陋巷卧曲肱盜跖厭人肝九州恣橫行
回仁而短命跖壽死免兵愚夫仰天呼禍福豈足憑
跖身一腐鼠死朽化無形萬世尚遭戮筆誅甚刀刑
思其生所得豺犬飽臭腥顏子聖人徒生知自誠明
惟其生之樂豈減跖所榮死也至今在光輝 一作如
日星譬如埋金玉不耗精與英生死得失間較量誰

欽易文忠公全集〈卷一　　一

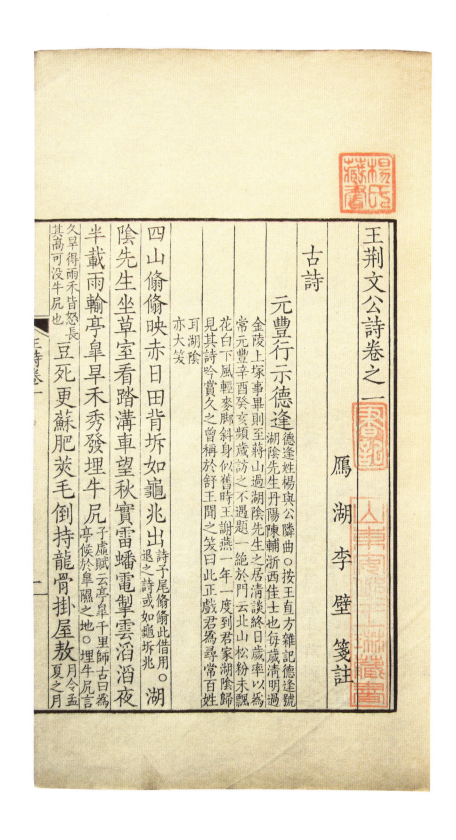

王荊文公詩卷之一

鴈湖李壁箋註

古詩

元豐行示德逢　德逢姓楊與公隣曲○按王直方雜記德逢號
湖陰先生丹陽陳輔浙西佳士也每歲率以為
金陵上塚事畢則至蔣山過湖陰先生之居清談終日歲清明過
常元豐辛酉癸亥頻歲訪之不過題一絕於門云此山松粉未飄
花白下風輕麥脚斜身似舊時王謝燕一年一度到君家湖陰歸
見其詩吟賞久之曾稱於舒王聞之笑曰此正戲君為尋常百姓
耳湖陰亦大笑

四山𦱤𦱤映赤日田背坼如龜兆出　詩予尾𦱤𦱤此借用○湖
陰先生坐草室看踏溝車望秋實　退之詩或如龜坼兆　湖
半載雨輸亭皐旱禾秀發埋牛尻　雷蟠電蟄雲滔滔夜
　　　子虛賦云亭皐千里師古曰為
　　　亭候於皐隰之地○埋牛尻亭言
豆死更蘇肥荬毛倒持龍骨掛屋敖　月令孟
　　　　　　　　　　　　　　　　　　夏之月
久旱得雨禾皆怒長
其高可没牛尻也

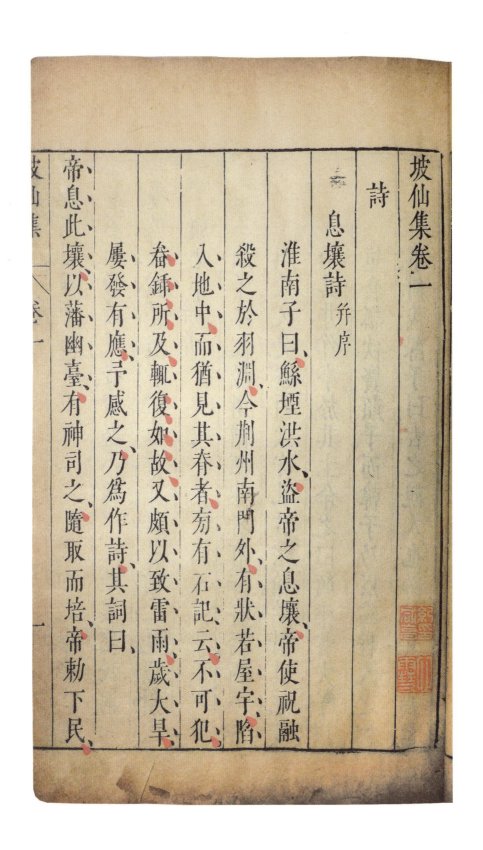

坡仙集卷一

詩

息壤詩 并序

淮南子曰鯀堙洪水盜帝之息壤帝使祝融
殺之於羽淵今荊州南門外有狀若屋宇陷
入地中而猶見其春者旁有石記云不可犯
畚鍤所及輒復如故又頗以致雷雨歲大旱
屢發有應予感之乃爲作詩其詞曰
帝息此壤以藩幽臺有神司之隨取而培帝勅下民

第364　坡仙集十六卷　（宋）苏轼撰　（明）李贄評輯

明萬曆二十八年（1600）焦竑刻本　濰坊市圖書館

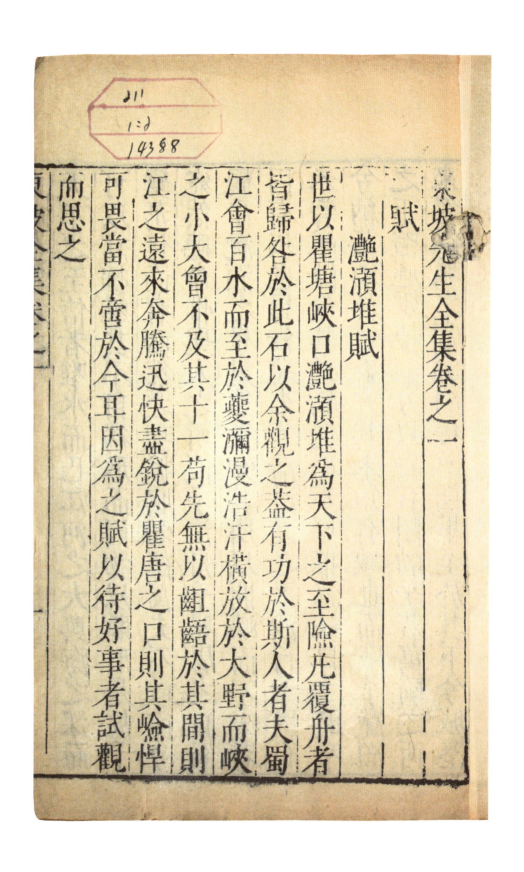

東坡先生全集卷之二

賦

灩澦堆賦

世以瞿塘峽口灩澦堆為天下之至險凡覆舟者
皆歸咎於此石以余觀之蓋有功於斯人者夫蜀
江會百水而至於夔瀰漫浩汗橫放於大野而峽
之小大會不及其十一苟先無以齟齬於其間則
江之遠來奔騰迅快盡銳於瞿唐之口則其嶮悍
可畏當不啻於今耳因為之賦以待好事者試觀
而思之

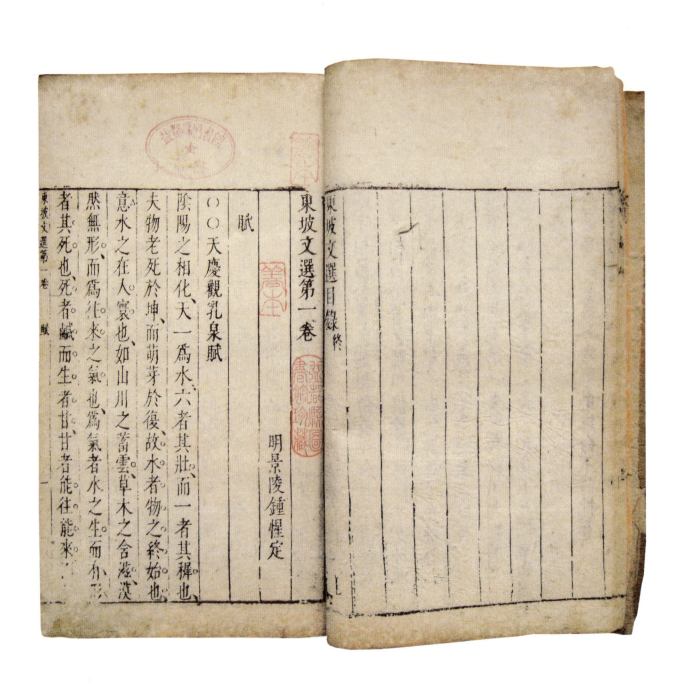

東坡文選第一卷　賦

東坡文選目錄終

明景陵鍾惺定

○○天慶觀乳泉賦

陰陽之相化、天一為水六者其壯、而一者其稺也、
夫物老死於坤、而萌芽於復故水者物之終始也、
意水之在人寰也、如山川之蓄雲草木之含滋漠
然無形、而為往來之氣也篤氣者水之生而不能
照其死也、而死者鹹而生者甘甘者能往能來、

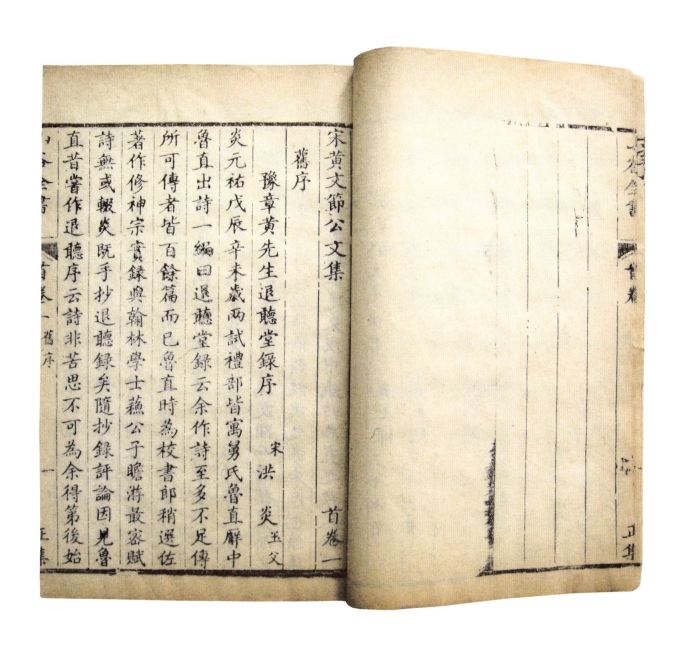

宋黃文節公文集

舊序

豫章黃先生退聽堂錄序　　宋　洪　炎玉父

炎元祐戊辰辛未歲兩試禮部皆寓筥氏魯直僻中
魯直出詩一編曰退聽堂錄云余作詩至多不足傳
所可傳者皆百餘篇而已魯直時為校書郎稍遷佐
著作修神宗實錄與翰林學士蘇公子瞻游最密賦
詩無或輒炎旣手抄退聽錄矣隨抄錄評論因見魯
直昔嘗作退聽序云詩非苦思不可為余得第後始

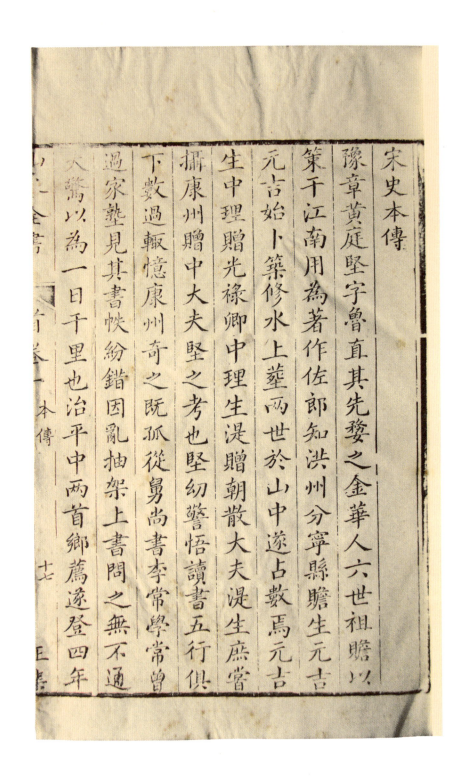

宋史本傳

豫章黃庭堅字魯直其先婺之金華人六世祖贍以
策干江南用爲著作佐郎知洪州分寧縣贍生元吉
元吉始卜築修水上蟄兩世於山中遂占數焉元吉
生中理贈光祿卿中理生湜贈朝散大夫湜生庶當
攝康州贈中大夫堅之考也堅幼警悟讀書五行俱
下數過輒憶康州奇之旣孤從舅尚書李常學常曾
過家塾見其書帙紛錯因亂抽架上書問之無不通
大驚以爲一日千里也治平中兩首鄉薦遂登四年

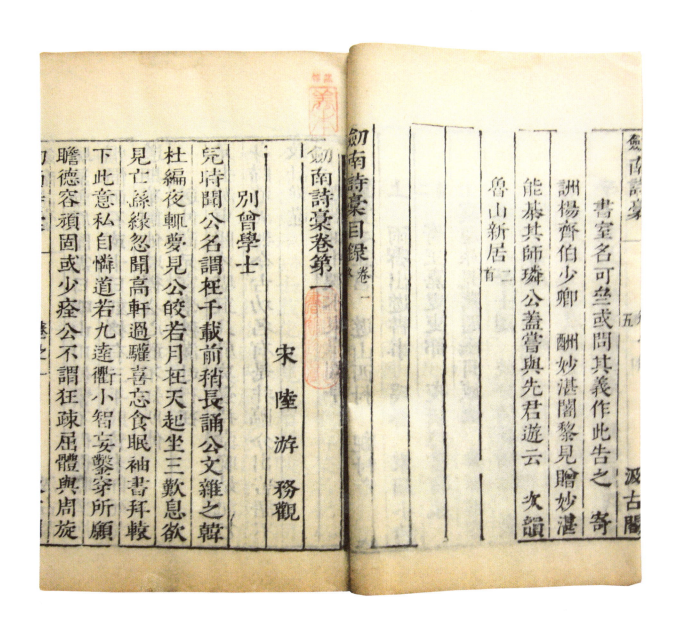

劍南詩藁卷第一

別曾學士

宋　陸　游　務觀

　兒時聞公名　謂枉千載前　稍長誦公文　雜之韓
　杜編　夜輒夢見公　皎若月枉天　起坐三歎息　欲
　見亡繇緣　忽聞高軒過　驊喜忘食眠　袖書拜軺
　下　此意私自憐　道若九達衢　小智妄鑿穿所願
　瞻德容　頑固或少痊　公不謂狂疎　屈體與周旋

汲古閣

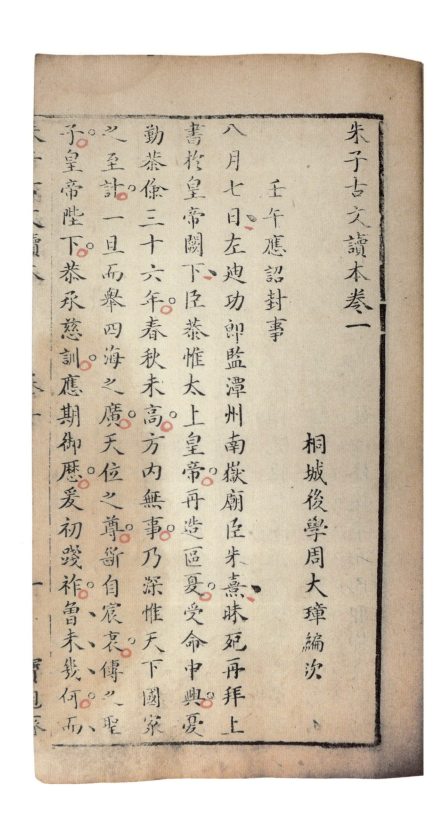

朱子古文讀本卷一

桐城後學周大璋編次

壬午應詔封事

八月七日左迪功郎監潭州南嶽廟臣朱熹昧死再拜上

書於皇帝闕下臣恭惟太上皇帝再造區夏受命中興受

勤恭儉三十六年春秋未高方內無事乃深惟天下國家

之至計一旦而舉四海之廣天位之尊斷自宸衷傳之聖

子皇帝陛下恭承慈訓應期御歷爰初踐祚曾未幾何而

第370　朱子古文讀本六卷　（宋）朱熹撰　（清）周大璋輯

清康熙五十六年（1717）寶旭齋刻本　濰坊市圖書館

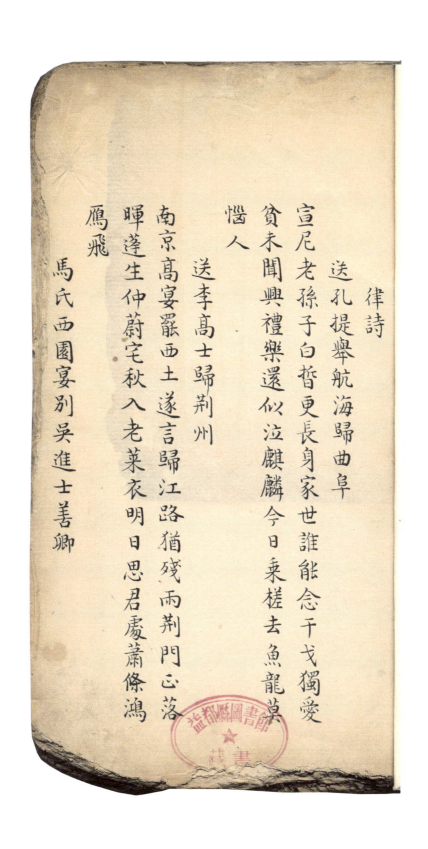

律詩

送孔提舉航海歸曲阜

宣尼老孫子白皙更長身家世誰能念干戈獨愛
貧未聞興禮樂還似泣麒麟今日乘槎去魚龍莫
惱人

送李高士歸荊州

南京高宴罷西土遂言歸江路猶殘兩荊門忘落
暉蓬生仲蔚宅秋入老萊衣明日思君處蕭條鴻
鴈飛

馬氏西園宴別吳進士善卿

第371　明初何大年手錄所作詩册原本不分卷　（明）何大年撰

舊鈔本　青州市博物館

四一五

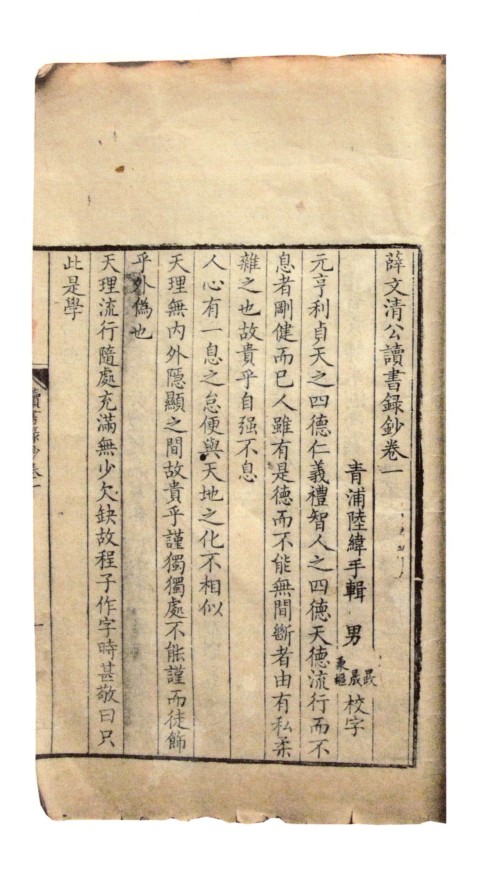

薛文清公讀書錄鈔卷一

青浦陸緯手輯　男　晟　跂　校字
秉樞

元亨利貞天之四德仁義禮智人之四德天德流行而不
息者剛健而已人雖有是德而不能無間斷者由有私柔
雜之也故貴乎自強不息

人心有一息之息便與天地之化不相似

天理無內外隱顯之間故貴乎謹獨獨處不能謹而徒飾
乎外偽也

天理流行隨處充滿無少欠缺故程子作字時甚敬曰只
此是學

第372　薛文清公讀書錄鈔四卷　　（明）薛瑄撰　　（清）陸緯輯　　（清）陸晟等校
清雍正三年（1725）刻本　濰坊工程職業學院圖書館

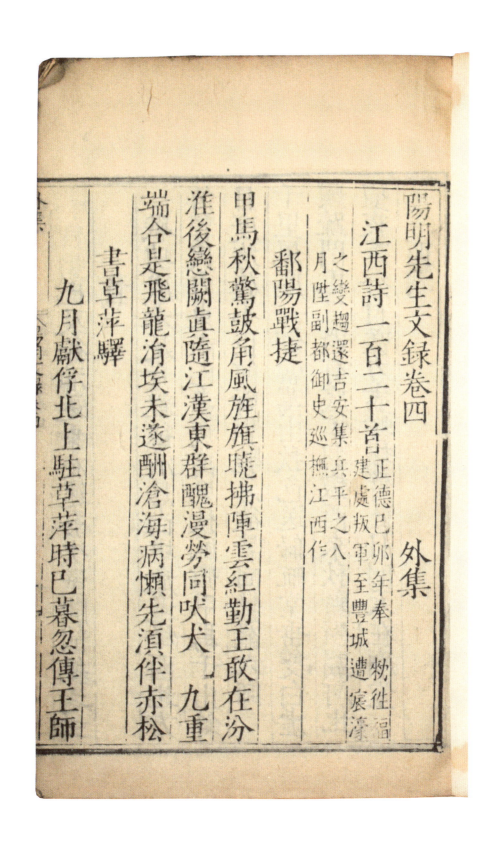

陽明先生文録卷四　　外集

江西詩一百二十首 正德己卯年奉勅徵福之變趨遣吉安集建處叛軍至豐城遭宸濠其入月壅副都御史巡撫江西作

鄱陽戰捷

甲馬秋驚鼓角風旌旗曉拂陣雲紅勤王敢在汾淮後戀闕貞隨江漢東群醜漫勞同吠犬　九重端合是飛龍涓埃未遂酬滄海病懶先滇伴赤松

書草萍驛

九月獻俘北上駐草萍時巳暮忽傳王師

第373　陽明先生文録五卷外集九卷別録十卷　（明）王守仁撰

明嘉靖三十六年（1557）胡宗憲刻本　諸城市圖書館

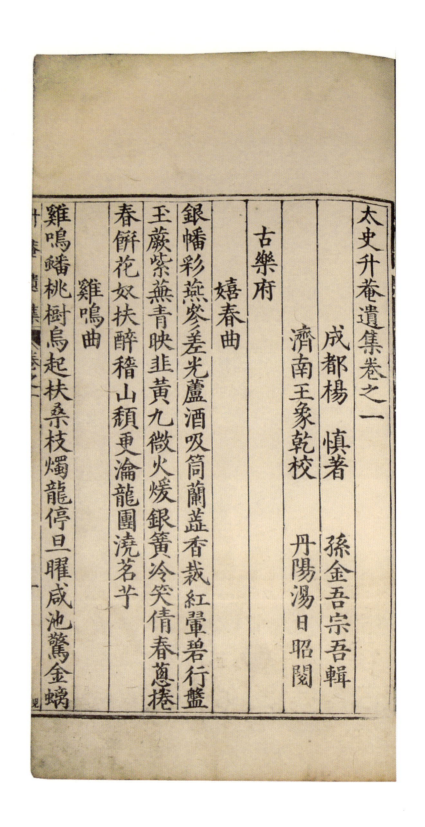

太史升菴遺集卷之一

　　　　成都楊　慎著

　　　　濟南王象乾校　　孫金吾宗吾輯

　　　　　　　　　　　　丹陽湯日昭閱

古樂府

　嬉春曲

銀幡彩燕參差光蘆酒吸筒蘭藻香裁紅輦碧行盤

玉巖紫燕青映韭黃九微火煖銀簧冷笑倩春蔥捲

春餅花奴扶醉稽山頹更淪龍團澆茗芋

　雞鳴曲

雞鳴蟠桃樹烏起扶桑枝燭龍停旦曜咸池驚金蝸

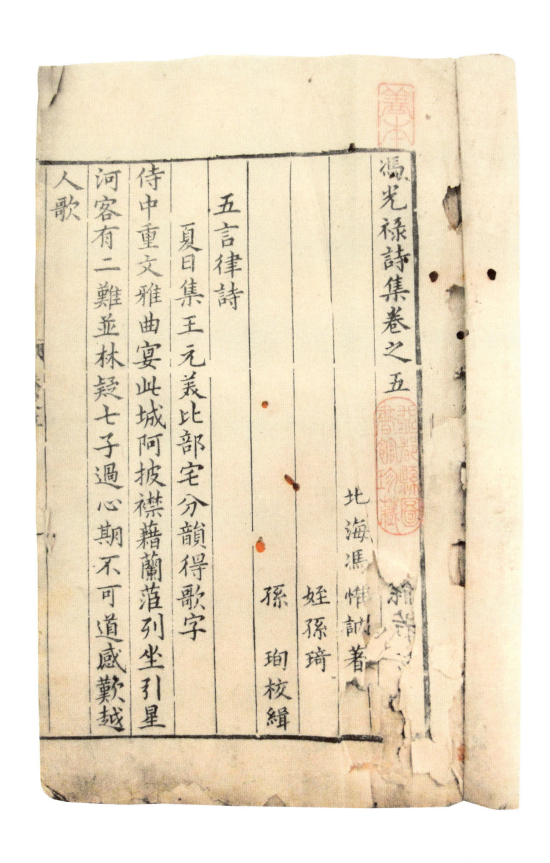

馮光祿詩集卷之五

北海馮惟訥著

姪孫琦

孫珣校緝

五言律詩

夏日集王元義比部宅分韻得歌字

侍中重文雅曲宴此城阿披襟藉蘭莈列坐引星河客有二難並林崾七子過心期不可道感歎越人歌

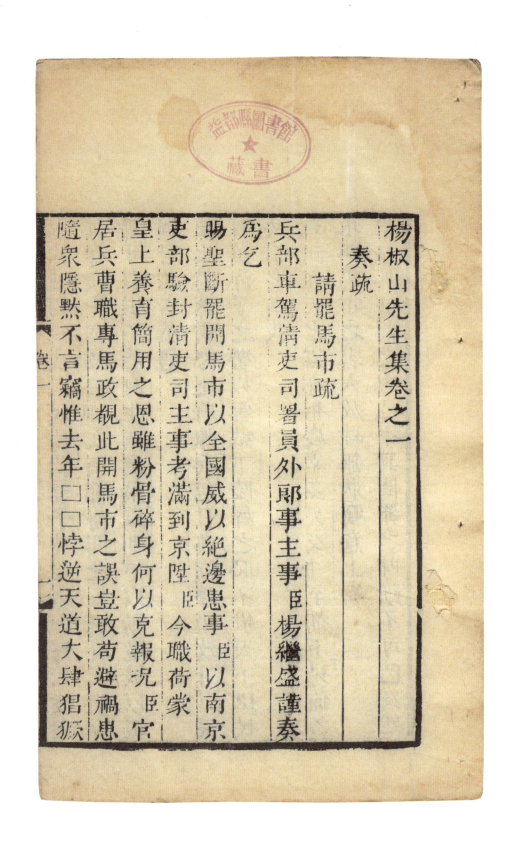

楊椒山先生集卷之一

奏疏

請罷馬市疏

兵部車駕清吏司署員外郎事主事臣楊繼盛謹奏

為乞

賜聖斷罷開馬市以全國威以絕邊患事臣以南京

吏部驗封清吏司主事考滿到京陞臣今職荷蒙

皇上養育簡用之恩雖粉骨碎身何以克報況臣官

居兵曹職專馬政覩此開馬市之誤豈致苟避禍患

隨衆隱黙不言竊惟去年□□悖逆天道大肆猖獗

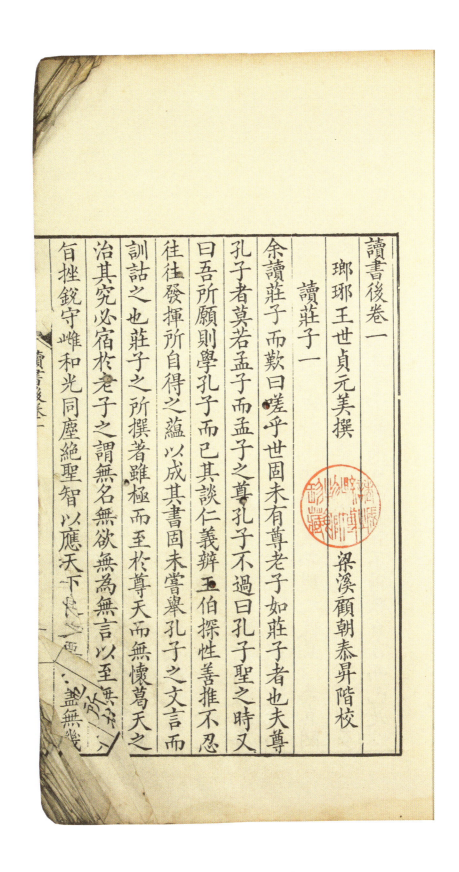

讀書後卷一

瑯琊王世貞元美撰

讀莊子一

梁溪顧朝泰昇階校

余讀莊子而歎曰嗟乎世固未有尊老子如莊子者也夫尊孔子者莫若孟子而孟子之尊孔子不過曰孔子聖之時又曰吾所願則學孔子而已其談仁義辯王伯探性善推不忍往往發揮所自得之蘊以成其書固未嘗舉孔子之文言而訓詁之也莊子之所撰著雖極而至於尊天而無懷葛天之治其究必宿於老子之謂無名無欲無為無言以至無為冒挫銳守雌和光同塵絕聖智以應天下□□□□蓋無幾

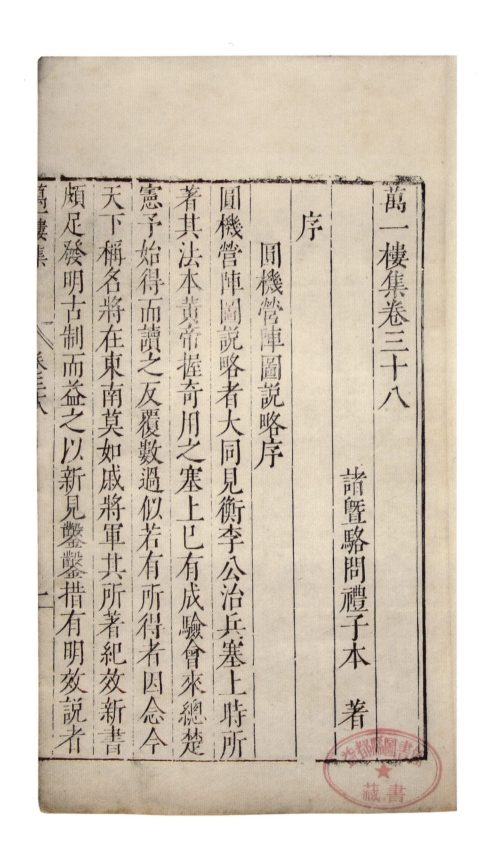

萬一樓集卷三十八

諸暨駱問禮子本　著

序

圓機營陣圖說略序

圓機營陣圖說略者大同見衡李公治兵塞上時所
著其法本黃帝握奇用之塞上已有成驗會來總楚
憲予始得而讀之反覆數過似若有所得者因念今
天下稱名將在東南莫如戚將軍共所著紀效新書
頗足發明古制而益之以新見鑿鑿措有明效說者

萬一樓集　　卷三十八　　　　　　　　二

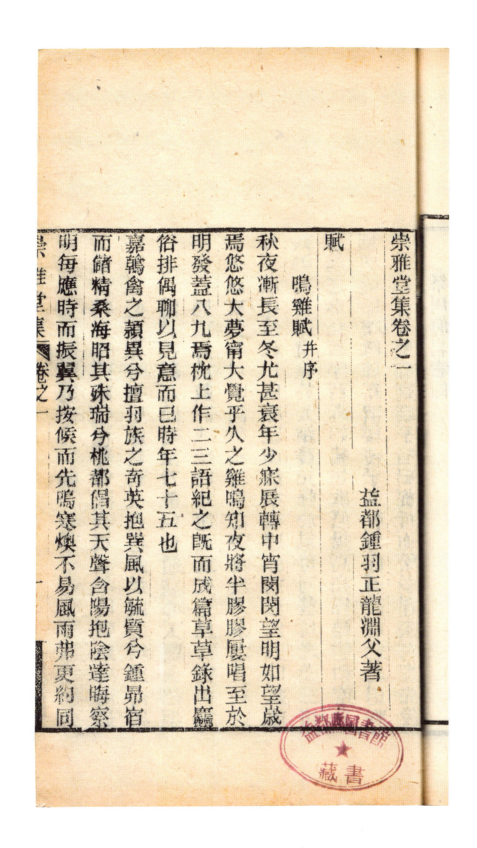

崇雅堂集卷之一

益都鍾羽正龍淵父著

賦

鳴雞賦并序

秋夜漸長至冬尤甚衰年少寐展轉中宵閴閴望明如望歲
焉悠悠大夢甯久之雞鳴知夜將半膠膠屢唱至於
明發蓋八九焉枕上作二三語紀之旣而成篇草錄出韉
俗排偶聊以見意而已時年七十五也

嘉鷁禽之穎異兮擅羽族之奇英抱巽風以毓質兮鍾昴宿
而儲精桑海昭其殊瑞兮桃都偶其天聲含陽抱陰達晦察
明每應時而振翼乃按候而先鳴寒燠不易風雨弗愆約同

第379　崇雅堂集十五卷　（明）鍾羽正撰

清光緒三十三年（1907）鍾氏家塾刻本　青州市圖書館

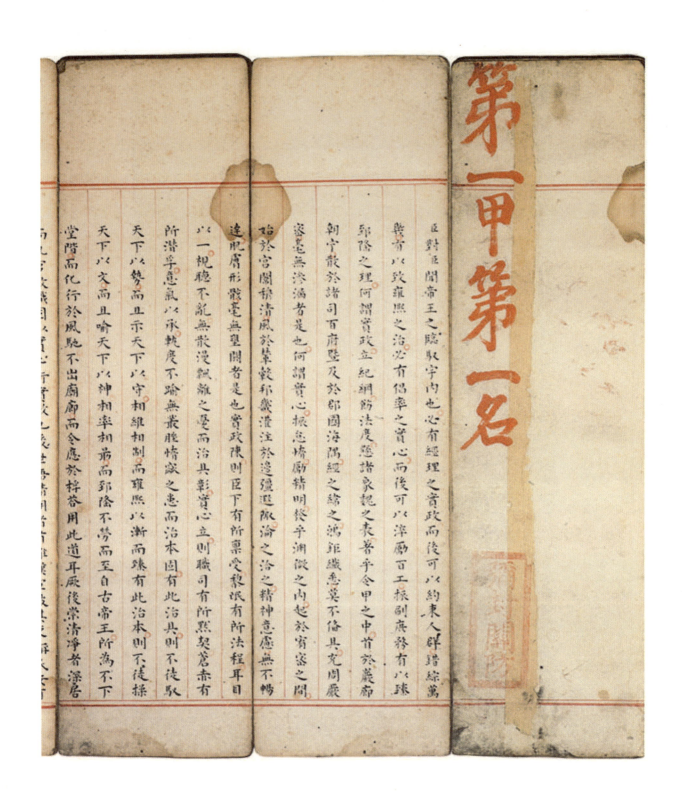

第一甲第一名

臣對臣聞帝王之臨馭宇內也必有經理之資政而後可以約束人群錯綜萬

彙齊以致雍熙之治必有倡率之資心而後可以淬厲百工振刷庶務有以臻

邵隆之理何謂資政立紀綱飭法度懸諸象魏之表著乎令甲之中首於巖廊

朝宁散於諸司百府暨及於鄰國海隅經之綸之鴻罷織悉莫不偹具充周嚴

密毫無滲漏者是也何謂資心振忠憍厲精明終予淵微之中起於宵密之間

始於宮闈郁清威於草鄰嚴灌注於邊疆退瀹之治之精神意應無不暢

達肥膚形骸毫無壅閼者是也資政陳則臣下有所稟受懿派有所法程耳目

以一視聽不紊無散漫飄瓠之憂而治其彰資心立則職司有所黙契亦有

所潛孚意氣以承軼度不踰無業脞惰慝之患而治本固有此治共則不徒駭

天下以勢而且示天下以守相維相制而羅照不漸而珠有此治本則不徒操

天下以文而且喻天下以神相率相勑而郊隆不勞而至自古帝王所為不下

堂階而化行於風馳不出廟廊而令應於梓菩用此道耳厥後棠清淨者深唇

第380　趙秉忠殿試卷　（明）趙秉忠撰

明萬曆二十六年（1598）稿本　青州市博物館

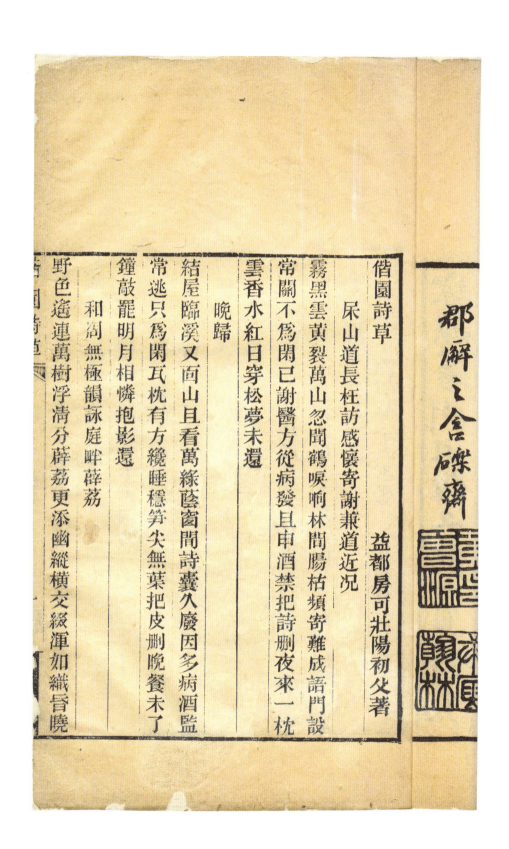

偕園詩草　　　　　　　　　　益都房可壯陽初父著

屎山道長枉訪感懷寄謝兼道近況

霧黑雲黃裂萬山忽聞鶴唳响林間腸枯頻寄難成語門設
常關不爲閑已謝醫方從病發且申酒禁把詩刪夜來一枕
雲香水紅日穿松夢未還

晚歸

結屋臨溪又面山且看萬綠蔭窗間詩囊久廢因多病酒監
常逃只爲閑瓦枕有方繞睡穩笋尖無葉把皮刪晚餐未了
鐘敲罷明月相憐抱影還

和舒無極韻詠庭畔薜荔

野色迢連萬樹浮清分薜荔更添幽縱橫交綴渾如織昏曉

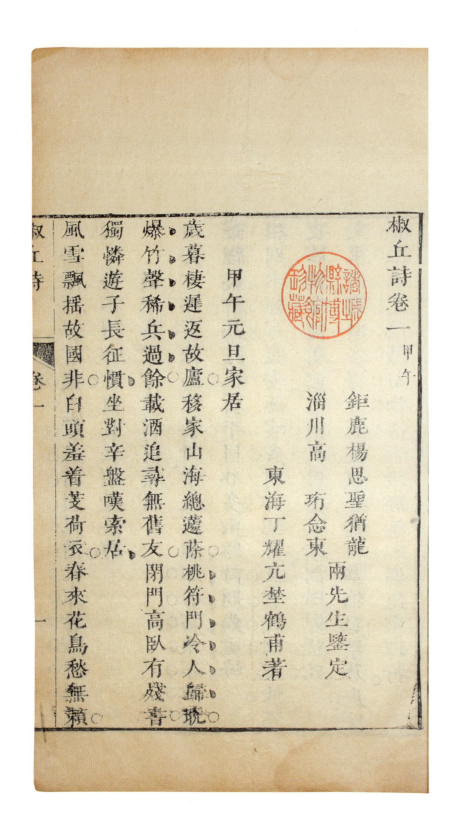

椒丘詩卷一　甲午

鉅鹿楊恩聖猶龍　兩先生鑒定

淄川高珩念東

東海丁耀亢藎鶴甫著

甲午元旦家居

歲暮棲遲返故廬　移家山海總邊藤　新桃符門冷人歸琥

爆竹聲稀兵過餘　載酒追尋無舊友　閉門高臥有殘書

獨憐遊子長征慣　坐對辛盤嘆索居

風雪飄搖故國非　白頭羞著芰荷衣　春來花鳥愁無賴

第382　椒丘詩二卷　（清）丁耀亢撰

清順治刻本　諸城市圖書館

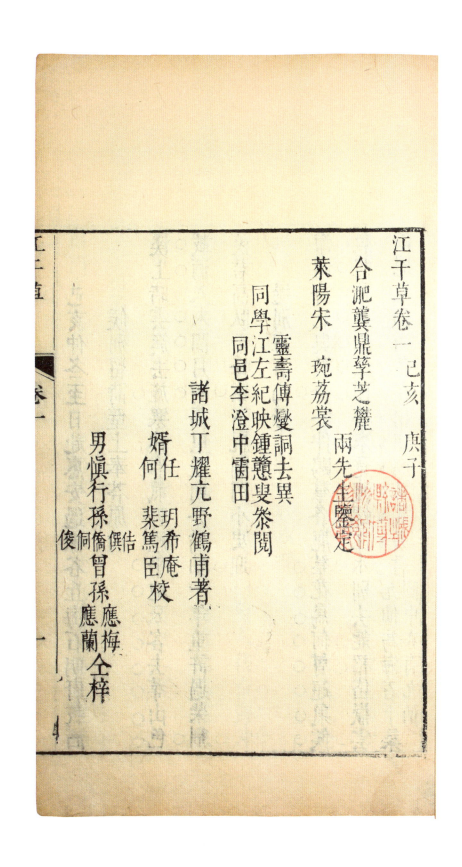

江干草卷一 己亥 庚子

合淝龔鼎孳芝麓
萊陽宋　琬荔裳
　　　　　　　　　兩先生鑑定
同學江左紀映鍾懋勲
　靈壽傅變詷去異
同邑李澄中霄田　　叅閱

諸城丁耀亢野鶴甫著
婿何　玥希庵校
　任　棐篤臣
男愼行　佶撰
孫僑應梅
曾孫應蘭
仝梓
俊

第383　江干草二卷　（清）丁耀亢撰

清康熙十二年（1673）家刻本　諸城市圖書館

四二七

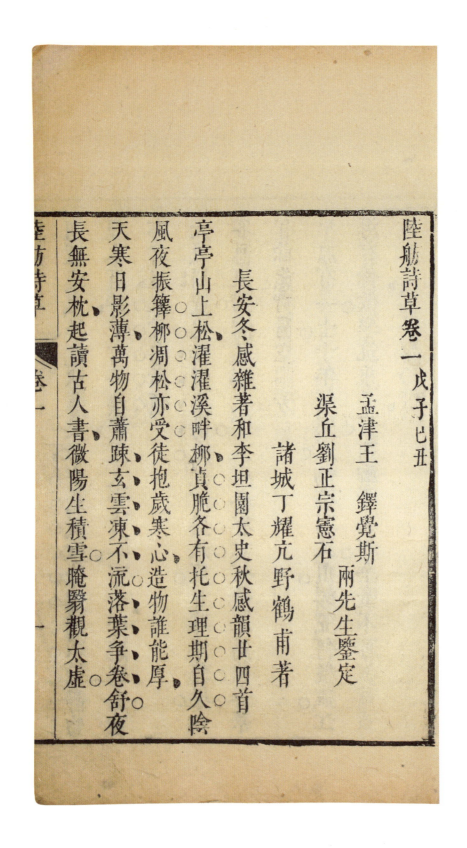

陸舫詩草卷一　戊子己丑

孟津王　鐸覺斯
渠丘劉正宗憲石
兩先生鑒定

諸城丁耀亢野鶴甫著

長安冬、感雜著和李坦園太史秋感韻廿四首

亭亭山上松、濯濯溪畔柳○○○貞脆各有托○生理期自久陰○

風夜振鐸柳凋松亦受○徒抱歲寒心○造物誰能厚、

天寒日影薄萬物自蕭踈○玄雲凍不流○落葉爭卷舒○夜

長無安枕起讀古人書微陽生積雪○晻曖觀太虛○

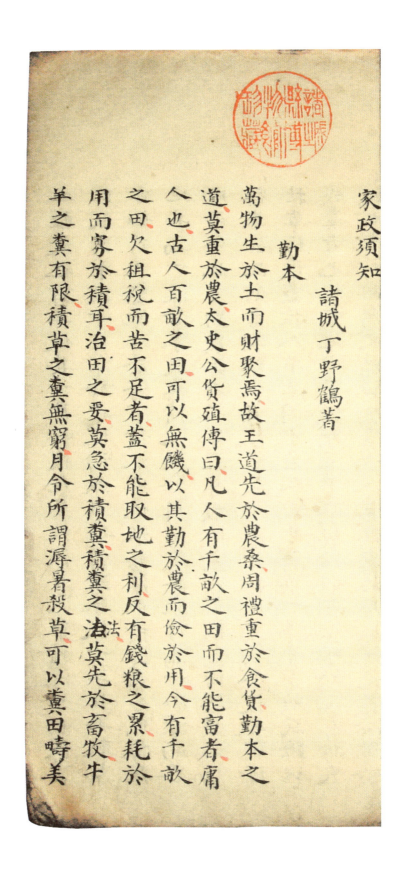

家政須知

勤本 諸城丁野鶴著

萬物生於土而財聚焉故王道先於農桑周禮重於食貨勤本之道莫重於農太史公貨殖傳曰凡人有千畝之田而不能富者庸人也古人百畝之田可以無饑以其勤於農而儉於用今有千畝之田欠租稅而苦不足者蓋不能取地之利反有錢粮之累耗於用而窮於積耳治田之要莫急於積糞積糞之法莫先於畜牧牛羊之糞有限積草之糞無窮月令所謂溽暑殺草可以糞田疇美

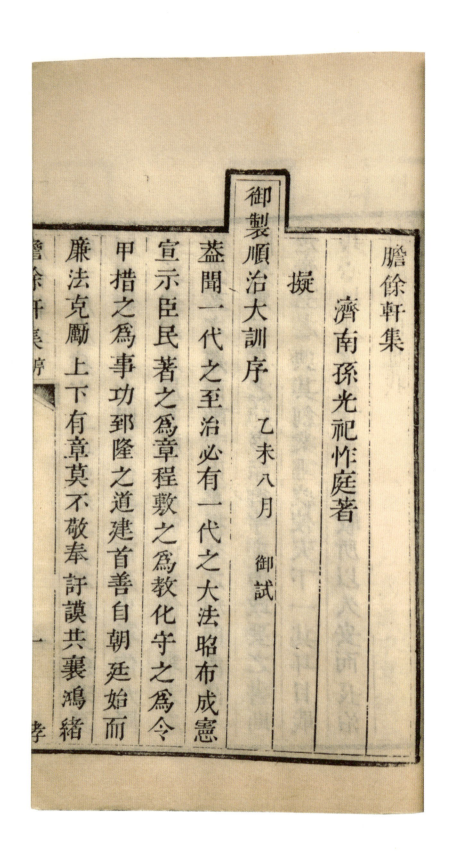

膽餘軒集

濟南孫光祀怍庭著

御製順治大訓序　乙未八月　御試

擬

蓋聞一代之至治必有一代之大法昭布成憲

宣示臣民著之為章程敷之為教化守之為令

甲措之為事功郅隆之道建首善自朝廷始而

廉法克勵　上下有章莫不敬奉　訏謨共襄鴻緒

膽餘軒集序

第386　膽餘軒集八卷　（清）孫光祀撰

清康熙三十五年（1696）刻本　濰坊市博物館

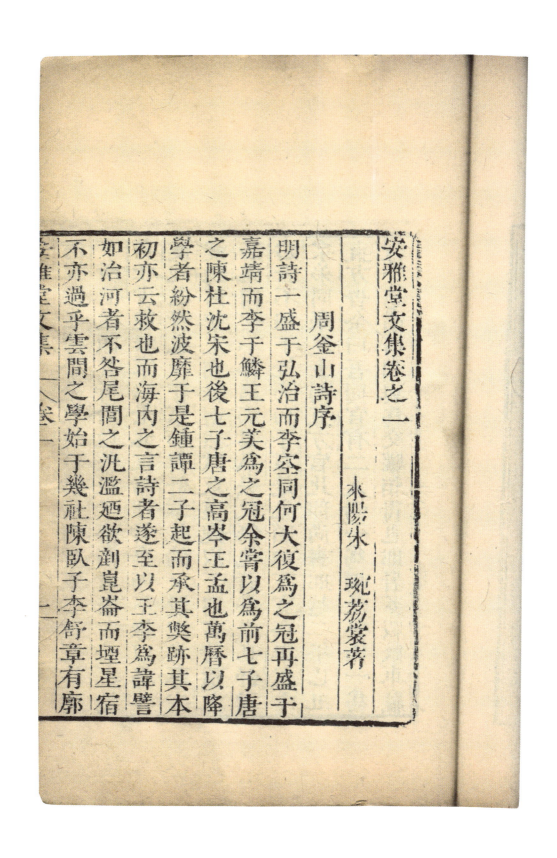

安雅堂文集卷之一

　　　　　　　　　　萊陽宋琬荔裳著

周釜山詩序

明詩一盛于弘治而李空同何大復爲之冠再盛于
嘉靖而李于鱗王元美爲之冠余嘗以爲前七子唐
之陳杜沈宋也後七子唐之高岑王孟也萬曆以降
學者紛然波靡于是鍾譚二子起而承其獎跡其本
初亦云救也而海內之言詩者遂至以王李爲譏譬
如治河者不咎尾閭之汎濫廼欲剗崑崙而堙星宿
不亦過乎雲間之學始于幾社陳臥子李舒章有廓

託素齋文集卷第一

長汀黎士弘媿曾甫著

詩經手抄序

黎士弘曰古之治經者何難而今亦何其易易也昔者
仲尼之徒三千身通六藝者七十二人若商若賜若言
偃各以詩禮名家漢繼秦興易稱田何丁寬治詩則有
齊魯有毛韓書有伏生書有夏侯氏書春秋左氏公穀
三家並得立學官禮有高堂生二戴氏其時天子公卿
皆矜慎儒者而儒者亦復自愛重不苟為異同所稱受

第388　託素齋詩集四卷文集六卷　（清）黎士弘撰　行述一卷　（清）劉元慧撰

清雍正二年（1724）黎致遠刻本　諸城市圖書館

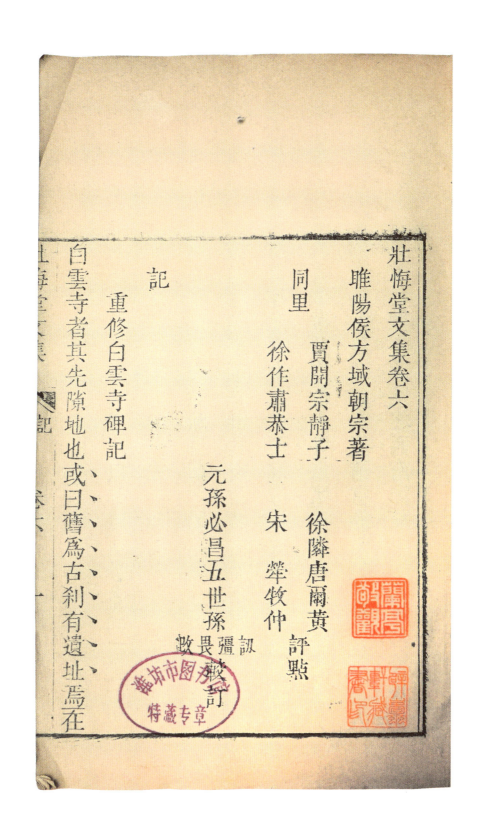

壯悔堂文集卷六

睢陽侯方域朝宗著

同里　　賈開宗靜子

　　　　徐作肅恭士

　　　　　　　　徐鄰唐爾黃

　　　　　　　　朱　犖牧仲　評點

　元孫必昌五世孫　　畏彊訒歗　藏訂

記

重修白雲寺碑記

白雲寺者其先隙地也或曰舊爲古刹有遺址焉在

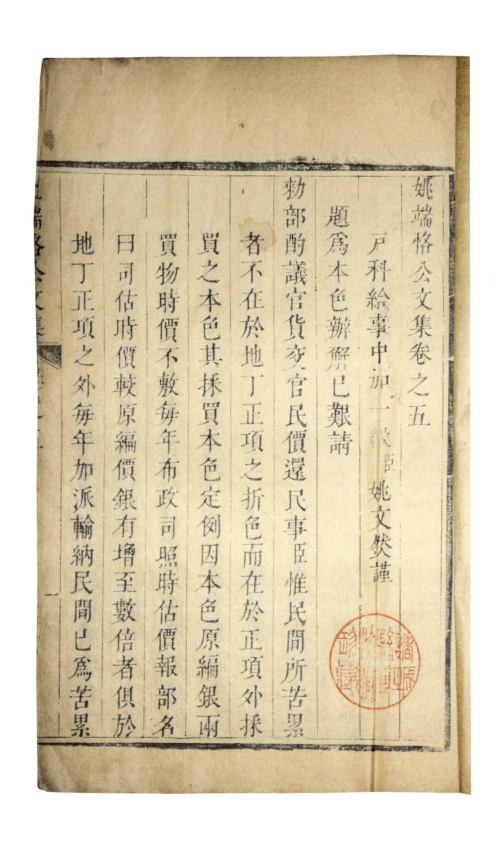

姚端恪公文集卷之五

戶科給事中加一級臣姚文然謹

題爲本色辦解已艱請

勑部酌議官貨交官民價還民事臣惟民間所苦累

者不在於地丁正項之折色而在於正項外採

買之本色其採買本色定例因本色原編銀兩

買物時價不敷每年布政司照時估價報部名

曰司估時價較原編價銀有增至數倍者俱於

地丁正項之外每年加派輪納民間已爲苦累

第390　姚端恪公文集十八卷　（清）姚文然撰

清康熙刻本　諸城市圖書館

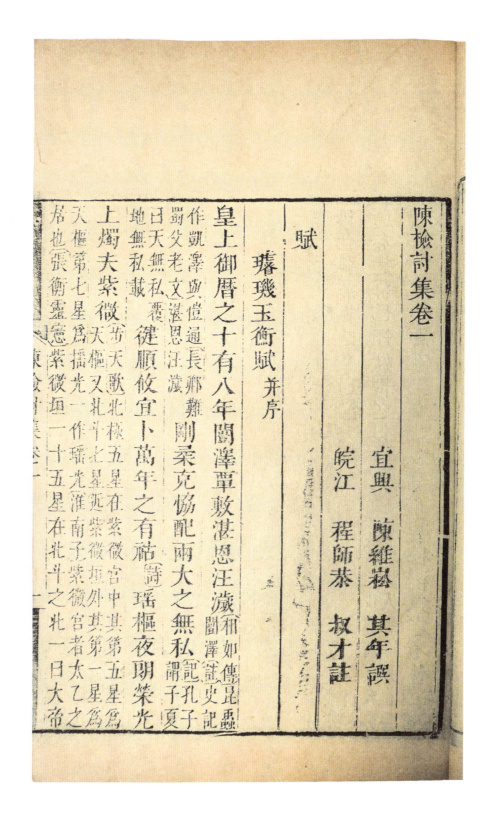

陳檢討集卷一

宜興　　陳維崧　其年　譔
皖江　　程師恭　叔才　註

賦

璿璣玉衡賦 并序

皇上御曆之十有八年閟澤覃敷湛恩汪濊〔閏澤註史記
作凱澤 愷通〕長郯難剛柔克協配兩大之無私〔記子夏
曰天無私覆地無私載〕健順攸宜卜萬年之有祐〔詩瑤樞夜朗榮光
上燭夫紫微〔步天歌北極五星在紫微宮中其第五星為
天樞第七星為搖光一作瑤光淮南子紫微垣者太乙之
君也〔張衡靈憲紫微垣一十五星在北斗之北一曰大帝

第391　陳檢討集二十卷　（清）陳維崧撰　（清）程師恭注
清康熙刻本　濰坊市圖書館

四三五

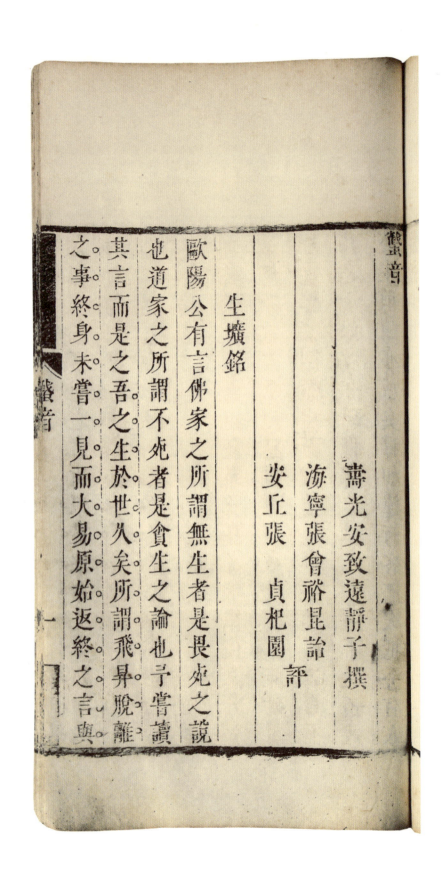

壽光安致遠靜子撰

海寧張曾裕昆論

安丘張　貞杞園　評

生壙銘

歐陽公有言佛家之所謂無生者是畏死之說
也道家之所謂不死者是貪生之論也予嘗讀
其言而是之吾之生於世久矣所謂飛昇脫離
之事終身未嘗一見而大易原始返終之言與

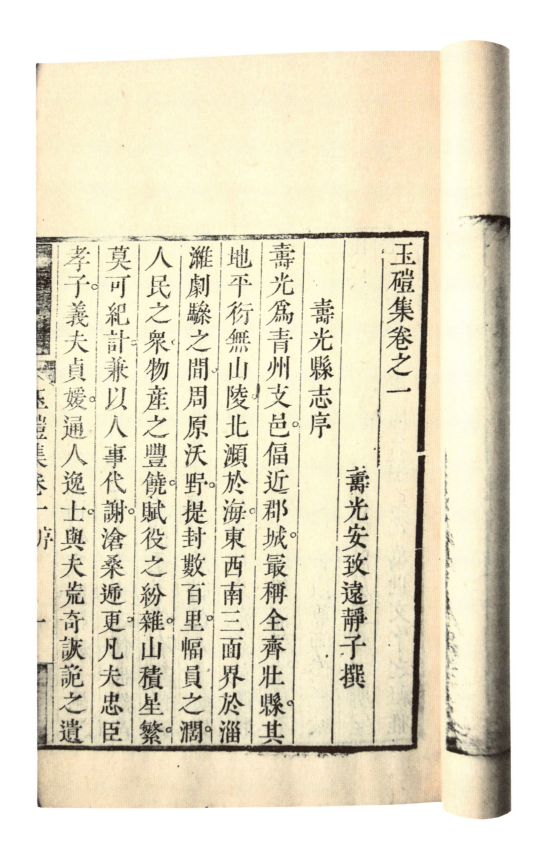

玉磶集卷之一

壽光縣志序

壽光安致遠靜子撰

壽光爲青州支邑偪近郡城最稱全齊壯縣其地平衍無山陵北瀕於海東西南三面界於淄濰劇縣之間周原沃野提封數百里幅員之潤人民之衆物產之豐饒賦役之紛雜山積星繁莫可紀計兼以人事代謝滄桑遞更凡夫忠臣孝子義夫貞媛逼人逸士與夫荒奇詭之遺

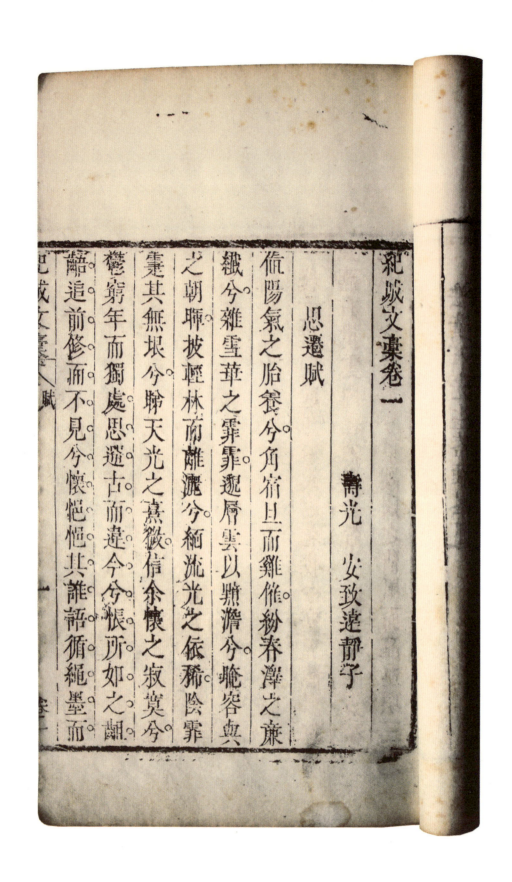

紀城文橐卷一

壽光　安致遠靜子

恩遷賦

伈陽氣之胎襄兮角宿旦而雞催紛养澤之廉
纖兮雜雲華之霏霏邈屑雲以黯澹兮瞻容與
之朝蹕披輕林而離灑兮絅洸光之依稀陰霏
棄其無垠兮聊天光之熹㣲倀余懷之寂莫兮
恫窮年而獨處思遷古而違今兮悵所如之翩
翩追前修而不見兮懷恫恫其誰語循繩墨而

古柳

上盤曲枸怒作虬龍攪拏之形坐憩其間俯瞰前彎澥
然有濠濮之想焉追念生平我與周旋之日外則柳
我與柳周旋之日外也數年來裒集諸作而名之曰柳
郴雜詠蓋于里居行岌桁下之曰爲多此柳先于而生
著不如幾何年其後于郴不如其幾歲月高
天銷於燭炭大地沉於積流泰松桕漸泥無存則此
柳又安能與人世無終極也異日者倘有一二語流傳
於村翁監儒之口過而目此猶石老人所服以名
詩之處也予報古柳炙劇城錯叟安如礬非石撰

紀城詩彙卷一　柳邖雜詠

壽光　安致遠靜子

過鄣州

古戌蓁莽瀕氣橫黃塵撲面野雲生人傳燕趙悲歌地
水咽荊高變徵聲百戰河山餘曠壄清將烽燧倚孤城
蕭蕭落日催征騎愁聽荒箛到耳鳴

過南海子恭賦

羣羣鸞旗歲幾過郊原繚繞足玻陀同中日落迷蒼兕
上苑鳳高呪紫駞甫草徵從周吉午長楊邮筆漢鐃歌
新來齋藻勤經輕龍腳春閟太液波

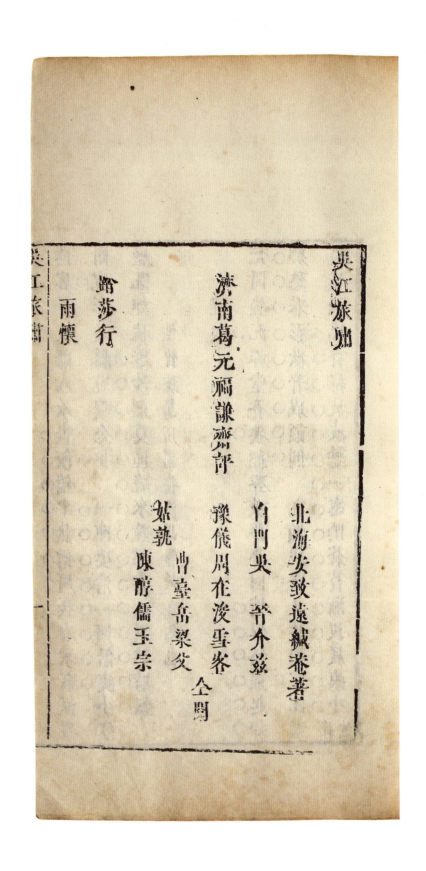

第396　吳江旅嘯一卷　（清）安致遠撰

清康熙刻同治二年（1863）自鉏園修補本　壽光市博物館

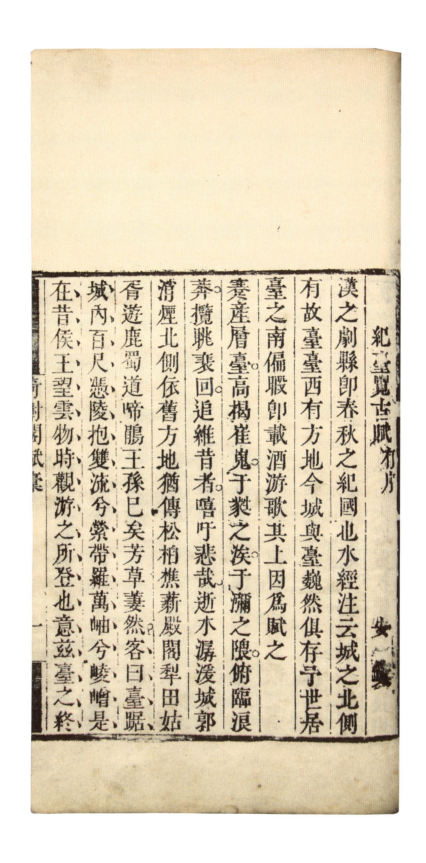

紀臺覽古賦有序　　安筐

漢之劇縣卽春秋之紀國也水經注云城之北側
有故臺臺西有方地今城與臺巍然俱存守世居
臺之南偏畷卽載酒游歌其上因爲賦之
襃產屑臺高揭崔鬼于麳之洪于瀰之隈俯臨浿
莽攬眺裹回追維昔者嚶吁悲哉逝水潺湲城郭
滑歷北側依舊方地猶傳松柏樵薪殿閣犁田姑
胥遊鹿蜀道啼鵑王孫已矣芳草萋然客曰臺踞
城內百尺憇陵抱雙流兮縈帶羅萬岫兮崚嶒是
在昔侯王翌雲物時觀游之所登也意茲臺之終

第397　綺樹閣詩賦一卷　（清）安箕撰

清康熙刻同治二年（1863）自鉏園修補本　壽光市博物館

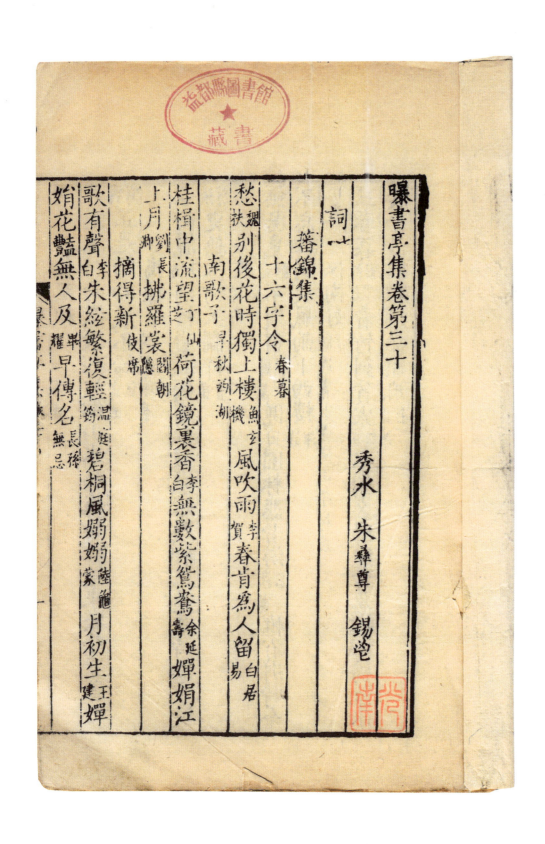

曝書亭集卷第三十

秀水　朱彝尊　錫鬯

詞廿

蕃錦集

十六字令　春暮

愁　魏別後花時獨上樓　魚玄機
南歌子　尋秋詞湖
風吹雨　賀春肯為人留　李白居易
桂楫中流望芝芝　劉長卿
上月　挑羅裳隱隱　朝
荷花鏡裏香　李無數紫鴛鴦　白余延壽　嬋娟江
摘得新弦　妓常
歌有聲白朱繁復輕　溫庭筠
碧桐風嫋嫋　陸龜蒙
月初生　王建嬋
娟花豔豔無人及　羅早傳名　無忌
長孫

第398　曝書亭集八十卷　（清）朱彝尊撰　附錄一卷

清康熙刻本　青州市圖書館

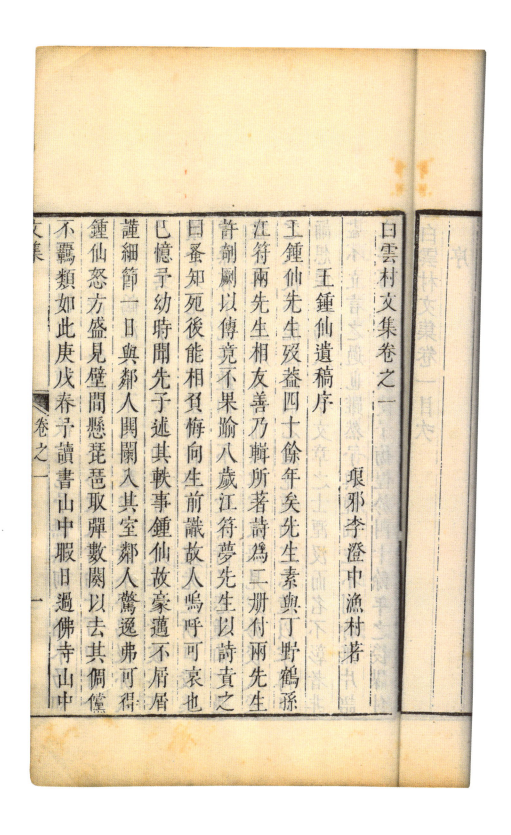

白雲村文集卷之一

瑯邪李澄中漁村著

王鍾仙遺稿序

王鍾仙先生歿蓋四十餘年矣先生素與丁野鶴孫
江符兩先生相友善乃輯所著詩爲一冊付兩先生
許剞劂以傳竟不果踰八歲江符夢先生以詩責之
曰蚤知死後能相負悔向生前識故人嗚呼可哀也
已憶予幼時聞先生述其軼事鍾仙故豪邁不屑屑
謹細節一日與鄰人鬪閧入其室鄰人驚邅弗可得
鍾仙怒方盛見壁間懸琵琶取彈數闋以去其倜儻
不羈類如此庚戌春予讀書山中踰日過佛寺山中

文集　〔卷之一　一

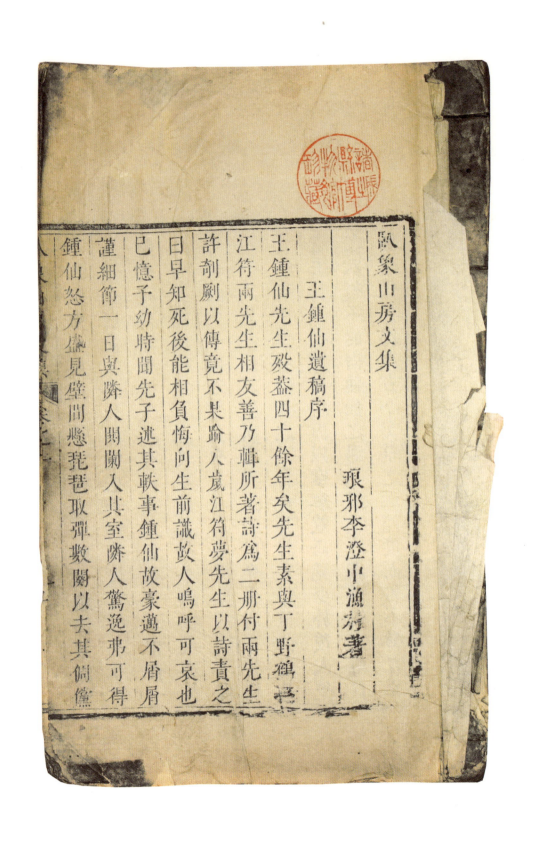

臥象山房文集

王鍾仙遺稿序

琅邪李澄中漁村著

王鍾仙先生殁蓋四十餘年矣先生素與丁野鶴

江符兩先生相友善乃輯所著詩爲二冊付兩先生

許剞劂以傳竟不果踰八歲江符夢先生以詩責之

曰早知死後能相負悔向生前識故人嗚呼可哀也

已憶予幼時聞先子述其軼事鍾仙故豪邁不屑屑

謹細節一日與鄰人闖人其室鄰人驚逸弗可得

鍾仙恣方虛見壁間懸琵琶取彈數闋以去其倜儻

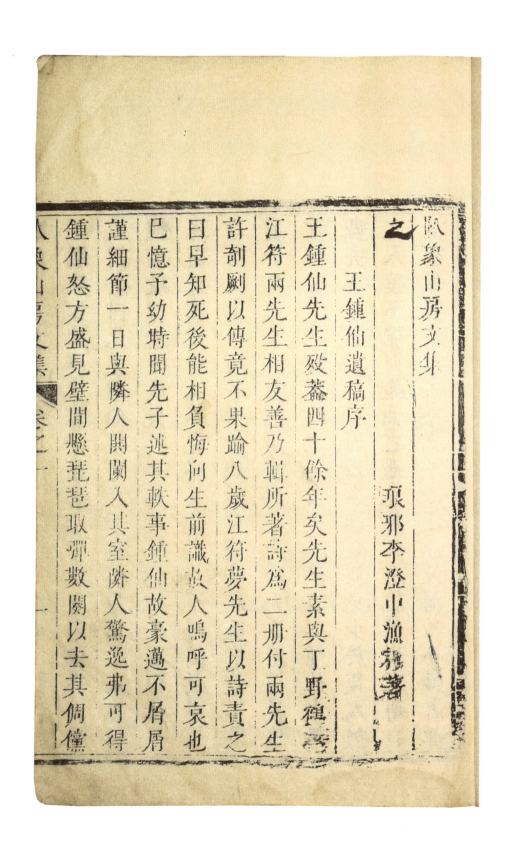

卧象山房文集

王鍾仙遺稿序

　　　　　　　琅邪李澄中漁殘著

王鍾仙先生歿蓋四十餘年矣先生素與丁野鶴
江符兩先生相友善乃輯所著詩為二冊付兩先生
許剞劂以傳竟不果踰八歲江符夢先生以詩責之
曰早知死後能相負悔向生前識故人嗚呼可哀也
已憶予幼時聞先子述其軼事鍾仙故豪邁不屑屑
謹細節一日與隣人鬬隣人其室隣人驚逸弗可得
鍾仙怒方盛見壁間懸琵琶取彈數闋以去其倜儻

卷之一　　　　一

艮齋文選

○○○織齋文集序　　　　　　　李澄中

予兄象先別號織齋既命予序其老樹村集矣迨歿乃統名其文曰
織齋集姪昂延復以遺命屬予序之兄自明季棄諸生專力於古文
詞又生在世家藏書數千卷不購而初竊所切劘皆當世知名士周櫟
園先生觀察青州時菩推轂之於是東方人士羣奉為壇坫主一時
碑銘傳記多出其手故撰著稱富有為今之學者四虞山心折震川
遂挑此地濟南久為偽泰漢不如真宋人夫宋不如唐亦猶唐不如
漢時代有古今文運不有升降學泰漢而偽固已奈何哉學宋而獨
得其真乎至於李斯賈誼晶錯

○病於拘守遷固字句法耳

第402　艮齋文選一卷　（清）李澄中撰

清刻本　諸城市圖書館

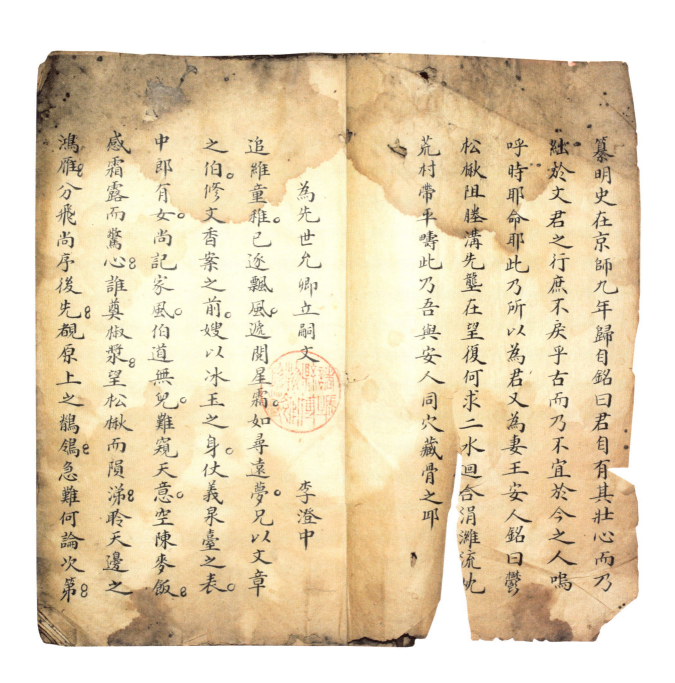

纂明史在京師九年歸目銘曰君目有其壯心而乃

繼於文君之行庶不戾乎古而乃不宜於今之人嗚

呼時耶命耶此乃所以為君又為妻王安人銘曰鬰

松楸阻塍溝先塋在望復何求二水迴合涓灘流虺

荒村帶平疇此乃吾與安人同穴藏骨之邜

為先世允卿立嗣文

李澄中

追維童稚已逐飄風遶閣星霜如尋遠夢兄以文章

之伯修文香案之前嫂以冰玉之身仗義泉臺之表。

中郎有女尚記家風伯道無兒難窺天意空陳麥飯。

感霜露而驚心誰奠椒漿望松楸而隕涕聆天邊之

鴻雁分飛尚序後先覯原上之鶺鴒急難何論次第。

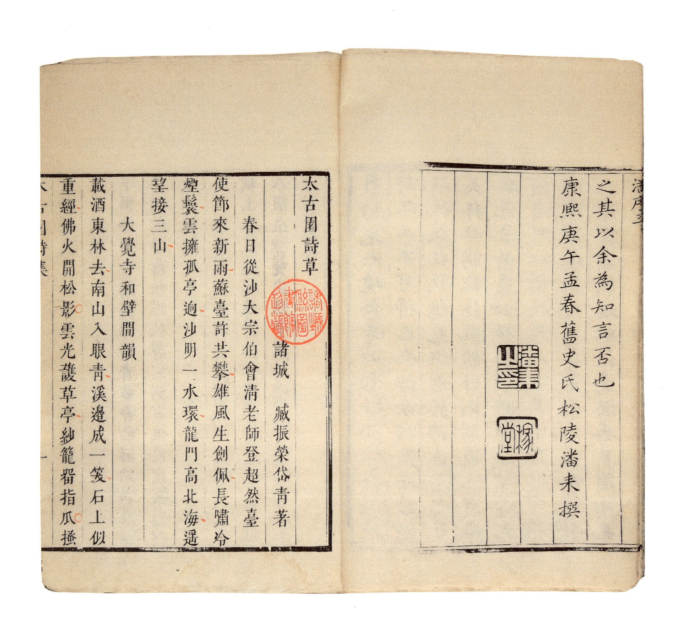

太古園詩草

　　　諸城　臧振榮岱青著

春日從沙大宗伯會清老師登超然臺

使節來新雨蘇臺許共攀雄風生劍佩長嘯泠

鬖髿雲擁孤亭迴沙明一水環龍門高北海遙

望接三山

大覺寺和壁間韻

載酒東林去南山入眼青溪遶成一笈石上似

重經佛火開松影雲光護草亭紗籠番指瓜搔

太古園詩草

之其以余為知言否也

康熙庚午孟春舊史氏松陵潘耒撰

第404　太古園詩草一卷　　（清）臧振榮撰

　　清康熙二十九年（1690）刻本　諸城市圖書館

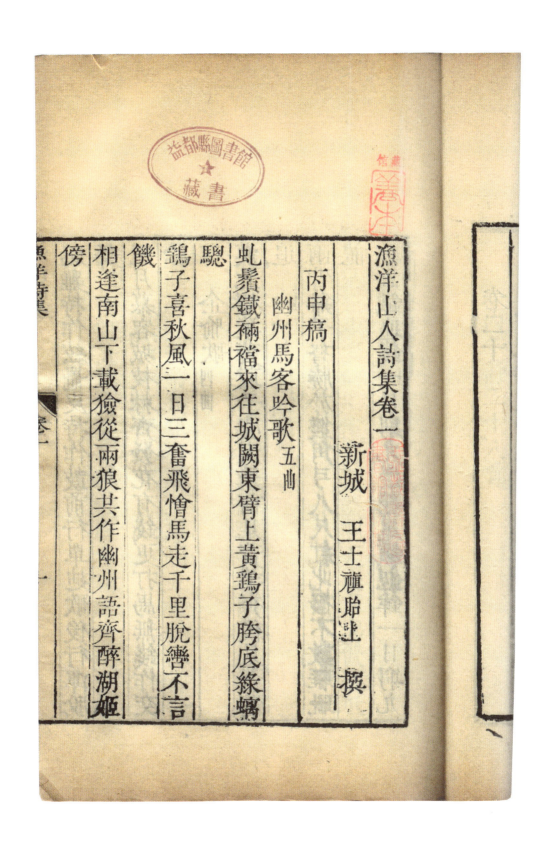

漁洋山人詩集卷一

新城　王士禛貽上　撰

丙申稿

幽州馬客吟歌五曲

虬鬚鐵裲襠來往城闕東臂上黃鷂子胯底綠螺驄

鷂子喜秋風一日三奮飛憐馬走千里脫轡不言饑

相逢南山下載猨從兩狼其作幽州語齊醉湖姬傍

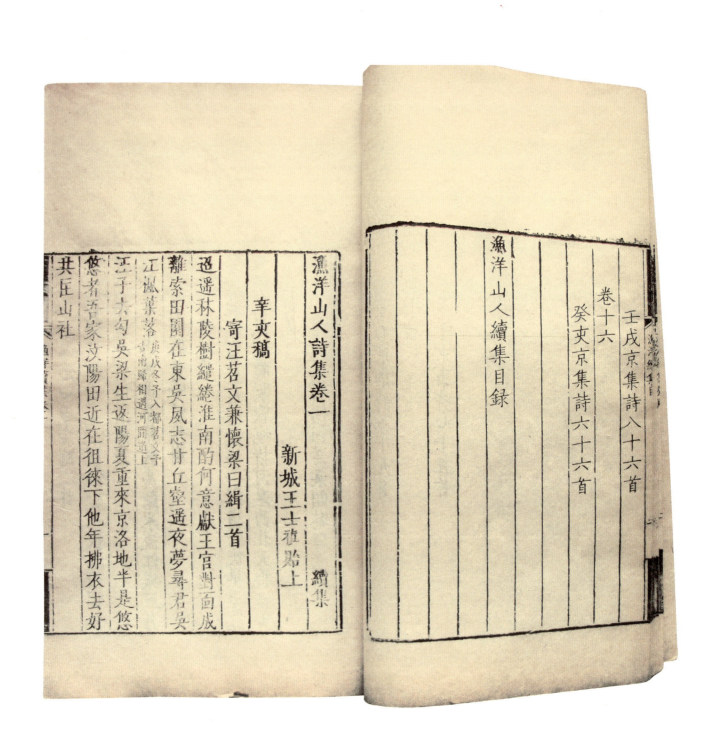

漁洋山人詩集卷一　　　　續集

　　　　　　　　　新城王士禎貽上

辛夾稿

寄汪茗文兼懷梁日緝二首

迢遙林陵樹縹緲淮南酌何意獻王官對面成

離索田園在東吳鳳志甘丘壑遙夜夢尋君吳

江城葉落　與戌冬予入都茗文字
　　　　　官兆歸相遇河間道上

汪子大勾吳梁生返陽真重來京洛地半是悠

悠者吾家汶陽田近在祖徠下他年挑衣去好

共丘山社

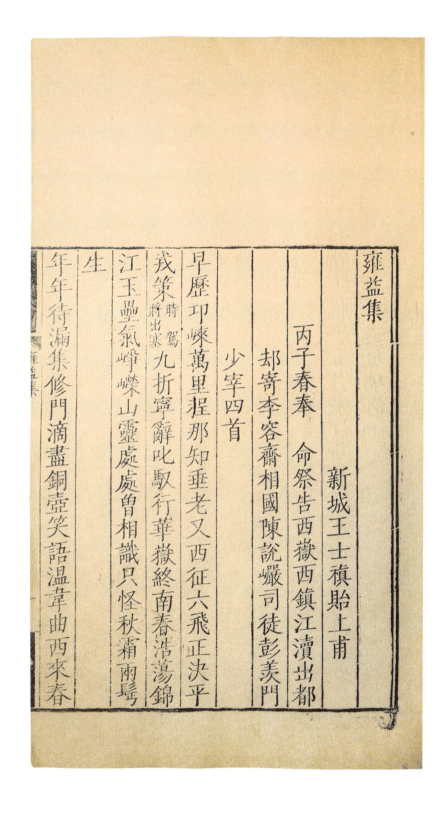

雍益集

新城王士禎貽上甫

丙子春奉　命祭告西嶽西鎮江瀆出都

郤寄李容齋相國陳說巖司徒彭羨門

少宰四首

早歷邛崍萬里程那知垂老又西征六飛正決平戎策辭時駕出塞

九折寧辭叱馭行華嶽終南春浩蕩錦江玉壘氣崢嶸

山靈處處曾相識只怪秋霜兩鬢生

年年待漏集修門滴盡銅壺笑語溫韋曲西來春

第407　雍益集一卷　（清）王士禎撰

清康熙三十六年（1697）刻本　濰坊市圖書館

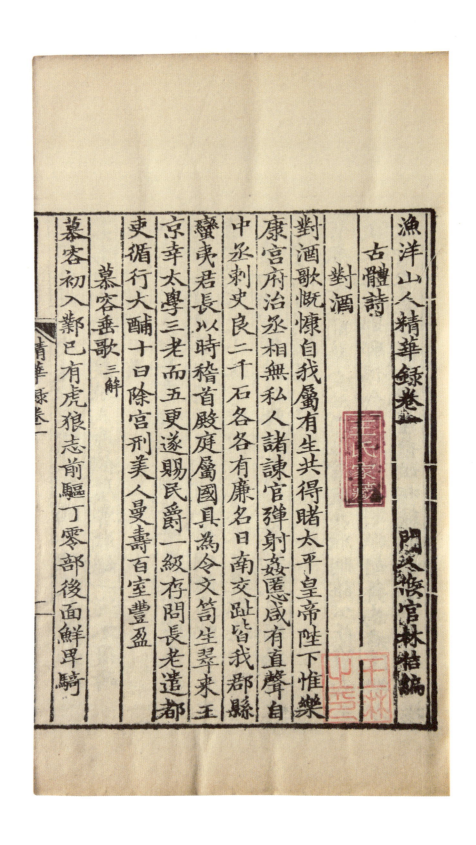

漁洋山人精華錄卷一

門人濟南林佶編

古體詩

對酒

對酒歌慷慨自我屬有生共得睹太平皇帝陛下惟樂
康宮府治丞相無私人諸諫官彈射姦匿咸有直聲自
中丞剝奕良二千石各各有廉名日南交趾皆我郡縣
蠻夷君長以時稽首殿庭屬國具為令文笪生翠來王
京幸太學三老而五更遂賜民爵一級存問長老遍都
吏循行大酺十日除宮刑美人曼壽百室豐盈

慕容垂歌 三解

慕容初入鄴已有虎狼志前驅丁零部後面鮮卑騎

清華錄卷一　二

第408　漁洋山人精華錄十卷　（清）王士禛撰

清康熙三十九年（1700）林佶寫刻本　濰坊學院圖書館

四五二

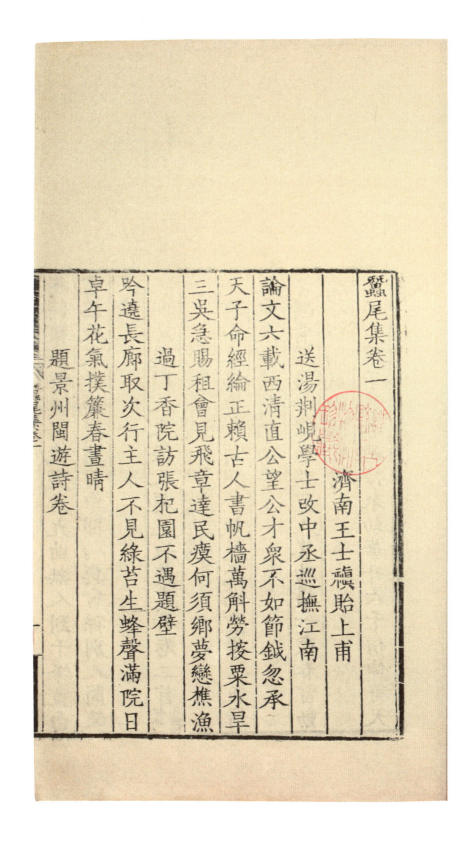

蠶尾集卷一

濟南王士禛貽上甫

送湯荊峴學士改中丞巡撫江南

論文六載西清直公望公才衆不如節鉞忽承

天子命經綸正賴古人書帆檣萬斛勞接粟水旱

三吳急賜租會見飛章達民瘼何須鄉夢戀樵漁

過丁香院訪張杞園不遇題壁

吟遠長廊取次行主人不見綠苔生蜂聲滿院日

卓午花氣撲簾春晝晴

題景州閭遊詩卷

第409　蠶尾集十卷續集二卷後集二卷　（清）王士禛撰

清康熙刻本　諸城市圖書館

四五三

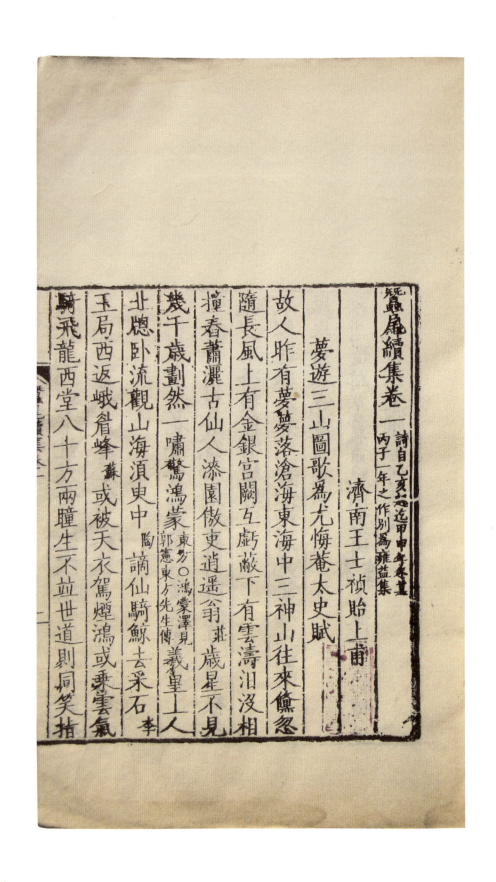

夢遊三山圖歌為尤悔菴太史賦

濟南王士禎貽上甫

故人昨有夢夢落滄海東海中三神山往來儵忽
隨長風上有金銀宮闕互虧蔽下有雲濤汨沒相
擁春蕭灑古仙人漆園傲吏逍遙翁萊歲星不見
幾千歲劃然一嘯驚鴻蒙　東方〇鴻濛澤見　郭憲東方先生傳義皇上人
北憁卧流觀山海湏史中　謫仙騎鯨去采石　李
玉局西返峨眉峰　蘇　或被天衣駕煙鴻或乘雲氣
騎飛龍西堂八十方兩瞳生不迸世道則衕笑指

第410　蠶尾續集二卷　（清）王士禎撰

清康熙刻本　濰坊學院圖書館

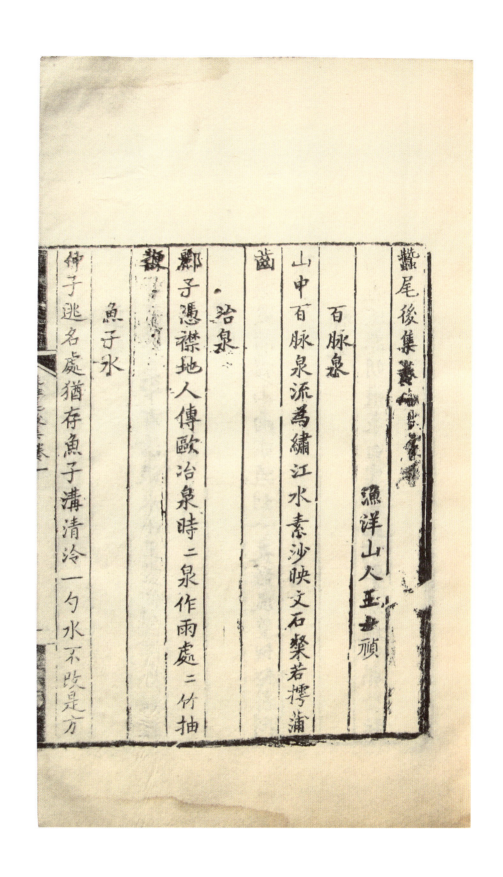

蠶尾後集叢□

漁洋山人王士禛

百脉泉

山中百脉泉派為繡江水素沙映文石燦若璚蒲

齒

冶泉

斅

鄒子憑襟地人傳歐冶泉時二泉作雨處二竹抽

魚子水

仲子逃名處猶存魚子溝清泠一勺水不改是方

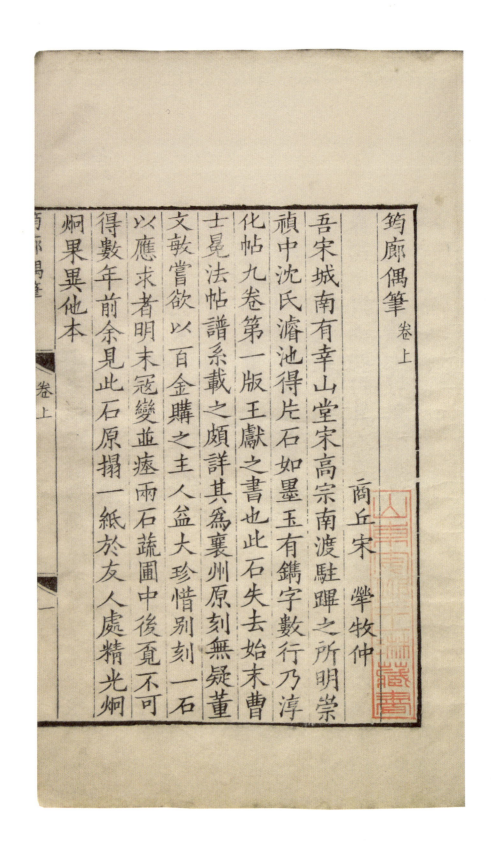

筠廊偶筆　卷上

商丘　宋犖牧仲

吾宋城南有幸山堂宋高宗南渡駐蹕之所明崇
禎中沈氏濬池得片石如墨玉有鐫字數行乃淳
化帖九卷第一版王獻之書也此石失去始末曹
士冕法帖譜系載之頗詳其為襄州原刻無疑董
文敏嘗欲以百金購之主人益大珍惜別刻一石
以應求者明末冠變並瘞兩石蔬圃中後覓不可
得數年前余見此石原搨一紙於友人處精光炯
炯果異他本

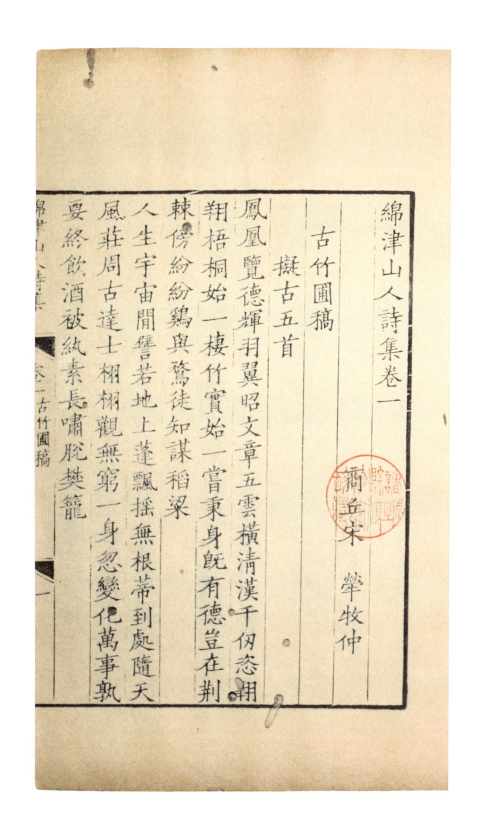

綿津山人詩集卷一

　　　　　　　　　　宋犖牧仲

古竹圃稿

擬古五首

鳳凰覽德輝羽翼昭文章五雲橫淸漢千仞恣翶
翔梧桐始一棲竹實始一嘗秉身旣有德豈在荊
棘傍紛紛鷄與鶩徒知謀稻粱

人生宇宙閒譬若地上蓬飄搖無根蔕到處隨天
風莊周古達士栩栩觀無窮一身忽變化萬事孰
要終飲酒被紈素長嘯脫樊籠

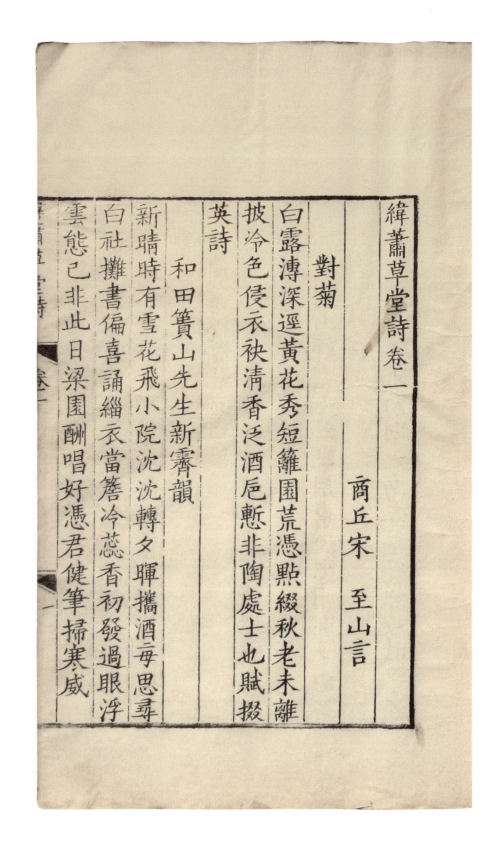

緯蕭草堂詩卷一

商丘　宋　至山言

對菊

白露溥深逕黃花秀短籬圍荒憑點綴秋老未離
披冷色侵衣袂清香泛酒卮懃非陶處士也賦掇

英詩

和田簣山先生新霽韻

新晴時有雪花飛小院沈沈轉夕暉攜酒每思尋
白社攤書偏喜誦緇衣當簷冷蕊香初發過眼浮
雲態已非此日梁園酬唱好憑君健筆掃寒威

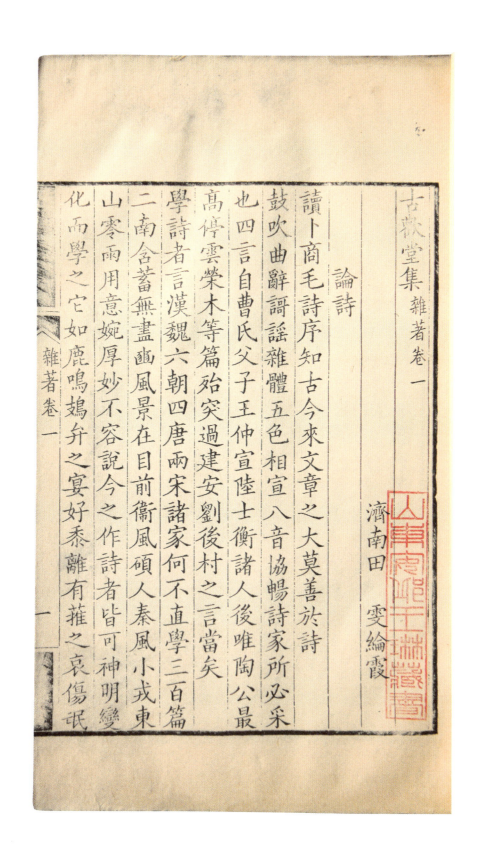

論詩

讀卜商毛詩序知古今來文章之大莫善於詩
鼓吹曲辭謠雜體五色相宣八音協暢詩家所必采
也四言自曹氏父子王仲宣陸士衡諸人後唯陶公最
高停雲榮木等篇殆突過建安劉後村之言當矣
學詩者言漢魏六朝四唐兩宋諸家何不直學三百篇
二南含蓄無盡詗風景在目前衛風碩人秦風小戎東
山零雨用意婉厚妙不容說今之作詩者皆可神明變
化而學之它如鹿鳴鵁弁之宴好黍離有菀之哀傷祇

古歡堂集雜著卷一

濟南田　雯綸霞

雜著卷一

一

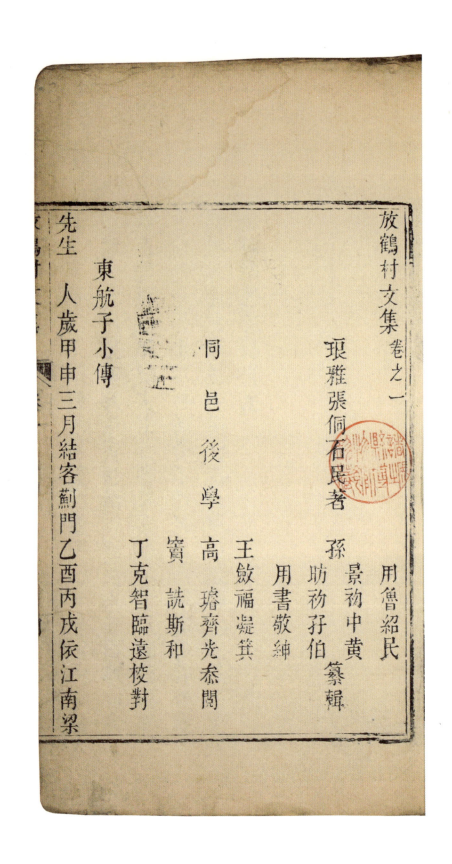

放鶴村文集卷之一

琅琊張侗石民著

用魯曾紹民

孫 景礽中黃

助礽孖伯 纂輯

用書敬紳

同邑後學 王斂福凝箕

竇誌斯和

高璿齊光泰閱

丁克智臨遠校對

東航子小傳

先生

人歲甲申三月結客薊門乙酉丙戌依江南梁

第416　放鶴村文集五卷　（清）張侗撰

清刻本　諸城市圖書館

四六〇

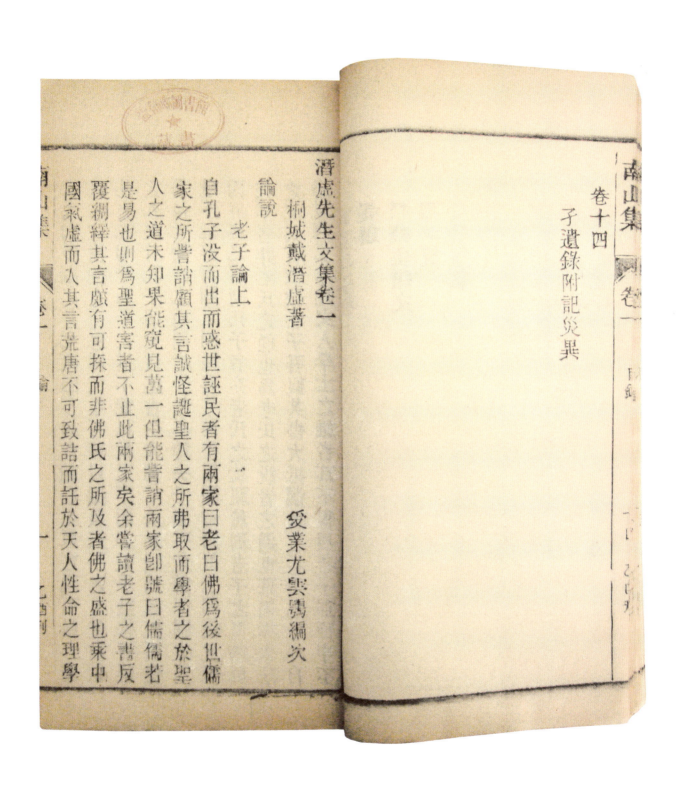

桐城戴潛虛著

受業尤雲鶚編次

論說

老子論上

　　自孔子没而出而惑世誣民者有兩家曰老曰佛爲後世儒者之所誊詬顧其言誠怪誕聖人之所弗取而學者之於聖人之道未知果能窺見萬一但能誊詬兩家卽號曰儒儒者之書反是易也則爲聖道害者不止此此余嘗讀老子之書覆繹其言顧有可探而非佛氏之所及者佛之盛也乘中國氣虛而入其言荒唐不可致詰而託於天人性命之理學

南山集　卷十四

子遺錄附記災異

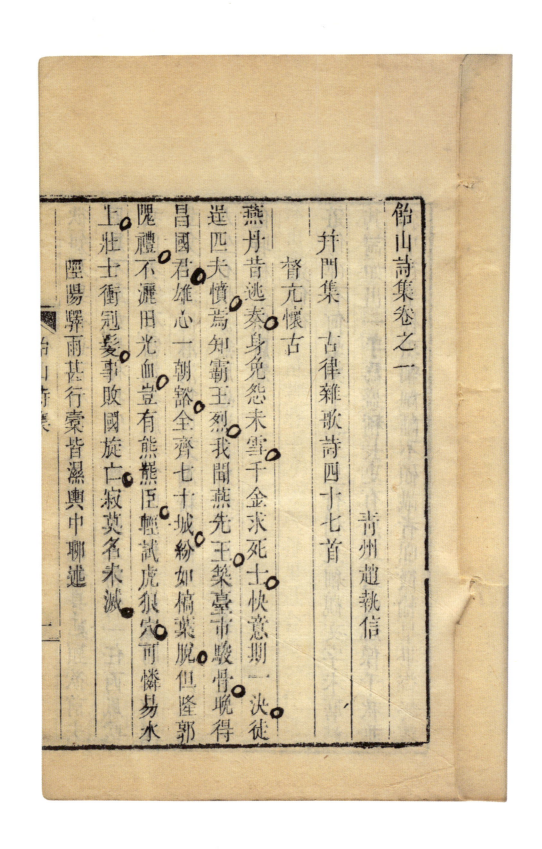

飴山詩集卷之一

青州　趙執信

幷門集　古律雜歌詩四十七首

督亢懷古

燕丹昔逃秦身免怨未雪千金求死士快意期決徒
遣四夫憤焉知霸王烈我聞燕先王築臺市駿骨眺得
昌國君雄心一朝豁全齊七十城紛如槁葉脫但隆郭
隗禮不灑田光血豈有能羆臣輕試虎狼宩可憐易水
土壯士衝冠髮事敗國旋亡寂莫名未滅
陘陽驛雨甚行橐皆濕輿中聊述

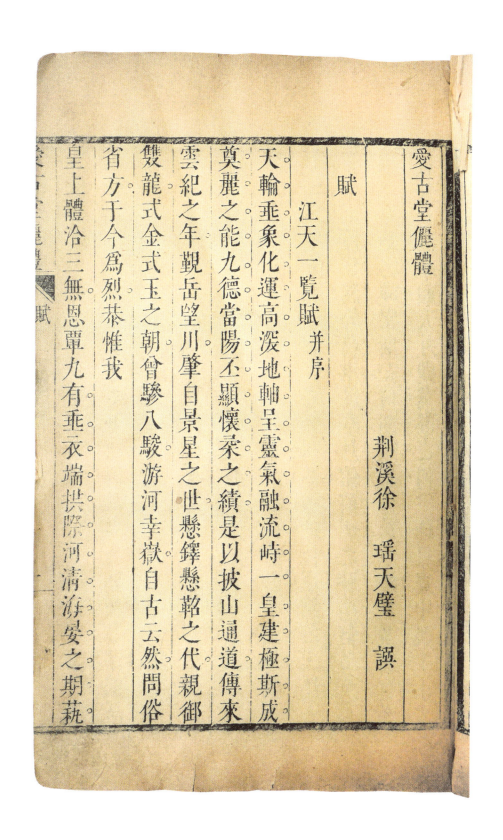

愛古堂儷體

荆溪徐　瑤天璧　譔

賦

江天一覽賦并序

天輪垂象化運高深地軸呈靈氣融流峙一皇建極斯成
奠麗之能九德當陽丕顯懷柔之績是以披山通道傳來
雲紀之年覲岳望川肇自景星之世懸鐸懸鞄之代親御
雙龍式金式玉之朝會驂八駿游河幸嶽自古云然問俗
省方于今爲烈恭惟我
皇上體冷三無恩覃九有垂衣端拱際河清游宴之期蒞

第419　愛古堂儷體一卷　（清）徐瑤撰

清康熙刻本　濰坊市圖書館

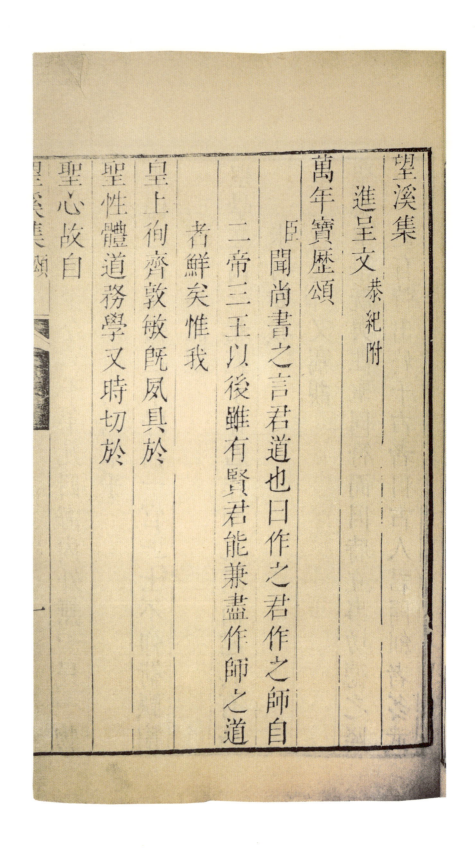

望溪集

進呈文 恭紀附

萬年寶曆頌

臣

聞尚書之言君道也曰作之君作之師自

二帝三王以後雖有賢君能兼盡作師之道

者鮮矣惟我

皇上徇齊敦敏旣夙具於

聖性體道務學又時切於

聖心故自

望溪集頌

第420　望溪集不分卷　（清）方苞撰　（清）王兆符、程崟輯

清乾隆十一年（1746）程崟刻本　濰坊市圖書館

四六四

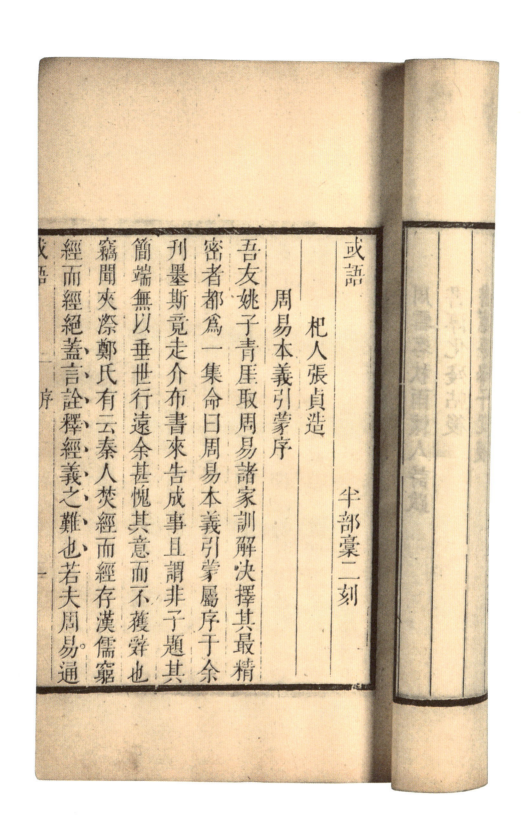

或語

杞人張貞造

周易本義引蒙序

半部稾二刻

吾友姚子青厓取周易諸家訓解決擇其最精

密者都爲一集命曰周易本義引蒙屬序于余

刊墨斯竟走介布書來告成事且謂非予題其

簡端無以垂世行遠余甚愧其意而不獲辭也

竊聞夾漈鄭氏有云秦人焚經而經存漢儒竄

經而經絕蓋言詮釋經義之難也若夫周易通

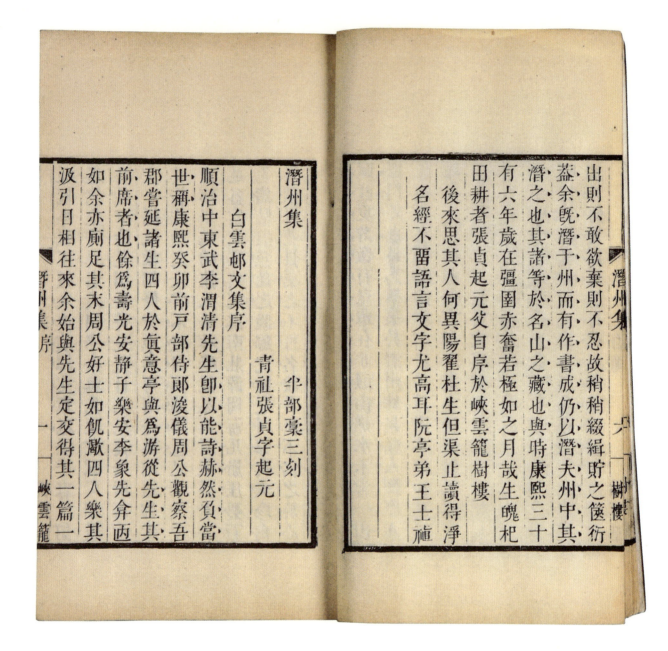

出則不敢欲棄則不忍故稍稍綴貯之篋衍
矣余既潛于州而有作書成仍以潛夫州中其
潛之也其諸等於名山之藏也與時康熙三十
有六年歲在彊圉赤奮若之月哉生魄杞
田耕者張貞起元父自序於峽雲籠樹樓
後來思其人何異陽翟杜生但渠止讀得淨
名經不雹語言文字尤高耳阮亭弟王士禛

潛州集

白雲郵文集序

半部豪三刻

青社張貞字起元

順治中東武李渭清先生卽以能詩赫然負當
世稱康熙癸卯前戶部侍郎浚儀周公觀察吾
郡嘗延諸生四人於眞意亭與爲游從先生其
前席者也餘爲壽光安靜子樂安李象先弁西
如余亦廁足其末周公好士如飢歇四人樂其
汲引日相往來余始與先生定交得其一篇一

第422　潛州集一卷　（清）張貞撰

清康熙三十六年（1697）刻本　濰坊市博物館

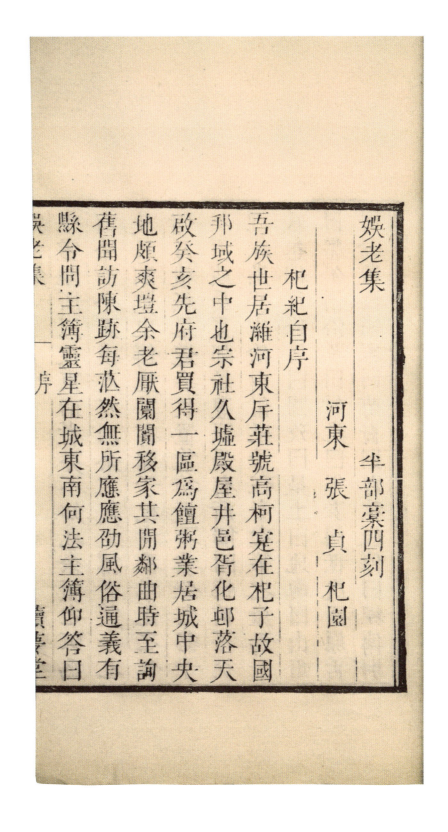

娛老集　半部橐四刻

河東　張　貞　杞園

杞紀自序

吾族世居濰河東斥莊號高柯冢在杞子故國
邢域之中也宗社久墟殿屋井邑胥化邨落天
啟癸亥先府君買得一區爲饘粥業居城中央
地頗爽塏余老厭闠闤移家其開鄰曲時至詢
舊聞訪陳跡每汰然無所應應劭風俗逼義有
縣令問主簿靈星在城東南何法主簿仰答曰

娛老集

序

賢喜堂

第423　娛老集一卷　（清）張貞撰

清康熙四十七年（1708）刻本　濰坊市博物館

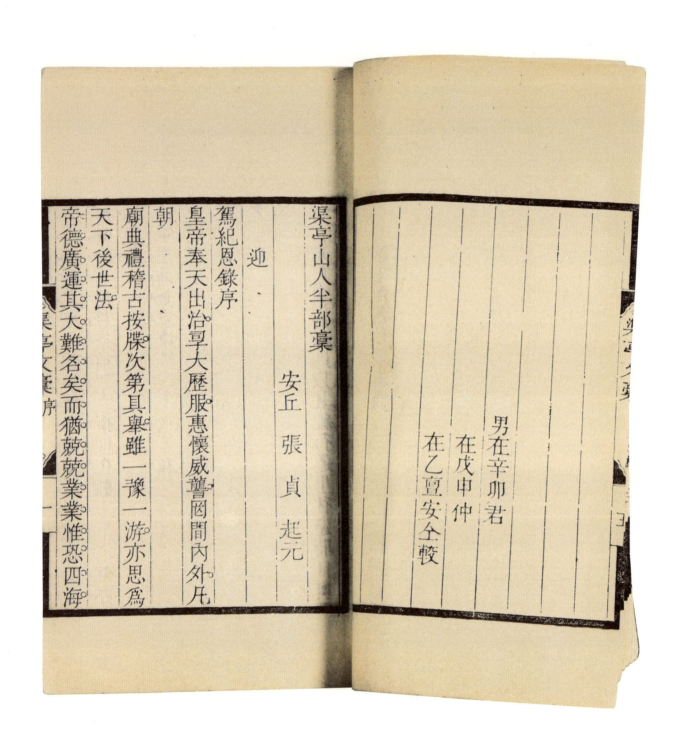

渠亭山人半部彙

安丘　張　貞　起元

駕紀恩錄序

皇帝奉天出治享大歷服惠懷威譽囚間內外凡

朝

廟典禮稽古按牒次第其舉雖一豫一游亦思為

天下後世法

帝德廣運其大難名矣而猶兢兢業業惟恐四海

迎

男在辛卯君
在戊申仲
在乙亘安全較

第424　渠亭山人半部彙五卷　（清）張貞撰

　　清康熙刻本　濰坊市博物館

四六八

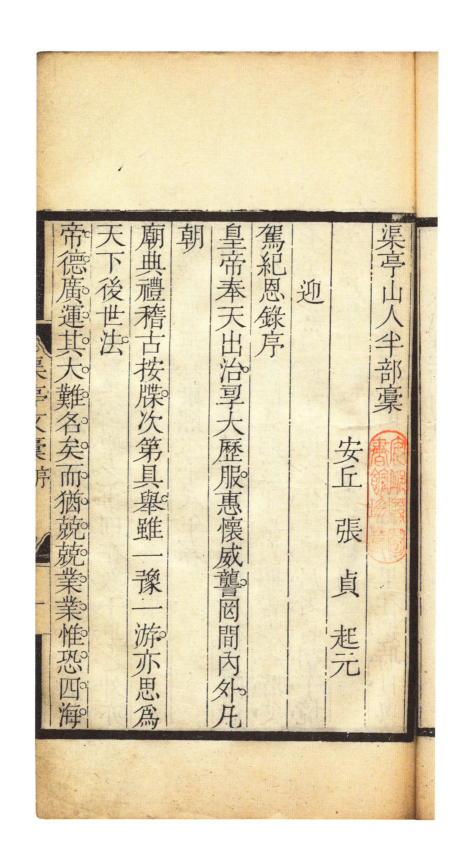

渠亭山人半部彙

　安丘　張　貞　起元

駕紀恩錄序

　　迎

皇帝奉天出治亭大歷服惠懷威聾囤間內外凡

朝

廟典禮稽古按牒次第具舉雖一豫一游亦思爲

天下後世法

帝德廣運其大難名矣而猶兢兢業業惟恐四海

第425　渠亭山人半部彙五卷　（清）張貞撰

清康熙刻本　安丘市博物館

四六九

娛老集篇目

題孫謙夫家問錄存

題徐生冊子

娛老集

杞紀自序

半部彙四刻

河東　張　貞　杞園

吾族世居濰河東斥莊號高柯寓在杞子故國

邿城之中也宗社久墟殿屋井邑背化邨落天

啟癸亥先府君買得一區爲饘粥業居城中央

地頗爽塏余老厭閭閻移家其間鄰曲時至詢

舊聞訪陳跡每怳然無所應應劭風俗通義有

縣令問主簿靈星在城東南何法主簿仰答曰

第426　渠亭山人半部彙五卷　（清）張貞撰

清康熙刻本　安丘市博物館

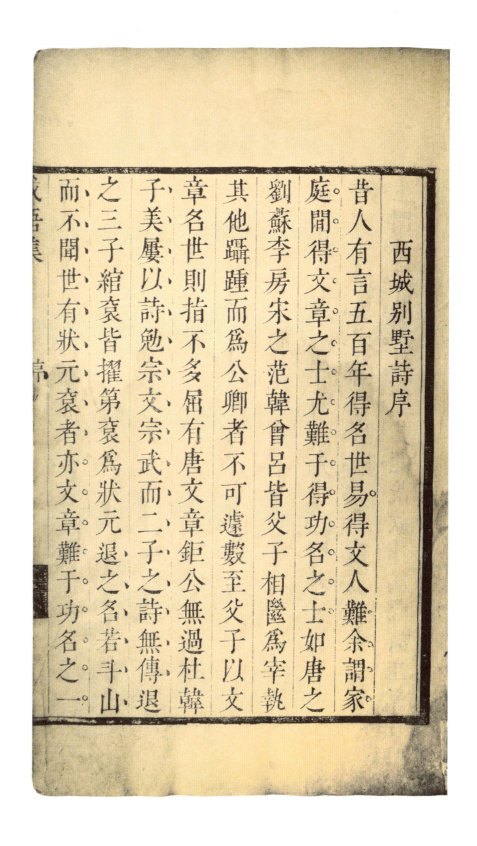

西城別墅詩序

昔人有言五百年得名世易得文人難余謂家
庭間得文章之士尤難于得功名之士如唐之
劉蘇李房宋之范韓曾呂皆父子相繼爲宰執
其他蹕踵而爲公卿者不可遽數至父子以文
章名世則指不多屈有唐文章鉅公無過杜韓
子美屢以詩勉宗文宗武而二子之詩無傳退
之三子綰袞皆擢第袞爲狀元退之名若斗山
而不聞世有狀元袞者亦文章難于功名之一

第427　渠亭山人半部稿五卷　（清）張貞撰

清康熙刻本　濰坊市圖書館

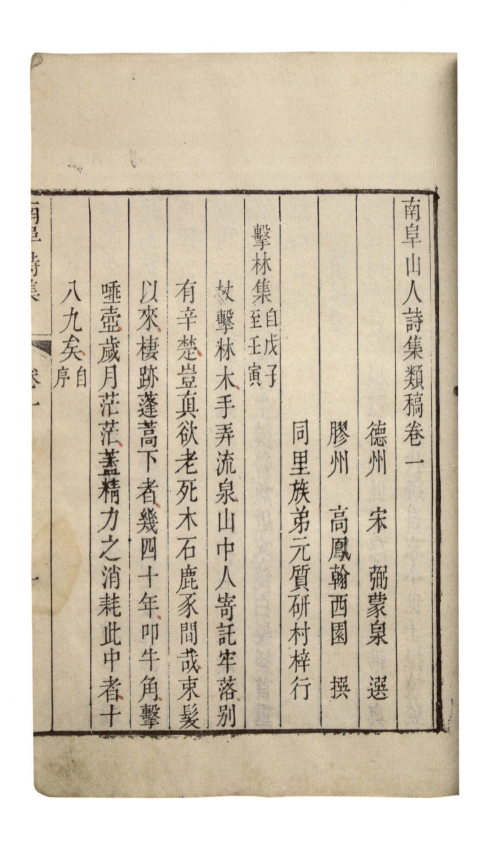

南阜山人詩集類稿卷一

德州　宋　弼蒙泉　選

膠州　高鳳翰西園　撰

同里族弟元質研村梓行

擊林集自戊子至壬寅

擊林木手弄流泉山中人寄託牢落別

有辛楚豈真欲老死木石鹿豕間哉束髮

以來棲跡蓬蒿下者幾四十年叩牛角擊

唾壺歲月茫茫蓋精力之消耗此中者十

八九矣自序

南阜詩集　　卷一

第428　南阜山人詩集類稿七卷　　（清）高鳳翰撰

清乾隆二十八年（1763）高元質刻本（清李之雍題跋）　濰坊工程職業學院圖書館

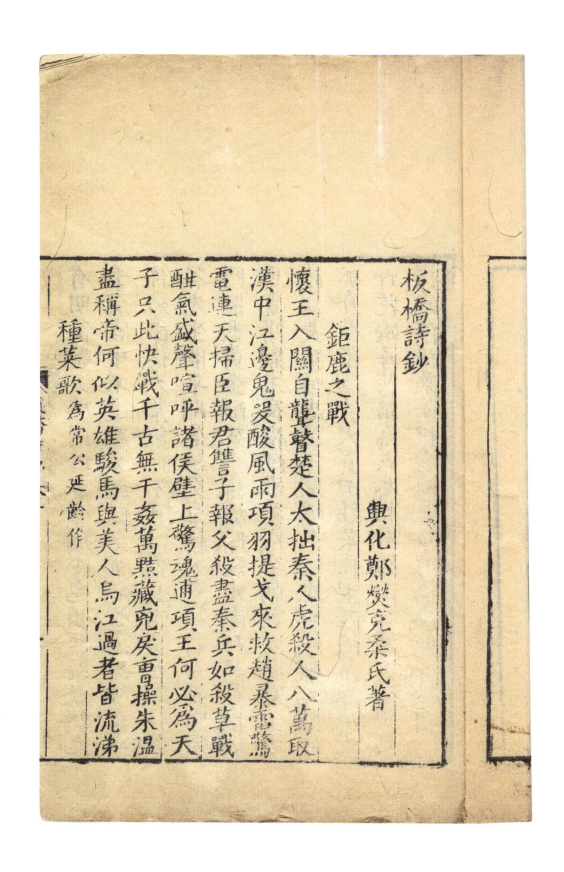

板橋詩鈔

興化鄭燮克柔氏著

鉅鹿之戰

懷王入關自聾瞽楚人太拙秦人虎殺人八萬取
漢中江邊鬼哭酸風雨項羽提戈來救趙暴霆驚
電連天掃臣報君雙子報父殺盡秦兵如殺草戰
酣氣盛聲喧呼諸侯壁上驚魂逋項王何必為天
子只此快戰千古無干姦萬黠藏克戾曹操朱溫
盡稱帝何似英雄駿馬與美人烏江過者皆流涕

種菜歌 為常公延齡作

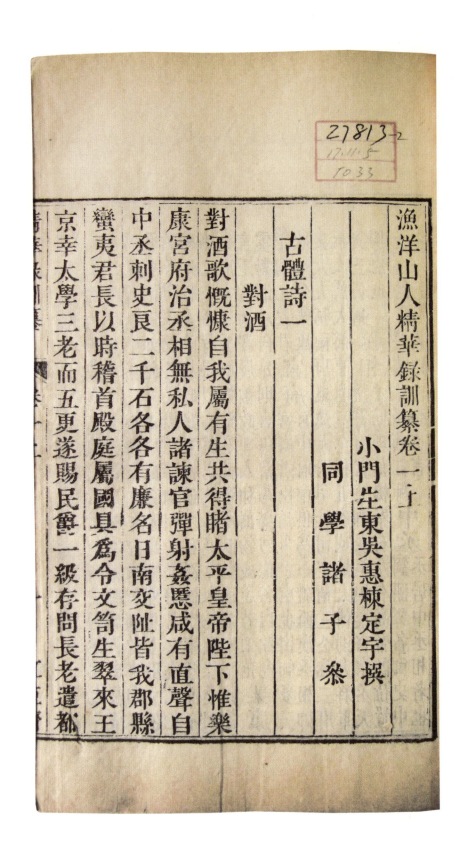

漁洋山人精華録訓纂卷一上

小門生東吳惠棟定宇撰

同學諸子恭

古體詩一

對酒

對酒歌慨慷自我屬有生共得睹太平皇帝陛下惟樂

康宮府治承相無私人諸諫官彈射姦慝咸有直聲自

中丞刺史臮二千石各各有廉名曰南變阰皆我郡縣

蠻夷君長以蒔稽首殿庭屬國具爲令文筍生翠來王

京幸太學三老而五更遂賜民醫一級存問長老遺都

清華録訓纂　　卷一上

第430　漁洋山人精華録訓纂十卷　（清）惠棟撰

清惠氏紅豆齋刻本　潍坊學院圖書館

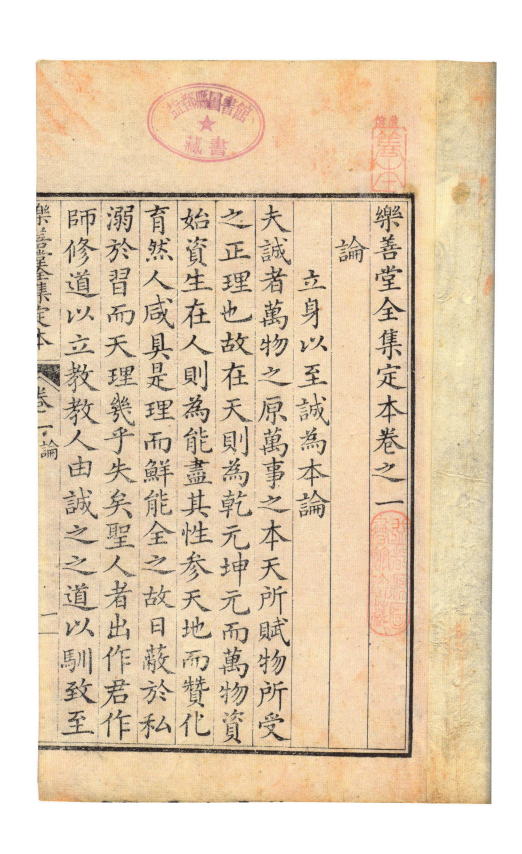

樂善堂全集定本卷之一

論

立身以至誠為本論

夫誠者萬物之原萬事之本天所賦物所受
之正理也故在天則為乾元坤元而萬物資
始資生在人則為能盡其性參天地而贊化
育然人咸具是理而鮮能全之故曰蔽於私
溺於習而天理幾乎失矣聖人者出作君作
師修道以立教教人由誠之之道以馴致至

樂善堂全集定本　　卷一　論　　　一

第431　樂善堂全集定本三十卷序文一卷跋語一卷目錄一卷　　（清）高宗弘曆撰　　（清）蔣溥等編

清乾隆二十四年（1759）內府刻本　青州市圖書館

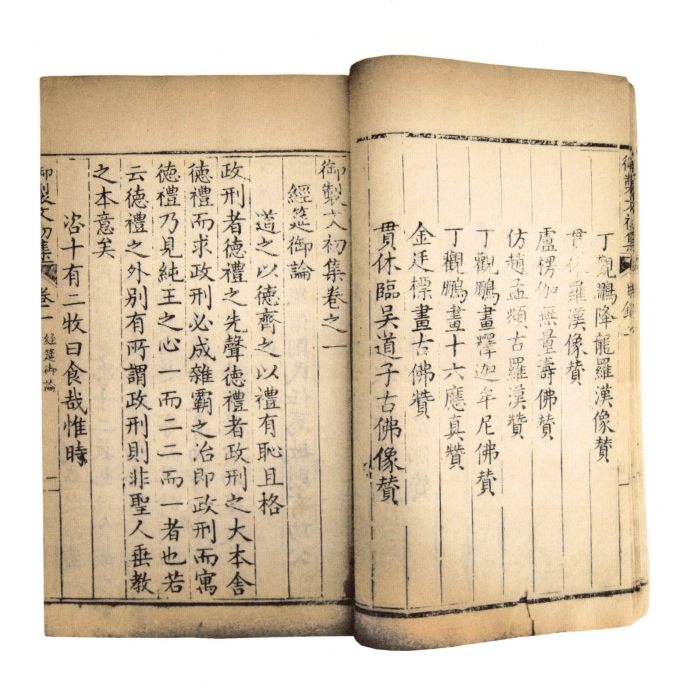

大學之道　章

寳光鼎

大學著學之全功明人道之所以繼乎天也蓋自學之義不明學者紛然無所守而道術岐矣故述夫子之言以示教必謂夫人命於兩間必有所以為人之道而自命為大人則必有其學以成之而為大學之道學不能成已則偽道在於明德之明學不能成物則隔道在於民之親學不用其極則茍道又在於至善之止顧欲止之必由之知止而歷乎定靜安慮然後至善之止可得也夫德與民均謂之物而本末判乎止與知均謂之事而終始殊其必有所先後者道之序也知序而大學之道近矣古之人欲明三德於

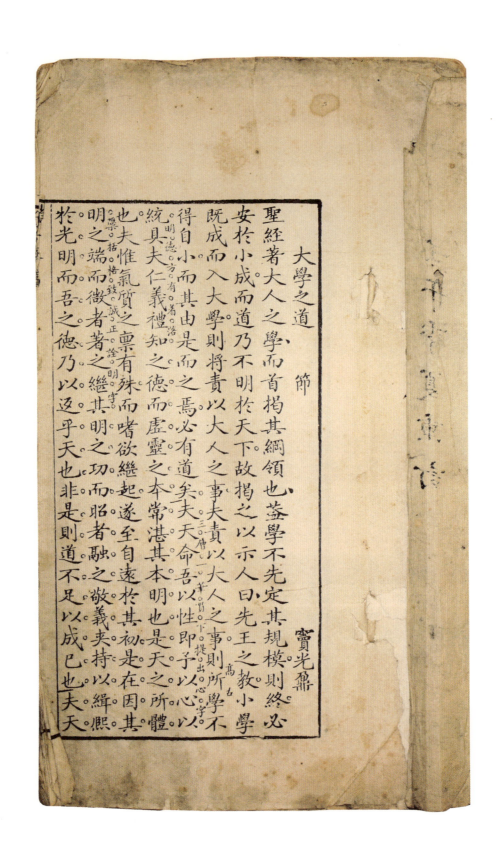

大學之道　　節

竇光鼐

聖経著大人之學而首揭其綱領也蓋學不先定其規模則終必
安於小成而道乃不明於天下故揭之以示人曰先王之教小學
既成而入大學則將責以大人之事夫責以大人之事則所學不
得自小而其由是而之焉必有道矣夫天命吾以性即予以心以
統具夫仁義禮知之德而虛靈之本常湛其本明也是天之所以
也夫惟氣質之禀有殊而嗜欲繼起遂至自遠於其初是在因其
明之端而徵者著之繼其明之功而昭者融之敬義夾持以緝熙
於光明而吾之德乃以返乎天也非是則道不足以成己也夫天
天

第434　省吾齋稿一卷　（清）竇光鼐撰

清刻本　諸城市圖書館

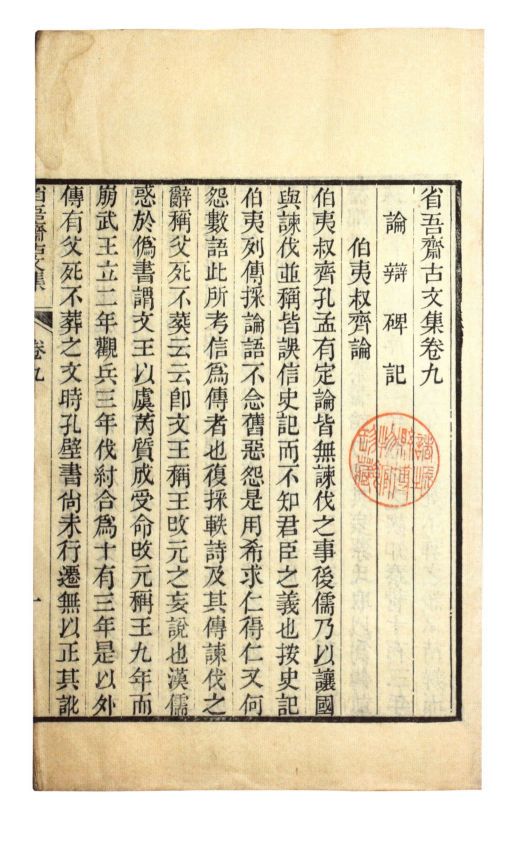

省吾齋古文集卷九

論辯

伯夷叔齊論

碑記

伯夷叔齊孔孟有定論皆無諫伐之事後儒乃以讓國
與諫伐並稱皆誤信史記而不知君臣之義也按史記
伯夷列傳採論語不念舊惡怨是用希求仁得仁又何
怨數語此所考信爲傳者也復採軼詩及其傳諫伐之
辭稱父死不葬云云卽文王改元之妄說也漢儒
惑於僞書謂文王以虞芮質成受命改元稱王九年而
崩武王立二年觀兵三年伐紂合爲十有三年是以外
傳有父死不葬之文時孔壁書尚未行遷無以正其訛

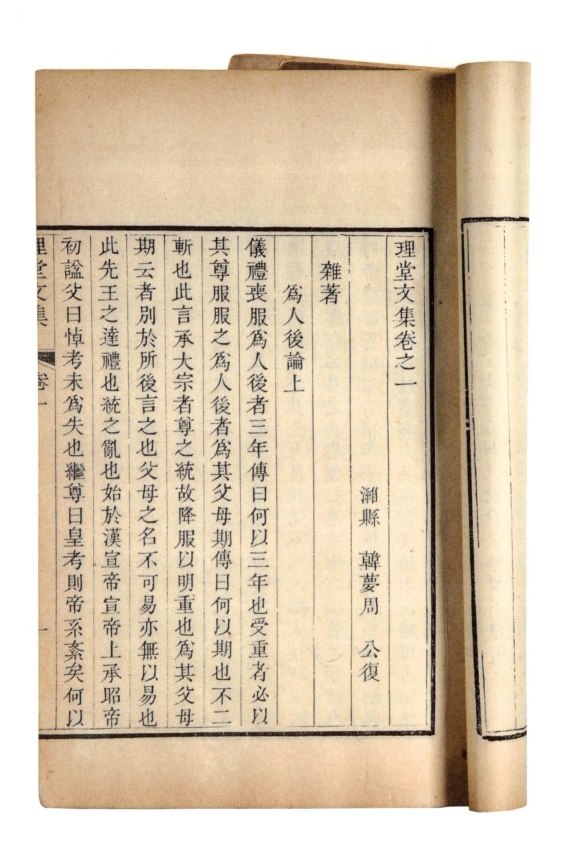

理堂文集卷之一

雜著

　爲人後論上

瀨縣　韓夢周　公復

儀禮喪服爲人後者三年傳曰何以三年也受重者必以
其尊服服之爲人後者爲其父母期傳曰何以期也不二
斬也此言承大宗者尊之統故降服以明重也爲其父母
期云者別於所後言之也父母之名不可易亦無以易也
此先王之達禮也統之亂也始於漢宣帝宣帝上承昭帝
初謚父曰悼考未爲失也繼尊曰皇考則帝系紊矣何以

理堂文集　　卷一　　　一

第436　理堂文集十卷　　（清）韓夢周撰

清道光三年（1823）刻本　潍坊市博物館

四八〇

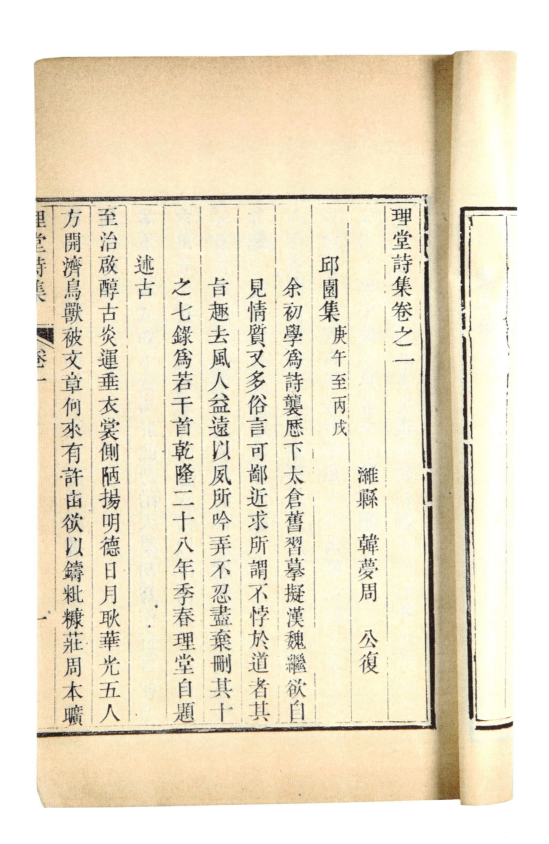

理堂詩集卷之一

　　　　潍縣　韓夢周　公復

邱園集　庚午至丙戌

余初學爲詩襲歴下太倉舊習摹擬漢魏繼欲自
見情質又多俗言可鄙近求所謂不悖於道者其
旨趣去風人益遠以夙所吟弄不忍盡棄删其十
之七錄爲若干首乾隆二十八年季春理堂自題

述古

至治啟醇古炎運垂衣裳側陋揚明德日月耿華光五人
方開濟鳥獸被文章何來有許由欲以鑄秕糠莊周本曠

理堂日記卷之一

濰縣　韓夢周　公復

人固不可以虛憍欺世然亦不可自小立心早退讓第一
等事與別人卒之悠忽没世縱有善名亦只是謹愿之人
而已庚辰十一月三十日

人須有所激發乃能自立孫鍾元先生城人奇逸客平生切劇
於鹿忠節典人善穠定者固深然自忠節死鍾元乃益自刻勵
決然以此道爲己任心中時有一伯順在恐有相負朋
友之相成蓋以志義爲起發無聞死生也全日
孫鍾元云杞縣劉文烈理以久困公車成就一儁年言方

理堂日記卷之一

街惟廬日記

卷之八
起辛丑止癸卯凡六十二條

卷之七
起己亥止庚子凡一百四十四條

卷之六
起甲午止丙申凡一百一十八條

卷之五
起丁亥止庚寅凡一百七十五條

第438　理堂日記八卷　（清）韓夢周撰

清道光四年（1824）刻本　濰坊市博物館

四八二

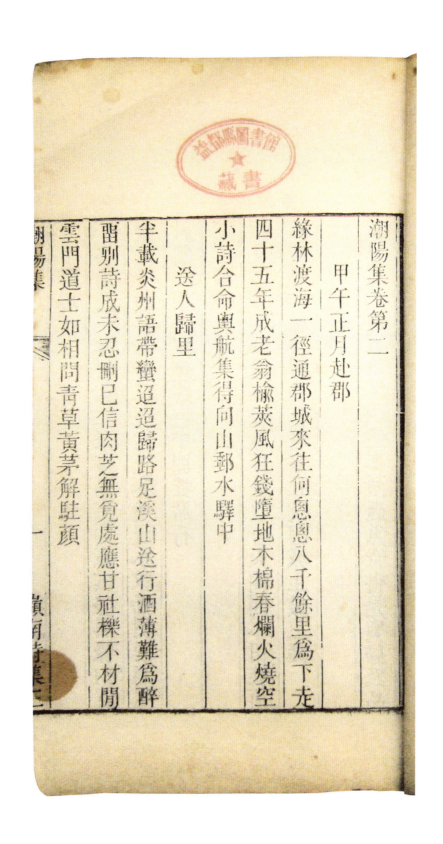

潮陽集卷第二

甲午正月赴郡

絲林渡海一徑通郡城來往伺恩恩八千餘里爲下走

四十五年成老翁榆莢風狂錢墮地木棉春爛火燒空

小詩合命輿航集得伺山郵水驛中

送人歸里

半載炎州語帶蠻迢迢歸路足溪山途行酒薄難爲醉

留別詩成未忍刪已信肉芝無覓處應甘社櫟不材閒

雲門道士如相問青草黄芽解駐顏

第439　嶺南詩集八卷　（清）李文藻撰

清刻本　青州市圖書館

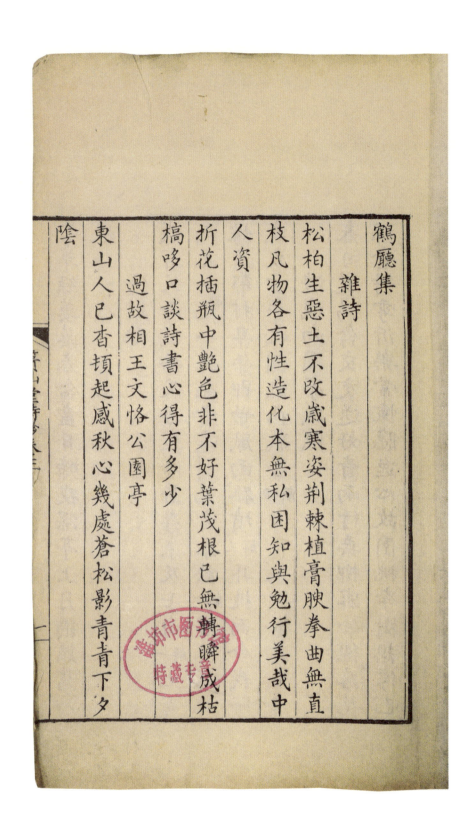

鶴廳集

雜詩

松柏生惡土不改歲寒姿荊棘植膏腴拳曲無直
枝凡物各有性造化本無私困知與勉行美哉中
人資

折花插瓶中艷色非不好葉茂根已無轉瞬成枯
槁哆口談詩書心得有多少

過故相王文恪公園亭

東山人已杳頹起感秋心幾處蒼松影青青下夕
陰

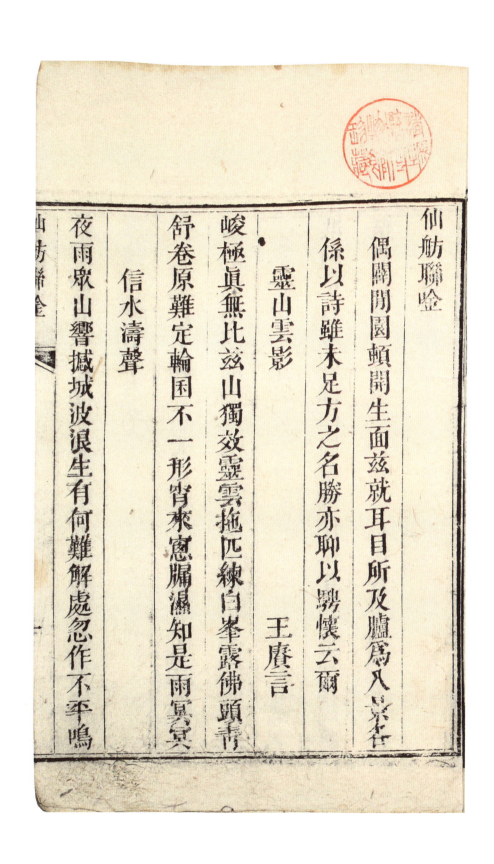

仙舫聯唫

偶闢閒園頓開生面茲就耳目所及臚爲八景本

係以詩雖未足方之名勝亦聊以舒懷云爾

靈山雲影　　　　　　　王賡言

峻極眞無比茲山獨效靈雲拖匹練白峯露佛頭青

舒卷原難定輪囷不一形宵來窓牖濕知是雨冥冥

信水濤聲

夜雨衆山響撼城波浪生有何難解處忽作不平鳴

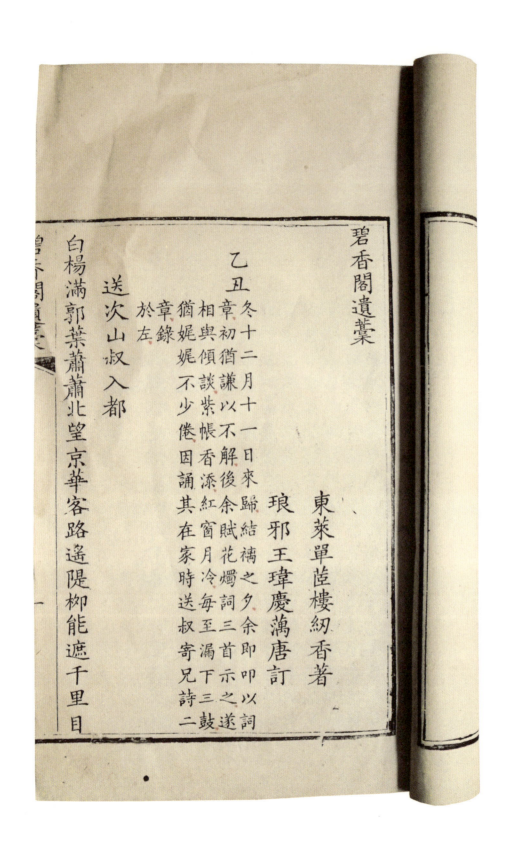

碧香閣遺藁

東萊單莅樓紉香著
琅邪王瑋慶蘺唐訂

乙丑冬十二月十一日來歸結褵之夕余即叩以詞
章初猶謙以不解後余賦花燭詞三首示之遂
相與傾談紫帳香添紅窗月冷每至漏下三鼓
猶娓娓不少倦因誦其在家時送叔寄兄詩二
章錄於左
送次山叔入都
白楊滿郭葉蕭蕭北望京華客路遙隄柳能遮千里目

第442　碧香閣遺藁一卷　（清）單莅樓撰　（清）王瑋慶訂

清嘉慶十五年（1810）刻本　高密市圖書館

四八六

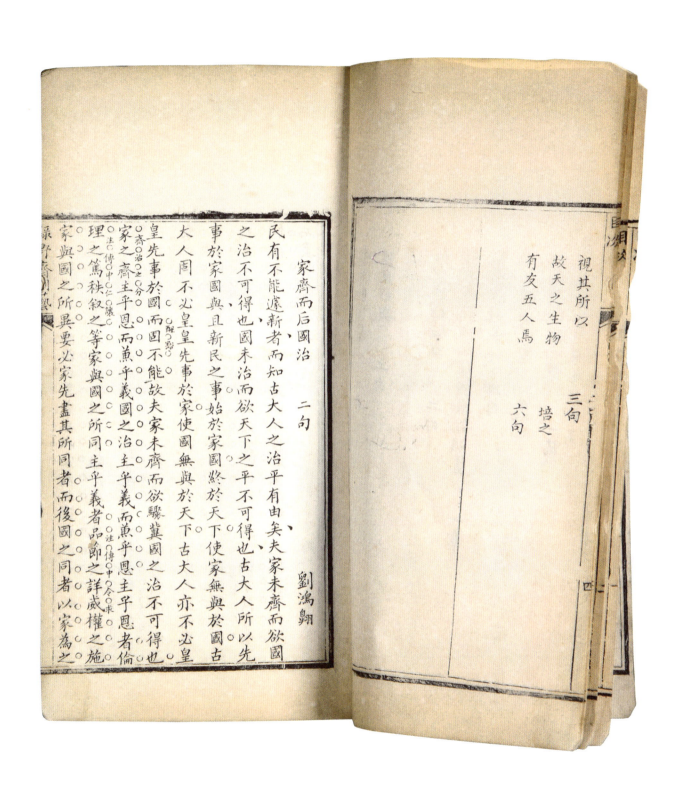

視其所以　三句

故天之生物　培之

有友五人焉　六句

家齋而后國治　二句

劉鴻翔

民有不能遽新者而知古大人之治平有由矣夫家未齋而欲國

之治不可得也國未治而欲天下之平不可得也古大人所以先

事於家國與且新民之事始於家國終於天下使家無與於國古

大人固不必皇先事於家使國無與於天下古大人亦不必皇

皇先事於國而固不能故夫家未齋而欲驟冀國之治不可得也

家之齋主平義而薰平恩主平義者品節之詳威權之施

家與國之齋主平義者○等家與國之所同主平義而薰平恩者倫

理之篤秩叙之所異要必家先盡其所同者而後國之同者以家為之

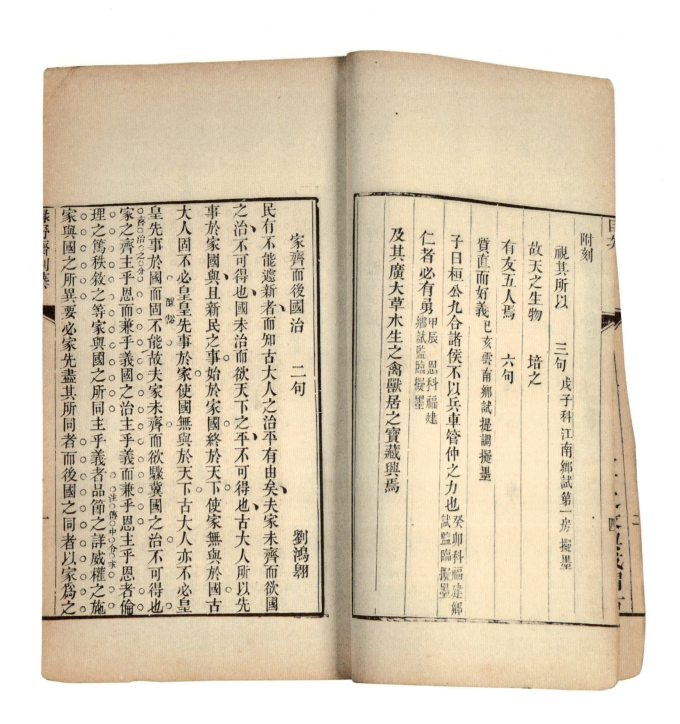

附刻

視其所以　三句　戊子科江南鄉試第一房 擬墨

故天之生物　培之

有友五人焉　六句

質直而好義已亥雲南鄉試提調擬墨

子曰桓公九合諸侯不以兵車管仲之力也 癸卯科福建鄉試監臨擬墨

仁者必有勇 甲辰恩科福建鄉試監臨擬墨

及其廣大草木生之禽獸居之寶藏興焉

家齊而後國治　二句　　　　劉鴻翱

民有不能遽新者而知古大人之治平有由矣夫家未齊而欲國之治不可得也國未治而欲天下之平不可得也古大人所以先事於家國而且新民之事始於家國終於天下使家無與於國古大人固不必皇皇先事於家使國無與於天下古大人亦不必皇皇先事於國而固不能故夫家未齊而欲驟冀國之治不可得也家之齊主乎恩而兼乎義國之治主乎義而兼乎恩者倫理之篤秩敘之等家與國之所同主乎義者家品節之詳威權之施家與國之所異要必家先盡其所同者而後國之同者以家為之

第444　綠野齋制藝一卷　（清）劉鴻翱撰

清道光二十四年（1844）刻本　濰坊市博物館

有天地然後有萬物人於中居一焉。物有羽羽之屬三百六十。物有毛毛之屬三百六十。物有介介之屬三百六十。物有不羽不毛不介不鱗名之曰人。羽蟲鳳凰為之長毛蟲麒麟為之長介蟲神龜為之長鱗蟲蛟龍為之長人則聖人為之長有聖人而後人之不羽者不同於飛不毛者不同於走不介者不同於潛有聖人而後物之羽者得以遂其飛毛者得以遂其走介者得以遂其潛故曰食水者善游而寒食木者多力而拂食草者善走而愚食肉者勇敢而悍食穀者智惠而巧物莫靈於人人

第445　綠野齋文集四卷　（清）劉鴻翱撰

清道光七年（1827）刻本　濰坊市博物館

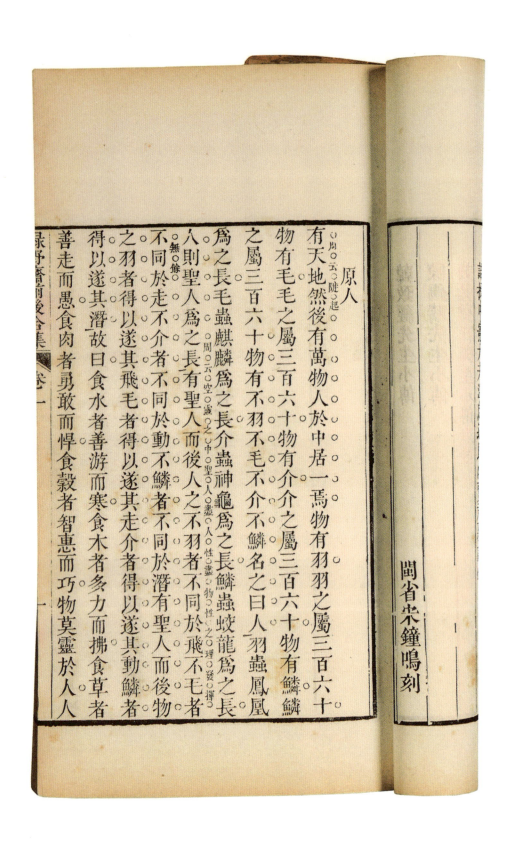

原人

有天地然後有萬物人於中居一焉物有羽羽之屬三百六十物有毛毛之屬三百六十物有介介之屬三百六十物有鱗鱗之屬三百六十物有不羽不毛不介不鱗名之曰人羽蟲鳳凰為之長毛蟲麒麟為之長介蟲神龜為之長鱗蟲蛟龍為之長八則聖人為之長有聖人而後人之不羽者不同於飛不毛者不同於走不介者不同於潛有聖人而後物之羽者得以遂其飛毛者得以遂其走介者得以遂其潛故曰食水者善游而寒食木者多力而拂食草者善走而愚食肉者勇敢而悍食穀者智惠而巧物莫靈於人人

閩省宋鐘鳴刻

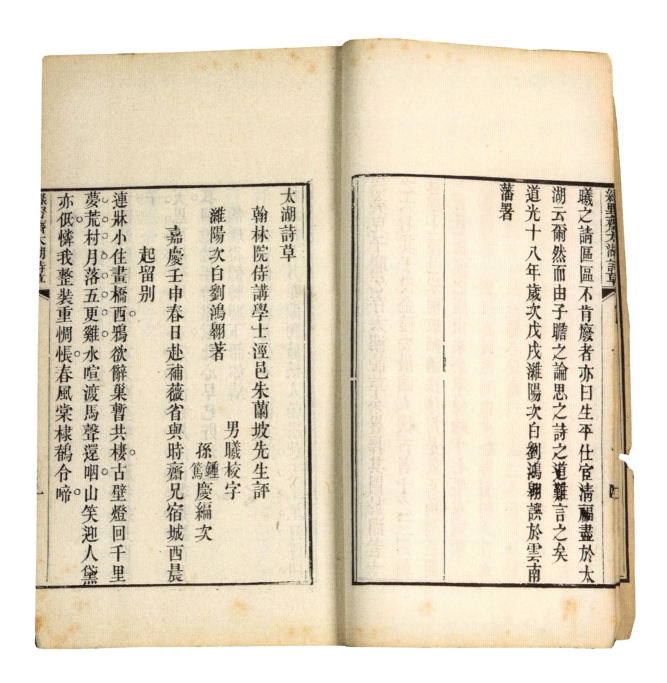

太湖詩草

翰林院侍講學士涇邑朱蘭坡先生評

濰陽次白劉鴻翱著

男曦校字

孫鍾慶編次

嘉慶壬申春日赴補薇省與時齋兄宿城西晨

起留別

連牀小住畫橋西鴉欲辟巢暫共棲古壁燈回千里

夢荒村月落五更雞水喧渡馬聲還咽山笑迎人黛

亦低憐我整裝重惆悵春風棠棣鶺令啼

薌之請區區不肯癈者亦曰生平仕宦清編盡於太

湖云爾然而由子瞻之論思之詩之道難言之矣

道光十八年歲次戊戌濰陽次白劉鴻翱識於雲南

藩署

第447　綠野齋太湖詩草一卷　　（清）劉鴻翱撰　　（清）朱蘭坡評

　　清道光二十四年（1844）刻本　濰坊市博物館

曦之請區區不肯廢者亦曰生平仕宦清福盡於太

湖云爾然而由子瞻之論思之詩之道難言之矣

道光十八年歲次戊戌濰陽次白劉鴻翱謨於雲南

瀟署

太湖詩草

翰林院侍講學士涇邑朱蘭坡先生評

嘉慶壬申春日赴補徵省與時齋尼宿城西晨

起留別

濰陽次白劉鴻翱著

連牀小住畫橋西鵲欲辭巢暫共棲古壁燈回千里

夢荒村月落五更難水喧渡馬聲還咽山笑迎人黛

亦低悵我整裝重惆悵春風棠棟鵑令啼

情景惻然

第448　綠野齋太湖詩草一卷　　（清）劉鴻翱撰　　（清）朱蘭坡評

清鈔本　濰坊市博物館

四九二

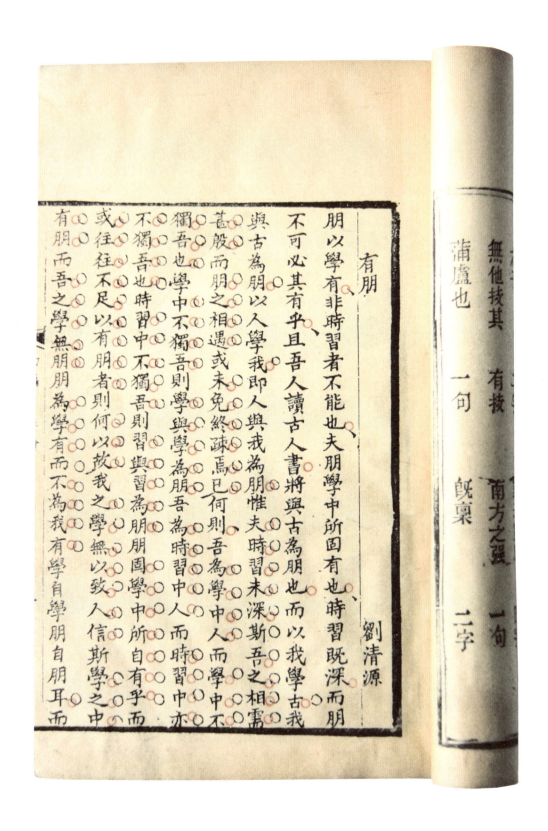

無他技其　　有技　　　　　　　　　　　　　　　　　　蒲廬也

南方之彊　一句

一句

饒稟

二字

有朋　　　　　　　　　　　　　　　　　　　　　　　　　劉清源

朋以學有非時習者不能也夫朋學中所固有也時習既深而朋

不可必其有乎且吾人讀古人書將與古為朋也而以我學古我

與古為朋以人學我即人與我為朋惟夫時習未深斯吾之相需

舊殷而朋之相遇或未免終疎焉已何則吾為學中人而學中不

獨吾也學中不獨吾則學與學為朋吾為學中人而時習中不

獨吾也時習中不獨吾則習與習為朋朋固學中所自有乎而

或往往不足以有朋者則何以故我之學無以致人信斯學之中

有朋而吾之學無朋朋為學有而不為我有學自學朋自朋耳而

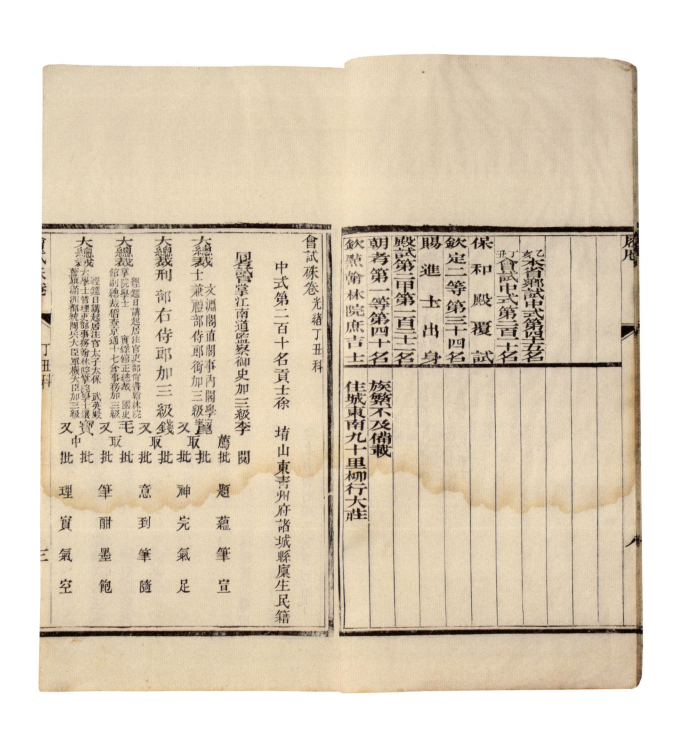

會試硃卷　光緒丁丑科

中式第二百十名貢士徐　埇山東青州府諸城縣廩生民籍

園丁　管掌江南道監察御史加三級李　閣

大總裁　經筵日講起居注官史部尚書翰林院
掌院學士寶錄館正總裁國史
館副總裁署京通十七倉事務加三級寶
　又取　批　神完氣足
　薦批　題蘊筆宣

大總裁　經筵日講起居注官太子大保
武英殿大學士管理史部事務翰林院掌院學士賣
旗滿洲都統閣兵大臣軍機大臣加三級毛
　又取　批　意到筆隨

大總裁　經筵日講起居注官太子大保
武英殿大學士管理史部事務翰林院掌院學士寶
刑部右侍郎加三級錢
　又取　批　筆酣墨飽

大總裁　大學士管理史部事務太子大保
武英殿大學士管理史部事務加三級寶
　又中　批　理實氣空

欽定二甲第一百七名
殿試第二甲第一百七名
賜進士出身
欽定二等第三十四名
保和殿覆試
朝考第一等第四十名
欽點翰林院庶吉士

乙亥本省鄉試中式第覽名
丁丑會試中式第二百名
族繁不及備載
佳城東南九十里柳行大莊

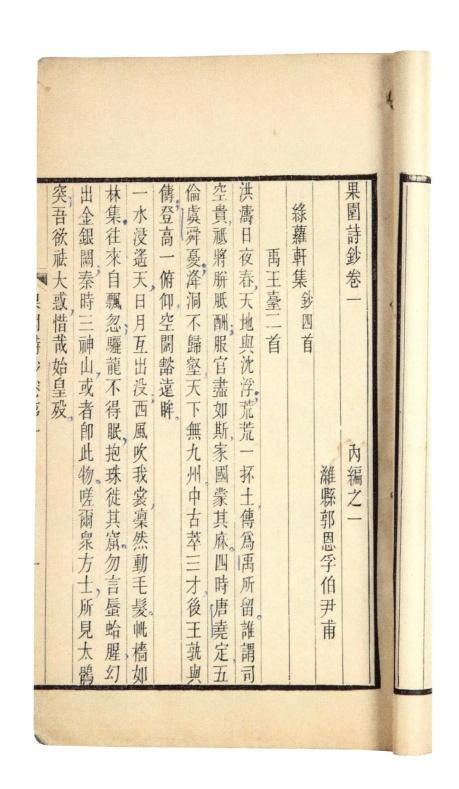

果園詩鈔卷一

　　　　內編之一

綠蘿軒集鈔四首　　　濰縣郭恩孚字伯尹甫

禹王臺二首

洪濤日夜春天地與沈浮荒荒一抔土傳爲禹所留誰謂司
空貴祗將胼胝酬服官盡如斯家國蒙其麻四時唐堯定五
倫虞舜憂浲洞不歸鑿天下無九州中古莽三才後王就與
傴登高一俯仰空闊豁遠眸
一水浸遙天日月互出没西風吹我裳凜然動毛髮帆檣如
林集往來自飄忽驪龍不得眠抱珠徙其窟勿言蚩蛤幻
出金銀闕泰時三神山或者卽此物嗟爾泉方士所見太鶻
突吾欲祛大惑惜哉始皇歿

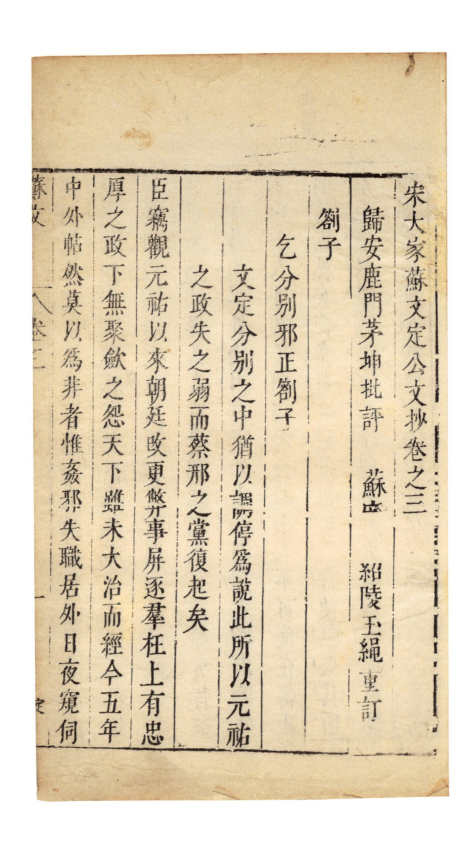

宋大家蘇文定公文抄卷之三

歸安鹿門茅坤批評　　蘇轍

紹陵玉繩重訂

劄子

乞分別邪正劄子

文定分別之中猶以調停爲說此所以元祐
之政失之弱而蔡邪之黨復起矣

臣竊觀元祐以來朝廷政更做方事屏逐羣枉上有忠
厚之政下無聚斂之怨天下雖未大治而經今五年
中外帖然莫以爲非者惟姦邪失職居外日夜窺伺

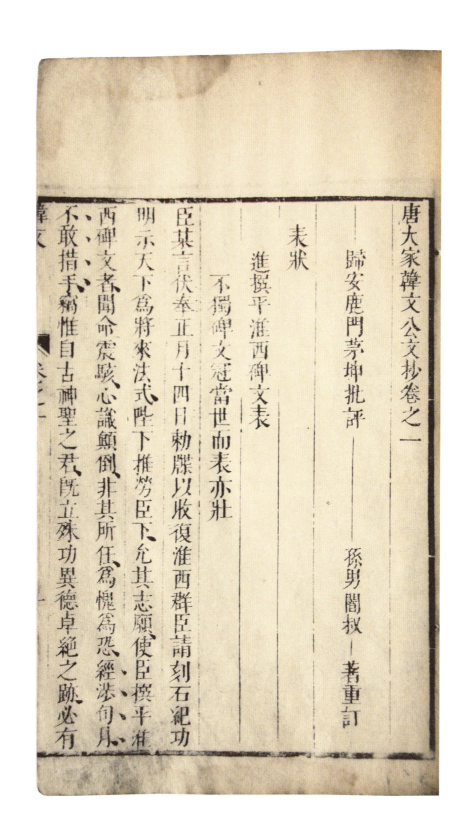

唐大家韓文公文抄卷之一

歸安鹿門茅坤批評

　　　　　　　　孫男閽拟　著重訂

表狀

進撰平淮西碑文表

不獨碑文冠當世而表亦壯

臣某言伏奉正月十四日勅牒以收復淮西群臣請刻石紀功
明示天下為將來法式陛下推以勞臣下允其志願使臣撰平淮
西碑文者聞命震駭心識顛倒非其所任為愧為恐經涉句月
不敢措手竊惟自古神聖之君既立殊功異德卓絕之跡必有

韓文

卷之一

一

第453　唐宋八大家文鈔一百六十六卷　（明）茅坤編
清康熙雲林大盛堂刻本　壽光市博物館

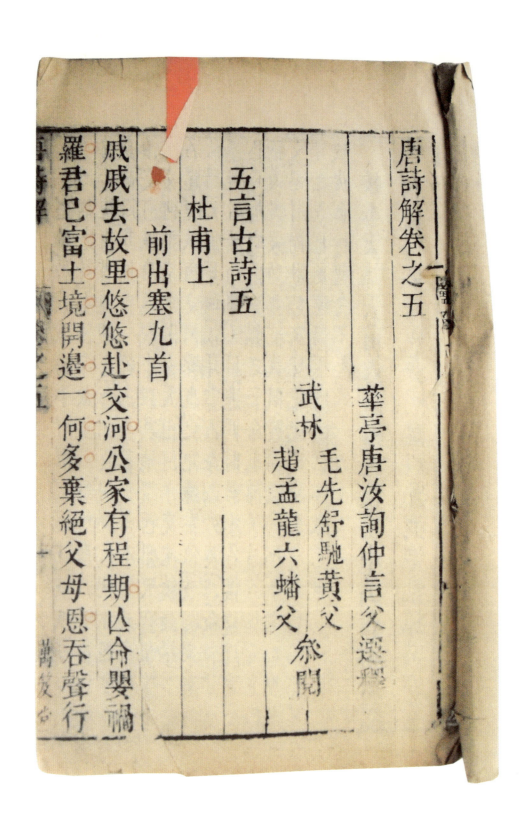

唐詩解卷之五

華亭唐汝詢仲言父選釋

武林　毛先舒馳黃父

　　　趙孟龍六蟠父　參閱

五言古詩五

杜甫上

前出塞九首

戚戚去故里　悠悠赴交河　公家有程期　亡命嬰禍

羅君已富土境開邊一何多棄絕父母恩吞聲行

第454　唐詩解五十卷　（明）唐汝詢輯　（清）毛先舒、趙孟龍閱

清順治十六年（1659）萬笈堂刻本　高密市圖書館

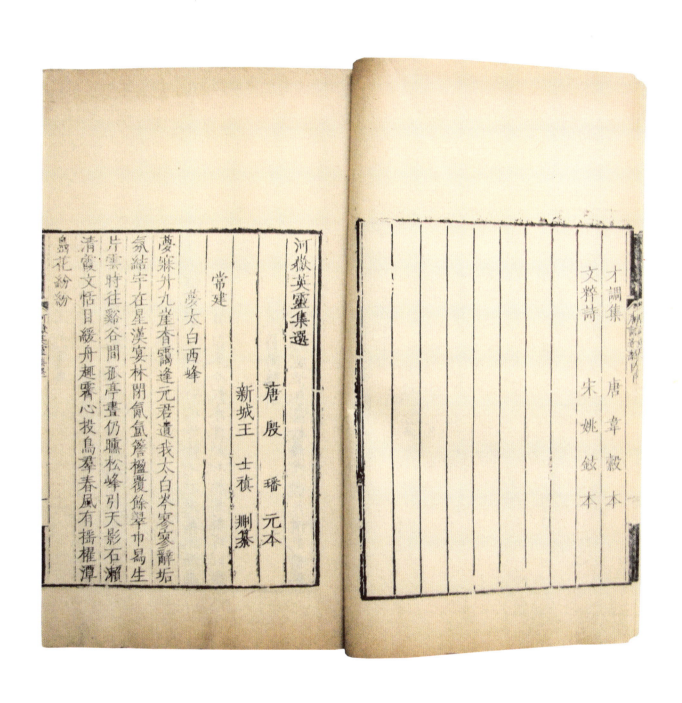

河嶽英靈集選

常建

　宿太白西峰

夢寐升九崖杳靄逢元君遺我太白岑寥寥辭垢氛
氛結宇在星漢宴林閟氤氲篔簹覆餘翠巾舄生
片雲時往黥谷間孤亭畫仍曠松峰引天影石瀨
清霞文恬目緩舟趣霧心投鳥羣春風有搖櫂潭
鳥花紛紛

才調集　　唐韋縠本

文粹詩　　宋姚鉉本

　　　　　　　唐殷璠　元本

　　　　新城王士禎　刪纂

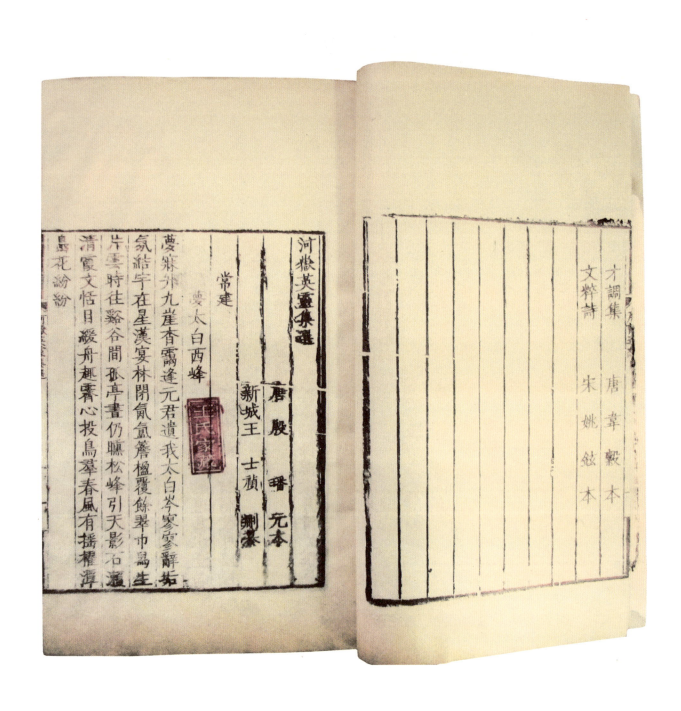

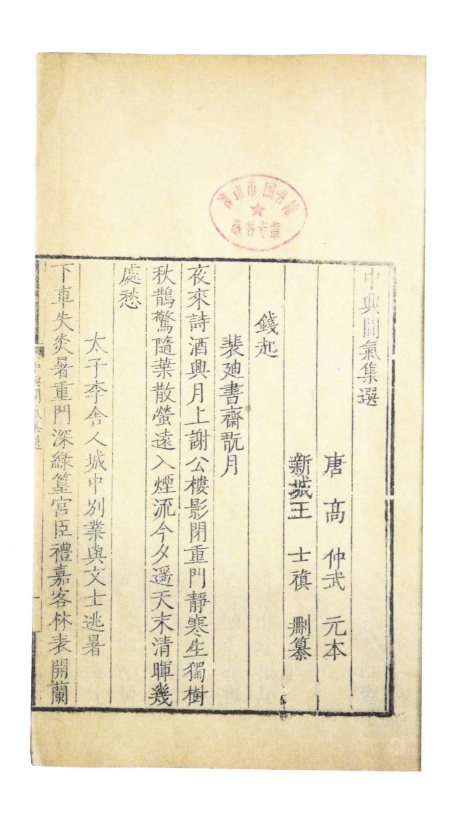

中興間氣集選

唐　高　仲武　元本

新城王士禛　刪纂

錢起

裴迪書齋翫月

夜來詩酒與月上謝公樓影閉重門靜寒生獨樹
秋鵲驚隨葉散螢遠入煙流今夕遙天末清暉幾
處愁

太子李舍人城中別業與文士逃暑
下車失炎暑重門深綠篁官臣禮嘉客林表開蘭

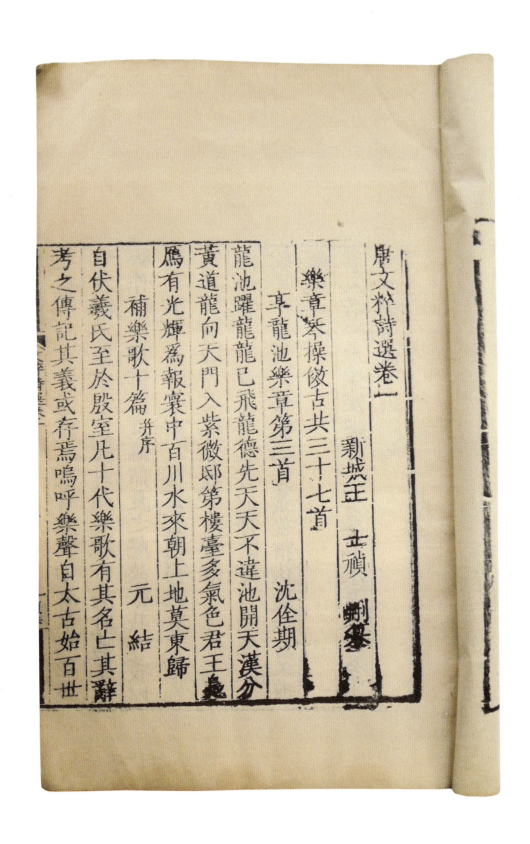

唐文粹詩選卷一

新城王 士禛 劉□

樂章琴操倣古共三十七首

享龍池樂章第三首　沈佺期

龍池躍龍龍已飛龍德先天天不違池開天漢分

黃道龍向大門入紫微邸第樓臺多氣色君王□

鳳有光輝爲報寰中百川水來朝上地莫東歸

補樂歌十篇　并序　元結

自伏羲氏至於殷室凡十代樂歌有其名亡其辭

考之傳記其義或存焉嗚呼樂聲自太古始百世

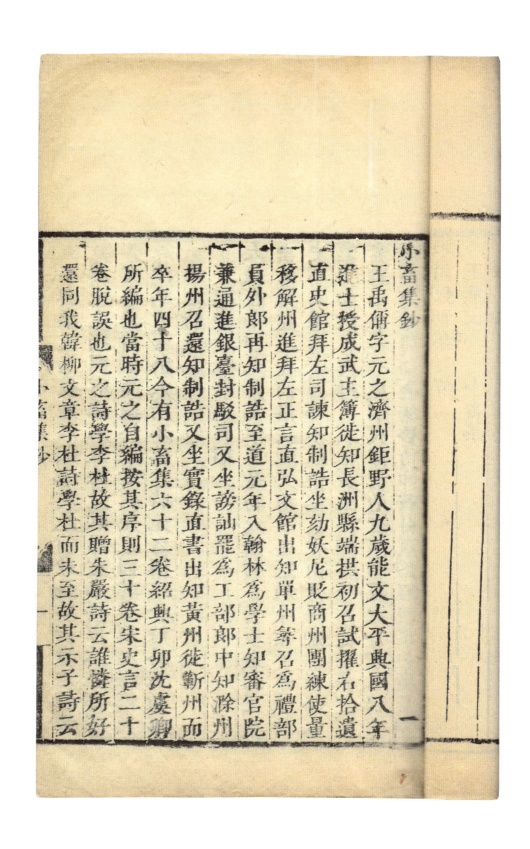

小畜集鈔

王禹偁字元之濟州鉅野人九歲能文大平興國八年
進士授成武主簿徙知長洲縣端拱初召試擢右拾遺
直史館拜左司諫知制誥坐劾妖尼賍商州團練使量
移解州進拜左正言直弘文館出知單州等召為禮部
員外郎再知制誥至道元年入翰林為學士知審官院
兼通進銀臺封駁司又坐謗訕罷為工部郎中知滁州
揚州召還知制誥又坐實錄直書出知黃州徙蘄州而
卒年四十八今有小畜集六十二卷紹與丁卯沈虞卿
所編也當時元之自編序則三十卷宋史言二十
卷脫誤也元之詩學李杜故其贈朱嚴詩云誰憐所好
還同我韓柳文章李杜詩學杜而未至故其示子詩云

第459　宋詩鈔初集九十五卷　（清）呂留良、吳之振、吳爾堯編

清康熙十年（1671）吳氏鑑古堂刻本　青州市圖書館

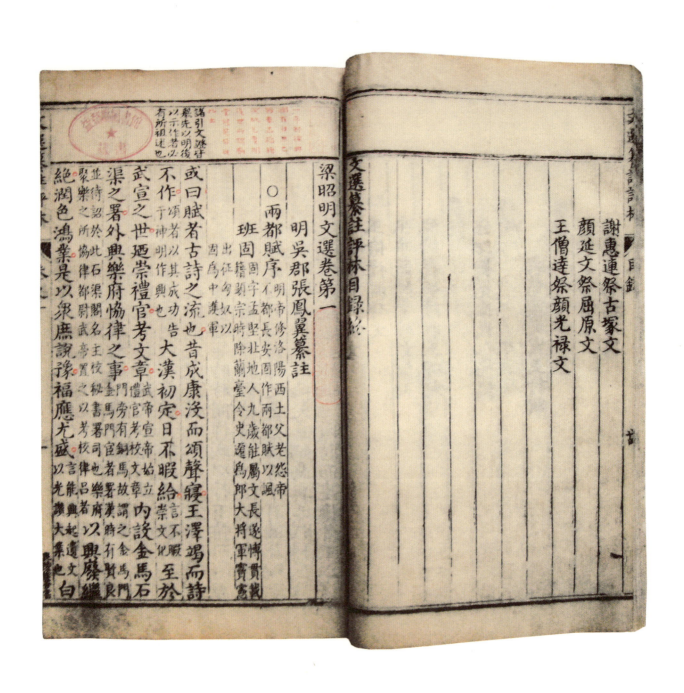

第460　梁昭明文選十二卷　（南朝梁）蕭統輯　（明）張鳳翼纂注

明萬曆刻本　青州市圖書館

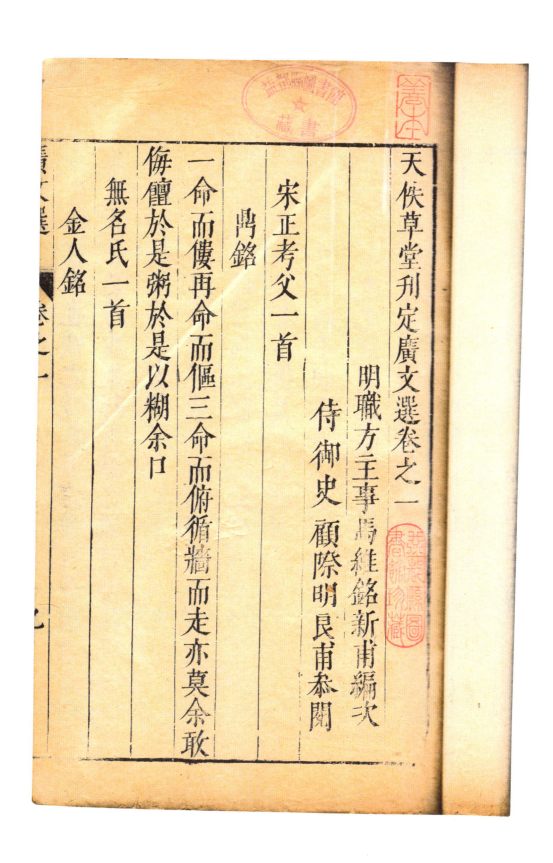

天佚草堂刊定廣文選卷之一

明職方主事馬維銘新甫編次

侍御史顧際明良甫泰閱

宋正考父一首

鼎銘

一命而僂再命而傴三命而俯循牆而走亦莫余敢

侮饘於是粥於是以糊余口

無名氏一首

金人銘

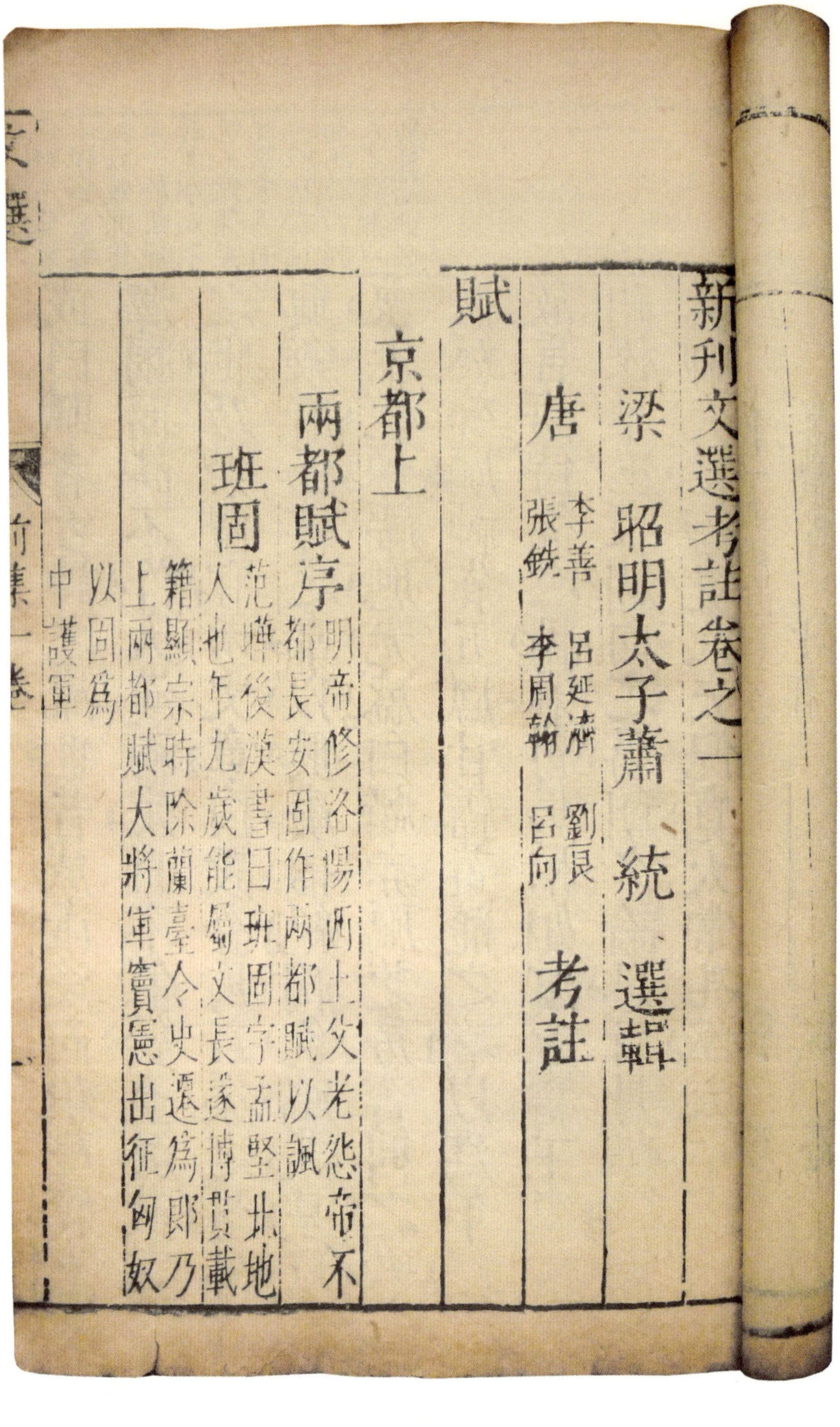

新刊文選考註卷之一
梁 昭明太子蕭 統 選輯
唐 李善 呂延濟 劉良 張銑 李周翰 呂向 考註
賦
京都上
兩都賦序 明帝修洛陽西土父老怨帝不都長安固作兩都賦以諷
班固 范曄後漢書曰班固字孟堅北地人也年九歲能屬文長遂博貫載
籍顯宗時除蘭臺令史遷爲郎乃
上兩都賦大將軍竇憲出征匈奴
以固爲
中護軍
文選
前集一卷

第462　新刊文選考註前集十五卷　（南朝梁）蕭統選輯　（唐）李善等考注　（明）張鳳翼注

明贈言堂刻本　濰坊市圖書館

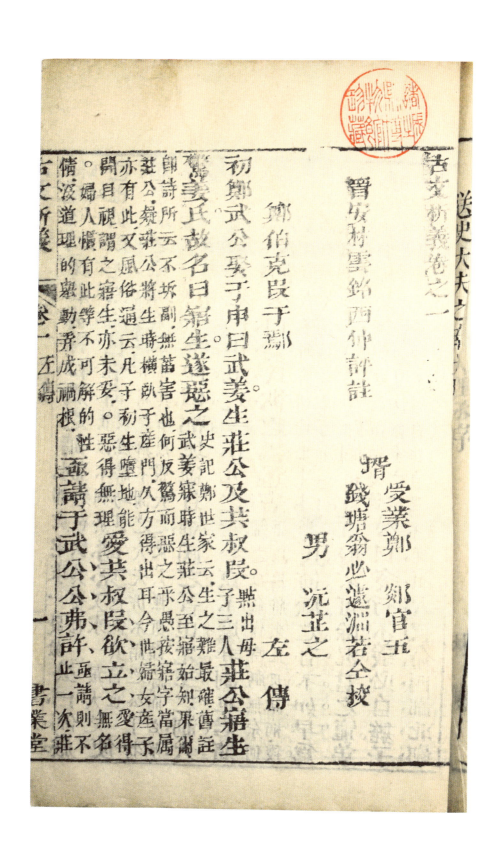

第463　古文析義十四卷　（清）林雲銘評注

清乾隆五十年（1785）書業堂刻本　諸城市圖書館

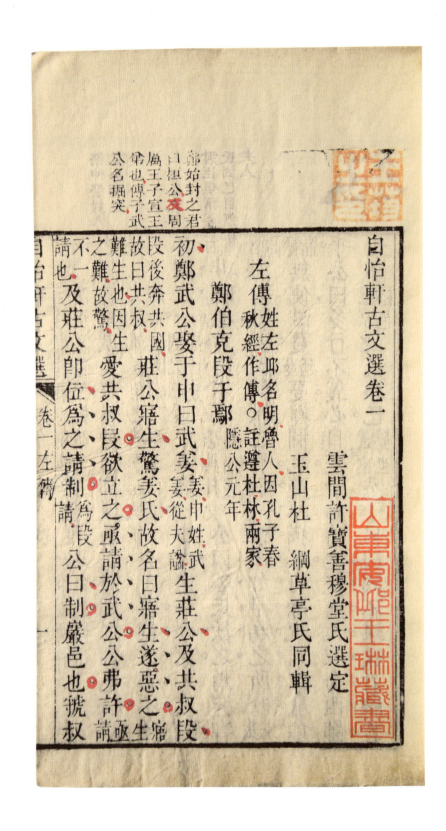

自怡軒古文選卷一

雲間許寶善穆堂氏選定

玉山杜　綱草亭氏同輯

左傳　秋經作傳。

鄭伯克段于鄢　隱公元年

初鄭武公娶于申曰武姜生莊公及共叔段莊公寤生驚姜氏故名曰寤生遂惡之愛共叔段欲立之亟請於武公公弗許及莊公即位為之請制公曰制嚴邑也虢叔……

鄭始封之君曰桓公友周厲王子宣王弟也傅子武公名掘突

第464　自怡軒古文選十卷　（清）許寶善、杜綱輯

清乾隆五十六年（1791）刻本　濰坊學院圖書館

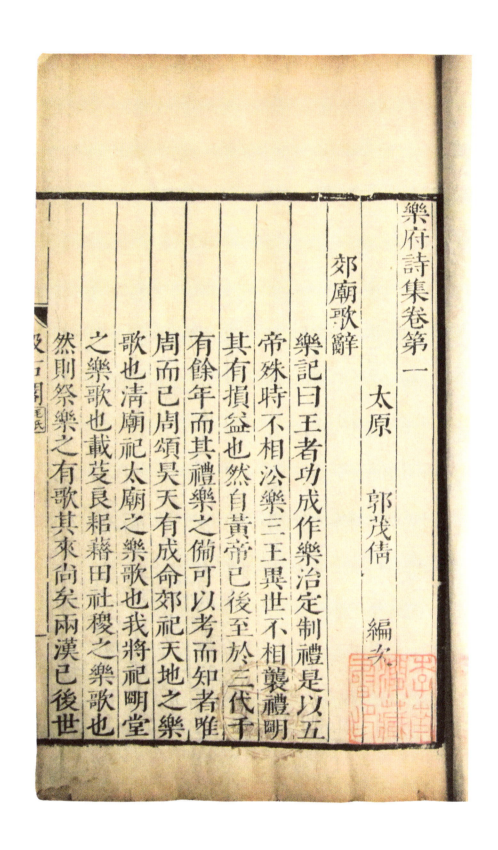

樂府詩集卷第一　　　　　太原　郭茂倩　編次

郊廟歌辭

樂記曰王者功成作樂治定制禮是以五
帝殊時不相沿樂三王異世不相襲禮明
其有損益也然自黃帝已後至於三代千
有餘年而其禮樂之備可以考而知者唯
周而已周頌吳天有成命郊祀天地之樂
歌也清廟祀太廟之樂歌也我將祀明堂
之樂歌也載芟良耜藉田社稷之樂歌也
然則祭樂之有歌其來尚矣兩漢已後世

第465　樂府詩集一百卷　（宋）郭茂倩輯

明末毛氏汲古閣刻本　濰坊工程職業學院圖書館

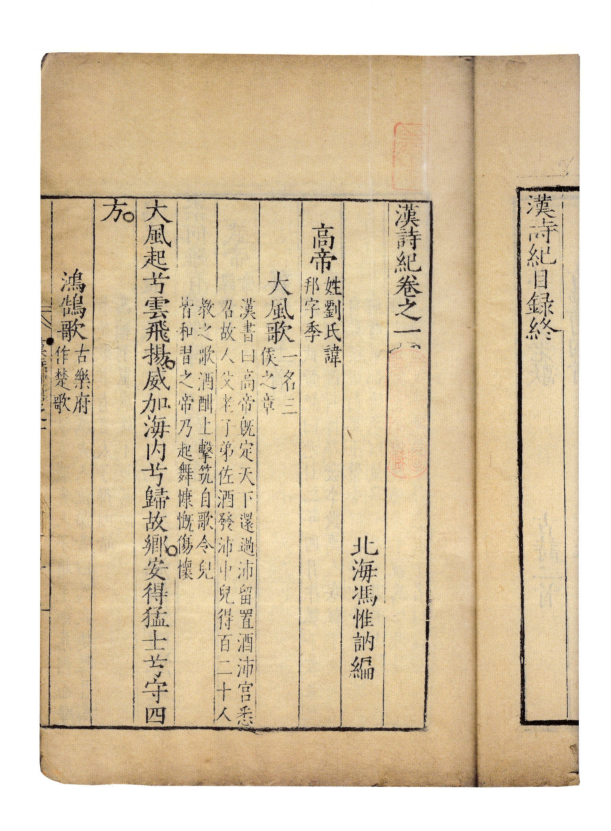

漢詩紀目録終

漢詩紀卷之一

北海馮惟訥編

高帝　姓劉氏諱邦字季

大風歌　一名三侯之章

漢書曰高帝既定天下還過沛留置酒沛宮悉召故人父老子弟佐酒發沛中兒得百二十人教之歌酒酣上擊筑自歌令兒皆和習之帝乃起舞慷慨傷懷

大風起兮雲飛揚威加海內兮歸故鄉安得猛士兮守四方。

鴻鵠歌　古樂府作楚歌

第466　漢魏詩紀二十卷　（明）馮惟訥輯

明嘉靖三十八年（1559）自刻本　青州市圖書館

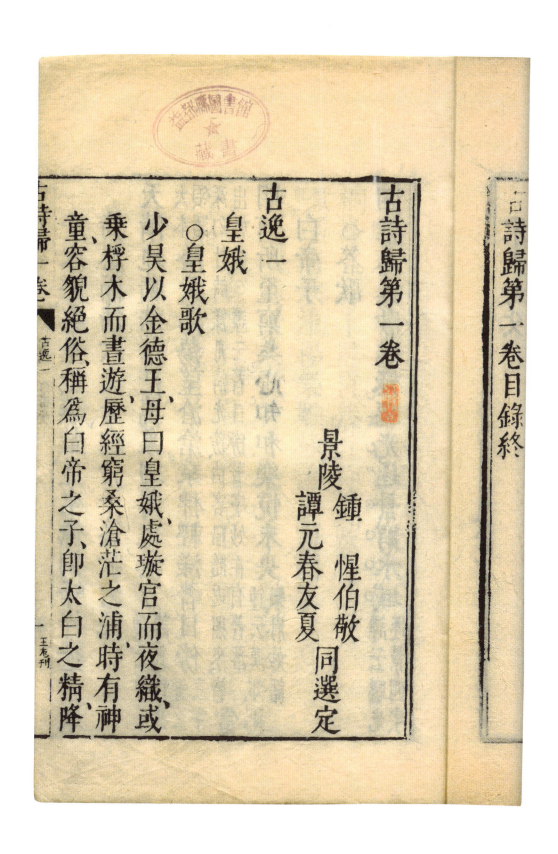

古詩歸第一卷

景陵 鍾惺伯敬
譚元春友夏 同選定

古逸一

皇娥

○皇娥歌

少昊以金德王，母曰皇娥，處璇宮而夜織，或乘桴木而晝遊，歷經窮桑滄茫之浦，時有神童容貌絕俗，稱為白帝之子，即太白之精降

第467　古詩歸十五卷補編八卷　（明）鍾惺、譚元春輯

清康熙二年（1663）刻本　青州市圖書館

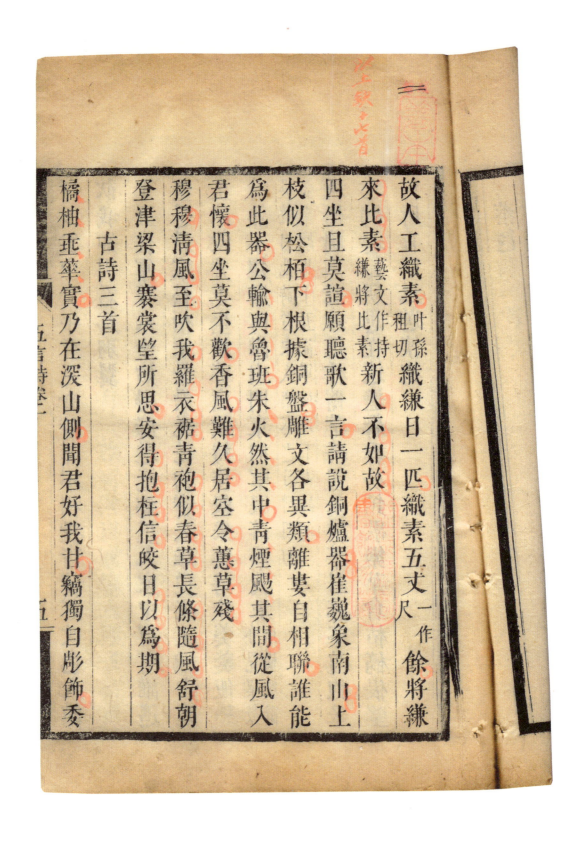

故人工織素〔叶孫織縑〕日一匹織素五丈〔一作〕餘將縑

來比素〔藝文作持比素〕縑將新人不如故

四坐且莫諠願聽歌一言請說銅爐器崔巍象南山上

枝似松柏下根據銅盤雕文各異類離婁自相聯誰能

為此器公輸與魯班朱火然其中青煙颺其間從風入

君懷四坐莫不歡香風難久居空令蕙草殘

穆穆清風至吹我羅衣裾青袍似春草長條隨風舒朝

登津梁山寨裳塈所思安得抱枉信皎日以為期

古詩三首

橋柚垂華實乃在深山側聞君好我甘竊獨自彫飾委

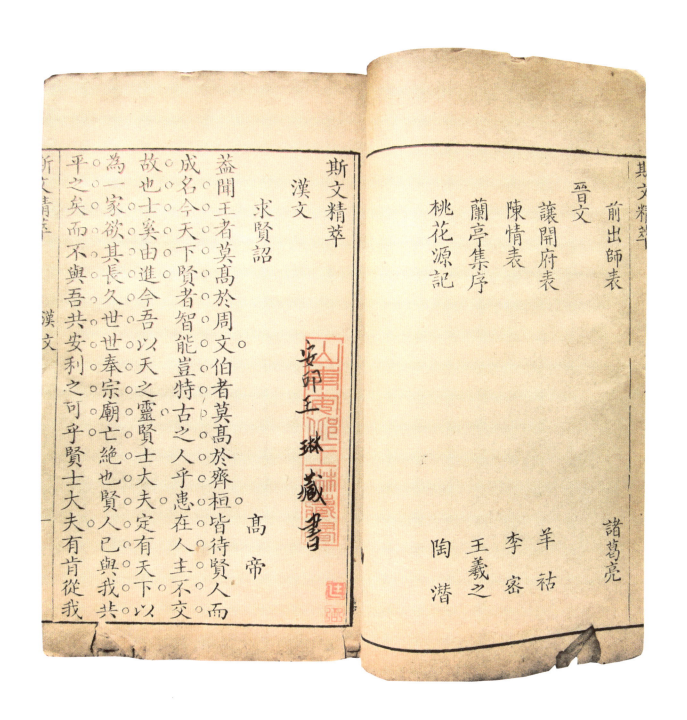

斯文精萃

漢文

求賢詔　　　　　　　　　　　　　　　　高帝

蓋聞王者莫高於周文伯者莫高於齊桓皆待賢人而
成名今天下賢者智能豈特古之人乎患在人主不交
故也士奚由進今吾以天之靈賢士大夫定有天下以
為一家欲其長久世世奉宗廟亡絕也賢人已與我共
平之矣而不與吾共安利之可乎賢士大夫有肯從我

其文精萃

前出師表　　　　　　　　　　　　　　諸葛亮

晉文

讓開府表　　　　　　　　　　　　　　羊祜
陳情表　　　　　　　　　　　　　　　李密
蘭亭集序　　　　　　　　　　　　　　王羲之
桃花源記　　　　　　　　　　　　　　陶潛

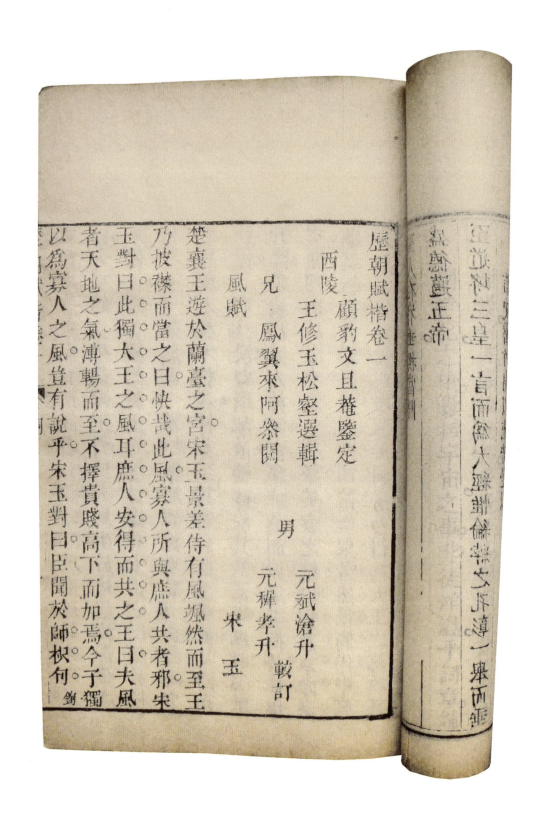

歷朝賦楷卷一

西陵　顧豹文且權鑒定

　　王修玉松璽選輯

兄　鳳翼來阿叅閱

風賦

　　　　　　　　男　元祇滄升
　　　　　　　　　　元禪孝升　輯訂
　　　　　　　　　　　　　　　宋玉

楚襄王遊於蘭臺之宮宋玉景差侍有風颯然而至王乃披襟而當之曰快哉此風寡人所與庶人共者邪宋玉對曰此獨大王之風耳庶人安得而共之王曰夫風者天地之氣溥暢而至不擇貴賤高下而加焉今子獨以為寡人之風豈有說乎宋玉對曰臣聞於師枕句

第470　歷朝賦楷八卷首一卷　（清）王修玉輯

清康熙刻本　濰坊市圖書館

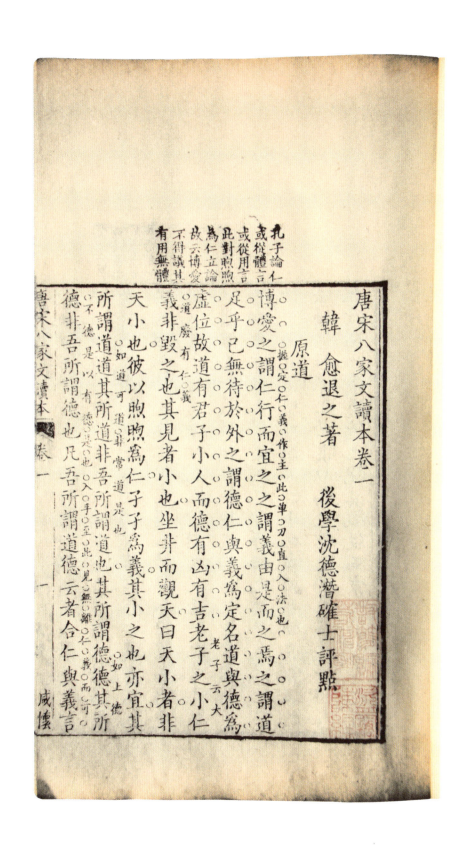

唐宋八家文讀本卷一

韓　愈退之著

後學沈德潛確士評點

原道

博愛之謂仁〇行而宜之之謂義〇由是而之焉之謂道〇足乎己無待於外之謂德〇仁與義爲定名〇道與德爲虛位〇故道有君子小人〇而德有凶有吉〇老子之小仁義非毀之也其見者小也〇坐井而觀天曰天小者非天小也彼以煦煦爲仁〇孑孑爲義其小之也亦宜其所謂道道其所道非吾所謂道也其所謂德德其所謂德非吾所謂德也凡吾所謂道德云者合仁與義言之也

孔子論仁
博愛之謂仁
或從體言
或從用言
此對照照
爲仁立論
故云博愛
不得議其
有用無體

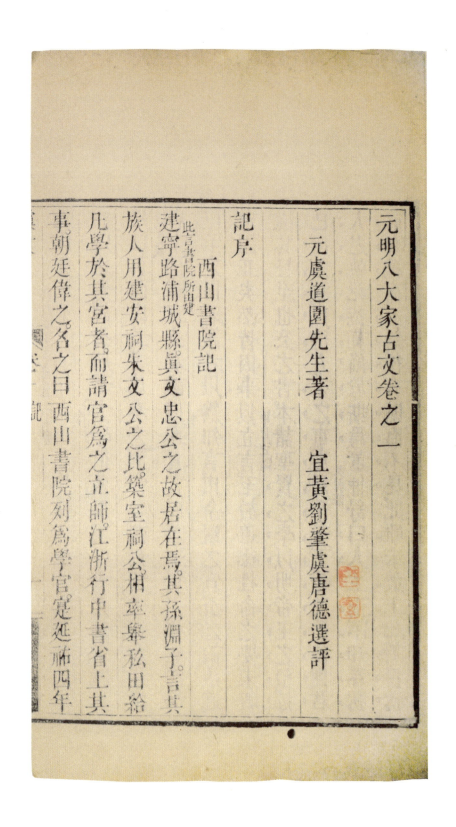

元明八大家古文卷之一

宜黃劉肇虞唐德選評

元虞道園先生著

記序

　西山書院記

此豫章書院所由建

建寧路浦城縣真文忠公之故居在焉其孫淵子言其
族人用建安祠朱文公之比築室祠公相率舉私田給
凡學於其宮者而請官為之立師江浙行中書省上其
事朝廷偉之名之曰西山書院刻為學官定延祐四年

第472　元明八大家古文十三卷　　（清）劉肇虞選評

　　清乾隆二十九年（1764）刻本　濰坊市圖書館

五一六

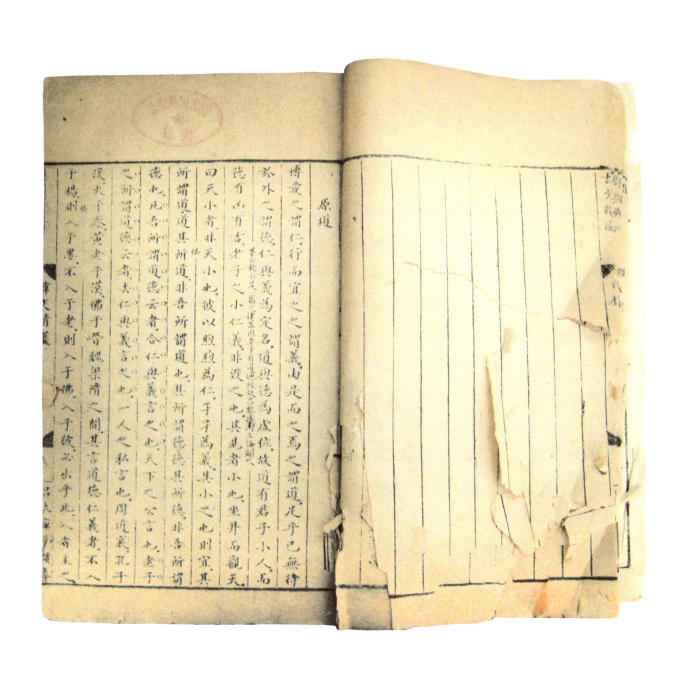

原道

博愛之謂仁，行而宜之之謂義，由是而之焉之謂道，足乎己無待
於外之謂德。仁與義為定名，道與德為虛位，故道有君子小人，而
德有凶有吉。老子之小仁義，非毀之也，其見者小也，坐井而觀天，
曰天小者，非天小也。彼以煦煦為仁，孑孑為義，其小之也則宜。其
所謂道，道其所道，非吾所謂道也。其所謂德，德其所德，非吾所謂
德也。凡吾所謂道德云者，合仁與義言之也，天下之公言也。老子
之所謂道德云者，去仁與義言之也，一人之私言也。周道衰，孔子
沒，火于秦，黃老于漢，佛于晉魏梁隋之間。其言道德仁義者，不入
于楊則入于墨，不入于老則入于佛。入于彼，必出于此。

第473　晚邨先生八家古文精選不分卷　（清）呂留良輯　（清）呂葆中批點

清康熙四十三年（1704）呂氏家塾刻本　青州市圖書館

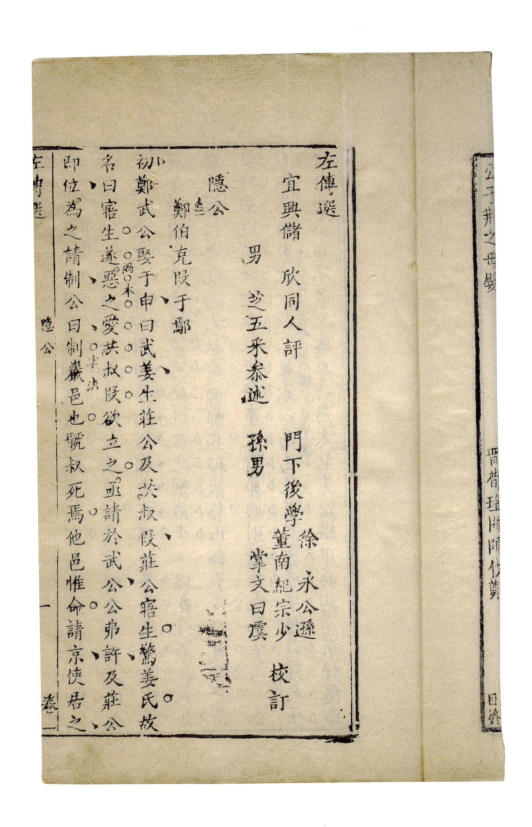

左傳選

宜興儲　欣同人評
　　　　　門下後學　徐　永公遜
　　　　　　　　　　董南紀宗少　校訂
　男　芝　采泰述
　　　　　　掌文曰震
　　　　　孫男

隱公

鄭伯克段于鄢

初鄭武公娶于申曰武姜生莊公及共叔段莊公寤生驚姜氏故
名曰寤生遂惡之愛共叔段欲立之亟請於武公公弗許及莊公
即位為之請制公曰制巖邑也虢叔死焉他邑惟命請京使居之

左傳選　　隱公　　　　　　　　　卷一

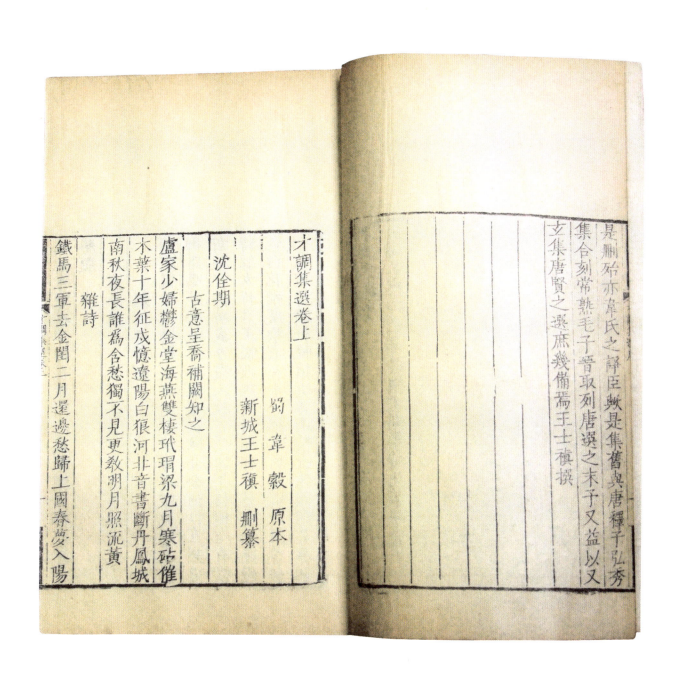

才調集選卷上

新城王士禛　删纂
蜀　韋　縠　原本

沈佺期

古意呈喬補闕知之

盧家少婦鬱金堂海燕雙棲玳瑁梁九月寒砧催
木葉十年征戍憶遼陽白狼河北音書斷丹鳳城
南秋夜長誰爲含愁獨不見更教明月照流黃

雜詩

鐵馬三軍去金閨二月遷邊愁歸上國春夢入陽

是刪殆亦韋氏之評臣斂是集舊與唐擇子弘秀
集合刻常熟毛子晉取列唐選之末予又益以又
玄集唐賢之選庶幾備焉王士禛撰

交貫休行路難之類譬日月之有暈珥珠玉之有
瑕纇恒思陶汰之今年長夏積雨苦薛被塔廬居
少事輒取刪之略如姚氏篹英華之例定爲六卷
于是去俗存雅唐賢之菁藻益發越于千載之下
亦一快也姚氏編詩起甲終癸分類頊胥條目衆
多余槩爲汰去而次第則仍其舊庶幾與殷璠元
結兩集可以並行不愧云爾
康熙丁卯孟秋月濟南王士禎懌于
宸翰堂中

唐文粹詩選卷一

新城王　士禎　刪篹

樂章琴操倣古共二十七首

享龍池樂章第三首　　沈佺期

龍池躍龍龍已飛龍德先天天不違池開天漢分
黃道龍向天門入紫微邸第樓臺多氣色君王鳧
鴬有光輝爲報襄中百川水來朝上地莫東歸

補樂歌十篇　并序　　元結

自伏羲氏至於殷室凡十代樂歌有其名亡其辭
考之傳記其義或存焉嗚呼樂馨自太古始百世

第476　唐文粹詩選六卷　（宋）姚鉉輯　（清）王士禎刪篹
清康熙刻本　濰坊市圖書館

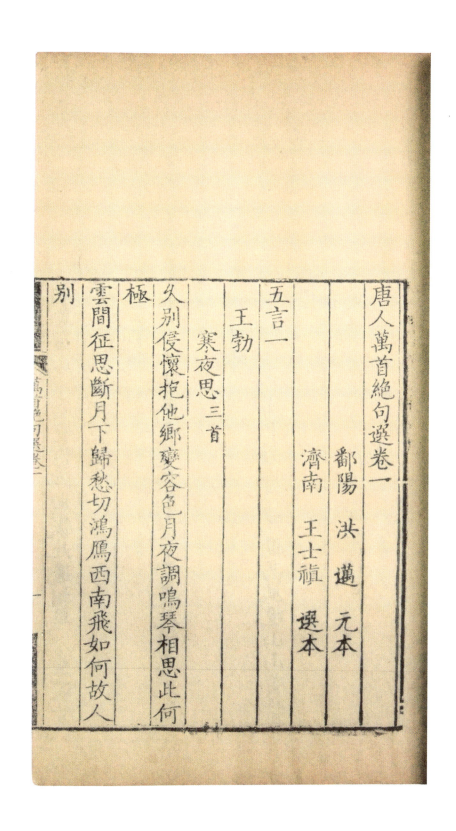

唐人萬首絕句選卷一

鄱陽　洪　邁　元本

濟南　王士禎　選本

五言一

王勃

寒夜思　三首

久別侵懷抱他鄉變容色月夜調鳴琴相思此何

極

雲間征思斷月下歸愁切鴻鴈西南飛如何故人

別

第477　唐人萬首絕句選七卷　（清）王士禎選

清康熙四十七年（1708）刻本　濰坊市圖書館

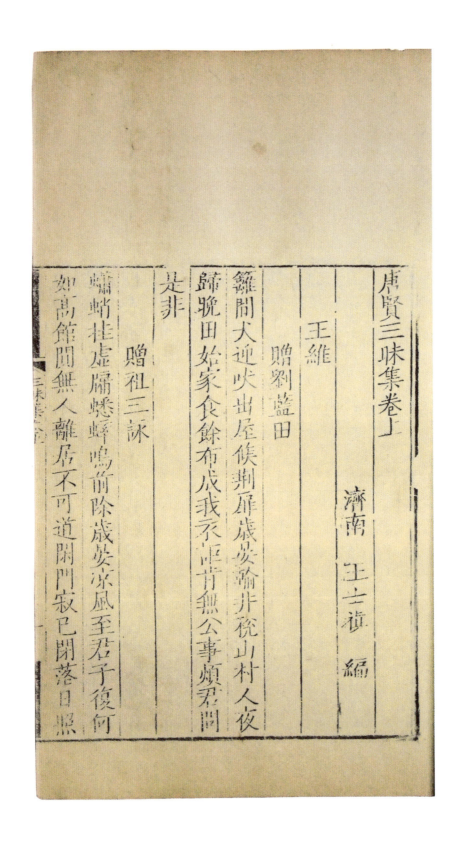

唐賢三昧集卷上

濟南　王士禎　編

王維

贈劉藍田

籬間犬迎吠　出屋候荊扉　歲晏輸井稅　山村人夜
歸　曉田始家食　餘布成我衣　詎肯無公事　煩君問

是非

贈祖三詠

蟏蛸挂虛牖　蟋蟀鳴前除　歲晏寒飆至　君子復何
如　高館閒無人　離居不可道　閉門寂已閉落日照

第478　唐賢三昧集三卷　　（清）王士禎編

清康熙刻本　濰坊市圖書館

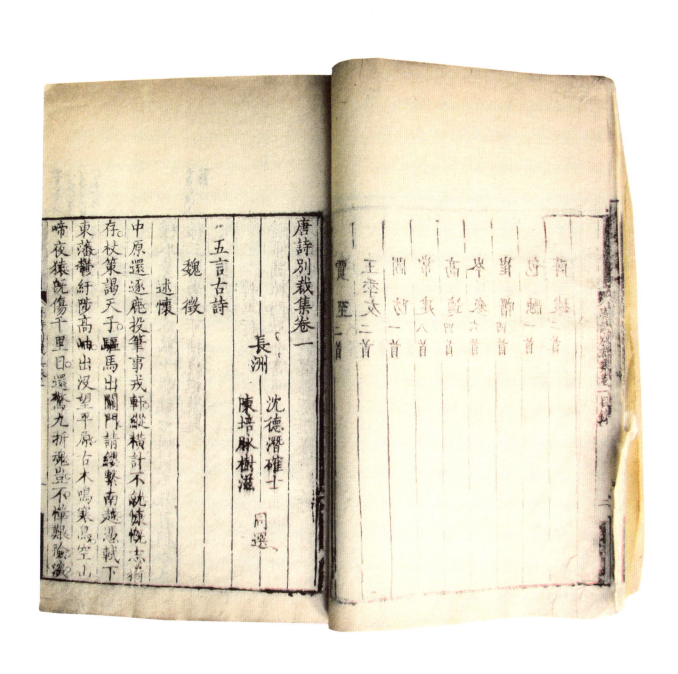

唐詩別裁集卷一

長洲　沈德潛確士
　　　陳培脉樹滋　同選

五言古詩

魏徵

述懷

中原還逐鹿　投筆事戎軒
縱橫計不就　慷慨志猶存
杖策謁天子　驅馬出關門
請纓繫南越　憑軾下東藩
鬱紆陟高岫　出沒望平原
古木鳴寒鳥　空山啼夜猿
既傷千里目　還驚九折魂
豈不憚艱險　深懷國士恩

寶至二首

至弈支二首

閻防一首

常建八首

高適四首

岑參六首

崔顥四首

崔曙一首

韋應物二首

韓翃二首

第479　唐詩別裁集十卷　（清）沈德潛、陳培脉輯

　　清康熙五十六年（1717）碧梧書屋刻本　青州市圖書館

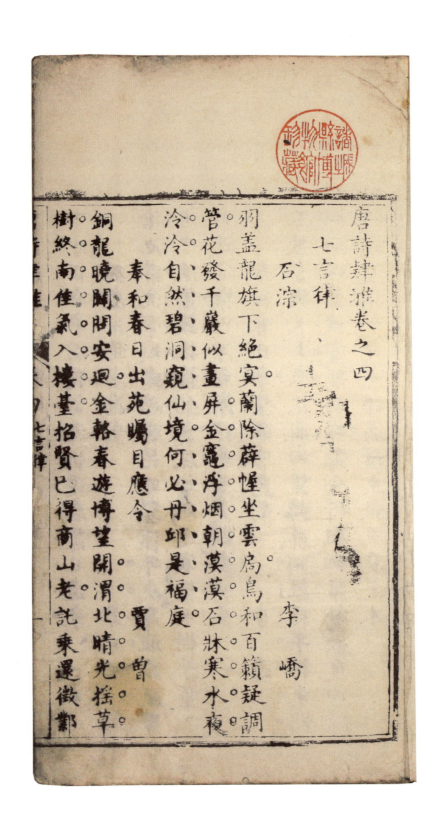

唐詩肆雅卷之四

七言律

石淙　　李嶠

羽蓋龍旗下絕寞蘭除薜幄坐雲扃鳥和百籟疑調
管花發千巖似畫屏金鑪丹烟朝漠漠石林寒水夜
泠泠自然碧洞窺仙境何必丹邱是福庭

賈曾
奉和春日出苑矚目應令

銅龍曉闢閶安迴金轂春遊博望開渭北晴光搖草
樹終南佳氣入樓臺招賢已得商山老託乘還徵鄳

第480　唐詩肆雅八卷　（清）鞠愷輯

清刻本　諸城市圖書館

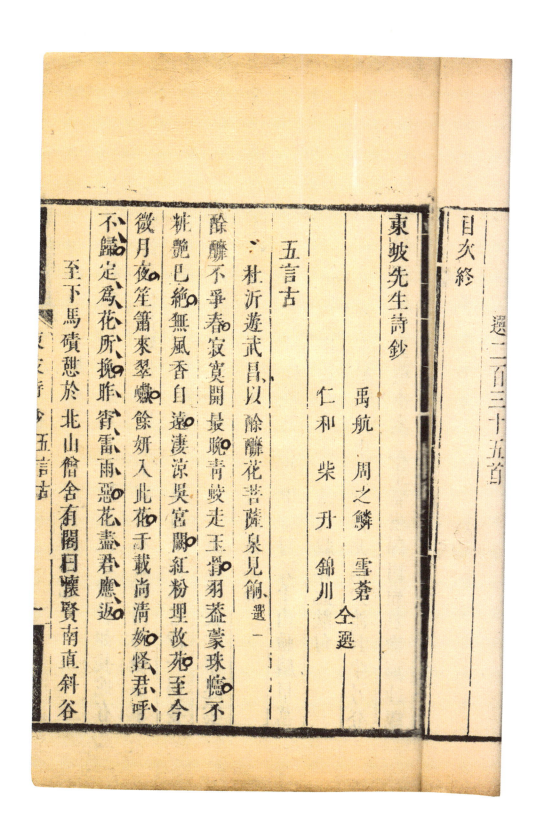

東坡先生詩鈔

禹航　周之鱗　雪耆

仁和　柴升　錦川　仝選

五言古

杜沂遊武昌以鰣鯸花菩薩泉見餉選一

鰣鯸不爭春寂寞開最晚青鮫走玉杯羽葢蒙珠懷不
粧艷已絕無風香自遠淒涼吳宮闕紅粉埋故苑至今
微月夜笙簫裊裊餘妍入此花于載尚清妍摇君呼
不歸定爲花所挽昨宵雷雨惡花盡君應返
至下馬磧懇於北山僧舍有閣歸讓賢南直斜谷

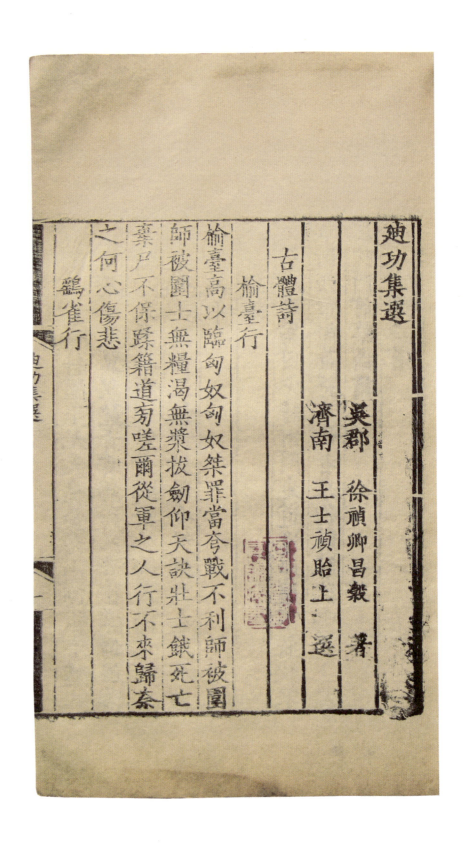

迪功集選

吳郡　徐禎卿昌穀　著

濟南　王士禎貽上　選

古體詩

榆臺行

榆臺高以臨匈奴匈奴桀罪當夸戰不利師被圍
師被圍士無糧渴無漿拔劍仰天訣壯士鋒死亡
棄尸不保蹂籍道旁嗟爾從軍之人行不來歸秦
之何心傷悲

鸛雀行

第482　二家詩選不分卷　（清）王士禎輯

清康熙刻本　濰坊學院圖書館

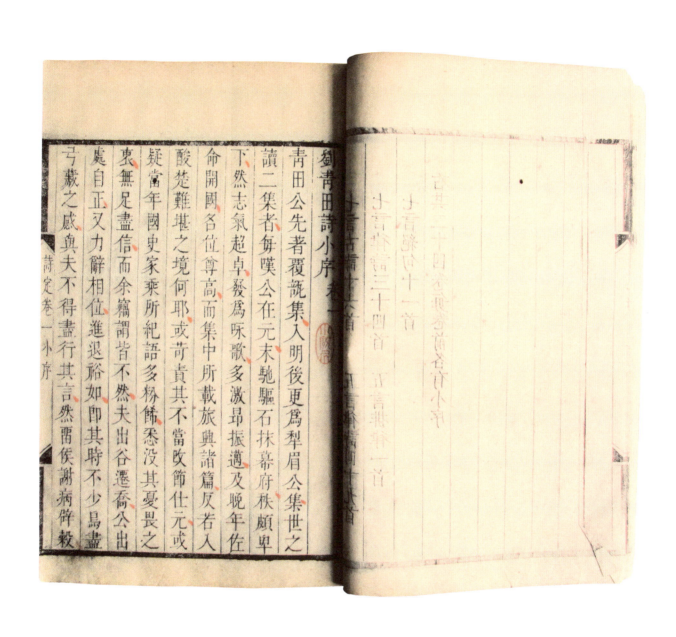

第483　藜照樓明二十四家詩定二十四卷　（清）黃昌衢撰

清康熙二十八年（1689）藜照樓刻本　濰坊工程職業學院圖書館

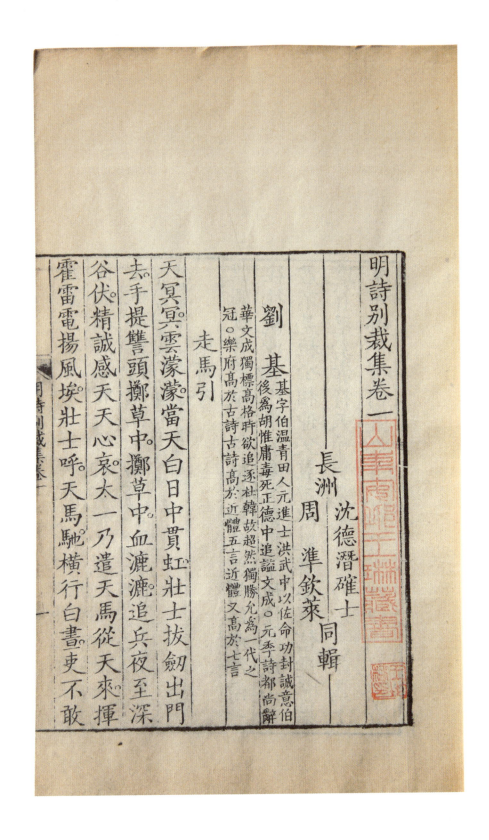

明詩別裁集卷一

長洲 沈德潛確士
周 準欽萊 同輯

劉 基

基字伯溫青田人元進士洪武中以佐命功封誠意伯後為胡惟庸毒死正德中追諡文成○元季詩都尚

華文成獨標高格昨欲追逐杜韓故超然獨勝允為一代之冠○樂府高於古詩古詩高於近體五言近體又高於七言

走馬引

天冥冥雲濛濛當天白日中貫虹壯士拔劍出門
去手提讐頭擲草中擲草中血瀝瀝追兵夜至深
谷伏精誠感天天心哀太一乃遣天馬從天來揮
霍雷電揚風埃壯士呼天馬馳橫行白晝吏不敢

明詩別裁集卷一

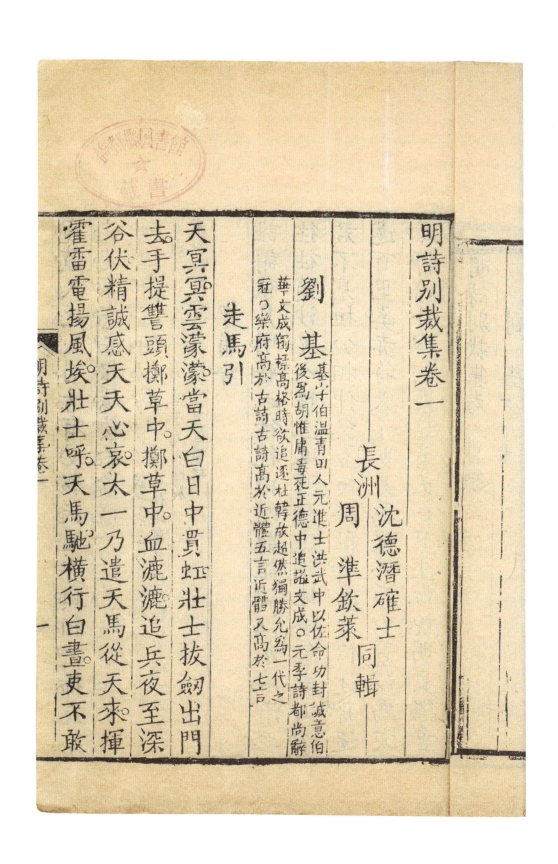

明詩別裁集卷一

長洲　沈德潛確士
　　　周準欽萊　同輯

劉　基

基字伯溫青田人元進士洪武中以佐命功封誠意伯
後爲胡惟庸毒死正德中追諡文成○元季詩都尚辭
華文成獨標高格時欲追逐杜韓放超然獨勝允爲一代之
冠○樂府高於古詩古詩高於近體五言近體又高於七言

走馬引

天冥冥雲濛濛當天白日中買虹壯士拔劍出門
去手提髑髏擲草中擲草中血瀝瀝追兵夜至深
谷伏精誠感天天心哀太一乃遣天馬從天來揮
霍雷電揚風埃壯士呼天天馬馳橫行白晝吏不敢

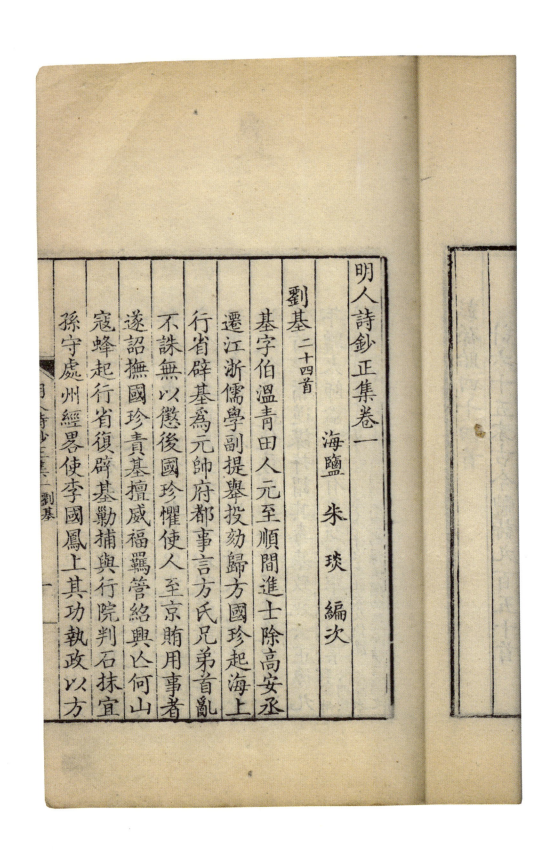

明人詩鈔正集卷一

海鹽　朱琰　編次

劉基　二十四首

基字伯溫青田人元至順間進士除高安丞
遷江浙儒學副提舉投劾歸方國珍起海上
行省辟基為元帥府都事言方氏兄弟首亂
不誅無以懲後國珍懼使人至京賄用事者
遂詔撫國珍責基擅威福羈管紹興匕何山
寇蜂起行省復辟基勤捕與行院判石抹宜
孫守處州經畧使李國鳳上其功執政以方

第486　明人詩鈔十四卷　（清）朱琰編

清乾隆二十五年（1760）樊桐山房刻本　青州市圖書館

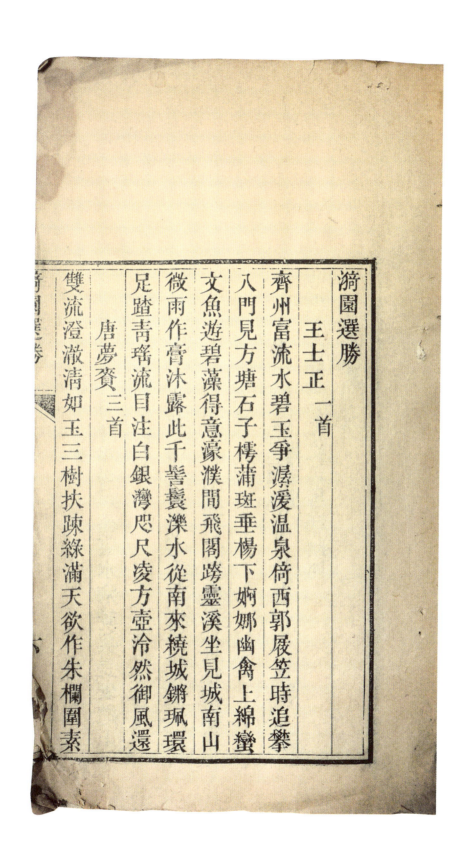

漪園選勝

王士正一首

齊州富流水碧玉爭潺湲溫泉倚西郭屐笠時追攀

八門見方塘石子楞蒲斑垂楊下嫋娜幽禽上綿蠻

文魚遊碧藻得意濠濮間飛閣跨靈溪坐見城南山

微雨作膏沐露此千鬓鬟灤水從南來繞城鏘珮環

足踏青瑤流目注白銀灣咫尺凌方壺泠然御風還

唐夢賚三首

雙流澄澈清如玉三樹扶踈綠滿天欲作朱欄圍素

第487　漪園選勝一卷　（清）王士禎等撰　（清）王熙載輯

清刻本　濰坊市圖書館

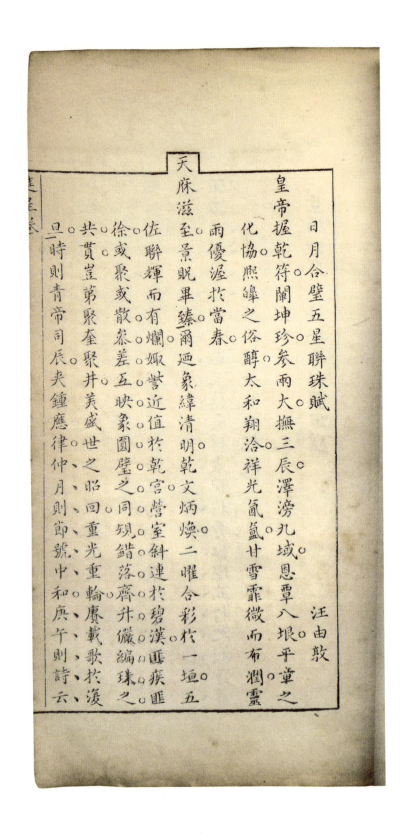

日月合璧五星聯珠賦　　　　　汪由敦

皇帝握乾符闡坤珍參兩大撫三辰澤滂九域恩覃八埏平章之
化協熙皞之俗醇太和翔洽祥光氤氳甘雪霏微而布潤靈
雨優渥於當春

至景昳畢臻爾延象緯清明乾文炳煥二曜合彩於一垣五
佐聯輝而有爛姵譽近值於乾宮營室斜連於碧漢邇疾匪之
徐或聚或散紛差五映象圓璧之同規錯落齊升纖緼珠之
共貫豈弟聚奎聚井美盛世之昭回重光重輪賡載歌於渡
旦時則青帝司辰夾鍾應律仲月則節號中和庶午則詩云

天麻滋

第488　同館課藝初編一卷　　（清）鍾衡輯　　（清）張廷玉鑒定

清雍正刻本　濰坊市圖書館

五三二

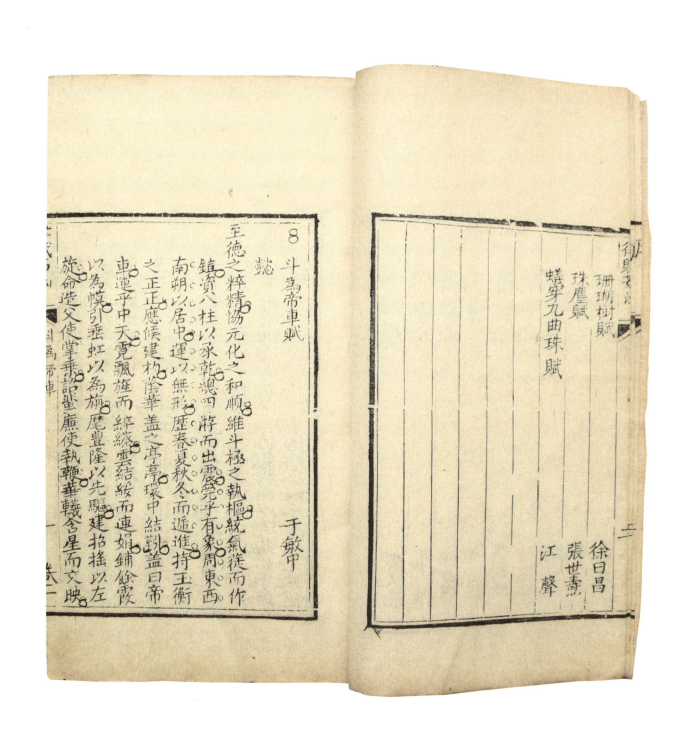

珊瑚樹賦

珠塵賦

蟻穿九曲珠賦

徐日昌

張世熹

江聲

斗為帝車賦　于敏中

⑧

蕊

至德之粹精協元化之和順維斗極之執樞統氣徒而作
鎮資八柱以承乾總四游而出震尝乎有象周東西
南朝以居中運以無形歷春夏秋冬而遞進持玉衡
之正正應候建枃蔭華蓋之高亭環中結軫蓋曰帝
車運乎中天霓飄旒而縡縼雲結綏而連娟鋪餘霞
以為幨引垂虹以為旆麾置隆以先驅建招搖以左
旋命造父使掌乘詔蚩尤使執鞭華轙含星而交映

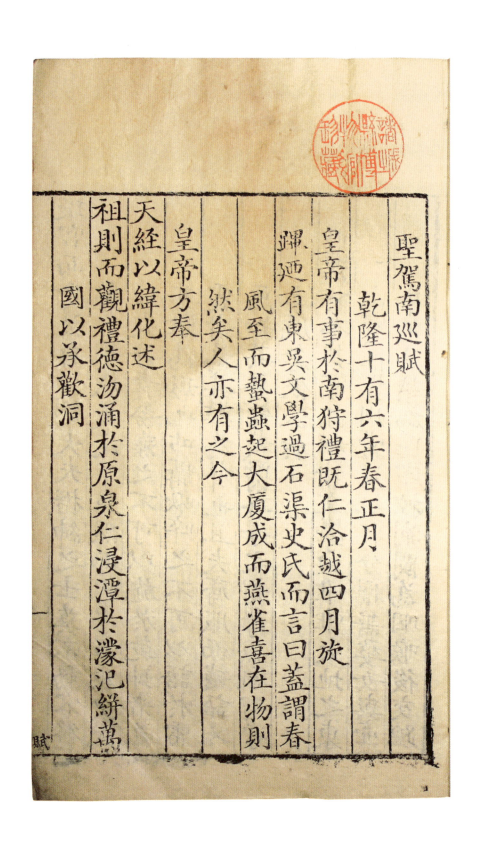

聖駕南巡賦

乾隆十有六年春正月、皇帝有事於南狩禮既仁洽越四月旋蹕迤有東吳文學過石渠史氏而言曰蓋謂春風至而蟄蟲起大廈成而燕雀喜在物則然矣人亦有之今皇帝方奉天經以緯化述祖則而觀禮德汤涌於原泉仁浸潭於濛汜絣萬國以承歡洞

第490　聖駕南巡賦不分卷　（清）姚鼐、寶光鼐撰

清乾隆刻本　諸城市圖書館

五三四

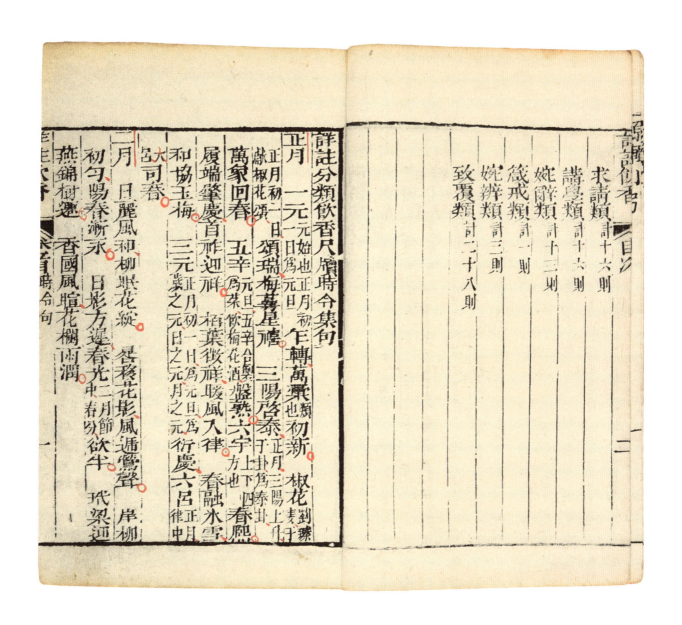

詳註分類飲香尺牘時令集句

正月

正月初一日為元旦 一元一始也正月初一日為元旦之元

頌瑞梅 萬象回春 三陽啟泰 午轉萬彙 時令初新

獻椒花頌 正月五辛為菜 飲椒花酒 盤熟六宇 方也 四春應 椒花麥于

萬象回春 元旦 五辛 合歡

履端肇慶首祚迎祥 福葉微祥暖風入律 春融水雪

和協玉梅 三元正月初一日之元月之元行慶六呂律中正明

大司春

二月 日麗風和柳眠花縱 �

燕錦樹邊 香國風旛花欄雨潤

初勻賜染漸永 日影方遲春光中二月節分欲牛

咨矜花彤風遙鶯聲 岸柳

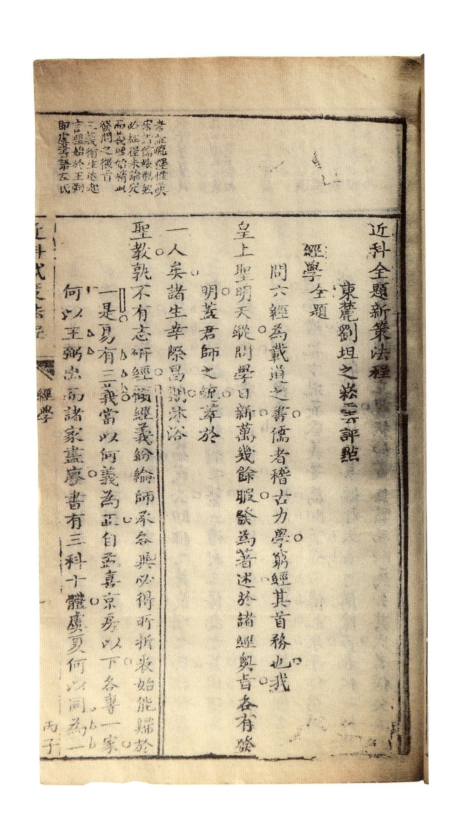

第492　近科全題新策法程四卷　（清）劉坦之評點

清乾隆三十八年（1773）刻本　濰坊市博物館

知所在不復與斯遊矣人生離合正自無常余行
且攜弟子南歸諸君子鄉試後成名否皆各分散
去盧坡午村亦未必久居此後此大明湖之中此
二十八人者或再遊或數遊其不得盡二十八
人而同遊無疑也別後相思惟於詩中畫中庶
庶幾相遇焉有入京師者或以語熙甫知熙甫聞
之亦將有感于余言也寧州劉大紳序

遊大明湖　寧州劉大紳寄巷

湖邊盡說好樓臺湖上飛帆日幾回解識秋風今
厭客船頭不載外人來

不擾沙鷗與錦鱗雲容水態淨無塵後船題扇前
船盡盡是湖中半醉人

山色空青水色藍涪翁瀟洒亦曾諳平生未到江
南地祇信娛人是濟南

落日城頭巳半銜涼風颯颯動輕衫繫船仍是亭
前樹昨日詩人少雨帆　時雨帆未至

輕霞捲盡淡烟銷歸去雙雙櫓漫搖熟逕不煩新

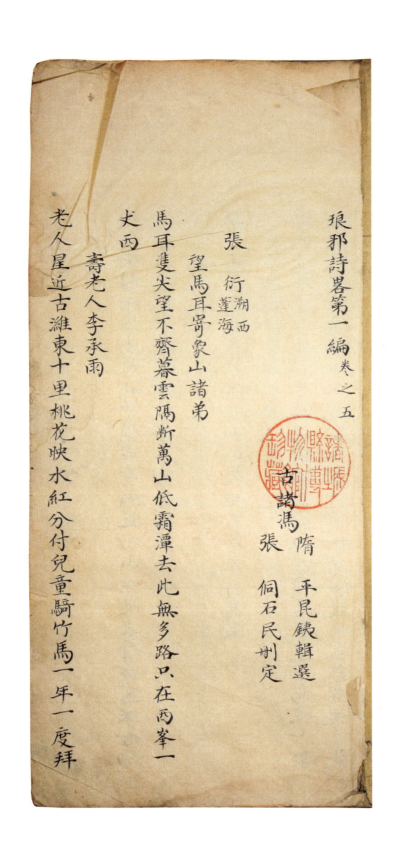

琅邪詩畧第一編 卷之五

　　　　　　　　　　隋　平昆銕輯選
　　　　　　　　　　　　張　侗石民卅定

　　張　衍

　　　望馬耳哥象山諸弟
馬耳雙尖望不齊幕雲隔斷萬山低霜潭去此無多路只在西峯一
犬西

　　　壽老人李承雨
老人星近古濰東十里桃花映水紅分付兒童騎竹馬一年一度拜

第494　琅邪詩畧□□編□□卷　（清）隋平輯　（清）張侗删定

清鈔本　諸城市圖書館

五三八

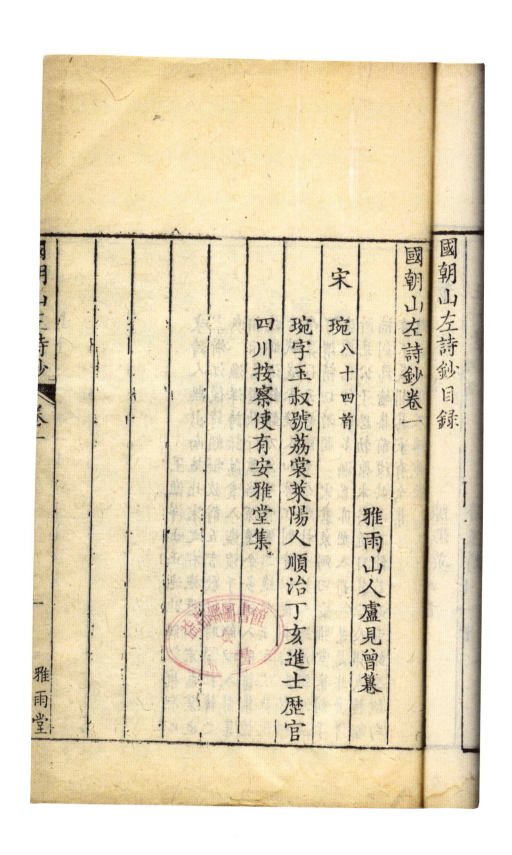

國朝山左詩鈔目錄

國朝山左詩鈔卷一　　雅雨山人盧見曾輯

宋琬八十四首

琬字玉叔號荔裳萊陽人順治丁亥進士歷官
四川按察使有安雅堂集

國朝山左詩鈔　卷一　　　　一　　雅雨堂

第495　國朝山左詩鈔六十卷　　（清）盧見曾輯

清乾隆二十三年（1758）德州盧氏雅雨堂刻本　青州市圖書館

五三九

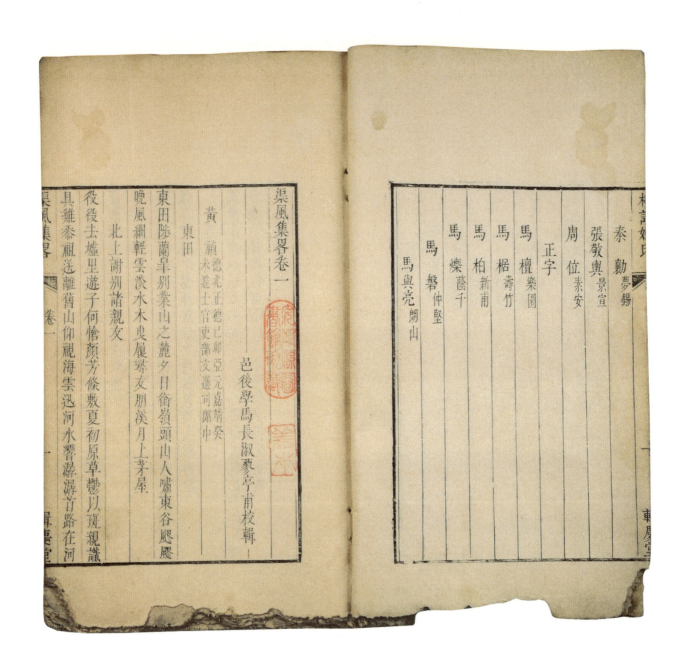

渠風集畧卷一

邑後學馬長淑蓼亭甫校輯

黃　禎德北正德己卯亞元嘉靖癸
　　未進士官吏部文選司郎中

東田

東田陟蘭阜別業山之麓夕日銜嶺頭山人嘯東谷颺颺
晚風細輕雲淡水木曳履寥夊朋溪月上茅屋

北上謝別諸親友

役役去墟里遊子何愴顏芳條敷夏初原草鬱以覎親識
其雜黍祖送離舊山仰覬海雲迅河水響潺潺首路在河

渠風集畧　卷一

秦　勤夢錫
張敬輿　景宣
周位素安
正字
馬檀樂園
馬梧壽竹
馬柏新甫
馬燦蔭千
馬磬仲堅
馬龥亮朗山

第496　渠風集畧七卷　（清）馬長淑輯

清乾隆八年（1743）輯慶堂刻本　安丘市博物館

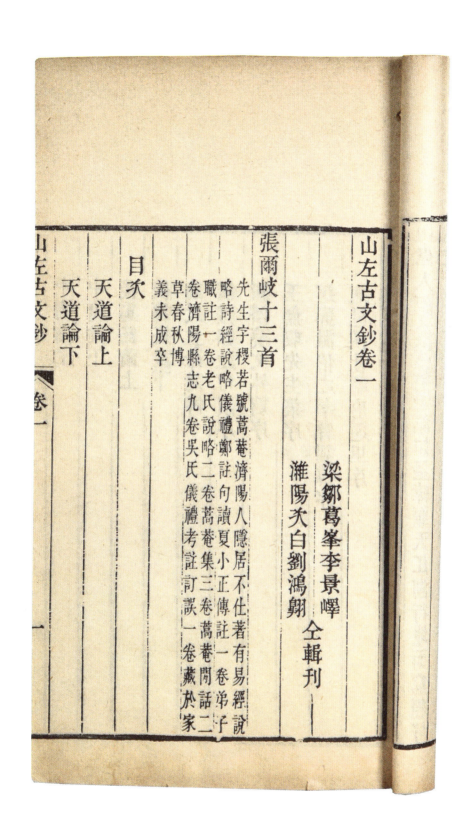

山左古文鈔卷一

濰陽炎白劉鴻翱　　梁鄒葛峯李景嶧　仝輯刊

張爾岐十三首

先生字稷若號蒿菴濟陽人隱居不仕著有易經說
略詩經說略儀禮鄭註句讀夏小正傳註一卷弟子
職註一卷老氏說略二卷蒿菴集三卷蒿菴閒話二
卷濟陽縣志九卷吳氏儀禮考註訂誤一卷藏於家
草春秋博
義未成卒

目次

天道論上

天道論下

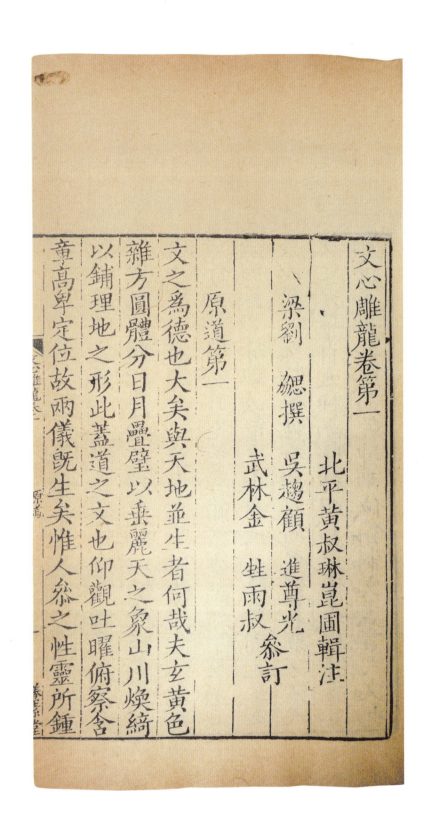

第498　文心雕龍十卷　（梁）劉勰撰　（清）黃叔琳輯注

清乾隆六年（1741）養素堂刻本　濰坊市圖書館

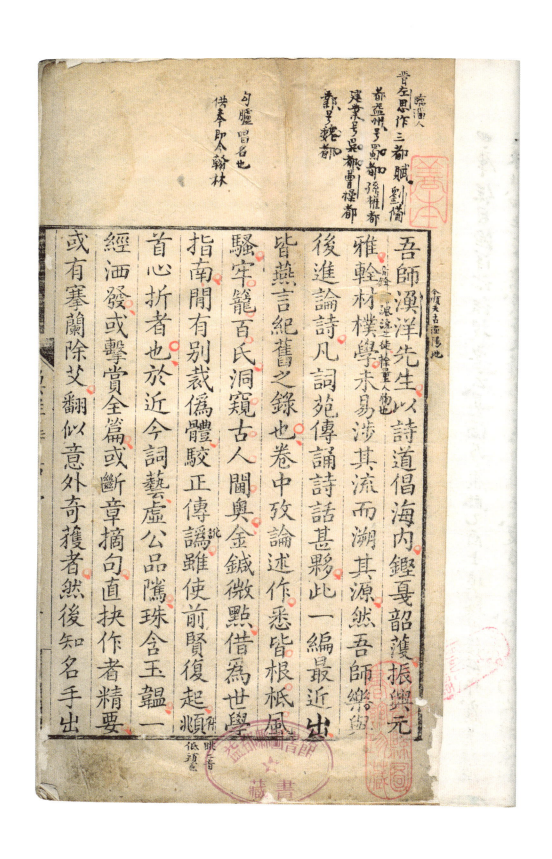

吾師漁洋先生以詩道倡海內鏗戛韶濩振興元
雅軰材樸學未易涉其流而溯其源然吾師樂與
後進論詩凡詞苑傳誦詩話甚夥此一編最近出
皆燕言紀舊之錄也卷中攷論述作悉皆根柢風
騷牢籠百氏洞窺古人閫奧金鍼微點借為世學
指南閒有別裁儗體駮正傳譌雖使前賢復起順
首心折者也於近今詞藝盧公品隲珠含玉韞一
經洒發或擊賞全篇或斷章摘句直抉作者精要
或有塞蘭除艾翻似意外奇獲者然後知名手出

第499　漁洋詩話三卷　　（清）王士禛撰

清乾隆二十三年（1758）益都李文藻竹溪書屋刻本（佚名批校並跋）　青州市圖書館

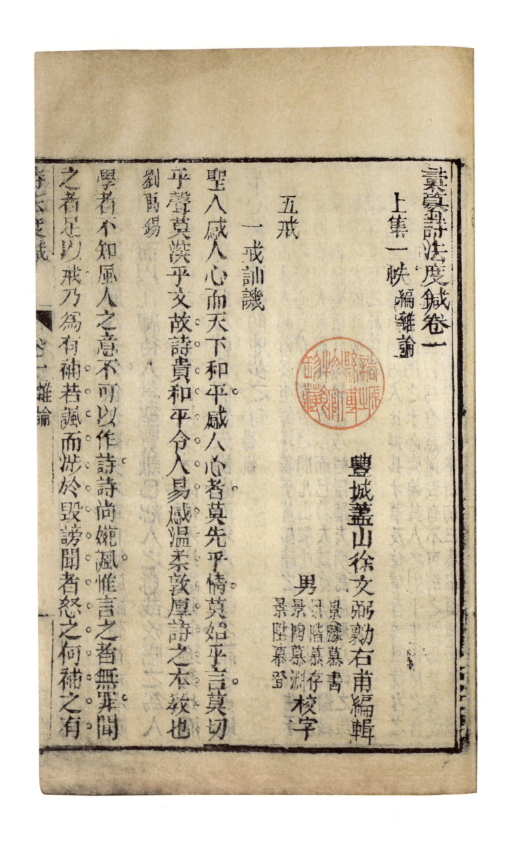

彙纂詩法度鍼卷一

上集一　映編雜諭

豐城蓋山徐文弼勳右甫編輯

男景陶慕淵校字
景盛慕書
景階慕存
景陞寀登

五戒

一戒訓譏

聖人感人心而天下和平感人心者莫先乎情莫始乎言莫切乎聲莫深乎文故詩貴和平令人易感溫柔敦厚詩之本教也劉禹錫

學者不知風人之意不可以作詩詩尚婉諷惟言之者無罪聞之者足以戒乃為有補若諷而涉於毀謗聞者怒之何補之有

第500　彙纂詩法度鍼十卷　（清）徐文弼撰

清乾隆三十六年（1771）謙牧堂刻本　諸城市圖書館

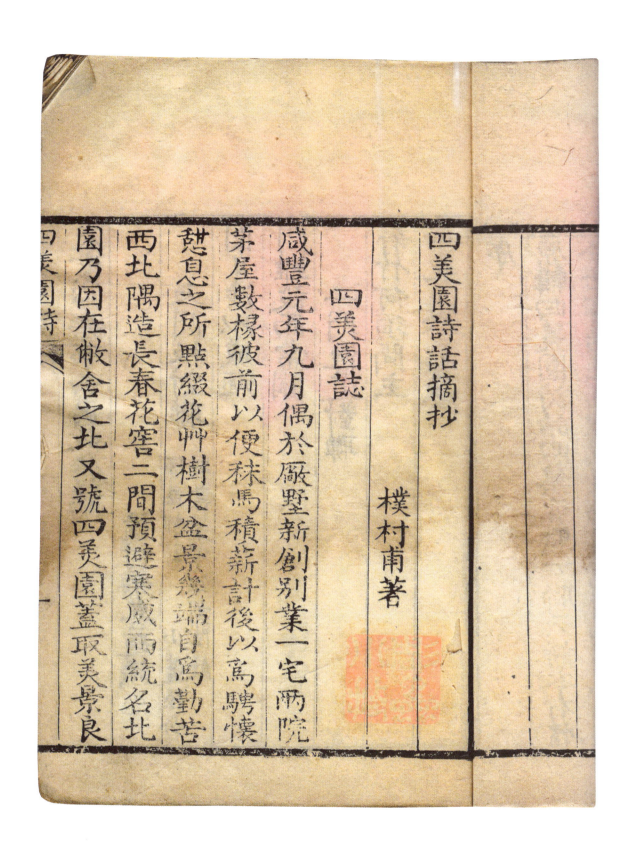

四美園詩話摘抄

四美園誌

樸村甫著

咸豐元年九月偶於厰墅新剏別業一宅兩院
茅屋數椽彼前以便秣馬積薪計後以為騶懷
憩息之所點綴花卉樹木盆景幾端自為勤苦
西北隅造長春花窖二間預避寒威兩統名北
園乃因在敝舍之北又號四美園蓋取美景良

四美園詩

第501　四美園詩話摘抄一卷　（清）恭喜撰

清咸豐十年（1860）牛化溥刻本　青州市圖書館

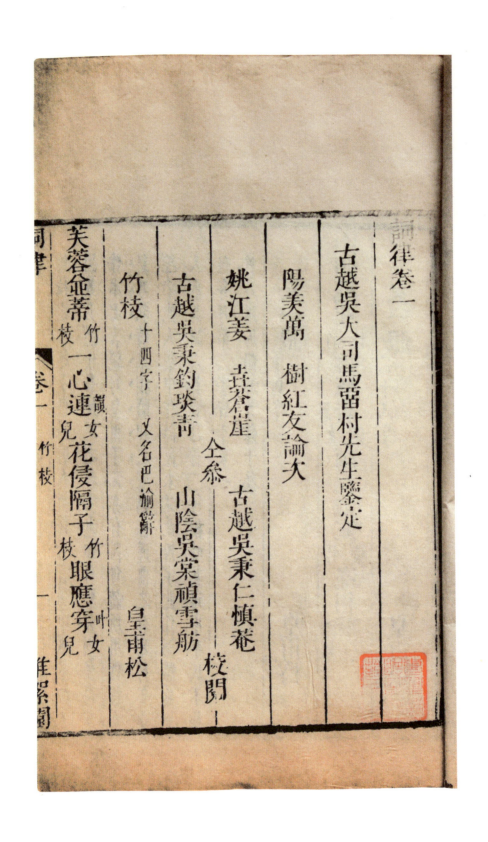

詞律卷一

古越吳大司馬留村先生鑒定

陽羨萬　樹紅友論次

姚江姜　　　　全伋
古越吳秉仁慎菴

古越吳秉鈞琰青
山陰吳棠禎雪舫　校閱

竹枝　十四字　又名巴渝辭
皇甫松

芙蓉並蒂枝　竹

一心連兒　花侵隔子枝　眼應穿兒

第502　詞律二十卷　（清）萬樹撰

清康熙二十六年（1687）萬氏堆絮園刻本　昌邑市圖書館

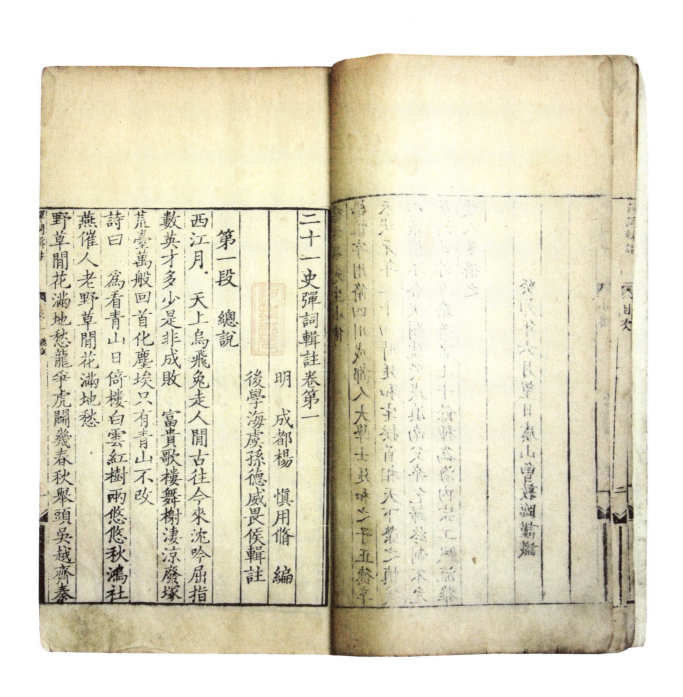

二十一史彈詞輯註卷第一

　　　　　　明　成都楊　慎用脩　編

　　　　　　後學海虞孫德威畏侯輯註

第一段　總說

西江月．天上烏飛兔走人間古往今來沈吟屈指

藪英才多少是非成敗　富貴歌樓舞榭凄涼廢塚

荒臺臺萬般回首化塵埃只有青山不改．

詩曰　爲看青山日倚樓白雲紅樹兩悠悠秋鴻社

燕催人老野草閒花滿地愁

野草閒花滿地愁龍爭虎鬬幾春秋擧頭吳越齊秦

第503　二十一史彈詞輯註十卷　（明）楊愼撰　（清）孫德威輯注

清康熙四十年（1701）刻本　濰坊市圖書館

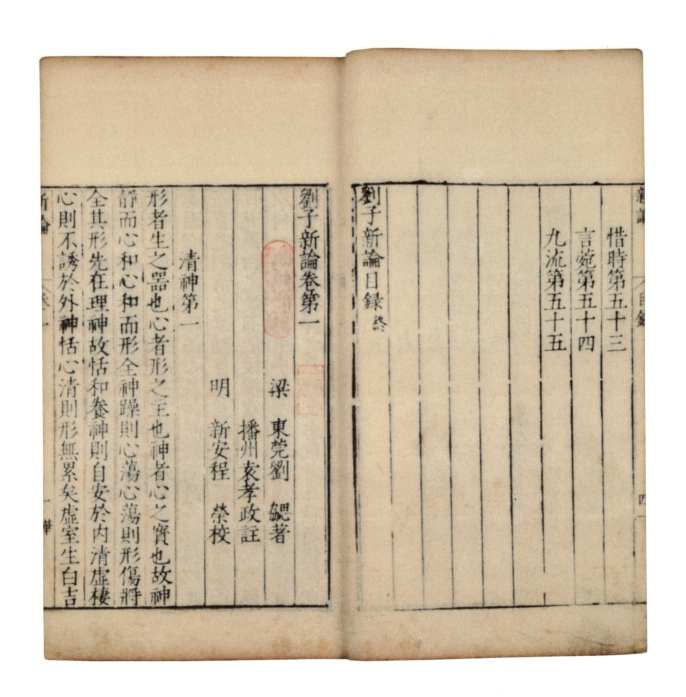

劉子新論卷第一

　　　　　　　梁　東莞劉　勰著
　　　　　　　　播州袁孝政註
　　　　　明　新安程　榮校

清神第一

形者生之器也心者形之主也神者心之寶也故神
靜而心和心和而形全神躁則心蕩心蕩則形傷將
全其形先在理神故恬和養神則自安於內清虛棲
心則不誘於外神恬心清則形無累矣虛室生白吉

第504　漢魏叢書三十八種二百五十一卷　（明）程榮編

明萬曆二十年（1592）程榮刻本　安丘市博物館

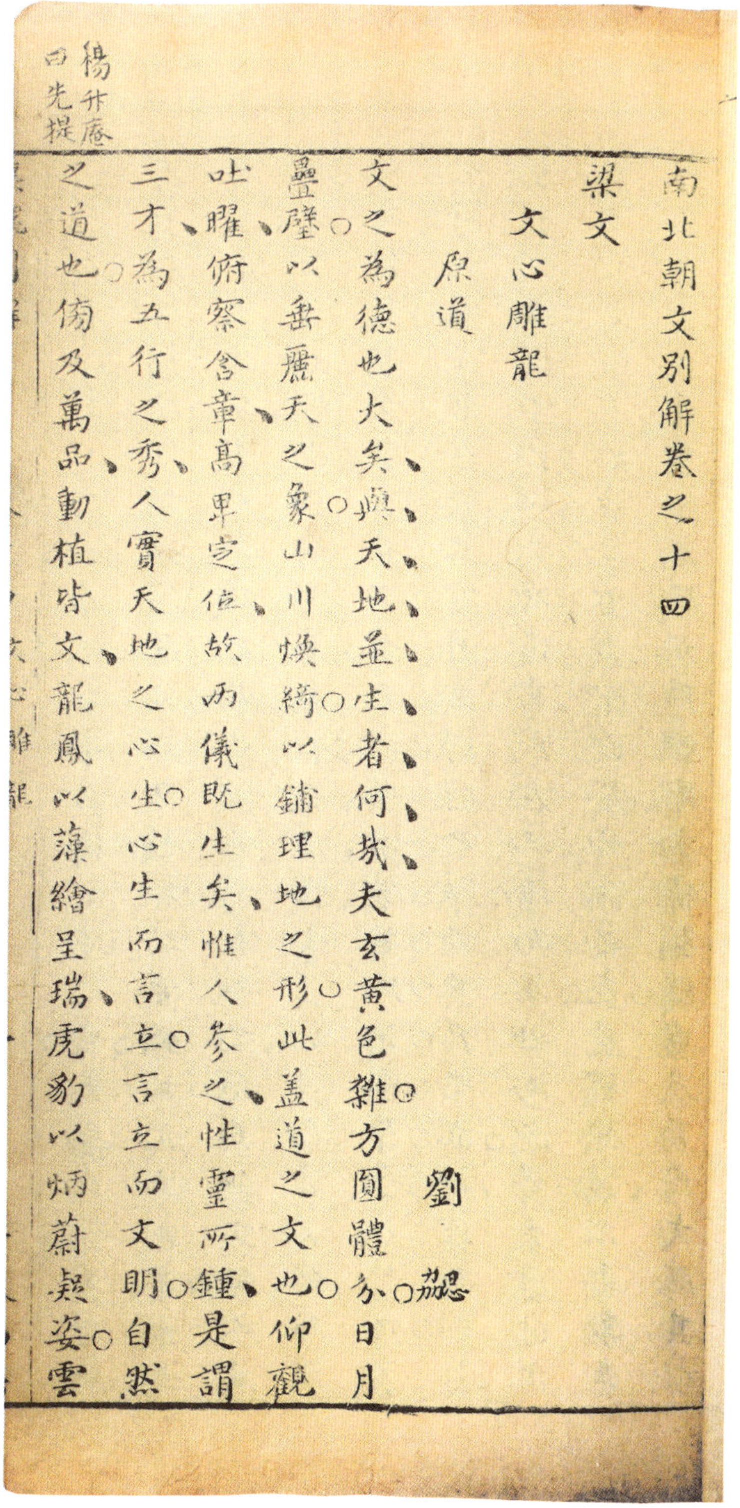
楊升庵曰先提

南北朝文別解卷之十四

梁文

文心雕龍　劉勰

原道

文之爲德也大矣與天地並生者何哉夫玄黃色雜方圓體分日月疊璧以垂麗天之象山川煥綺以鋪理地之形此蓋道之文也仰觀吐曜俯察含章高卑定位故兩儀既生矣惟人參之性靈所鍾是謂三才爲五行之秀人實天地之心生心生而言立言立而文明自然之道也傍及萬品動植皆文龍鳳以藻繪呈瑞虎豹以炳蔚凝姿雲

第505　漢魏別解十六卷　（明）黃澍、葉紹泰編

明崇禎十一年（1638）香谷山房刻本　濰坊市圖書館

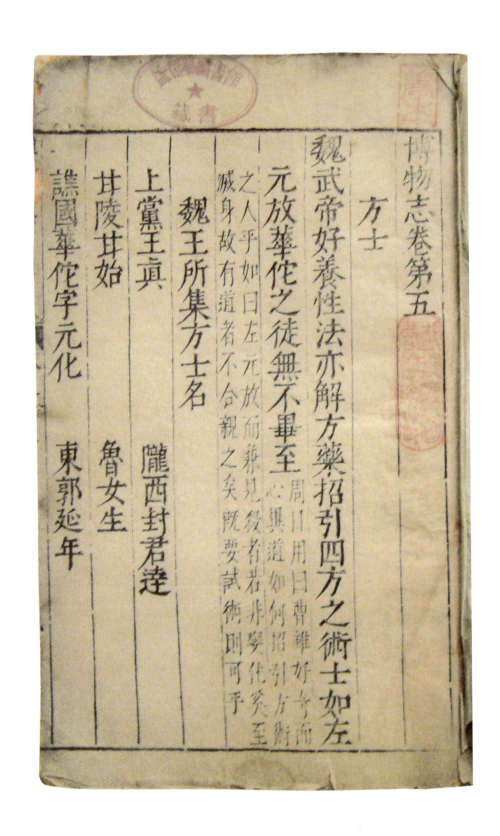

博物志卷第五

方士

魏武帝好養性法亦解方藥招引四方之術士如左

元放華佗之徒無不畢至　周目用目曹雜妤辛所
之人乎如目左元放所兼見段者若非慶仕癸至
藏身故有道者不合親之矣既慶貳術則可乎　心與道如何招引方術

魏王所集方士名

上黨王眞　　　隴西封君達

甘陵甘始　　　魯女生

譙國華佗字元化　東郭延年

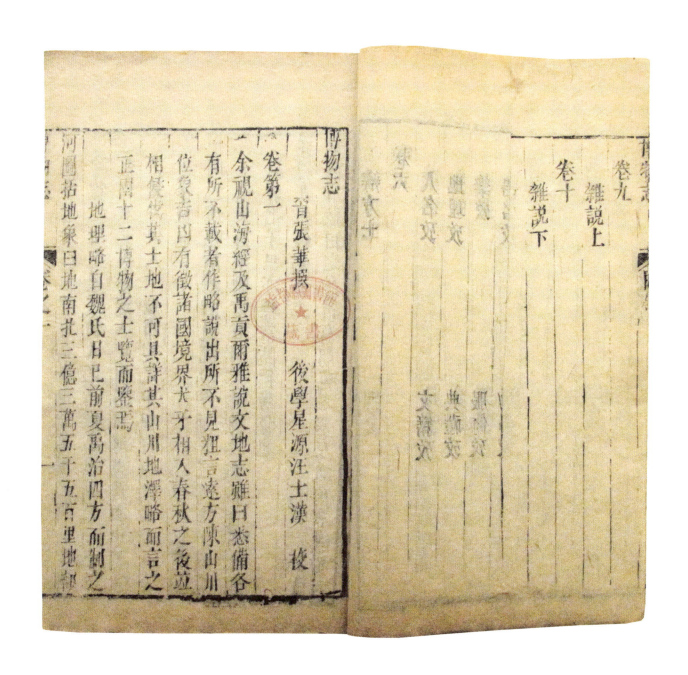

博物志

卷第一

　晉張華撰

　　後學星源汪士漢　校

一余視山海經及禹貢爾雅說文地志雖曰恣備各
　有所不載者作略說出所不見㺯言遠方陳山川
　位象吉凶有徵諸國境界尤于相人春秋之後並
　相侵伐其土地不可具詳其山川地澤略而言之
　正萬十二博物之士覽而觀焉
　地理略自魏氏日已前夏禹治四方而制之
　河圖括地象曰地南北三億三萬五千五百里地

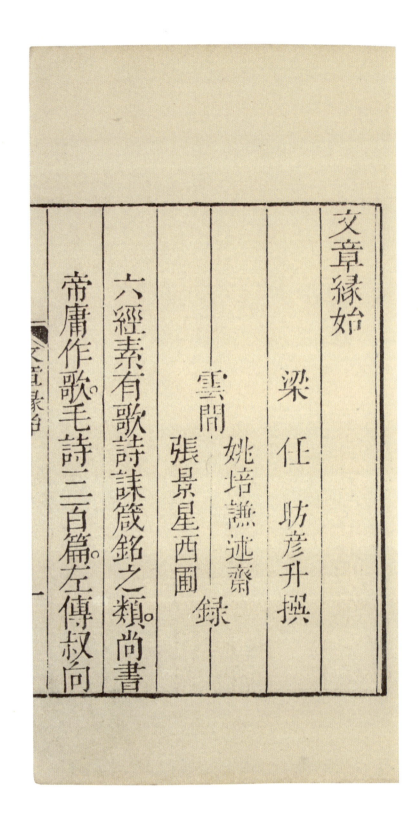

第508　硯北偶鈔十二种十七卷　　（清）姚培謙、張景星輯

清乾隆二十七年（1762）姚氏草草巢刻本　諸城市圖書館

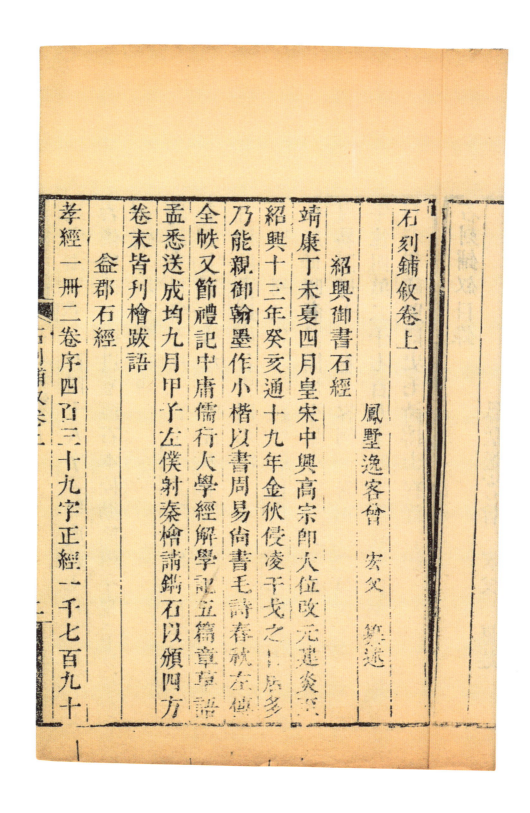

石刻鋪叙卷上

紹興御書石經

　　　　　　鳳野逸客替

　　　　　　　宏父　纂述

靖康丁未夏四月皇宋中興高宗卽大位改元建炎其
紹興十三年癸亥通十九年金狄侵凌干戈之上席多
乃能親御翰墨作小楷以書周易尚書毛詩春秋左傳
全帙又節禮記中庸儒行大學經解學記五篇章草語
孟悉送成均九月甲子左僕射秦檜請鐫石以頒四方
卷末皆刊檜跋語

　　益郡石經

孝經一冊二卷序四百三十九字正經一千七百九十

第509　貸園叢書初集十二種四十九卷　　（清）周永年輯
　　清乾隆三十六至四十年（1771—1775）益都李文藻竹西書屋刻乾隆五十四年歷城周永年重編印本　青
州市圖書館

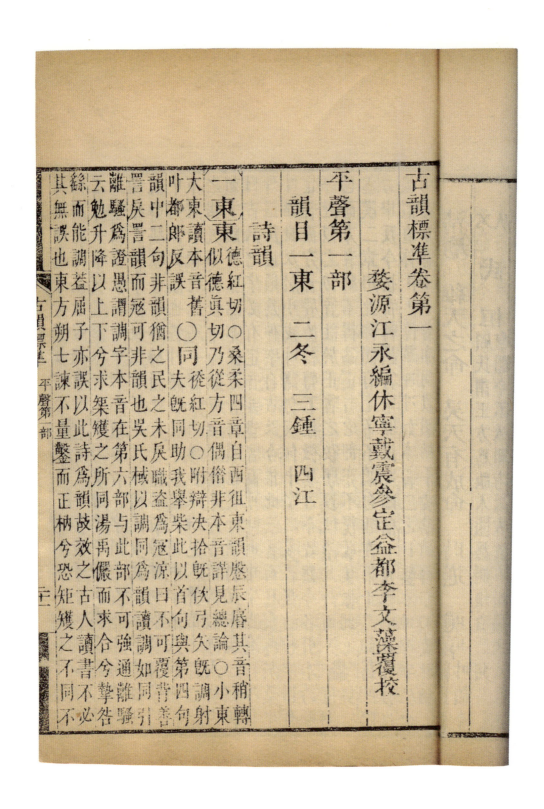

古韻標準卷第一

　婺源江永編　休寧戴震參定　益都李文藻覆校

平聲第一部

韻目一東　二冬　三鍾　四江

詩韻

一東

東似德真切乃從方音偶俗非本音詳見總論○小東轉

德紅切○桑柔四章自西徂東韻應辰膂其音稍轉

西堂雜組一集卷一

賦十首

鴈聲賦

吳下尤 侗展成撰

金風草草玉露瀼瀼荻花瑟瑟菱草蒼蒼蚤咽咽兮入
暗壁燕勞勞兮別空梁松陰陰兮喉孤鶴梛依依兮叫
寒螿千是紫塞啓朱鳥翔背金微渉瀟湘鳳凰臺上海
苦絲鷅鶹洲中菰米黃碧鶊關下零朝雨烏鵲喬邊帶
暮霜一行兩行兮落蘆花干楚澤一聲雨聲兮冷楓葉
于吳江雜海鷗兮棲沙渚隨野鶩兮掠斜陽啼血兮魂

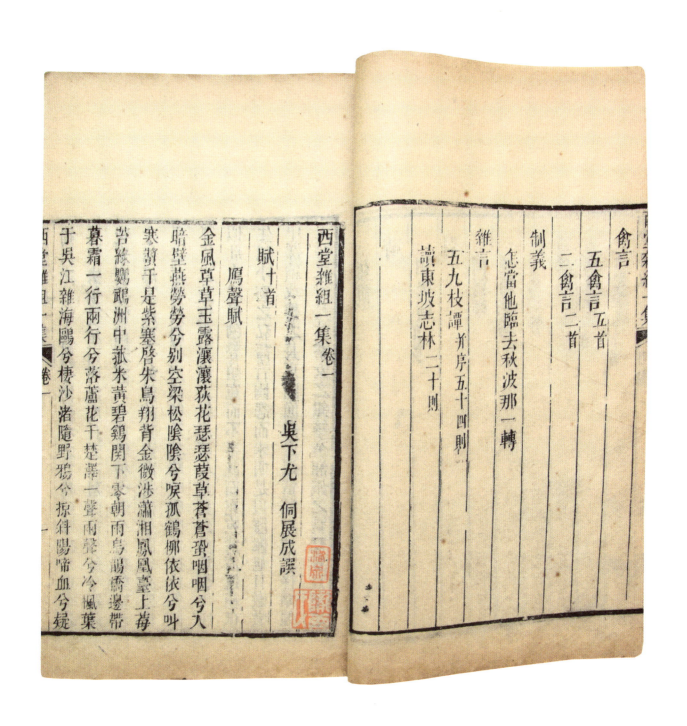

第511　西堂全集六十一卷　（清）尤侗撰

清康熙刻本　青州市圖書館

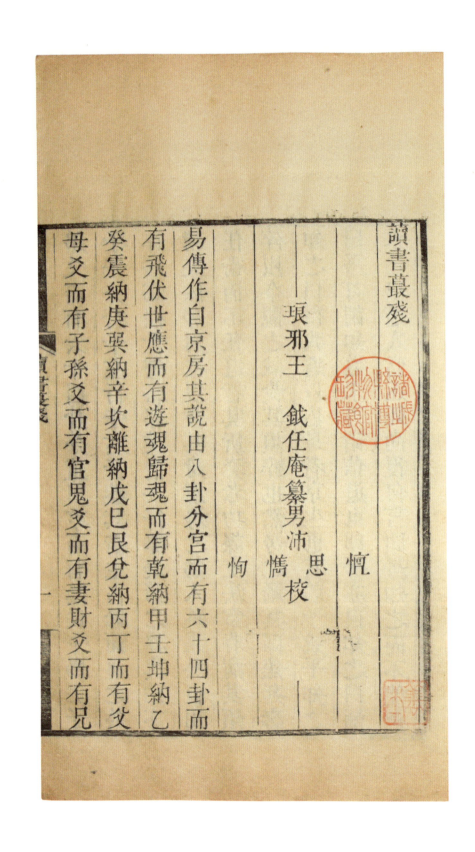

讀書叢殘

琅邪王　鈇任庵纂　男沛憍校　　　愷　思　恂

易傳作自京房其說由八卦分宮而有六十四卦而

有飛伏世應而有遊魂歸魂而有乾納甲壬坤納乙

癸震納庚巽納辛坎離納戊巳艮兌納丙丁而有父

母爻而有子孫爻而有官鬼爻而有妻財爻而有兄

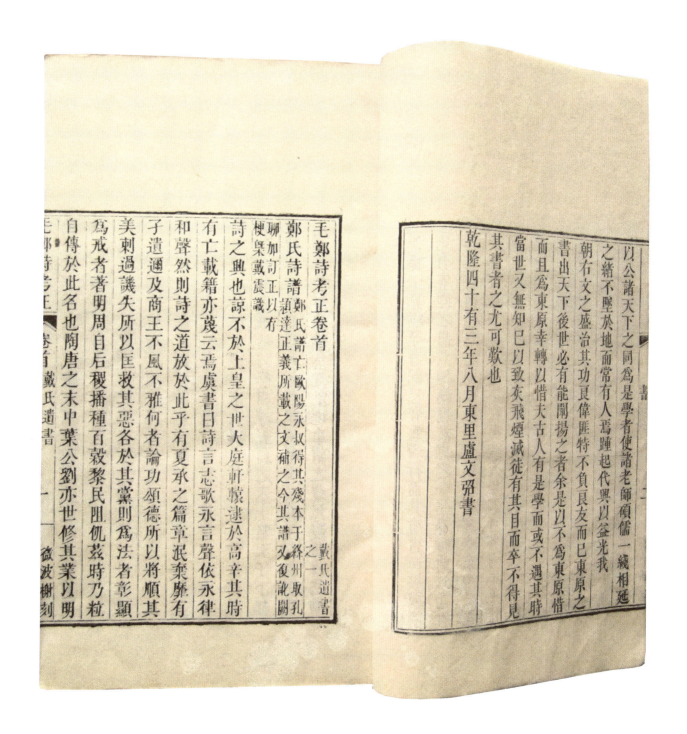

毛鄭詩考正卷首

鄭氏詩譜鄭氏譜亡歐陽永叔得其殘本于絳州取孔
氏諺疏達正義所載之文補之今其譜又復訛闕

聊加訂正以有
梗槩戴震識

詩之興也諒不於上皇之世大庭軒轅逮於高辛其時
有亡載籍亦蔑云焉書曰詩言志歌永言聲依永律
和聲然則詩之道放於此乎有夏承之篇章泯棄靡有
子遺通及商王不風不雅何者論功頌德所以將順其
美刺過譏失所以匡救其惡各於其黨則爲法者彰顯
爲戒者著明自后稷播種百穀黎民阻饑蒸時乃粒
自傳於此名也陶唐之末中葉公劉亦世修其業以明

毛鄭詩考正　卷首　戴氏遺書　一　微波榭刻

以公諸天下之同爲是學者使諸老師頑儒一綫相延
之緒不墜於地而常有人焉踵起代興以益光我
朝右文之盛冶其功夏偉匪特不負良友而已東原之
書出天下後世必有能闡揚之者余是以不爲東原惜
而且爲東原幸轉以惜夫古人有是學而或不遇其時
當世又無知已以致灰飛煙滅徒有其目而卒不得見
其書者之尤可歎也

乾隆四十有三年八月東里盧文弨書

第513　戴氏遺書十二種　（清）戴震撰

清乾隆四十二至四十四年（1777—1779）曲阜孔氏微波榭刻本　濰坊學院圖書館

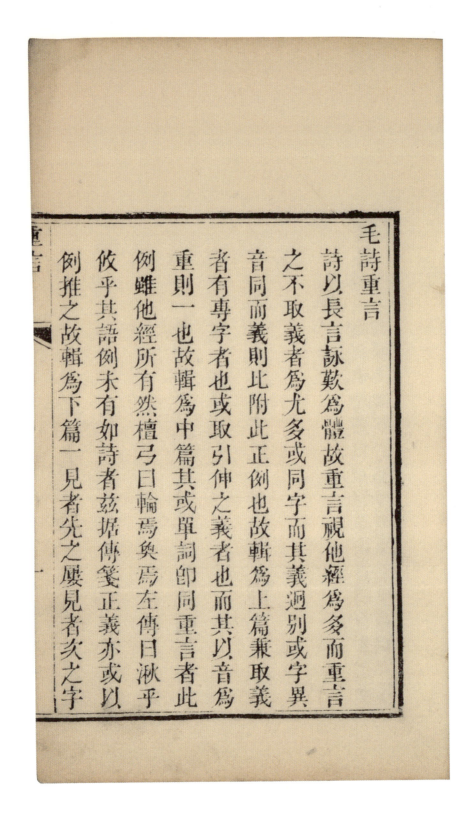

毛詩重言

詩以長言詠歎爲體故重言視他經爲多而重言
之不取義者爲尤多或同字而其義迥別或字異
音同而義則比附此正倒也故輯爲上篇兼取義
者有專字者也或取引伸之義者也而其以音爲
重則一也故輯爲中篇其或單詞即同重言者此
例雖他經所有然檀弓曰輪焉與爲左傳目湫乎
彼乎其語倒未有如詩者茲据傳箋正義亦或以
倒推之故輯爲下篇一見者先之屢見者次之字

第514　鄂宰四稿四卷　（清）王筠撰

清咸豐二年（1852）刻本　安丘市博物館

音序書名索引

A

B

C

D

E

H

J

K

L

M

N

O

P

Q

X

Y

Z